Můj bíbr

Vojen Koreis

Vojen Koreis se narodil v den svatého Valentýna 1943 v Londýně. S matkou a otcem, který byl diplomatem, se po válce pohyboval nejprve mezi Prahou, Bělehradem a Berlínem. Po náhlé otcově smrti vyrůstal v Praze a v Rokytnici nad Jizerou v Krkonoších. Vychodil gymnasium v Jilemnici, stal se zpěvákem ve vojenském souboru, kde se stýkal s řadou budoucích hvězd české kulturní scény. Vystřídal několik zaměstnání, mimo jiné byl kulisákem a hercem v Karlových Varech, studoval také operní zpěv.

Po roce 1968 se přesunul do Londýna. S českou manželkou, s níž se seznámil v Anglii, emigroval v roce 1973 do Brisbane v Austrálii, kde od té doby žije. V Austrálii si vydělával na živobytí jako skladník, obchodní cestující, později se věnoval výtvarnictví, byl rovněž moderátorem v rozhlase, stihl si ale také zahrát divadlo a občas i zazpívat. Zhruba od roku 2000 je rovněž činný jako antikvární knihkupec. Přeložil díla některých českých autorů, například bratří Čapků, napsal několik knih v angličtině, toto je jeho čtvrtá kniha v češtině.

Vojen Koreis, narozen 1943 v Londýně, žije v Brisbane

Až doposud vydal:

V angličtině:

The Fools' Pilgrimage
Golf Jokes and Anecdotes From Around the World
The Kabbalah - a timeless philosophy of life
Mephisto and Pheles – The Stage Play
Asylum Seekers in Heaven
An Introduction to the Study of the Tarot by P. F. Case (editor)
The Tales of Doggie and Moggie by Josef Čapek – Povídání o pejskovi a kočičce (transl., editor)
R.U.R. (Rossum's Universal Robots) by Karel Čapek (transl., editor)
The Robber by Karel Čapek - Loupežník (translator, editor)

V češtině:

Kafka tančí (Kafka Dances by Timothy Daly, divadelní hra přel. z angličtiny))
Bláznova cesta
Poutníci v čase
Kabala: nadčasová filosofie života
Blavatská a theosofie

Mnohé autorovy kratší práce, jakož i překlady, jak do češtiny tak i do angličtiny, v tomto seznamu uvedeny nejsou.

Můj bibr

bsp

Brisbane 2014

First published in this form in 2014
by Booksplendour
103 Grandview Road Pullenvale,
Brisbane, Queensland 4069
AUSTRALIA
Telephone +617-3202 7547
www.booksplendour.com.au

Copyright © Voyen Koreis 2014

Author: Koreis, Voyen.
Title: Můj bíbr: (a Czech language title)
Edition: 1st ed.
ISBN: 978-0-9871982-1-1

1. memoirs, 2. autenticita, 3. memoárová literatura, 4. autobiografie, 5. Vojen Korejs, 6. Voyen Koreis, 7. Londýn 1943, 8. Dalibor Korejs, 9. Svatba v Albánii, 10. Francie 1939, 11. Anglie, 12. Českoslovená zahraniční armáda, 13. Bělehrad 1947, 14. Berlín 1950, 15. rod Jandejsků, 16. Rokytnice nad Jizerou, 17. vojenský umělecký soubor, 18. zpěvákem, 19. divadlo, 20. Čapkův Loupežník, 21. Pavel Bayerle, 22. Ladislav Mrkvička, 23. Jiří Zahajský, 24. Jiří Hrzán, 25. Jiří Kodet, 26. Zbyšek Pantůček, 27. Jiří Kysilka, 28. Divadlo Vítězslava Nezvala Karlovy Vary, 29. Jiří Samek, 30. Antonín Zacpal, 31. Oldřich Nový, 32. Zdeněk Kryzánek, 33. Gustav Opočenský, 34. Rudolf Staník, 35. Kim Novák, 36. Karel Kryl, 37. opera, 38. Vilém Tauský, 39. Austrálie, 40. Brisbane, 41. loď Australis, 42. český akcent, 43. Herbert Lom, 44. Jiří Voskovec, 45. Jára Kohout, 46. virtuální golf, 47. Král Ubu, 48. Eva Pilarová, 49. malíř Pavel Forman, 50. Gertrude Langer, 51. moderátorem v rozhlase, 52. knihy, 53. Kabala: nadčasová filosofie života, 54. Blavatská a theosofie, 55. Poutníci v čase, Kafka tančí

1. DEN SVATÉHO VALENTÝNA (1943)

Narodil jsem se 14. února 1943 v Londýně. Kdybych byl v Anglii zůstal, jistě bych se byl velice brzy dozvěděl, že jsem „Saint Valentine's baby", protože tam se svatý Valentýn už tehdy slavil. V Československu, kam jsem se s rodiči hned po válce vrátil, tehdy ještě ne. Následkem toho jsem žil dlouhá léta v nevědomosti o tom, že jsem jedním z takto privilegovaných lidí. V důsledku toho jsem se romanticky nevyžíval tolik, jak bych byl asi měl, protože o tom, že je něco výjimečného na tom když se jeden narodí na svatého Valentýna, jsem se dozvěděl až když mi bylo kolem třicítky. Trochu pozdě na mladistvé romance. I když... Ne! Tohle si raději nechám na později.

S matkou brzy po narození

Pokud jde o místo mého narození, londýnských poměrů znalý Angličan by docela jistě obdivně prohlásil, že je to "good address", dobrá adresa. Dům číslo 12 Pitt Street Kensington, London W8 totiž stojí jen něco přes 200 metrů (ten stejný pomyslný Angličan by jistě řekl "only a furlong away") od okraje toho nejslavnějšího a nejangličtějšího městského parku ze všech — Hyde Parku. Co víc, stejná vzdálenost jej dělí od Kensingtonského Paláce, který byl dokonce místem narození oné kvintesenciální britské panovnice, samotné královny Viktorie!

Tím se to ale zdaleka nekončí — na tomto místě se to totiž historií, tou dávnou i tou poměrně nedávnou, jenom hemží; kromě té Viktorie a před ní i jiných korunovaných hlav, zde také bydleli princ Charles s princeznou Dianou. Nejen to, nyní zde už mají svou rezidenci také vévodové z Cambridge princ William, který zde dokonce vyrůstal, a jeho čerstvá choť Kate. Ani tím to nekončí. Jejich první potomek a budoucí král (po Charlesovi a Williamovi) George, o jehož narození asi nešlo se nedozvědět, by zde podle všeho měl také vyrůstat. Cesta do Buckinghamského paláce, v němž sídlí britští monarchové poté kdy je jim na hlavu nasazena koruna, vede zřejmě právě přes toto místo. A představte si, že tohle všechno se nacházelo hned kousek za naší zahradní zdí. Kamenem by se tam dalo dohodit! No, to snad trochu přeháním, středověký lučištník by tam ale docela určitě dostřelil. Pokud trváte na tom, že se do tohoto slzavého údolí opravdu docela určitě musíte narodit, mohli byste si k tomu vybrat místo horší než číslo 12 v Pitt Street Kensington.

Můj rodný dům v Londýně, s pohledem na ulici vloženým vlevo dole

Vidíte! Tohle je čemu se říká anglicky "a typical British understatement". Understatement je výraz, který se dost těžko překládá, protože čeština takovéto slovo nemá, spolu s řadou jiných jazyků. Něco jako „umírněné vyjádření". Nicméně už jen to, že understatement užívám, ze mne činí Brita a to ne jen Brita ledajakého. V mé vlastní mysli, musím rychle dodat. Kdybych totiž něco takového měl prohlásit před pravým Britem, rodilým Angličanem, nejspíš by to odbyl, podobně jako královna Viktorie, se svým proslulým "we are not amused", nepovažujeme to za zábavné. V dnešní době by se ale nejspíš vyjádřil poněkud silnějším výrazem:

"Shit! With this sort of accent?!" ****! S takovýmto akcentem?!
"And with this sort of name?!" A s takovýmto jménem?!

Rozpolcená osobnost?

Takovéto věci mívají často nevyhnutelné psychologické následky. Přesto bych neřekl, že nějak zvlášť trpím syndromem rozpolcené osobnosti — naopak, snažím se o to užívat si jej, dokud jej ještě mám. Začal se u mne projevovat zhruba v sedmadvacátém roce života, poté kdy jsem se natrvalo, po téměř celém čtvrtstoletí prožitém v

Československu, rozhodl vrátit do svého rodiště a přemístit se z Prahy do Londýna. Netrvalo příliš dlouho a přišel jsem na to, že těm lidem kolem mne se nyní nacházejícím, z velké části přináležejícím k oné části lidstva jíž se běžně říká Anglosasové, činí nemalé potíže vyslovovat moje jméno — Vojen Korejs. Když jsem to jméno před nimi sám vyslovil, neměli přitom žádné větší problémy se správnou výslovností. Dokonce to moje křestní jméno vyslovovali správněji než mnozí z Čechů. Ti mi často říkali „Vojan" místo „Vojen" Zejména ti náležející k té starší generaci. Asi s tím mělo něco co dělat jméno jednoho slavného herce-tragéda, jehož příjmení stále ještě žilo v jejich myslích a to bezmála i půl století poté kdy tento svět opustil v roce 1920. V Anglii ale Vojana nikdo neznal, takže když jsem jim řekl, že jsem Vojen, Vojenem jsem pro ně byl. Pouze ale do té chvíle kdy toto jméno uviděli napsané. To „j", které se v tomto jazyce běžně vyslovuje jako „dž" je mátlo nemalým způsobem. Pro anglicky hovořícího člověka se z Vojena nevyhnutelně stal Voudžn. Tohle na mne bylo trochu moc! Pro ucho Čecha zní Voudžn příšerně, nemyslíte? Miroslav Horníček si kdysi stěžoval na to, jak hrozná mu připadá anglická výslovnost slova "oceán — oušn". V tom s ním naprosto souhlasím. Když se to dlouhé "á" v češtině ještě trošinku víc protáhne, tak nám z toho oceánu zazní ta nekonečná vodní pláň, ty modravé dálavy, to šumění vln, ty písečné pláže, to lákání cizích krajů, ta veškerá ve snách nasbíraná touha! Takovému lákání se potom těžko odolává — sám jsem mu podlehl! Kdyby ale takovému Kolumbovi měl někdo navrhnout aby přeplul oušn, potom hádám, že by Amerika dodnes zůstala neobjevená! No, a vidíte, oušn-neoušn, Brity to nezastavilo. Nejenže tu louži, ten svůj oušn, překročili, dokonce i výslovnost toho slova sebou do Ameriky dovezli!

Mně ten "Voudžn" vadil snad ještě víc než vadil oušn Horníčkovi. Říkal jsem si, chudák čtvrtý kníže z rodu Přemyslovců, po němž to jméno hrdě nosím, si přece nezaslouží je mít takhle zprzněné! Není tomu skoro jakoby našeho chrabrého vojevůdce vykastrovali? Jakmile jsem to své jméno ze rtů Angličanů poprvé zaslechl, bylo mi jasné, že s tímhle Voudžnem bych tu žít nedokázal. Že s tím budu muset něco hodně rychle udělat. Nakonec se to ukázalo být docela jednoduché. Přišel jsem na to, že prostě stačí změnit ono potíže způsobující „j" uprostřed jména na neproblematický ypsilon a že potíže s lámajícími se jazyky u ubohých Britů rázem pominou. Od té doby žiji dvojím životem. Pro anglicky hovořící lidi jsem Voyen, pro Čechy jsem Vojen. Tak se tomu má, aspoň v teorii. Nicméně, zanedlouho jsem si všiml, že mnozí z Čechů, když mi píší, užívají spíš té anglické verze. Z nějakého důvodu se jim líbí víc než ta originální. Nechávám je při tom, i když cítím, že se tím poněkud zrazuje český jazyk, česká historie. Za celý svůj život jsem osobně poznal jen jediného Vojena, o pár dalších jsem slyšel. Mnoho nás jistě není. Je snad toto krásné jméno odsouzeno k zániku?

Nepříliš mladistvá romance (1936)

Napsal jsem prve něco o tom, že je po třicítce trochu pozdě na mladistvé romance? Nuže, musím to vzít zpět, protože tomu tak docela jistě není. Rozhodně ne pro každého. Jedna poměrně pozdní romance totiž mohla právě za to, že tu jsem a že mohu psát tyto řádky.

Bylo léto roku 1936. Asi 32-letá Antonie Jandejsková jela tehdy vlakem do chorvatské Rjeky, odkud se měla dopravit na ostrov Krk v Jadranském moři, kde hodlala strávit dovolenou. Tu někde mezi Bratislavou a Budapeští do kupé, v němž cestovala se svojí přítelkyní, přistoupil muž kolem čtyřicítky, obrýlený, vyšší postavy a uhlazených mravů. Zeptal se česky zda si může přisednout, představil se jako Dalibor Koreis a dal se s oběma dámami do řeči. Přítelkyně se diskrétně vzdálila, když začalo být jasné, že můj budoucí otec se zajímá hlavně o moji budoucí matku. Matka, přes několik vážných známostí, které předtím již měla, byla v té době stále ještě svobodná, zatímco otec právě překonal následky dosti dramatického rozvodu, poté kdy přistihl manželku při nevěře, navíc s mužem jehož do té doby pokládal za svého nejlepšího přítele! Měl namířeno původně někam úplně jinam, jízdenku si ale nechal přepsat tak, aby mohl jet také do Rjeky. Ohromoval ji svými jazykovými schopnostmi. Když se ještě nacházeli v Maďarsku, s průvodčím, jemuž museli ukazovat lístky, rozmlouval maďarsky. S chorvatskými prodavači na nádraží hovořil chorvatsky, se Srby srbsky, s Italy italsky... Otec tehdy pracoval pro jugoslávskou cestovní kancelář a doprovázel turistické výpravy k Jadranskému moři. Měl již ale také nabídku k převzetí vedení filiálky cestovní kanceláře v Brně, jinou na místo obchodního korespondenta v Moskvě a ještě další od exportního ústavu (předchůdce ministerstva zahraničního obchodu) jako obchodního zástupce v albánské Tiraně. Mezitím se skončilo rozvodové řízení a otec se mohl znovu oženit, na čemž se moji budoucí rodiče brzy nato i dohodli. Matce dal otec na vybranou, zda si přeje zůstat v republice, žít v Moskvě či v Tiraně. Vyhrála to Albánie, která matce připadala nejromantičtější.

Svatba v Albánii (1938)

Nebylo ale vše jen samá romantika. O to se postarala Daliborova malárie, kterou se na Balkáně nakazil během války a která se přihlásila těžkým záchvatem, jen krátce předtím než měla matka do Tirany dorazit. Měl na ni čekat už v přístavu Durrés; asi padesátikilometrovou cestu tam ale nebyl schopen vykonat a poslal proto pro svou nastávající nevěstu kolegu. Našla ho prý potom v Tiraně v dosti zuboženém stavu, poměrně rychle se ale zotavil, rozhodně včas před svatbou, která se potom dokonce konala o pár týdnů dřív než se plánovalo. Albánský král Zog se totiž ženil s jistou maďarskou hraběnkou 27. dubna 1938 a albánské úřady jim samy nabídly, že mohou uspořádat svou svatbu ve stejný den. To bylo náramné privilegium a platilo to jen pro ně jako cizince; žádní Albánci se v ten den brát nesměli. Dopolední obřady se proto odehrávaly za hřmotu jednadvaceti dělových výstřelů, odpoledne byla na vyslanectví hostina. Za svědka měl můj otec majora čs. armády Vaculného, jemuž byl nedlouho předtím on sám svědkem, když si major bral za ženu Černohorku jménem Milica. V černohorské vesnici, odkud Milica pocházela a kam odjeli, se přitom otec stal svědkem ještě jiné

Matka v albánském kroji

události. Protože se svou budoucí ženou už před svatbou po několik měsíců žil, musel se jeho přítel nejprve kát a veškeré obyvatelstvo obce na návsi veřejně odprosit za tento svůj do nebe volající hřích! Klečíce na kolenou. Teprve potom mu bylo povoleno si krásnou černohorskou černovlásku odvést k oltáři. Takový to byl svět, taková to byla doba...

Na několik krátkých měsíců, kdy ještě v jejich světě vládl mír, vzpomínala moje matka ráda. Často si prý dělali to, čemu bychom my dnes tady v Austrálii říkali barbeque — opékali si nad ohněm jehně někde v přírodě. Občas také jezdili do hor, až k jezeru Ohrid na hranici s Makedonií. Nemohlo ale být pochyb o tom, že se schyluje k válce. Když zanedlouho došlo k Mnichovské dohodě, která předznamenala obsazení Československa Hitlerem, otcovi se brzy nato prostřednictvím německého vyslanectví dostalo nabídky ke spolupráci, kterou odmítl. To už se také schylovalo k invazi Albánie italskou armádou. V lednu 1939 byli ještě oba moji rodiče na skok v Praze, matka tak mohla navštívit svou sestru Marii, která měla tuberkulózu, na kterou několik měsíců nato také zemřela. V Praze se přitom ještě jednalo o případném uzavření vyslanectví v Albánii s tím, že by tam táta převzal konzulát. Nakonec ale vše zůstalo zatím při starém.

V té době už otec začal pracovat proti Němcům a zejména proti Italům, kteří se zcela jasně chystali k invazi do Albánie. Pod záminkou, že nakupuje vzácné dřevo, jezdil na jih země, aby mohl pozorovat pohyby italských jednotek v Otrantském průlivu spojujícím Jónské moře s Jaderským mořem. To co zjistil předával potom svému příteli francouzskému konzulovi Sorlotovi, který to posílal dál. Mezitím došlo k invazi do Albánie. Když otec při svých výpravách zjistil, že se italská vojska stahují dále na jih směrem k řeckým hranicím, dal Francouzům o tom vědět touto cestou. Několik dní nato uslyšeli z moskevských zpráv (jiné v Tiraně nechytili), že řecká vojska obsadila své hranice s Albánií a také že se anglické válečné lodi objevily u ostrova Korfu. Zřejmě se jednalo o reakce na otcovo špionážní úsilí. K invazi Řecka zatím nedošlo, Mussolini tuto zemi napadl až skoro o dva roky později, s následky které pro něho nebyly ani trochu příznivé...

Zde na chvíli odbočím. Nedávno se mi konečně podařilo nahlédnout do dokumentů, které se nacházely v té nejpřísněji utajené sekci archivů britské špionážní služby. Dostalo se mi k tomu zvláštního povolení na základě zákona o svobodě informací. Splněna musela být i ta podmínka, aby otci již bylo dnes víc než sto let. Zjistil jsem takto, jak si ho různá oddělení britské špionážní služby prověřovala v roce 1940, když potřebovala od něho získat určité informace. Jednalo se zejména o informace týkající se Albánie, její vlády a některých z jejích činitelů, z hlediska toho jak by mohli tito být v nadcházející válce s Německem a Itálií britské straně prospěšní. Při pročítání těchto dokumentů jsem přišel na to, že zatímco některé z těchto lidí jim otec doporučoval, k jiným, které Britové měli v úmyslu kontaktovat, se stavěl odmítavě. Z dokumentů které jsem četl například vyplývá, že otec vymlouval a zřejmě úspěšně, Britům jejich úmysl využít osobnosti albánského krále, který se nacházel v exilu v Anglii, k propagačním účelům. Asi se domnívali, že běžní Albánci se budou vůči svému králi chovat loajálně (což je mimochodem taková britská slabůstka), zatímco otec, který měl dostatek příležitostí k tomu aby mohl povahu tohoto národa i celkovou jeho náladu dobře posoudit, měl o tomto silné pochybnosti. Události těsně po válce, kdy v této zemi zavládl komunistický režim ihned po jejím osvobození od italské okupace v roce 1944 a kdy se král Zog musel znovu uchýlit do exilu, mu zcela jednoznačně daly za pravdu!

Cesta zpět do Československa byla pro moje rodiče uzavřena, když 15. března 1939 zabral Hitler jejich vlast. V Albánii ale začínala být půda také horká, když jen asi o tři týdny později do ní napochodovali Italové. Znovu se otci dostalo výzvy, tentokráte ještě důraznější, ke spolupráci s Němci. Podle matky mu Němci nabízeli 500 tisíc marek s tím, že by převzal protektorátní pas. Když se dívám na historické tabulky směnových kurzů, mělo by to v té době představovat asi 200 tisíc dolarů. To mi připadá hodně, na tu dobu docela slušné jmění a jestli tomu tak skutečně bylo, jistě by to muselo být hodně svůdné. Když to

otec s díky odmítl, vyhrožovali mu Němci, že jako důstojník v záloze by
to měl zlé, pokud by jejich nabídku nepřijal a on se jim dostal do rukou.

Útěk z okupované Albánie (1939)

Rodiče se chystali k tomu, že Albánii opustí koncem července; otec se
ještě snažil likvidovat vše, co se dalo. 13. července šli ale na návštěvu k
francouzskému konzulovi Sorlottovi, který byl dobrým otcovým
přítelem, když je potkal úředník z radnice, který jim řekl, že je právě na
cestě k nim. Vzal si je stranou. Dostal se mu prý do rukou německo-
italský zatykač na ně oba, což by bylo znamenalo deportaci na Liparské
ostrovy, odkud prý nebylo návratu. Řekl, že zatykač pozdrží do 12 hodin
příštího dne, že ale do té doby musejí oba zmizet z Tirany. Když se ho
ptali proč tohle pro ně dělá, řekl jim, že v den kdy došlo k invazi Albánie
se táta přihlásil jako kapitán v záloze k obraně Albánie a matku že
přitom přihlásil jako zdravotní sestru. K žádné organizované obraně
země v ten den sice nedošlo, on že ale tu přihlášku tenkrát dostal a řekl,
že je rád když jim teď může aspoň takto pomoci. Šli potom k
Sorlottovým, kde si konzul vzal jejich pasy a přinesl jim je večer už
opatřené řeckým vízem. Brzy ráno nato opustili oba Tiranu pronajatým
autem s fenou vlčáka Lenkou a jen s několika zavazadly, předstírajíce,
že jedou na dovolenou. Večer dorazili do Korče, kde se vyspali se
štěnicemi a ráno šli na vojenské velitelství, kde potřebovali získat
povolení k opuštění Albánie. Matka píše ve svých pamětech, jak táta
chodil nervózně kolem auta, když italský důstojník vyšel ven a vydal se
směrem k městu, nejspíš telegrafovat do Tirany, protože telefon na
stanici nebyl. Nevypadalo to pro ně dobře.

Otec věděl, že musí rychle něco udělat. Jakmile se italský důstojník
ztratil z obzoru, zašel znovu do strážnice, kde narazil na albánského
důstojníka, který ovšem neměl žádnou pravomoc, který tam spíš byl je
proto, aby působil jako tlumočník. Začal se s ním bavit v albánštině.
Albánci to polichotilo, zejména když se dohodli na tom, že se otec za
první války znával s jeho strýcem, když v těchto končinách byli
posádkou. Řekl mu prý:

"Vy Češi jste na tom stejně jako my, obě naše země jsou okupovány.
Já vám tady to razítko dám a tomu Taliánovi už to nějak vymluvím. S
trochou štěstí stejně bude pod párou až se sem vrátí, v tom už ho znám,
nějak to s ním zaonačím."

Takže mohli oba skočit do auta a hnát se co nejrychleji k hranici. Z
vojenské stanice se telefonovat nikam nedalo, takže se jim naskytlo
okénko času, kterého museli využít. Na hranici je ale čekala zlá
prohlídka. Byli zřejmě jediní kdo ten den do Řecka z Albánie cestoval,
takže italští vojáci na albánské straně si dali na prohlídce zavazadel

záležet. Máma měla v kabelce tubu na zubní pastu a v ní ukryté šeky ve francouzské měně — když se celníci s italskými vojáky blížili k ní, táta jen procedil mezi zuby:

"Šlápni Lence na ocas!"

Lenka s otcem

Matka šlápla na ocas na podlaze ležícímu psovi, Lenka se vztyčila a prudce vyštěkla, italský voják se lekl, ptal se jestli je zlá. Otec pochopitelně přitakal, matka ji tedy ochotně vzala z auta ven na šňůře, aby jako mohli pokračovat v prohledávání. Toho, že si přitom sebou vzala kabelku, si celníci na štěstí nevšimli. Nakonec je pustili dál; na řecké straně byli pohraničníci udiveni z toho, že Italové vůbec někoho pustili z Albánie ven. Přespali tu noc v Janině, odtud dojeli do Soluně (Thessaloniki), kde druhý den našli loď plující Egejským mořem do Pirea. Až doposud to byl přímo zázračný únik, v tomto nejfrekventovanějším řeckém přístavu se ale vše jakoby zadrhlo. Když se totiž v Athénách pokoušeli o to proměnit šeky ve francouzské měně na drachmy, bylo jim to několika bankami odmítnuto. Podařilo se jim jen prodat vetešníkům pár trochu cennějších věcí a snad i několik méně potřebných svršků; za utržené peníze se mohli aspoň nějak ubytovat a živit, přičemž ale museli počítat s tím, že potřebují mít ještě na to, aby mohli sebe i psa dopravit do nejbližšího neitalského přístavu, jímž byl Marseille.

Z Řecka do Francie

K tomu aby se mohli bezpečně dostat do Francie, potřebovali nalézt loď, která by za prvé nebyla italská, za druhé, která by v žádném italském přístavu nestavěla a za třetí, aby si mohli plavbu na ní za nízkého stavu financí dovolit. To nebylo snadné. Uplynuly bezmála tři týdny, než k nim vlny Středozemního moře takovouto loď donesly. Byla egyptská, plula z Pirea rovnou až do Marseille a kapitán po delším smlouvání přistoupil na to, že vezme na palubu všechny tři poutníky a to za částku, která představovala veškeré jejich finanční prostředky. Kromě francouzských šeků, které jim k ničemu nebyly, dokud se nedostanou do Francie. Nalodili se a připravili se na to, že budou statečně hladovět.

Matka často vzpomínala na to, jak jim při té hladovce přišla na pomoc ještě v Egejském moři bouřka, při níž dostali oba mořskou nemoc, což jim pomohlo zapomenout na to, jak jim kručí v břiše. Jenže, když se na druhý den počasí uklidnilo, zase jim to připomněla fenka Lenka, která se s nimi plavila také jako pasažér čtvrté třídy. Námořníci dostali k obědu jakési kotlety, které jim z nějakého důvodu příliš nechutnaly. Lenka prý ležela na palubě, kolem ní se válelo několik nádherně vypadajících kotlet, které jí tam vybíraví námořníci hodili. Několik jich zkonzumovala, dál už nemohla. Potom ale vpluli do další bouřky, takže je pohled na nesnědené kotlety zase už tolik nelákal.

Francie (1939)

Do Marseille dopluli moji rodiče 2. srpna v 10 hodin večer, bez peněz, se psem, dvěma kufry a s balíkem. Stáli na přístavním molu a přemýšleli, co dál. Zastavil u nich taxikář, táta mu vysvětlil situaci, řekl mu, že nemají peníze, jen nějaké šeky — v té době byla francouzština ještě hlavním diplomatickým jazykem, takže ovládal tento jazyk slušně. Muž vrhl krátký pohled na jejich kožené kufry, které i po cestě Balkánem a Středozemním mořem vyhlížely celkem působivě, asi si řekl, že to nějak dopadne a odvezl je k jednomu svému známému, majiteli menšího hotýlku. Ten jim dal pokoj, když si ponechal jejich kufry jako záruku toho, že zaplatí za nocleh i za cestu taxíkem. Spali tam potom hladoví, hned ráno šel otec do banky a když se vrátil, s rozzářenou tváří už pozval matku na jejich první francouzský oběd. Večer odjeli vlakem do Paříže, kde si hned našli pokoj k pronajmutí v Latinské čtvrti, jak jim to bylo předem doporučeno.

Otec jako kapitán v záloze se ihned přihlásil do právě se vytvářející čs. armády v zahraničí, matka totéž jako zdravotní sestra. Od září již nosili všude sebou plynové masky — to už byla Francie spolu s Anglií ve válečném stavu, poté kdy Hitler napadl Polsko. Začátkem října velel potom táta prvnímu transportu čs. jednotek sestávajících se většinou z dobrovolníků nacházejících se toho času v Paříži, do Agde na jihu Francie, kde měli mít Čechoslováci hlavní tábor. Matka s přítelkyní Svatavou Steinerovou, manželkou jednoho z vojáků, za nimi dorazily po několika dnech. V Agde potom bydleli zmínění ještě se slovenským profesorem matematiky společně v najatém domě. Otec se stal velitelem praporu, když později přišli také důstojníci z povolání, stal se velitelem štábní roty. Francouzštinu ovládal lépe než kterýkoliv jiný člen čs. jednotek, takže ho bylo u štábu neustále potřeba, aby fungoval také jako tlumočník.

Z Francie do Anglie (1940)

Když v červnu 1940 padla Francie a podepsala příměří s Němci, pro Francouze za velmi zahanbujících podmínek, vypadalo to na to, že čs. jednotky budou vydány Německu. Tehdy zakročil rázně Churchill, který poslal britské válečné lodě k jižnímu francouzskému pobřeží a Angličané si tímto vynutili transport jednotek do Anglie. Konvoj několika lodí provázených torpédoborci se plavil skoro po 2 týdny — jak se později ukázalo, museli učinit dlouhý úhybný manévr hluboko podle pobřeží Afriky, aby se vyhnuli německým ponorkám (jedna je prý přesto objevila, doprovodné torpédoborce ji ale potopily), než konečně dopluli do Liverpoolu. Matka mi vylíčila, jak stísněná byla atmosféra na lodi na níž byli, nikdo nevěděl kam vlastně plují, v jeden čas to dokonce prý vypadalo na Ameriku. Jedna mladá Češka v záchvatu šílenství hodila do vody svou čtyřletou dcerku a chtěla skočit za ní, v čemž jí lidé kolem ní zabránili, holčička ale byla ztracená, na to je opravdu těžké i jen pomyslet. V Anglii byla poslána do léčení, sešla se tam s manželem, který byl letec, jejich další osudy ale matka neznala. Matka později zjistila, že všechny lodi na nichž pluli při právě popsané cestě, včetně té řecké do Pirea i egyptské do Marseille, byly za války potopeny — tu na níž pluli do Anglie, transportér Mohamed Ali el-Kebir, potopila německá ponorka jen o několik dní později u severního pobřeží Irska, přičemž zahynulo asi 120 lidí. SS Britania, na níž plula samotná Lenka (která ve Francii zanechala památku v podobě sedmi štěňat), ji na mořské dno následovala asi o půl roku později, za podobných okolností. Z celkového počtu 484 osob na palubě, asi polovina z nich civilistů, se zachránilo 235, tedy méně než polovička, přičemž někteří z přeživších byli zachráněni až po mnoha dnech strávených v záchranných člunech. Kapitán německého torpédoborce tehdy údajně nařídil, že se jeho loď má obrátit a odplout bez pokusu zachraňovat trosečníky. Taková to byla válka...

V Liverpoolu došlo k rozdělení — vojáci šli do tábora a civilisté byli posláni do Londýna. Lenka potom musela jít do Croydonu do karantény, kde zůstala 6 měsíců. Jednou tam za ní otec byl, vypadala prý dobře, poté kdy si ji mohli vyzvednout stala se jakýmsi maskotem štábní roty a českých jednotek vůbec; jezdila s vojáky všude. Ve 42 roce ale dosti náhle pošla, dostala nějakou, podle veterináře nevyléčitelnou, nemoc. Odtud dále mi nezbývá nic jiného, než sledovat více či méně jen osudy mámy, k níž jsem se později přidal i já sám, podle vzpomínek které jsem od ní slýchával už od raného dětství i podle některých písemných záznamů, které mi přenechala. Táta se nacházel většinou někde tam, kam ho právě zavedly jeho vojenské povinnosti, což mohlo být kdekoliv mezi střední Anglií a severní Afrikou.

Identifikační karta britské armády, vystavená na jméno majora Dalibora Korejse

V Londýně bydlela matka na Tottenham Court Road, nedaleko nádraží Euston — však si táta postěžoval když za ní do Londýna přijel, že jede do (tehdy) největšího města na světě a manželku že najde hned za prvním rohem. Příliš bezpečné místo to ale nebylo, mít jedno ze tří nejhlavnějších londýnských nádraží hned za rohem znamenalo být těsně vedle jednoho z hlavních potenciálních bombardovacích terčů pro Němce. V té době také začala ona proslulá vzdušná bitva o Británii, takže jednu dobu se nacházeli častěji v krytu než ve svých bytech. Zhruba v té době došlo také k událostem, které poznamenaly několik životů. Matka porodila ve 41. roce mou sestru Živanu, ta ale brzy nato zemřela. Měla nějaké dýchací potíže, ve válečném Londýně se jí asi nedostalo té péče jakou by měla nyní, kdy by byla skoro jistě přežila. Takto zemřela v nemocnici, hned druhého dne po narození. Manželka jednoho z otcových vojáků Táňa Pospíchalová měla krátce poté nehodu, když na ní chytil od plynového hořáku župan a ona skončila těžce popálená v nemocnici. Měla syna Lumíra, kterému bylo jen několik týdnů. Moje máma, která právě ztratila dítě, si malého Lumíra vzala k sobě a odkojila ho. Lumírova matka vždycky tvrdila, že když se o tom dozvěděla v nemocnici, kde se potácela mezi životem a smrtí, bylo to právě to, co způsobilo, že se uzdravila. Obě rodiny to pochopitelně sblížilo — později jsme se v Karlových Varech dělili o byt. Když jsem v 90-tých letech byl ve Varech a setkal jsem s opět s Lumírem, který se stal architektem, přiznal se mi, že nedlouho předtím byl na zbraslavském Havlíně navštívit hrob "om", jak mámě říkával.

Otec pochoduje před svými vojáky při slavnostní přehlídce.

V noci na padáku do Jugoslávie (1944)

Ve 44. roce prodělal táta misi, o níž máma věděla jen málo. Byla totiž přísně tajná. Jak přišel k tomu, že byl poslán jako velitel oddílu parašutistů do Jugoslávie se můžeme jen dohadovat. Buď se přihlásil jako dobrovolník nebo k tomu dostal rozkaz. Případně mohl mít ještě nějaké jiné úkoly, které mohly souviset s jeho pravděpodobnou spoluprací s Britskou špionážní službou. V každém případě o tom mluvil i s matkou málo a většinou jen až poté, kdy se po několika měsících nepřítomnosti vrátil. Předtím matka věděla, či spíš jen tušila, že se k něčemu chystá. Že to bylo něco důležitého a asi nebezpečného, věděla proto, že se s ní loučil zdlouhavěji a o dost vážněji než jindy.

Na misi v Jugoslávii byl otec vyslán s praporem většinou britských vojáků-parašutistů, jako jejich velitel. Důvodem k tomu bylo jistě to, že ovládal perfektně jazyky jichž bylo zapotřebí k domluvení se s Titovými partyzány, na jejichž podporu sem byli Britové vysláni. Když v Němci okupované Jugoslávii vzniklo partyzánské hnutí, které vedl budoucí president Josip Broz Tito, ze všech podobných válečných podzemních organizací to byla asi právě tato, která se ukázala být nejúspěšnější v tom jak dokázala nacistům škodit. Ve 44. roce už byl Tito uznávaný všeobecně jako budoucí vůdce této balkánské země a Britové se proto rozhodli mu pomáhat. Na úspěchu této mise Britům zřejmě hodně záleželo — proto dozor nad ní převzal samotný Winston Churchill. Detaily příliš neznám, otec matce předem o této misi neřekl nic, potom jen málo — byla přece jen přísně tajná!

Jisté je, že ve svých 46 letech musel kvůli tomu prodělat parašutistický výcvik, protože je všechny čekal noční seskok. Do té doby s padákem nikdy neskákal. Doufal jsem, že se dozvím něco o této misi, když se mi podařilo získat z britských pramenů jisté informace, v tom jsem se ale zmýlil. Mé naděje stouply poté kdy jsem zjistil, že tátovo jméno se nachází na již zmíněném seznamu SOE (Special Operations Executive) Agents neboli seznamu agentů dozírajících nad zvláštními vojenskými operacemi. Dokumenty do nichž mi bylo povoleno nahlédnout se naneštěstí všechny týkaly stejného údobí v roce 1940, kdy si otce britská špionážní služba teprve prověřovala. Pokud byl přijat, o čemž nemůže být mnoho pochybností, to co následovalo už zase zmizelo v propadlišti dějin. Nebo, ještě pravděpodobněji, se to nachází na jiném seznamu dokumentů. O jedné věci není pochyb: Britové měli otce v hledáčku už brzy po začátku války, aspoň tohle mám dokázáno. Co se stalo později, před koncem i po konci války, o tom se asi už nikdy nic podstatného nedozvím.

Čím vším asi musel táta projít jsem si mohl vyvodit až poměrně nedávno, když jsem si přečetl dosti detailní biografii Evelyna Waugha, jednoho z mých nejoblíbenějších spisovatelů. Autor novely The Loved One, která vyšla česky jako Drazí zesnulí a jejíž český překlad jsem si nadšeně přečetl ještě před svým odchodem z Československa a Brideshead Revisited, Návrat na Brideshead, což je moje snad nejoblíbenější kniha z veškeré anglické literatury, se totiž musel skoro určitě znát a pravděpodobně i dosti dobře, s mým otcem! Tohle mi došlo, když jsem četl o jeho osudech během války, kdy byl

Evelyn Waugh (1903-1966)

Waugh povolán ke stejné misi jako táta. Oba měli v té době stejnou hodnost majora a oba byli vysláni do Jugoslávie, aby se zde spojili s Titem. Oba proto museli prodělat parašutistický výcvik a je docela dobře možné, že i ve stejnou dobu, v první polovině 44. roku, kdy oba v té době měli hodnost kapitána a brzy nato byli povýšeni. To, že mi matka nic o této věci neříkala, nic neznamená, protože o Waughovi stěží něco věděla. V době kdy by se byli měli oba důstojníci potkat, nebyl Waugh ještě zdaleka tak známým jak se stalo o nějaké ty roky později. Až do té doby, než po válce vyšel jeho Návrat na Brideshead, byl daleko známějším jako autor Evelynův starší bratr Alec Waugh, novelista a autor veřejností velmi oblíbených cestopisů. Parašutistický výcvik byl svým způsobem také zodpovědný za to, že Evelyn Waugh tuto skvostnou knihu, podle níž v 80-tých letech vznikl také televizní seriál, který je mnohými (včetně mne) uznávaný za nejlepší vůbec, dokonce i napsal. Zlomil si totiž holenní kost při jednom ze seskoků padákem a asi tři měsíce byl mimo akci. Po větší část této zraněním vynucené dovolené pobýval; Waugh v Chagfordu v Devonu, kde psal právě Brideshead.

Někdy v polovině roku 1944 se jak můj táta tak i již uzdravený Evelyn Waugh nacházeli na chorvatském ostrově Vas, kde měli Spojenci základnu a kam přiletěl i Churchill. Odtud zřejmě také startovala letadla, která je měla dopravit nad Jugoslávii, aby zde prováděla noční výsadky. Což docela určitě nebyla žádná legrace. Tehdejší padáky se nedaly zdaleka tak lehce ovládat jak tomu je nyní a k tomu si přičtěte noční čas, počasí a neznámý terén. Waugh, který konvertoval ke katolicismu někdy uprostřed 30-tých let, se nejspíš vroucně pomodlil, co ale udělal odpadlík od této církve Korejs, to nevím. Jisté je jen to, že se oba ze svých misí vrátili, takže to v obou případech zapracovalo. Oba se setkali s budoucím jugoslávským presidentem, pokud vím, otec se o svém setkání s Josipem Titem zmiňoval jen letmo, Waugh komunistou Titem také nijak zvlášť nadšený nebyl. Nicméně je třeba si uvědomit, že Evelyn Waugh proslul kromě svého spisovatelského umění ve své době také jako jeden z nejpopudlivějších a nejjízlivějších charakterů v celé Británii — takto jej označilo hned několik komentátorů a životopisců.

I když vzdušnou bitvu o Británii Němci prohráli, Londýn přesto byl v době mého narození nebezpečným a často bombardovaným místem, takže ještě dříve než odletěl do Jugoslávie, otec rozhodl, že matku se mnou přemístí do Midlands, do střední Anglie. Úplným středem, často zvaným "srdcem Anglie", jsou potom hrabství Warwickshire a Lestershire. Tam jsme s matkou přebývali až do tátova návratu z Balkánu, k němuž došlo až nedlouho před koncem války. Několikrát jsme se přitom přestěhovali — po nějaký čas jsme bydleli v Leamington Spa, několik měsíců také v údajném Shakespearově rodišti Stratford Upon Avon, také v nedalekém Morton Morellu, odkud zřejmě pochází ta první životní vzpomínka, kterou mám.

První vzpomínka

Jsem dítětem, velmi malým dítětem, snad dokonce ještě i kojencem, to je těžké říci. Nacházím se v náručí své matky, která mě nese, zatímco kráčí po venkovské cestě lemované stromy a keři po obou stranách. Za těmi se nacházejí pastviny; na jedné z nich vidím veliké množství ovcí roztroušených jednotlivě i v menších hloučcích po louce, pasoucích se na čerstvé, přenádherně zelené trávě. Nepamatuji si, že bych kdy od té chvíle viděl tak sytě zelenou trávu jako v této krátké, několik vteřin trvající vidině. Co ji činí tolik reálnou nejsou jen zrakové dojmy. Jsou to také rytmické vibrace, které vnímám celým svým tělíčkem a o nichž si uvědomuji, že musejí zřejmě být způsobovány nárazy podpatků matčiných bot na povrch cesty. Ten je možná asfaltový, tím si ale nemohu být úplně jistý, protože tak daleko nedohlédnu. Údery podpatků, jejichž zvuk si i v této chvíli dovedu velice přesně a živě vybavit, jsou ale příliš ostré na to, aby to byla písková cesta, asi to tedy bude ten asfalt. Nebo snad hodně tvrdě ujezděná prašná cesta? Na celkovém dojmu z této vize se nemalým způsobem podílí ještě jeden z mých smyslů – hmat. Prstíčky mých ručiček se zatínají do něčeho měkkého a dlouhého. Ano! Vidím dokonce i barvu kabátu, protože to musí být kabát, je zvláštní, taková béžová, jakoby s lehkým nádechem růžové. Opravdu zvláštní barva, jaká se často nevidí.

Obraz poklidné krajiny, který mě obklopuje a také to, že mě matka drží v náručí, přispívá k celkovému pocitu bezpečnosti, pohody, potěšení. Dnes se domnívám, že se muselo jednat o první opravdové probuzení, o vědomí toho, že jsem zde na této planetě, že jsem sem dorazil. Po nějakých patnáct, šestnáct let to potom muselo být schované někde hluboko v nevědomé části mé mysli, aby tomu právě v té chvíli, kterou něco ve mně (snad moje duše) uznalo za tu pravou, bylo povoleno vyvěrat na povrch. To už mi bylo nějakých šestnáct let a chodil jsem na gymnasium. Jednoho dne jsem se probudil a bylo to tu. Zpočátku jsem si myslel, že se nejspíš musí jednat o nějaký přelud. Že by to mohl skutečně být kratičký pohled do doby mého nejútlejšího mládí mi začalo docházet až po několika dnech, když už jsem přišel na to, že tyto obrazy mi prostě nechtějí z hlavy odejít, jak tomu až doposud bylo se všemi mými sny, i s těmi nejhouževnatějšími. Logické by bylo bývalo zeptat se matky, která by mi jistě mohla potvrdit či vyvrátit jejich pravdivost, trochu jsem se ale toho kroku obával. Obrázek krajiny, docela určitě anglické, protože to bylo kde jsme se v té době nacházeli, byl natolik příjemný, že jsem o tu iluzi, že se jedná o mé dětství, nechtěl jen tak pro nic za nic přijít. Pořád jsem totiž nevěřil tomu, že by se za tím mohla skrývat pravda. Nakonec jsem se ale přece jen odhodlal a matky jsem se zeptal. Na chvilku se zamyslela.

„Venkovská cesta a ovce, říkáš? To by vypadalo na Morton Morrell. Tou cestou jsem s tebou chodila k autobusu do Leamingtonu. To ale přece není možné, že by sis tohle pamatoval!"

„Proč by to nebylo možné?"

„No, přece, vždyť tam jsme bydleli jen asi tři měsíce. A bylo to na jaře 1944. To by ti bylo nemohlo být víc než tak patnáct měsíců."

„Hm. Mělas v té době kabát, takový chlupatý, béžový, trošinku do růžova?

„Tak to jsem tedy měla! Moc ráda jsem ho neměla, ta barva byla příšerná, byla ale válka, moc toho na vybranou nebylo. Když jsme se potom přestěhovali do Stratfordu, sehnala jsem si jiný a tenhle jsem někomu dala. Přece si ho ale pamatovat nemůžeš!"

„No, já nevím, už to tak ale vypadá, že si asi pamatuji..."

Kdesi v severní Africe

2. VÁLKA SE SKONČILA (1945)

...a naši, už se mnou, se vraceli do vlasti. Jako mnozí z repatriovaných vojáků s rodinami, letěli do Prahy letadlem, vojenskou Dakotou upravenou k přepravě lidí. Do Anglie připluli lodí s fenkou Lenkou, domů se vraceli letadlem, se mnou a s kočkou Kaj-Kaj. Kočka byla během letu problém, jak často vzpomínala máma. Měla ji v proutěném košíku, takovém jaké se běžně užívaly pro piknik, s víkem, které měla pevně přivázané. V okamžiku kdy se spustily letecké motory, kočka se ale strašně vyděsila a snažila se zoufale dostat z košíku ven. Podařilo se jí trochu nadzdvihnout víko a protáhnout ven hlavu. Máma ji nacpala dovnitř a rukou, kterou v košíku nechala, se ji snažila uklidnit hlazením. Tak to prý šlo skoro po celý let. Nakonec se ale podařilo přepravit Kaj-Kaj do Prahy. Měla potom poměrně dlouhý a plodný život — matka odhadovala, že celkem porodila kolem 120 koťat. Kaj-Kaj byla s námi až do roku 1953, kdy jí bylo asi 12 let. Protože byla poměrně vzácným druhem kočky, tuším že ruská modrá, skončila potom vycpaná ve sbírkách Národního muzea. Nevím, jestli tam ještě je, když jsem ale odjížděl do Anglie v 69 roce, šel jsem se s ní tam ještě rozloučit k vitríně, o níž se dělila s několika jinými aristokraticky vyhlížejícími kočkami.

To poslední kotě které Kaj-Kaj měla poměrně nedlouho před smrtí, bylo už jediné. Předtím jich mívala i víc než deset v jediném vrhu. Kocourka jsme si nechali, dostal jméno Tačík a byl mým věrným společníkem až do té doby než jsem šel na vojnu. Když jsem potom jednou přijel domů, čekala mne ale smutná zpráva o tom, že Tačík zahynul pod autem.

Matka s kočkou Kaj-kaj

Po skončení války jsme žili nějaký čas v Praze, kde otec opět pracoval na ministerstvu zahraničí, tentokrát přímo v Černínském paláci. Po nějaký čas s námi bydlela také Lada, otcova dcera z prvního manželství, která se ale nakonec přemístila do Bratislavy, kde vystudovala na lékařské fakultě. Pamatuji si na ní jen velice matně, trochu víc jsme se mohli seznámit až po sametové revoluci, kdy jsem několikrát byl v Praze. Dovedu si představit, jaké asi bylo Ladino překvapení, když se po válce v Praze objevil její otec, o jehož druhém manželství nic nevěděla a ani o tom, že má o třináct let mladšího polo-bratra.

V létech 1947-48 jsem se s našimi ocitl v Bělehradu, kde byl otec jmenován obchodním atašé. Teprve když skoro o půl století později prezident Bill Clinton jmenoval americkou ministryni zahraničí a já jsem si přečetl její životopis, došlo mi po všech těch letech, kdo vlastně byla ta tehdy asi devítiletá dívka, která suverénně vládla skupině nás dětí, když jsme si spolu hrávaly na zahradě bělehradské ambasády. K tomu ji jistě opravňovalo už to, že její tatínek tam byl čs. velvyslancem, nějaké ty vrozené vůdcovské a diplomatické schopnosti už se u ní asi i tehdy projevovaly. Ty se později ještě víc rozvinuly v osobnosti Madelaine Albrightové, když se v letech 90-tých stala tou nejmocnější ženou na této planetě. Mimochodem, jak jsem také později zjistil, v době mého narození v Londýně bydlela malá Marie Korbelová, jak se tehdy ještě jmenovala, s rodiči také v Londýně, jen o pár ulic od nás. Asi se za tím vším bude schovávat nějaká ta synchronicita...

Dvojice jmenovacích dekretů ministerstva. První z nich nese podpis ministra zahraničí Jana Masaryka, který jej vystavil pět dní před komunistickým převratem a necelé tři týdny před svou smrtí. Druhý z dekretů podepsal Masarykův nástupce Vlado Clementis, jehož budoucí osud byl rovněž neblahý.

Po návratu do země české jsme po krátký čas bydleli na Zbraslavi u tety Jiřiny, než se otci podařilo najít vhodné ubytování. Z té doby mám svou druhou lucidní vzpomínku. Sedím na předních schodech vedoucích ke vchodu do domu, který se neužíval, protože dovnitř se chodilo zadem okolo domu. Sedím a mám pokaděné kalhoty. Bojím se jít domů...

Dům na Hanspaulce

Táta najal dům č. 55 v Šárecké ulici na Hanspaulce. Asi ten dům dostal za výhodných podmínek, z důvodů které jsem objevil jen velice nedávno. Vyšel mi článek v příloze Lidovek Neviditelném Psu, kam pravidelně píši, v němž jsem se zmínil o tomto našem tehdejším bydlišti v souvislosti s nynějším působištěm bývalého prezidenta Václava Klause v zámečku na Hanspaulce, který se od něho nachází jen o několik domů dál a kolem něhož jsem chodil denně do školy. Po čase mi přišel email od kohosi, kdo se zajímal o historii tohoto domu.Zde je zásadní část:

(...) zajímám se o historii domu Šárecká 55/923 v Praze 6, kde jste žil. Mám zájem o informace o panu továrníkovi, který se v domě oběsil. Pokud můžete poskytnout nějaké informace, předem Vám děkuji (...)

To mě dost šokovalo! O této tragedii jsem naprosto nic nevěděl a nevím, jestli o tom něco věděli otec či matka, rozhodně mi nikdy nikdo z nich o tom neřekl. Což by bylo dosti pochopitelné. Řekl bych, že otec asi o tom věděl (a proto možná mohl najmout dům levněji) a matka nejspíš také, konečně nemohla ta událost být od té doby časově tak příliš vzdálená; dům byl nejspíš postaven někdy v

Dům v Šárecké ulici, dnešní podoba. Za mého dětství býval celý porostlý psím vínem.

20-tých či 30-tých letech (nejspíš i samotným panem továrníkem) a někdo ze sousedství by jim jistě byl něco o tom řekl! V každém případě jsem tazatelovi obratem poslal tak trochu ironicky laděný dopis, v němž jsem mu poděkoval za to jak mi zkalil až doposud hezké vzpomínky na dům, v němž jsem jako dítě vyrůstal. Jinak, že mu pomoci nemohu, protože o věci nic nevím. Odpověděl mi:

(...) O panu továrníkovi jsem se dozvěděl, když jsem dům kupoval pro svého zaměstnavatele. K nešťastné události došlo na půdičce pod prosklenými světlíkem. Jinak dům je velice pozitivní, bez negativních zón a energie pana továrníka již tam dávno není. V domě se vystřídala řada nájemníků a to i pod OPBH. Můj šéf dům zrekonstruoval, byty sjednotil a již tam několik let spokojeně bydlí. S pozdravem (...)

Napsal jsem mu:

(...) začátkem 50-tých let tam ještě ta negativní zóna byla a asi hodně silná. Na tu půdu jsme vlezli se sousedovic klukem Vaškem Vojtěchem a Vašek (na můj popud) si vlezl na ten zasklený světlík. Sklo jeho váhu neudrželo a Vašek se propadl částečně dolů. Zůstal naštěstí viset za dřevěný rám, ale dost zle si přitom pořezal nohu. Mně to bylo potom dáváno za vinu, protože jsem ho tam poslal když mi tam spadla čepice. Ve světle toho, co jsem se od vás dozvěděl, si nyní spíš myslím, že tím ponoukačem byl spíš pan továrník. Třeba mi shodil i tu čepici, někteří duchové prý takovéto věci dovedou!

Zajímavé je také to, že poté kdy jste mi napsal ten první dopis, i když tam žádné detaily nebyly, okamžitě se mi vybavil onen světlík, tentokrát s visícím tělem. Prostě jsem nějak věděl, že jedině tam k tomu mohlo dojít. (...)

Po tomto krátkém výletu do soumračné zóny, když si mne po více než šedesáti letech vyhledal duch nešťastného pana továrníka až zde v Austrálii, se chci vrátit ve vzpomínkách ničím ještě nezkalených, na to jak jsem v tomto domě vyrůstal. Dům stál tehdy samotný — dnes jsou k němu nalepené další dva po jedné ze stran, kde bývala prázdná parcela. Byl tehdy celý porostlý psím vínem a hlavně: byl pořád plný lidí. Táta byl jistě zvyklý od malička se pohybovat v početnější společnosti, obklopen sestrami a bratry. Z nich sice nikdo s námi nebydlel, všechny pokoje ale byly vždycky obsazené. Jestli táta pobíral nějaké nájemné nevím, dost ale o tom pochybuji. Dům byl zjevně postavený pro zámožnou rodinu, možná pro onoho ubohého pana továrníka, dokud ten se ještě nacházel v solventním stavu. V suterénu byla poměrně veliká kuchyně, z níž vedlo nízké okno na úroveň trávníku na přední zahrádce, vedle ní, myslím, byla ještě komůrka pro kuchařku. Dále se nacházela garáž. Také tam byl sklep a bojler který, podobně jako většina takovýchto zařízení, byl silně problematický a fungoval jen když měl dobrou náladu. V zimě jsme si tak většinou museli přitápět elektrickými kamínky. Vstup do domu byl na zadní straně, jak tomu v takovýchto vilách tehdy dost často bývalo. Několik schodů vedlo k dosti masivním dveřím jimiž se vcházelo do předsíně, která byla oddělena od rozsáhlé haly dvoudílnými dveřmi s tabulkami z barevného skla.

Z impozantní haly, která měla stěny vykládané ozdobným dřevem, vedlo lomené dřevěné schodiště do prvního patra a byly tam také dveře do místnosti, kterou by Angličan přináležející k horním vrstvám společnosti asi označil jako „drawing room“, obývací pokoj s arkýřovými okny, vedle něhož byl o něco menší podobný pokoj, který po nějaký čas býval mojí ložnicí. Nahoře byly myslím čtyři místnosti, z nichž jedna byla veliká, podobná obývacímu pokoji dole, měla ale u sebe navíc balkón; také zde byla koupelna. Jiné lomené schodiště vedlo do podkroví. Nad ním se nacházel právě onen neblaze proslulý světlík, nad nímž byl prostor mezi střechou, kde se nacházel skleněný střešní světlík, jímž přicházelo shora zvenčí světlo. Dolů potom vedla mělká šachta končící se dřevěným rámem s tabulkami skla, které pouštělo světlo dolů na schodiště. Jednou z těchto skleněných tabulek se tehdy propadl můj kamarád Vašek Vojtěch; dodnes ho slyším křičet a dodnes mám před očima tu jeho krvácející nohu, bezmocně zaklíněnou v jednom ze čtverců s propadlým sklem, kterou jsem měl přímo nad hlavou když jsem sbíhal dolů, abych způsobil poplach. Po tom emailu, který mi nedávno přišel, se navíc před vnitřním zrakem neodbytně objevuje silueta otáčejícího se těla visícího v šachtě pod střešním světlíkem, na provaze uvázaném k jednomu ze střešních trámů. Protože tak tomu muselo být — pro tento způsob sebevraždy tohle bylo ideální místo; navíc sebevraha nikdo nemusel pracně hledat; muselo ho být vidět hned ze schodiště. Teprve dnes si uvědomuji, že pro mne to bylo už tehdy strašidelné místo, i když až doposud jsem to přičítal jen té nehodě s Vaškem Vojtěchem a jeho krvácející noze. Po tom co dnes vím, je jím ještě o to strašidelnějším!

Nad schodištěm se nacházela terasa se zábradlím, z níž vedly dveře do několika dalších místností, kolik jich přesně bylo si už nepamatuji, bylo tam ale jistě pár pokojů pro hosty a dvě či tři menší komory, snad původně míněné pro služebnictvo. V pokojích pro hosty bydleli po jistý čas nám již známí Sorlotovi, kteří tolik pomohli mým rodičům s tím dostat se bez úhony z okupované Albánie. Konzul Sorlot se po válce ocitl v Praze služebně a otec manželům zřejmě oplácel za provedenou službu tím, že je na čas ubytoval. Co se s nimi později stalo, nevím, po převratu se nejspíš brzy vrátili do Francie. Vzpomínám si na jejich papouška, který se jmenoval, napíši to raději foneticky, Žako. Byl to šedý pták, který po většinu času okupoval vršek zábradlí nad schodištěm, po němž se procházel sem a tam, pokud mu to povoloval řetízek který měl u nohy. Brzy se naučil vyslovovat moje jméno, takže jakmile jsem se ocitl v jeho dohledu, začal na mne pokřikovat. Blízko k němu jsem se ale neodvažoval; byl jsem totiž varován, že Žako by mě mohl tím svým velkým zahnutým zobákem pořádně štípnout.

Lidé, kteří s námi bydleli na Šárecké, se neustále měnili. Po nějaký čas zde s námi také byla moje poloviční sestra Lada, poměrně dlouho zde pobýval můj bratranec Mirko Jandejsek, který v Praze studoval, také zde žila Naďa, sestra oné popálené Táni Pospíchalové, která byla údajně vynikající kartářkou a jasnovidkou. K tomu, abych si ji v tomto směru vyzkoušel, jsem ale nikdy příležitost neměl, takže to mám jen z druhé ruky. Přebývali tam s námi docela určitě i jiní lidé, příbuzní i nepříbuzní, některé z nich mám docela jasně před očima, na jména si ale už nevzpomínám. Pamatuji si také na jednoho mladého muže, myslím, že byl nějaký student, který se chystal večer na Silvestra kamsi ven. Když jsem se ho zeptal kam půjde, odpověděl, že se na něho dostal lístek na petřínskou rozhlednu, odkud bude moci spolu s jinými šťastlivci pozorovat to, jak se bude lámat století! Takže to muselo být buď ve 49 nebo v 50 roce — vzpomínáte na to, jak se různily názory o tom, kdy se vlastně začalo 21. století, jestli s koncem roku 1999 nebo až s tím příštím? Nemyslím si, že by byl o půl století dřív panoval na věc jednotný názor.

Nemohu vynechat zahradu. Parcela měla zadní část zkosenou, to je i dnes vidět na pohledu ze satelitu, také to, jak porostlá je i dnes stromy. Tehdy bývala také hodně zarostlá, byl tam jen takový menší palouček, který se končil jakousi velikou křovinatou jehličnatou klečí, říkali jsme tomu „lesík". Dalo se po něm lézt, houpat se na něm, schovávat se pod ním, prostě nádhera! Bylo tam víc stromů na něž se dalo lézt, opravdový klukovský ráj. I když, jak si vzpomínám, přišla si s námi jednou hrát Lída Líkařová, spolužačka z naší třídy, taková hezká blonďatá holčička. Postavila se, rozhlédla se kolem, vybrala si jeden z těch spíš obtížnějších stromů k vylezení, vykasala si sukni, nacpala si ji do spodničky a šups! Už byla na stromě. Tomuhle se anglicky říká "tomboy", čeština pro to výraz nemá, něco jako zašitý kluk. Kousek za domem bývalo kdysi dokonce i cosi jako bazén, který v lepších časech míval jistě pan továrník pečlivě udržovaný; v době kdy jsme se tam nastěhovali byl už ale zasypaný hlínou a shrabaným listím. Na vlastní bazén jsem si tak musel počkat až do Austrálie, kde se navíc dá takováto vymoženost daleko lépe využít.

Hanspaulský zámeček

Ve 49. roce jsem začal chodit do školy v Sušické ulici, takže jsem každého dne dvakrát prošel kolem malého barokního zámečku, který se nachází v Šárecké ulici č. 29, jen o pár set metrů dál. Jak jsem později zjistil, zámeček dal původně postavit v první polovině 18. století Jan Pavel (Hans Paul) Hippmann a po něm se vlastně celé čtvrti začalo říkat Hanspaulka. Majitel si svého letoviska asi příliš neužil, protože hned o několik let později se tam do sebe pustila dvě vojska, uherské a francouzské, která zámeček přitom vyrabovala a poškodila. Nedlouho nato zde tábořili pro změnu Prušáci, kteří natropili ještě větší škody. Je odtamtud náramný výhled na Prahu, proto tam asi tábořili.

Několikrát potom došlo ke změnu vlastnictví, až před necelými sto lety koupilo zámeček město a vzniklo zde archeologické muzeum. Tak jsem zámeček i poznal. Jednou nás tam paní učitelka vzala, podívat se na exponáty. Tedy, žádná paní, byla to už soudružka učitelka — na počátku druhé třídy v roce 1951 nám totiž oznámila (přišla jistě rovnou z letního soustředění nově, socialisticky smýšlejících pedagogů), "Tak děti, ode dneška jsme všichni soudruzi..." Ona potom byla od té doby soudružka učitelka, my jsme ale byli i nadále dětmi. Připadalo mi to tak nějak nespravedlivé...

Byly v tom zámečku vystaveny různé nástroje a artefakty z místních vykopávek, daleko nejlépe si ale pamatuji, že tam měli ve vitríně vystavenou nádhernou kostru skrčence. Ta mě přímo fascinovala. Za nějaký čas nato jsme se už odstěhovali ven z Prahy, ten skrčenec mi ale v paměti zůstal po celá dlouhá léta. Vidím jej svým vnitřním zrakem i dnes. Zámeček asi před dvaceti lety přešel do soukromého vlastnictví. Nyní se dozvídám, že je tam usazený Václav Klaus. Tak to na tomto světě chodívá, přestal být presidentem a stal se pouhým zemanem se sídlem na Hanspaulském zámku. Přeji mu to. Pokouším se o to, představit si ho jako aristokratického majitele (či je snad pouhým nájemcem?) této nemovitosti. Moc dobře mi to nejde. Pořád vidím toho skrčence...

Mezi Prahou a Berlínem (1949-50)

Prvním rokem jsem toho ve školní lavici moc nenaseděl. Táta už v té době byl generálním konzulem v Berlíně, kde trávil většinu času. Aby mohl mít kolem sebe i rodinu, dohodla se matka se školou, že mě bude vyučovat doma. Po příští rok jsme potom pobývali po menší polovinu času v Praze, kde jsem chodil do školy a větší polovinu v Berlíně, kde mě učila matka, podle osnov jichž se jí dostalo. Hodně času jsem také prožíval s naší služkou Frau Keller, která mě brala ven na procházky, atp. Konzulát se nacházel ve čtvrti Pankow, nad jeho místnostmi celé jedno patro domu zabíral rozsáhlý byt, který jsme obývali. Takže naše tříčlenná rodina měla k dispozici osm či devět pokojů, už si přesně nevzpomínám, s příslušenstvím. Ve své mladistvé bujarosti, pln nevybité energie, jsem si občas otevíral všechny dveře mezi jednotlivými místnostmi, abych mohl jimi probíhat, z jednoho konce bytu na druhý. Co jiného jsem mohl dělat, když jsem si většinou nemíval s kým hrát?

Čas od času přijímali naši návštěvy, nevím koho to hostili, obvykle jsem přitom totiž býval svěřen Frau Keller, která mě potom co nejdřív dostala do postele. Jednou, jak si dobře vzpomínám, pořádal konsulát v našem bytě oficiální recepci. Všechny místnosti, kromě obou ložnic, mé i rodičů, měly dveře otevřené, takže se mohlo všude procházet. Toho všeho místa bylo zapotřebí, protože pozvaných hostů byly asi tři stovky! Firma, která měla na starosti jídlo pro hosty, pokryla stoly kaviárem, humry, šunkou a podobnými věcmi, víno teklo proudy. Hádám, že také vodka i whisky, aby si přišli na své ruští, angličtí či američtí hosté. Jednalo se snad o státní svátek ČSR, proto také se mezi hosty nacházeli i ti nejvyšší představitelé a to jak německého státu tak i zastupitelství států které vládly nad jednotlivými zónami, na něž byl v té době Berlín ještě rozdělen (berlínská zeď měla přijít až asi o deset let později). Na následující událost, k níž přitom došlo, si pamatuji velice dobře.

Jakožto jediné přítomné a tudíž privilegované dítě, jsem měl zpočátku volnost pohybu, takže jsem se proplétal mezi nohama hostů uprostřed společnosti, která se rozlévala do všech volných místností, snad kromě té poslední, jakéhosi salónku, který některý z otcových předchůdců dal vybavit nábytkem připomínajícím rokokový, s plyšovanými židlemi a křesílky, to vše v příšerné růžové barvě, která mě dodnes straší. Strašila asi i ty hosty, protože salónek byl snad jedinou místností kam téměř nikdo nevstoupil. To mi vyhovovalo, protože jsem si zde mohl udělat základnu z níž jsem pořádal výpady do okolí. Při jednom z nich mě náhle uchopil pár pevných rukou, vyzdvihl mě a podal komusi jinému. Zjistil jsem, že se ze vzdálenosti několika centimetrů dívám na škaredě rudý bambulový nos a tvář, to celé posázené odpornými malými dírkami. Připadal jsem si jako bych se byl ocitl v moci nějakého zlého čaroděje. Rozbrečel jsem se. Tím pádem se přihnala odkudsi

Wilhelm Pieck

moje matka, která mě spěšně z té náruči přebrala, zatímco se omlouvala smějícímu se černokněžníkovi. Jak jsem se později dozvěděl, ten nevzhledný pán byl prezident NDR Wilhelm Pieck. Ten bambulový nos je docela jasně patrný i na tehdejší censurou jistě silně vyretušovaném obrázku. Mezinárodní incident jsem ale se svým nediplomatickým jednáním asi nezapříčinil.

Na to, jak si vedl otec ve svém diplomatickém povolání, pochopitelně komentovat moc nemohu, vím ale to, že si užíval svých tímto nabytých privilegií jak se patřilo. Na víkendy se často jezdívalo ke Krakowskému jezeru, asi 200 km na severozápad od Berlína. Čs. diplomatická mise tam měla jakési malé rekreační středisko s několika domy. Dodnes si pamatuji, že správce střediska se jmenoval Bohl a že měl dospívající dceru Anabel. Také to, jak si otec najal jeden z menších okolních rybníků, kde mohl nerušeně lovit kapry a štiky. Jednou mě vzal sebou na lov, moc jsme toho ale nechytili. Chodil dokonce i s kulovnicí na divočáky a za jedinou sezónu jich prý zastřelil třináct! Tuhle jeho stránku jsem nepoznal a dnes mi tak trochu i vadí. Několik kůží jsme měli doma ještě po letech. Chápu, že se to tak v té době nosilo, aspoň v těchto částech Evropy a určitě v Rusku, kde je třeba lov medvědů mezi politiky populární dodnes. A on se sovětskými diplomaty i různými více či méně zamaskovanými agenty, musel přece jednat prakticky každý den! Jak bych mu mohl mít za zlé, že potom šel střílet prasata?

Také si dost živě pamatuji, jak jsme šli jednou na jakési slavnosti, které se pořádaly na louce nedaleko jezera. Konaly se tam různé závody pro mládež, v běhu, ve šplhání po tyčích, skákání v pytlích atp. Dodnes mám před očima obraz náramně špinavého kluka v otrhaných šatech, který vyhrál jednu ze soutěží. Vítězům jednotlivých disciplin se dostávalo za odměnu takových hnědých plochých kulatých koláčů či koblih, poměrně velikých, s trochou zavařeniny uprostřed. Nijak zvlášť lákavé mi nepřipadaly, já jsem ale hladový nebyl. Ten kluk jistě byl a tak nemohl spustit oči z toho koláče. Když mu jej konečně podali, zakousl se do něj s takovou vervou, že si málem vyvrátil sanici. Buď chudák musel mít opravdu veliký hlad nebo to pro dítě v poválečném Německu byla náramná vzácnost. Nejspíš to bylo obojí...

Otcova náhlá smrt (7. srpna 1950)

Párkrát se zajelo až do Warnemünde k Severnímu moři — táta měl tehdy černého bavoráka se šoférem jménem Exner, který nosil takové ty správné kalhoty a holínky, jak se na šoféra slušelo, jaké také nosíval ve stejnou dobu v Hollywoodu šofér Marlene Dietrichové. Potom jednou nás tam táta s Exnerem odvezli — měli jsme tam s mámou zůstat asi týden v jednom hotýlku blízko pláže. Za dva dny nato se ale dostavil náhle samotný Exner s autem, aby nás odvezl zpátky do Berlína. Máma mi cestou, mezi záchvaty pláče, sdělila, že nám táta umřel. Bylo mi tehdy asi sedm a půl, moc jsem tomu nerozuměl, tátu jsem potom uviděl mrtvého ležet na posteli, už oblečeného do rakve, vypadal jako by byl z vosku. Máma se k němu s pláčem vrhla, stál jsem tam jen jako omráčený. Frau Keller potom matce říkala, že mu kolem půlnoci přinesla nějaký nápoj do postele, že jí poděkoval, usmál se a náhle mu prý spadla hlava stranou. Časem se ale proslechlo, že nedlouho před smrtí ho navštívili doma dva pánové, že tam pobyli nějaký čas a zase odešli. Kdo byli tito lidé a o co šlo, se neví. Jestli si předtím než odešli ještě promluvili s Frau Keller, je těžké dnes říci...

Když jsem po asi dvaceti letech nato přišel do Londýna, potkal jsem se s několika lidmi, kteří otce znali ještě z války, ale také z jiných časů. Jeden z nich, který mi připadal věrohodný, mi řekl, že si je jistý tím, že táta pracoval pro britskou špionážní službu. A že za to zaplatil životem. V Berlíně kolem roku 1950 se to špióny muselo přímo hemžit, takže je to opravdu dosti pravděpodobné. Vzhledem k tomu, že za války byl minimálně jednou velitelem při tajné misi, což mám potvrzené, přikláním se k tomu názoru, že tomu tak bylo. To by ovšem bylo znamenalo, že jeho šance na přežití by byla minimální. Jedné ze stran, případně oběma stranám, by se byl asi stal v nějakém bodě nepohodlným tím, co věděl. V Československu v padesátých letech by mu asi bylo štěstí nekvetlo. Ať už byl otec špiónem či ne, za žádných okolností si nedovedu představit, že by byl se svojí minulostí jako důstojník zahraničních jednotek na západní frontě přežil dlouho za komunismu jako čs. diplomat. Je i docela pravděpodobné, že by se byl mohl stát jedním z obžalovaných v procesech padesátých let. Ti kteří byli v západní armádě to neměli lehké, málokterý z těch, kteří něco znamenali, unikl vězení. Případně i oprátce, která například čekala otcova kolegu Otto Fischla, který byl právě v té době také v Berlíně, krátce i jako velvyslanec a který skončil na popravišti po procesu se Slánským. Lidé v podobných pozicích obvykle uprchli na Západ, tak jak to udělal otcův někdejší bělehradský představený Josef Korbel, otec Madelaine Albrightové, či jak učinil Bohuslav Kratochvíl, do roku 1949 velvyslanec v Británii a až do roku 1951 v Indii, s nímž jsem se seznámil v Londýně – o tom ale jinde.

Matka mi později tvrdila, že otce zapřísahala k tomu, aby z Berlína a z ČSR vůbec odešel, byla si jista tím, že příležitostí k tomu měl spousty. Otci by bylo přece stačilo nás posadit do auta a šoférovi Exnerovi nařídit, aby jel do americké zóny; tam požádat o asyl. Jednou jí prý ale táta ve slabší chvilce řekl, „víš, já ještě nemůžu!" Když na něj naléhala, aby jí pověděl víc, odmlčel se a už z něho nic víc nedostala. Už proto byla i ona přesvědčena, že s jeho smrtí to nebylo tak, jak jí to bylo podáno. Žádná pitva se nekonala, otec oficiálně zemřel na mozkovou mrtvici. V okamžiku jeho smrti, pokud ten se dá určit, spadl prý v pracovně tátova tehdejšího nejlepšího přítele, který byl lékařem, se stěny obraz...

Státní pohřeb v berlínském krematoriu.

V Berlíně se konal státní pohřeb, na obrázku *(nahoře)* vypadám tak nějak jako bych tam nepatřil, vtlačený mezi matkou za tmavým závojem a Frau Keller, ve společnosti černě oděných vážně se tvářících pánů. Otcovy zpopelněné ostatky jsme si s matkou odvezli do Prahy, později byly uloženy do rodinné hrobky na Zbraslavi, kam vedle ní v roce 1992 přibyla i urna s matčiným popelem; sám jsem ji tam ukládal. Všiml jsem si přitom, že hned vedle naší hrobky byl tehdy ještě čerstvě navršený hrob Jaromíra Vejvody, skladatele písně Škoda lásky, která jako Roll Out the Barrels! *(Vyvalte sudy!)* doprovázela vojska ve 2. světové válce na frontu!

Otcova kniha

Z toho co jsem až doposud napsal musí být jasné, že svého otce jsem bohužel neměl možnost osobně poznat příliš dobře. Při svém povolání diplomata se doma moc často nevyskytoval. Když v roce 1950 zemřel, bylo mi teprve sedm let. Mám na něho jen několik přímých vzpomínek, zbylo mi po něm dost fotografií, různé dokumenty a dekrety, některé z nichž zde otiskuji, hromádka dopisů a pohlednic, které posílal z různých koutů světa mojí matce i jiným členům rodiny a jeden kreslený portrét, který pořídil Velen Fanderlik, známý také jako propagátor skautského hnutí, který dožil svůj život v Kanadě. Nejlépe dokumentováno mám pochopitelně posledních dvanáct let otcova života, od svatby s matkou v roce 1938, až do jeho smrti. O tom, co bylo předtím, mi něco matka pověděla a něco i napsala. Z dob předtím než se moji rodiče potkali toho vím poměrně nejvíc od jedné z mých tet, otcovy nejmladší sestry Jaroslavy.

Již od mládí jsem z tohoto zdroje věděl o tom, že otec napsal někdy v polovině třicátých let knihu, o níž teta věděla jen tolik, že se mělo jednat o autobiografický román, odehrávající se na severním Slovensku, kde její bratr, jak již víme, sloužil krátce po skončení první světové války jako důstojník pohraničních jednotek, které zajišťovaly hranice mezi nedávno předtím vytvořenou Československou republikou a Polskem. Podle toho, co mi teta vyprávěla, vydání knihy tehdy znemožnila německá okupace; po válce a zejména po komunistickém převratu, už také neměla kniha šanci vyjít. Proč tomu tak bylo? O tom, že dvě bratrské země by kdy byly mohly mít nějaké vážné problémy, se za minulého režimu celkem pochopitelně nepsalo a dnes, téměř po sto letech, o tom ví asi už jen hrstka dějepisců.

Teta nevěděla nic o tom, kde by se rukopis knihy mohl nacházet, ani zda vůbec ještě existuje. Domnívala se, že jej otec snad i zničil, což by bylo bývalo z jeho hlediska celkem pochopitelné a asi i rozumné. Po dlouhá léta jsem proto žil v tomto domnění; otcova kniha se pro mne přitom postupně stávala jen jakousi rodinnou legendou, o jejíž pravdivosti jsem začínal mít nakonec i vážné pochybnosti. Říkal jsem si, že teta třeba trochu přeháněla, otec že možná kdysi začal něco psát a jak se mnohdy a mnohým z nás stává, nedopsal. Pro tetu byl můj otec nesmírným hrdinou, dotáhl to přece jen z celé rodiny daleko nejvýše, stal se diplomatem, dokonce byl jmenován generálním konzulem! Nebylo by tedy divu, kdyby si stárnoucí teta k již beztak barvitému vyprávění o jistě nevšední osobnosti mého ploditele a o jeho pouti životem, která vedla přes řadu evropských zemí, někde něco přidala. Takto jsem na záležitost otcova zmizelého románu nahlížel, když jsem v roce 1969 jako šestadvacetiletý mladý muž, opouštěl republiku a vydával se na svou vlastní dobrodružnou pouť, která mne nakonec zavedla ještě dále, až do Austrálie.

Žil jsem již asi pět let v australském Brisbane, když se koncem sedmdesátých let znenadání rukopis knihy našel! V Praze zemřel dávný přítel mého otce Julius Dolanský, profesor slavistiky na Karlově univerzitě. Jeho manželka Jelena Holečková-Dolanská, profesorka operního zpěvu na AMU, jejímž soukromým žákem jsem kdysi byl, se probírala písemnostmi, které její manžel zanechal a objevila přitom pohřešovaný rukopis otcovy knihy. Spojila se s mojí matkou, které se právě v té době konečně podařilo si na úřadech vymoci povolení k návštěvě syna v Austrálii a rukopis knihy jí předala. Matka potom rukopis na opačnou stranu zeměkoule propašovala na dně kufru. Zde je malá ukázka — musím podotknout, že si otec jako spisovatel příliš nefandil a že o moderní psychologii a kladném přístupu k věcem toho asi moc nevěděl:

Úvod jako doslov

Nejsem pěstitelem slov. Prosím čtenáře, aby mi prominuli suchopárnost. Kdybych byl od přírody plantážníkem tvarů, vypěstoval bych květná slova čiperných barev, umělecky pokroutil lodyhy a dal lístkům slov nové, roztodivné tvary.

Při popisování krajiny a lidu, který mám rád, jsem chudý v slově. Jsou dva druhy lidí. Jedni znají přitažlivost Tater a Přítatří, pro ty je můj popis chabý, tudíž zbytečný. Druzí tam ještě nebyli, těm je tím zbytečnějším, jelikož neumělejší.

Osoby uvedené na scénu žily všechny a žijí většinou dosud. Že měly jiné jméno po otci - na tom nezáleží.

Je téměř úplnou pravdou vše, co napsáno. Zmýlil-li jsem se v něčem, pak je to vinou paměti hrdiny tohoto vyprávění, který vše zažil do podrobností. Pokud vím, má paměť výbornou, proto bude vše blízko pravdy. Ovšem, mýliti se v drobnostech je všelidskou chybou.

Po létech, když nové hranice byly již ustáleny, seznámil se hrdina s jedním z vedoucích činitelů legie z tábora za hranicí, tenkráte nepřátelského. Byl překvapen, když v něm poznal jednoho z vůbec nejlepších lidí. Dedukoval z toho - a zajisté správně - že mohl-li býti člověk tak dobrý a mírný důstojníkem u legie nám Čechoslovákům tolik nepříjemné nehezkými kousky, pak se vše dělo na rozkaz shora, které on pouze dále předával anebo vyplňoval.

Že ploval v proudu, který jiní, mocnější, spustili.

****

„Naše postavení je dosti obtížné. Celý tento hraniční oblouk, který ukazuji, je obsazen pouze naším praporem. Stav mužstva u rot je dosti vysoký, lidský materiál dobrý. Samí frontoví vojáci, disciplina pevná.

Moraváci a Slováci. Dobře oblečeni, mají italské uniformy. Naše síla ale už dávno neodpovídá délce úseku a polským silám naproti. Polské pohraniční posádky zde za Beskydem jsou početně o mnoho silnější. Výzbroj mají dobrou, dokonce i dělostřelectvo nablízku. Naše svízel spočívá v tom, že máme v každé pohraniční dědině jen slabounké posádky o několika mužích s poddůstojníkem. Každá posádka musí nejen střežit několik kilometrů hranic, ale udržovat i spojení na obě strany se sousedními oddíly a vzad s velitelstvím podúseku. Terén je horský, obtížný a zalesněný, služba těžká, ale jde to, chlapci se drží.

Největší problém mám na pravém křídle úseku. Tam stojí na polské straně kromě řádného vojska také zvláštní útvar, který má středisko zde, vidíš, v Černém Dunajci. Tam je ubytován. Říkají tomu spiššsko-oravská legie. Oblékli je do polských uniforem, výzbroj mají jako řadové vojsko, plat dostávají větší nežli polská pěchota. Legie je složena z elementů tobě jistě dobře známých. Nepokojní, draví, bez kázně a tudíž bez svědomí mimo vlastní útvar. Polským agitátorům se sliby lehce zdařilo sehnat spodinu zdejšího kraje, lidi hnusící si polní práci či propuštěné vojáky. Slíbili jim i beztrestnost při výstřelcích, které páchají na našem území. To víš, že na polské půdě nic neudělají, byli by trestáni. Jejich úkolem je znepokojovat obyvatelstvo na naší straně a vytvářet náladu pro Poláky, pro připojení. Jejich metody jsou ovšem tím nejlepším agitačním prostředkem ne pro ně, ale pro nás. Každý měl války dost a i zdejší sedlák už je sytý rvanic, ovšem s výjimkou tajných agitátorů či příbuzných legionářů, kteří slibují ráj každému, kdo se proti nám zdvihne.

Naši vojáci zde zastávají všechno, finanční pohraniční stráž tu není. Podle rozkazů vycházejí dobře s obyvatelstvem, až doposud jsem neměl na ně jedinou stížnost. Naštěstí jsou mezi nimi většinou selští synkové z Moravy a Pováží. Sedlák je všude stejný.

Tady na mapě se můžeš podívat jak vyšší kopce tatranského předhoří spadají do podhorské krabatiny zakopanské. Okolo planinky Černého Dunajce jsopu většinou lesnaté svahy. Zde, mezi Podvilkem a Pekelníkem, je to zlé. Několik uprchlíků z Pekelníka a Jablonký zná výborně terén, každý výmol i křížek. Je pro ně proto snadné naše stráže znenadání napadat ze zálohy, jak to dělají všichni záškodníci. Od svých spojenců na naší straně si získají informace, takže mohou plánovat náhlé přepady ze skrytu, s prudkou palbou pušek na naše stráže. Otevřeného boje se bojí, kůži nevystavují.

Bude i tvým úkolem, abys kromě střežení hranic a bezpečnosti po goralských dědinách udělal přítrž náběhům té „legie". Od zítřka jsi zodpovědný za všechno, co se přihodí od východního svahu Babia Góry, obloukem přes Zubrici, tvoje stanoviště Podvilk, Sarňu, Harkabuz, až k prvním domkům dědiny Podskle. Podskle samotné už *připadá tvému sousedovi napravo, který má nejhorší díl, Podskle - Pekelník. To jméno opravdu přiléhá. Příležitostně se při pochůzce zastav a seznam se s podporučíkem Srncem, který sedí v Pekelníku. Ten už zná úskoky legie a může ti pomoci radou i zkušeností, to pro začátek potřebuješ. Já ti toho o legii ani zdaleka tolik nemohu povědět. Jak jsem už řekl, budeš sedět v Podvilku, uprostřed. Srnec a ty jste oba podřízeni poručíkovi Fraňkovi v Jablonce.“*

Major se po dlouhém, nepřetržitém projevu odmlčel, když předtím při slově Podvilk s důrazem ťukl na malé kolečko na speciální mapě, podle něhož vedla tečka, čárka, tečka, čárka. Říšská hranice. Napřímil svoje hubené tělo s nemajorsky propadlým břichem a zavrtal pohled do brýlí mapou se dosud pozorně zabývajícího poručíka Černého.

****

Kniha je zajímavým dokumentem místa, doby a hlavně událostí, o nichž se dnes stěží něco ví, snad kromě základních údajů v análech historie. Poněkud zastaralý jazyk jsem ponechal beze změn. Otec pro mne stále představuje velkou neznámou. Vím jedno: byl náramným vlastencem. To se také na mnoha místech projevuje v jeho knize, dokonce natolik, že to člověka jakým jsem já a navíc i v dnešní době, spíš odrazuje. Konec konců, okolnosti mi umožnily dostat se v zeměpisném smyslu o trochu dál než kam se dostal táta. Zažil jsem navíc ony časy komunistického temna, jichž se on už nedožil, pouze se jich dotkl. Mohl leccos z toho co mělo přijít třeba i vytušit, jenže v kruzích v nichž se pohyboval, asi všechno vypadalo docela jinak, než jak to prožíval obyčejný člověk.

Po tátově smrti jsme se z Berlína vrátili do domu v Šárecké ulici. Všechno bylo najednou jinak. Náš životní standard prudce poklesl. Ještě nedlouho předtím jsme měli k dispozici celou rozsáhlou vilu v jedné z nejlepších pražských čtvrtí, v Berlíně zase podobně rozlehlý byt. Nyní nám zůstaly dva pokoje v přízemí, které nám bytový úřad laskavě ponechal za takové měsíční nájemné, jaké si matka mohla dovolit. Po otci totiž nezůstalo skoro nic, spíš jen nějaké dluhy. Táta dovedl peníze vydělávat, uměl je ale také ohromně rychle utrácet. Něco z dluhů, které nadělal v Artii (předchůdci Tuzexu) musela matka podle soudního příkazu splácet ještě léta po jeho smrti! Jiným problémem se ukázalo být béemvéčko, které koupil v Německu a které tam bylo registrované. Máma auto nechala dovézt do Prahy a doufala, že z prodeje získá nějaké peníze, které opravdu nutně potřebovala. Celnice si ale za bavoráka naúčtovala takový poplatek za dovoz, že měla nakonec štěstí když se našel kupec, který zaplatil za vůz dost, aby mohla ona zaplatit dovozní daň celnici, takže nám nezůstala z prodeje ani koruna.

V 51. roce jsem měl namále. Dostal jsem zánět slepého střeva, Diagnóza rychle ke mně přivolané mladé lékařky z pohotovosti byla, že se jedná o počátek žloutenky. Nařídila, aby mi matka dávala horké obklady na břicho. To byl, jak jsem se později dozvěděl, pravý opak toho co měla doporučit — při zánětu slepého střeva se dávají na břicho studené obklady! Dodnes si vzpomínám na to, jak moc jsem proto trpěl bolestmi. Zoufalá matka telefonovala jednomu dobrému známému z válečných časů, který zavolal svému známému doktorovi, který ke mně ihned přijel. Nečekal ani na žádnou sanitku, naložil mě do svého auta a odvezl do nemocnice a rovnou na operační sál. Zánět na slepém střevě totiž mezitím už byl prasklý, byl z toho navíc zánět pobřišnice; kdybych se byl dostal do nemocnice jen o pár hodin později, už by prý bylo pozdě! Zachránila mě okamžitá operace a také antibiotikum streptomycin, objevený právě v roce mého narození. V nemocnici jsem si tehdy poležel asi tři týdny.

Byly to v mnoha směrech krušné časy. Matce vyměřili vdovskou penzi v té nejnižší možné kategorii, po měnové reformě činila necelých sedm set korun, pokud si správně vzpomínám, což nám stěží stačilo na přežití. Humři a uzení lososi se kamsi vytratili a s nimi byl voda odplavila i kaviár. Mojí pochoutkou se stal obyčejný chléb namazaný máslem, který jsem si trochu okořenil několika kapkami Maggi. Dnes si říkám, jak bych byl asi v té době ocenil ryze australský vynález, zvaný Vegemite. To je takový výtažek z kvasnic, který kdosi vymyslil málem před stoletím a který se zde ujal, podobně jako v Česku švýcarské Maggi. Milují to tu zejména děti, je to slaná, černá pomazánka, takže malé dítě, které se právě cpalo houskou s máslem a Vegemitem, je proto vždycky k poznání. Šťastnému a spokojenému člověku se dokonce v této zemi říká "happy little vegemite". Navodí to totiž ihned před vnitřním zrakem obrázek hnědou pastou pomazané, ale navýsost šťastné, dětské tváře. Australané žijící v cizině, kde Vegemite nebývá běžně k dostání, si jej vozí s sebou nebo nechávají posílat — když jsme později jeli do Česka s tehdy asi pětiletým synem, vezli jsme také sebou velkou sklenici Vegemitu. Kromě mne se s nikým o ni Darius dělit nemusel, Čechům to naštěstí nechutnalo...

Mně ale tehdy stačilo ke spokojenosti docela málo i bez Vegemitu. Zahrada, na níž jsem si tolik rád hrával, tam stále ještě byla. Stejně tak asfaltová silnice před domem, po níž jsme jezdili na kolech (matce se nějak podařilo mi na kolo ušetřit) což, pokud jste nespadli a neodřeli se na asfaltovém povrchu, byla v té době pro dítě poměrně bezpečná činnost, protože auta skoro žádná nejezdila. (Vzpomínám si, jak ještě za tátova života jsme jednou večer čekali na to, až ho šofér Exner přiveze

z Berlína a každých deset minut jsme slyšeli někde nějaký motor v běhu
a už jsme se radovali, ale pokaždé byli zklamáni, když se zvuk vytratil.
Nakonec dorazilo to jediné auto které toho večera projelo naší ulicí a byl
to táta!) Na černé asfaltové silnici jsme také malovali různé výtvory — to
když jsem jednou náhodou objevil na procházce nedalekým Šáreckým
údolím se sestřenicí Ninou, která k nám občas chodila, ložisko kamene
jímž se dalo psát skoro jako křídou. Dnes bychom se takto jistě
kvalifikovali jako „graffiti artists". Jak jsem zjistil dodatečně, česky se
dnes takovýmto lidem většinou říká „sprejer", což jistě také pochází
z angličtiny. Dal bych ale tomuto výrazu přednost — myslím si totiž, že
slovo „artist" neboli umělec, je příliš noblesní než aby se hodilo k popisu
toho, co vidím jako vandalství.

Matka, na rozdíl ode mne, nijak šťastná nebyla. S otcovou smrtí se
vyrovnávala velice těžce. K tomu všemu, bytový úřad nastěhoval do
patra nad nás dosti velikou rodinu původem odkudsi ze Žižkova (aspoň
tak podle ní zněla jejich řeč). Ti se sice na Hanspaulce vyjímali asi tak
jako Hotentoti v norské tundře, nijak zvlášť si s tím ale hlavy
nezatěžovali. Mně to také nevadilo. K rodině patřili také dva hoši
zhruba mého věku, s nimiž jsem se celkem shodl a to, že se příliš často
nemyli ani nekoupali, mi nijak proti mysli nebylo. Koupat se ani dost
dobře nemohli, protože, jak jsem zjistil, vana v naší bývalé koupelně
nyní sloužila jako skladiště brambor! Mámě jsem o tomto svém objevu
raději ani nic neřekl.

✳✳✳✳

3. MOJE RODINA (18-21 století)

Běžně se tvrdí, že zatímco své přátele si můžeme vybírat, s rodinou, kterou pro jednou máme, nemůžeme nic dělat. Prostě ji máme. Zdá se mi, že větší část lidstva je také toho názoru, že o tom do jaké rodiny se dostaneme, rozhoduje náhoda. S tím už bych si zdaleka nebyl tak jistý. Čím déle jsem na tomto světě, tím více si uvědomuji, že s tak zvanými náhodami se to má trochu jinak než jak si to lidé představují. Že žádné náhody vlastně neexistují, že vše je následkem toho, co předcházelo, že vše má svou příčinu! Mnohdy nám něco může připadat jako pouhá náhoda, myslím si ale, že je tomu tak jen proto, že nevidíme opravdové příčiny které za tím stály, že ty nám zůstávají skryty. Metafyzické úvahy bych si ale raději měl nechat až na poslední kapitolu.

Odkud se vzali Koreisové?

Či snad Korejsové? Pokud vím, dědeček, který býval regenschorim na Zbraslavi, se psal s "i" Stejně tak i jeho dědeček, můj pradědeček, který býval správcem královských vodních děl v Praze. O tom mám písemné důkazy. Můj dědeček se zřejmě musel považovat za velikého českého vlastence. To lze uhodnout z toho, že dával svým dětem, jichž zplodil dvanáct přeživších, jména jako Dalibor (můj otec), Přemysl, Lumír, Rostislav, Záboj, Milada, atp. Otec s tím Vojenem už jen v téhle tradici pokračoval, když mě nechal pojmenovat po čtvrtém panovníkovi dynastie Přemyslovců. Jako střední jméno mám na svém rodném listě Slobodan. Otec prý, podle matky, uvažoval takto: je válka, tedy Vojen, přijde ale svoboda, tedy Slobodan. Aby v tom byla rovnováha. Pokud jde o to příjmení, zhruba v ten stejný čas se zřejmě rozhodl pro verzi, která mu asi připadala více česká, tu s "j".

O původu příjmení Korejs či Koreis, existuje hned několik teorií. Poměrně nejpřijatelnější mi připadá ta, podle níž by jméno mohlo být keltského původu, jsou zde ale i četné jiné možnosti. Mohlo by být jak původu latinského, řeckého, tak možná i hebrejského. Moji předkové mohli docela dobře přijít do Čech z Holandska někdy během třicetileté války, což tvrdila moje matka, jak se to dozvěděla, to ale nevím. Mohli právě tak přijít z Litvy, případně z Lotyšska, protože zde všude se vyskytují jména podobná. Vyskytují se ostatně i v Německu. Jakýsi Koreis, žijící v Kanadě, si mě kdysi našel na internetu a poslal mi výstřižek z německých novin, na němž byl obrázek ze sjezdu, který svolali němečtí Koreisové. Ti si podle něho mysleli, že nějaký náš společný předek, jakýsi Prakoreis nebo Protokoreis, pocházel z Řecka. Možné by to sice bylo, možné je ale i leccos jiného. Jednou z možností je dokonce i původ český. Koncovka "ajs" či "ejs" vznikala prý spontánně v těch oblastech, kde se mísil český a německý jazyk, takže se přenesla do rodových jmen. Nejdůležitější je proto nalézt jádro tohoto jména a tím by mohlo být právě to – tedy jádro. "Kor, korý, okoralý", to vše značí tvrdý, neústupný, tedy jaderný. V angličtině se také nachází slovo "core", podobně znějící i s podobným významem – toto slovo rovněž značí "jádro", tedy opět něco tvrdého, neměnného. Takže rozhodně by to nevypadalo na jméno, za jaké by se člověk musel stydět. Jsou zde ale i jiné možnosti. Mohlo by být jednak původu latinského, možná řeckého, snad i hebrejského. Další možnosti se nabízejí, když se místo fonetického českého "k" vsadí "c", což bývá pravidlem v mnoha jiných jazycích. Potom se totiž dostaneme až ke jménům jakými jsou například Corris či Corres. To první by mohlo docela dobře být irské — opět ten možný keltský původ, zatímco to druhé zní španělsky.

V dnešní době se stále více rozmáhá vyhledávání předků, což je umožněno zejména tím, jak se digitalizují původní záznamy, což značně usnadňuje přístup. Ne všude ale to postupuje stejným tempem, takže může mít člověk štěstí a objevit toho hodně o svých předcích, nebo také může mít smůlu a zůstat beznadějně viset někde na přelomu 19. a 20. století. Je nutné mít trpělivost. Existují už také statistické údaje o výskytu jmen podle oblastí. Jak daleko přesné jsou to nevím, troufám si ale hádat, že že asi celkem budou odpovídat skutečnosti. Lidé se ovšem stěhují mnohem častěji než tomu bylo v minulosti a stěhují se také do větších vzdáleností (podívejte se na mne!) Podle těchto statistik se Koreisů či Korejsů (ti druzí jsou o dost hojnější) na území republiky vyskytuje asi 150, nejvíc z nich v Praze a na jih od Prahy, dost jich je také roztroušeno po severních Čechách. Naše část rodiny zřejmě pocházela původně z Příbrami.

Rodinné legendy

O tom, jak se můj pradědeček dostal do Prahy, se v naší rodině vyprávěla následující legenda. Praděd Jaroslav Koreis byl původně nad--důlním v Příbrami, kde byla rodina usazena po několik generací, jak se zdá. Dodnes se tam nacházejí Koreisové či Korejsové roztroušeni po okolí tohoto původně hornického města, kam nejspíš přišli kdysi za prací. Typicky, Korejsové mívají či měli něco co dělat buď s dolováním nebo z nich bývají umělci, často hudebníci. Praděd s kolegou prý byli na návštěvě v Praze, kde se v hospodě probírala událost k níž došlo v polské Veličce – Bochuni, kde se nacházely solné doly. Jeden z důležitých dolů zaplavila voda. Naši dva důlní experti vyjádřili nahlas své přesvědčení, že by si jistě s takovouto maličkostí dokázali poradit pohnutím malíčku levé ruky. Museli znít sebevědomě a asi na nich nějaká ta odbornost byla znát, v každém případě si k nim přisedl jakýsi pán, který zaváněl důležitostí. Vyzval je, aby šli s ním na jakési ministerstvo, kde měl nějaké vysoké postavení. Odtud je vypravili do Věličky, kde se měli ujmout úkolu, nad nímž si lámaly hlavy různí důlní experti už po delší čas.

Ukázalo se, že ani obě ruce jim nestačí, protože nic z toho co zkusili nefungovalo. Voda prosakovala jednou ze stěn i nadále. Potom přišel ten spásný nápad! Odkudsi z Uherska si nechali přivézt několik vagónů plných pláství špeku z maďarských bagounů. Z nich postavili zeď na tom místě, kde voda nejvíc prosakovala. Tu zpevnili jinou zdí. Potom už se voda dala vypumpovat, takže důlní práce mohly pokračovat. Nohy prý měli celé solí poničené, zato dostali dobře zaplaceno a nejen to. Pradědův kolega dostal místo správce vily v Terstu, která patřila císařské rodině, zatímco praděd se stal správcem císařských vodních děl v Praze. Tak to stojí i na parte z roku 1890, které kdesi mám a nemohu nalézt a kde se jeho jméno definitivně píše jako Koreis.

Jiná legenda se týká mého prastrýce Josefa, jehož otec pracoval jako správce na zámku Konopišti. Josef si jako dítě kdesi v zámeckých zahradách pěstoval králíky. Jednou dlel na zámku korunní princ Rudolf, který Josefovi jednoho z králíků zastřelil. Chlapce kompenzoval tím, že mu daroval zlatý dukát. Hoch se mu velice zamlouval, takže se s jeho otcem dohodli na tom, že až Josef doroste vezme si ho princ za komorníka. Což se stalo. Následkem toho byl prastrýc Josef při oné proslulé události známé jako Mayerlinská tragédie. Došlo k ní v roce 1889, když v loveckém zámku uprostřed Vídeňského lesa byla ráno objevena mrtvá těla jediného syna císaře France Josefa I. a následníka trůnu, spolu se sedmnáctiletou Marií baronkou von Vetsera, která byla jeho milenkou. O tom, co se opravdu stalo té noci v tomto zámečku, se dodnes vedou debaty. Jednou z mnoha teorií je ta, že se ve skutečnosti jednalo o politickou vraždu, která byla zaranžována tak, aby to vypadalo jako vražda a sebevražda. V každém případě by asi dějiny vyhlížely jinak, kdyby se byl poměrně liberální Rudolf ujal trůnu.

Prastrýc Josef musel být v té době velmi mladý, asi tak kolem dvacítky. Je docela možné, že to byl právě on, kdo přišel na to, že něco není v pořádku a že uvědomil ostatní služebnictvo. Co o tragedii věděl, se ale od něho nikdo nikdy nedozvěděl. Císař si všechny lidi kolem svého mrtvého syna povolal do Vídně, kde mu museli přísahat, že nikdy nic nevyzradí. Ze služby je propustil a každému z nich dal jiné zaměstnání. Josef se tak dostal na pražský berní úřad, jehož se později stal ředitelem. Dalo by se asi předpokládat, že nějaký ten bretschneider se o něho občas otřel, aby se císařská tajná služba ujistila, že své slovo dané císaři pevně dodržuje. Kdyby se bylo něco podobného stalo o půlstoletí později, asi by si s těmito lidmi poradili jinak a nejspíš by se s nimi moc nepárali!

Dědeček byl regenschorim na Zbraslavi

Pokud jde o jmenování dětí, zdá se. že v tom si dědeček Jaroslav Koreis vypěstoval docela slušnou praxi, protože těch dětí zplodil a pojmenoval celkem dvanáct. A to ještě jich několik v útlém věku zemřelo! Nemusím snad ani podotýkat, že byl můj dědeček katolíkem a to ne jen katolíkem ledajakým. V kostele a okolo kostela svatého Jakuba na Zbraslavi, kde byl někdy od poloviny devadesátých let předminulého století regenschorim, strávil větší část svého života. Mohlo se to přitom vyvíjet docela jinak, kdyby byl dědeček dokázal krotit své sexuální vášně. Vrcholila prudérní Viktoriánská doba, takže o okolnostech jeho úletu v poměrně raném věku panovalo v rodině uctivé mlčení, nicméně se v ní tradovalo, že děda měl brzy po dokončení studia na pražské konzervatoři odjet do Ruska, kde měl u carského orchestru v Petrohradě už zjednané místo jako trumpetista. Sešlo z toho ale když se ukázalo, že nějakým způsobem (s ohledem na to, že se stále ještě nacházíme v době viktoriánské, se raději nebudu rozšiřovat o tom, jakým způsobem) učinil babičku samo-druhou.

Otec se svými pěti sestrami těsně po válce.

Buď se ukázal být náramným charakterem nebo si na něho budoucí tchán tvrdě došlápl, v každém případě si děda gravidní babičku vzal — původem byla odkudsi ze Slovenska a jmenovala se Léblová (že bych snad v sobě měl také trochu židovské krve?). Do Petrohradu děda proto neodjel, vzal raději místo regenschoriho na Zbraslavi, které se mu naskytlo. Výstřel z Aurory, k němuž došlo o nějaká dvě desetiletí později, se ho proto tudíž dotkl jen vzdáleně. Všechno ovšem mohlo být docela jinak...

Když právě nehrál na varhany, nedirigoval či neučil malé žáčky hrát na různé nástroje, trávil potom děda většinu času na faře, kde prý společně s panem farářem a ředitelem školy hrávali karty. Co vlastně hráli to jistě nevím, nejspíš asi mariáš. Podstatné je, že přitom vypili značné množství piva (na víkend si prý kupovali celé „štěně" ležáku a pokud to bylo aktuální, společně křísili polozapomenutá staročeská jména, aby je mohly dostat děti, které dědovi babička pravidelně rodila. Můj otec by v tom nejspíš pokračoval, kdyby byl jen měl k tomu víc příležitostí. Jenže nebyl ale zdaleka tolik plodný jako jeho rodič, asi proto, že zaujal k věcem jiný přístup. Oné svaté povinnosti každého katolíka přivádět na svět četné potomky se můj táta zbavil radikálně tím způsobem, že z církve vystoupil už někdy ve dvacátých létech století. Příliš originální čin to ale nebyl — v té době se stalo vystupování z církve silně módní záležitostí!

Můj otec Dalibor (1897-1950)

Na konci 19. století byla Zbraslav, kde se nakonec usadil můj dědeček, ještě venkovským městečkem, ovšem s velice bohatou historií, sahající do dob přemyslovské dynastie a dokonce ještě mnohem dále, až do časů keltského osídlení. Cisterciácký klášter, který stával na místě současného kostela, v němž vznikla proslulá Zbraslavská kronika Petra Žitavského, byl založen ve 13. století, samotné město ještě téměř o dvě století dříve. Opat kláštera Konrád Zbraslavský (1247–1329) byl snad největší politickou osobností své doby. Nejenže byl rádcem krále Václava II, ale po vymření rodu Přemyslovců (1306) se velice zasadil také o uvedení rodu Lucemburků na český trůn. Dějiny se prostě psaly na Zbraslavi a to nejen ve středověku. Ještě dávno předtím zde bylo významné keltské opiddum na vrchu Závist, na protější straně Vltavy. Zde měl snad mít své sídlo markomanský král Marobud, současník římského císaře Augusta a první historicky doložený panovník na českém území, o němž se díky římským kronikářům dochovaly písemné záznamy. Toto místo bylo osídleno minimálně již od 6. století př.n.l.

O otcově mládí mnoho konkrétního nevím, znám ale dobře místo kde vyrůstal, dokonce jsem zde jako desetiletý také asi půl roku bydlel, takže si toho dost dovedu představit. Znám dům v tehdejší, dávno již přejmenované Havelské ulici i zahradu na níž jsem si jako dítě hrával, stejně jako si zde hrával téměř o půl století předtím můj ploditel. Vím kudy a kam chodívaly děti Koreisovy do školy, znám dokonce i místo, kam se chodívaly do Vltavy koupat a kde jsem se koupával i já. Na tom se asi moc nezměnilo, i když v té době koupání v řece bylo v létě jistě o mnoho příjemnější než je tomu dnes — nestála tehdy ještě štěchovická přehrada, z níž k nám v létech padesátých již proudily jen studené spodní vody, které nás zřejmě činily (aspoň v tomto směru) otužilejšími než bývali naši předkové. Je přitom ale jisté, že děti v početné rodině venkovského hudebníka na začátku 20. století, byly tuženy v mnoha jiných směrech, protože se jim nutně lecčeho nedostávalo. Šaty se dědily z jednoho dítěte na druhé a nosily se jistě až do úplného roztrhání, také jídla bylo často pomálu, zejména poté kdy se začala první světová válka a kdy Daliborovi bylo necelých sedmnáct a nejmladší Jaroslavě pouhých sedm let.

U 91. Pluku v Českých Budějovicích

Počátek První světové války zastihl mého otce Dalibora Koreise ještě ve školních lavicích. Bylo mu tehdy necelých sedmnáct let. V roce 1915, kdy stále ještě zcela nedokončil pražskou obchodní akademii (tu dodělával až za několik let po válce), spolu s velkým počtem svých spolužáků a vrstevníků byl povolán do armády. Měl to štěstí, že se dostal k později tolik proslulému 91. pluku, toho času umístěnému v Českých Budějovicích. Odkud ho vojenští pánové obratem poslali do kurzu pro budoucí důstojníky. K pluku se vrátil už jako kadet Koreis a někdy v té době se udála příhoda, která má být zaručeně pravdivá, o čemž se otec dušoval před mojí matkou, když jí o tom vyprávěl. Vzhledem k tomu, že otec prokazatelně měl určité vlohy romanopisce, nejsem si její ryzí autentičností tak docela jistý, věřím ale v to, že je aspoň založena na pravdě. Takto jsem ji, už dlouho po otcově smrti, slyšel z úst mé matky:

Koncem listopadu 1916 došla k velitelství pluku přesmutná zpráva o tom, že zemřel císař František Josef I. Mladému důstojnickému kadetovi Koreisovi se dostalo úkolu o tom uvědomit všechny důstojníky u pluku se právě nacházející. Přitom jak svědomitě plnil tento rozkaz vstoupil také do stanu, který náležel veliteli 11.

marškumpanie 91. c. a k. pěšího
pluku nadporučíku Lukášovi, tomu
skutečnému Lukášovi, který později
posloužil Jaroslavu Haškovi jako
model k nezapomenutelné postavě
proslaveného románu.

Lukáše zastihl ležícího na polním
lůžku a plně se oddávajícího
odpolednímu spánku. Kadet si po
malou chvilku nebyl jistý tím co má
dělat, zda by bylo na místě provést
hlášení a spícího důstojníka tímto
vzbudit, či se vrátit o něco později.
Císařova smrt se mu ale jevila být
příliš důležitou, než aby o ní

Nadporučík Lukáš

nadporučíka Lukáše nezpravil co nejdříve. Jinak by se mu to také
mohlo nevyplatit! Kromě toho měl zcela jasné rozkazy, že má o smutné
zprávě co nejdříve zpravit VŠECHNY důstojníky u pluku. Postavil se
tedy do pozoru a zahlásil:

„Pane nadporučíku, kadet Koreis. Poslušně hlásím, že zemřelo Jeho
Veličenstvo, císař František Josef První!"

Z lůžka u stěny stanu se ozvalo jen jakési chabé zamručení. Kadet
chvíli počkal a když se ukázalo, že nedosáhl patřičného dojmu,
zopakoval hlášení, tentokráte poněkud hlasitěji a s větším důrazem.
Lukáš se nato pomalu obrátil na lůžku a v rozespalosti jen mávl rukou
směrem k východu ze stanu:

„Dobře. Odchod."

Kadet zůstal nadále stát v pozoru na místě, protože si nebyl jistý
tím, zda správně slyšel. Chystal se nakonec přece jen k odchodu, když
Lukášovi konečně došel význam slov, která předtím vnímal jen v
polospánku. Vyskočil z lůžka, postavil se sám do pozoru a dal si
hlášení zopakovat do třetice!

Lze jen litovat toho, že mladý kadet Koreis zřejmě nikdy neměl
příležitost se osobně setkat a popovídat si s jednoročním
dobrovolníkem Markem, který se u pluku v té době také údajně
vyskytoval. Byl by to docela vhodný materiál pro Osudy dobrého
vojáka Švejka.

Pohraniční spory s Polskem na Oravsku

Ta část 91. pluku, jejímiž osudy se klasický román zabývá, putovala do Haliče a později do Ruska. Otce, který byl později převelen k jinému pluku, naproti tomu osud zavál na Balkán, kde se pohyboval až do posledních dnů války. Zde také onemocněl malárií, kterážto nemoc ho periodicky trápila až do konce života. Po návratu do nově vytvořeného Československa, zůstal po nějaký čas v armádě, s níž pomáhal nejprve obsazovat pohraniční Krumlovsko. V roce 1919 se dal převelet na severní Slovensko, kde v oblasti řeky Oravy trvaly nedořešené spory o tom, kam mají jednotlivé pohraniční obce nadále patřit, zda k nově vytvořenému Československu či k Polsku. V románu Kam půjdeš, gorale? se Dalibor Koreis o několik let později vrátil k dobám, kdy jako poručík čs. armády velel jedné z pohraničních posádek, které střežily tento úsek hranic a musely přitom čelit častým nájezdům polských jednotek, jakožto i záškodnické a propagandistické činnosti se strany tehdejšího nepřítele.

Protože nepřítel to byl, o tom nemůže být nejmenších pochyb. V dnešní době se o této rané historii československého státu skoro nic neví. Poté, kdy Československo přestalo jako státní jednotka existovat, už to prostě není aktuální a zejména s hlediska dnešní (téměř) sjednocené Evropy, je to zapomenutá epizoda. To nic nemění na skutečnosti, že po jistý čas se jednalo o skutečnou pohraniční válku, při níž se bojovalo, střílelo, při níž umírali lidé. To, že situace je vážná, uznala tehdy i Společnost národů, předchůdkyně současné OSN, která se do této záležitosti vložila. Když se připravoval plebiscit, který měl problémy s Československo-polskou hranicí vyřešit, vyžádal si vládní komisař pro plebiscit otce od ministerstva obrany a učinil jej jedním ze svých spolupracovníků. Z plebiscitu ale nakonec sešlo, když se napjatá situace vyřešila arbitráží. Československo se tehdy vzdalo několika z pohraničních obcí ve prospěch Polska, což se na čas ukázalo být řešením. Po vyhlášení nezávislosti Slovenska v roce 1939 se spor opět vyostřil; ke konečnému (?) řešení došlo až smlouvou mezi oběma státy z roku 1958.

Na Oravsku pobyl otec asi dva roky a seznámil se zde také se svou první manželkou, která byla učitelkou ve vesnici nedaleko od místa kde se nacházela jeho posádka. Otec ve svém autobiografickém románu (o němž více jinde) popisuje celkem podrobně tuto část svého života, včetně toho jak se seznámil se svou první ženou, to je ale asi tak vše, co o tom vím. Co se v jejich společném životě odehrávalo v průběhu následujících asi patnácti let, o tom nevím téměř nic, kromě toho, že se jim v roce 1930 narodila dcera Lada, moje poloviční sestra, s níž jsem se měl možnost trochu lépe seznámit teprve až po roce 1990. (Lada, která byla lékařkou v Praze, zemřela 2005.) Ještě snad vím to, že se otec v těch letech většinou pohyboval mezi Čechami a balkánskými zeměmi, zejména Srbskem, kde se oddával jakémusi, zřejmě nepříliš úspěšnému, obchodnímu podnikání, patrně nákupu a prodeji koberců. To, že se často nacházel mimo Prahu, se také stalo osudným pro toto manželství, které zhruba v polovině třicátých let přestalo existovat.

Rod Jandejsků

Rod Jandejsků z něhož po otci matka pocházela se do kolínské oblasti přemístil někdy v polovině 19. století z Kralovic nedaleko Zruče nad Sázavou. Snad měli ve svých řadách nějakou Libuši Jandejskovou s prorockým darem, protože touto změnou působiště asi o celé století pobili stavbu přehrady, a vodní nádrže Želivka-Švihov, která by je později byla z jejich rodného údolí stejně vyhnala. Takto sbalili své sice krátké, ale kromobyčejně odolné a dlouhověké geny, aby je přenesli do vesnice Bohouňovice, nedaleko Červených Peček, nedaleko Kolína. Vzhledem k tomu, že většina dalšího příbuzenstva se nacházela v okruhu o poloměru jen nějakých deseti či dvanácti kilometrů od tohoto královského města, což asi nevylučovalo jistou dávku příbuzenské plemenitby, byly tyto geny importované ze vzdálenosti nějakých padesáti kilometrů čerstvé a docela jistě nejvýše vítané!

Víc toho moc o Jandejskových nevím, kromě toho, že členové rodu mívají tendenci k tomu být kratších zavalitých postav a že se vyznačují houževnatou povahou. Dožívají se obvykle vyššího věku, často i přes devadesát let, v případě jednoho mého prastrýce dokonce bezmála stovky. To pokud je nesklátí nějaká zákeřná nemoc, jak se stalo mému dědečkovi, který zemřel na otravu krve v pouhých 43 letech.

V Bohuňovicích měli Jandejskovi chalupu a nějaká pole, která asi příliš moc nevynášela, takže si přivydělávali pokrývačstvím, z čehož se zřejmě vyvinul rodinný podnik. S tím nejspíš začal pra-pradědeček, možná ale, že už se takto živili i před svým příchodem na Kolínsko. Moje matka ho již nepoznala, pamatovala si ale na pra-prababičku, kterou prý viděla celou shrbenou sedět na zahradě a hlídat husy. Já jsem viděl v Červených Pečkách její hrob, přesná data narození a úmrtí si už nepamatuji, vím jen to, že se dožila 98 let. Její dvě dcery, Marie provdaná Machová a Anna Čapková žily 84 a 85 let, syn Josef 87 let; nejdéle ze čtyř sourozenců žil František Jandejsek, můj praděd, narozený 1852, zemřel 30. 10. 1945, tedy požehnaných 93 let. Ten byl také z této generace nejúspěšnější — měl pokrývačskou firmu v Kolíně, která měla dvacet zaměstnanců, podíl na jakési továrně a ještě k tomu byl sadařem.

Matka mi zanechala dosti podrobné záznamy o svém příbuzenstvu a měla neuvěřitelně dobrou paměť, která ji opustila až v pozdním věku, když se už také blížila k devadesátce. Ještě předtím, když byla na návštěvě u nás zde v Austrálii (to jí bylo 74), pokryla těmito záznamy větší část sešitu, který mi zde zanechala. Nic z toho co se v něm nachází odnikud neopisovala, nebylo z čeho, všechno měla v hlavě, včetně přesných dat narození a smrti většiny svých příbuzných, rok, měsíc i den, do hloubky minimálně dvou generací. V tomto musím být spíš po otci, protože jsem měl vždycky potíže pamatovat si narozeniny i těch nejbližších lidí kolem sebe!

Dědeček Ladislav Jandejsek

Nehodlám takovýmito detailními informacemi unavovat a soustředím se rovnou na svého dědečka Ladislava Jandejska, kterého jsem, stejně tak jako toho druhého, neměl příležitost poznat. Zemřel totiž už v roce 1921, 15. prosince. Původně se vyučil bednářství, od mládí ale podnikal. Když se jako asi 23-letý oženil, pronajal si hospodu v Červených Pečkách nedaleko Kolína, později jinou, větší a nakonec jednu dal postavit úplně novou, s velikou zahradou, kam se mu vešel kulečník, to hlavně proto, aby přilákal kolínské nedělní výletníky. Přikoupil také vedlejší pozemek se sálem, kde později také hrálo jediné kino v městečku. Takže měl děda, jak se zdá, zábavní průmysl v místě docela slušně podchycený. Chystal se dokonce k tomu, že postaví v Červených Pečkách lihovar a pokusí se takto zmonopolizovat prodej lihovin na Kolínsku. V tom mu ale zabránila jeho náhlá smrt, když při sbírání ledu na rybníku pro skladování k letnímu chlazení piva se zranil, dostal otravu krve a skončil v nemocnici, kde se navíc přidružil zápal plic. Na takové věci se tehdy dost často umíralo, to si dnes už ani neuvědomujeme. Člověk by skoro řekl, že si nějaká vyšší moc řekla, že už je lihovin na Kolínsku (i jinde) dost, musíme toho člověka zadržet!

Nejstarší ze tří dětí které zanechal byla Marie, která se během pár roků po dědově smrti vdala a sice za profesora matematiky z Kolína.

Teta Marie zemřela ale ještě krátce před válkou na tuberkulózu, což její manžel Albert po příštích několik roků velice těžce nesl, až se z toho vyvinula mentální nemoc. Jeho jsem už poznal jako malé dítě, když u nás po válce nějaký čas na Hanspaulce bydlel. Docela dobře si pamatuji tu osamělou postavu vyššího, trochu obtloustlejšího plešatého pána se strnulým pohledem a dokonce i to, jak naší domácností otřásla zpráva o tom, že "Berta skočil v Dejvicích pod vlak!"

Matce bylo pouhých sedmnáct let v době otcovy smrti. Smrt svého "tati", kterého měla velice ráda, na ni také těžce zapůsobila, což se ještě zhoršilo poté, kdy se babička brzy nato znovu vdala a vzala si navíc člověka kterému to, že takto přišel celkem bez námahy k dobře zavedenému hostinci zřejmě poskytlo životní inspiraci. Zatímco si užíval, podnik chátral, po několika letech jej museli prodat a otevřeli si hokynářský krám, který jakž-takž přežíval, hlavně díky babiččině píli. Toto její druhé manželství se babičce příliš nevyvedlo, takže není divu, že se moje máma brzy od rodiny odtáhla a jakmile to bylo možné vzala k sobě do Kolína, kam se přestěhovala a kde si našla práci v pojišťovně, také svého o deset let mladšího bratra, kterého prakticky vychovala.

Babička Josefa Cháberová (1881-1959)

Zatím jsem se zmínil jen o té stinné stránce babičky, která měla, jako ostatně každý z nás v sobě také hodně kladného. Když například píši o matčině straně rodiny a o jejím manželstvím s otcem, pomáhají mi přitom memoáry, které matka sepsala. Své memoáry ale sepsala i babička a jejich podstatnou část mám naštěstí u sebe. Babička se narodila v roce 1881 a zemřela když mi bylo šestnáct, v roce 1959. V jejím psaní lze rozpoznat určitý talent; to že měla babička jen základní vzdělání se ale přece jen místy projevuje. Velkou část z těchto pamětí sepsala podle vyprávění své babičky, takže některé z událostí které v nich popisuje týkají i lidí, kteří se narodili hluboko v 18. století. Dejme ale slovo babičce:

Moje babička se jmenovala Kedrštová a pocházela z Ohař u Kolína, ze zálabské strany. Tam odtud byla celá ostatní rodina i její

předchůdci. Její otec se jmenoval Václav Kedršt a byl vyučen zednickým polírem. Měl dva bratry. On a druhý bratr jezdívali na práci do Uher, vždy přes léto a na zimu vždy přijeli domů, přivezli si peníze, salámy špek i víno. Jejich mladší bratr celou tu dobu doma hospodařil. Asi už rodiče neměli, aspoň o nich babička už v tu dobu nic neříkala. Otec jejího otce, tedy babiččin dědeček, se jmenoval také Václav on i jeho předchůdci měli veliké hospodářství, byli "zazobaní sedláci", jak se říkalo a on byl asi náramný furiant. Měl boty se stříbrnými podkůvkami a kudy šel, tam bylo za ním v půdě vytisknuto "Tudy šel Vašíček Kedršt!

No, měl na to, tak proč to neukázat svému okolí? Vždyť už tomu v tomto světě bývá Babička, která si za svého života vypěstovala značně silné sociální cítění, si ale neodpustí trochu moralizování...

Jenže to s ním špatně dopadlo. Bylo to pravděpodobně v sedmileté válce, za Marie Terezie, a on musel odjet s dvěma páry koní, s chasníkem, s vozy a se vším příslušenstvím na "firšpon" a více se nevrátil.

Občas jsou to vzpomínky humorné, jako ta první, potom se to ale zvrtne. Pantáta zmizí kdesi, když si ho i s koňmi armáda vyžádá, což se v té době dělo běžně a asi se to mohlo stát komukoliv. Pokud si ovšem bylo na něm co vzít. Z těch co moc neměli nadělali vojenští páni rekruty, zatímco ty bohatší, si vzali i s majetkem. V každém případě je to mohlo stát život a často také stálo. Pokud ovšem náš sedlák a můj předek, nedošel s vojskem někam kde se mu zalíbilo, vojenská akce se třeba skončila, on byl z armády propuštěn a cítil být volným. Místo toho aby se vracel do nějakých Ohařů, kde ho to třeba moc nebavilo, mohl klidně koně s povozem prodat nebo jich využít když začínal zgruntu nový život, možná s nějakou mladou ovdovělou selkou, jejíhož muže vzali také na vojnu a který.... Kdoví? Takovéto myšlenky člověka někdy napadají, možná ale že nejčastěji tehdy, kdy se mysl prostě potřebuje vypořádat s něčím, co opravdu vypadá otřesně. Tak je tomu s jednou z babiččiných historek, která mi hlodá v mysli už od té doby, kdy jsem na ni poprvé narazil. Babička píše o tom, jak se podle jejího vyprávění stal budoucí manžel její babičky, můj pra-pra-dědeček, sirotkem. K událostem s tím spojených mohlo dojít zhruba na začátku devatenáctého století.

V Liběnicích žil švarný junák, jmenoval se Dobiáš. Jeho otec byl obecním slouhou a pásl ovce a prasata sedlákům a synek mu při tom pomáhal. Ten se zakoukal do dívčiny z Dolan, byla to dcera zchudlého sedláka Němečka a velká krasavice, jak říkala babička. A tak se ti dva mladí a hezcí lidé do sebe moc a moc zamilovali – a najednou přišlo rukovat na vojnu na osm let. Bylo loučení a sliby – a vojáček odjel do Brandýsa k dragounům. Dívčině se narodil chlapeček, dobře jí asi nebylo, tehdy něco takového byl veliký hřích a ostuda, třebaže ti mladí by se jistě byli vzali – mladá maminka to nějaký čas snášela, i dítě měla u sebe, ale že byla hezká našel se jiný, byl starší a tak šla k němu. Chlapci asi dobře nebylo a tak si ho vzal k sobě dědeček do Liběnic.

Vojáček přišel domů na dovolenou, tehdy je asi tak často nepouštěli a když viděl, co se stalo a že už zase čeká jeho milá dítě, rozloučil se s otcem, odjel zpátky na vojnu a za nějaký čas přišla zpráva: dragoun sedl na koně, práskl do něho a spustil se hlavou dolů – nechal se tak utlouci k smrti.

Sirotek žil několik let se svým dědečkem, ten potom umřel, takže si ho k sobě vzal jistý ovčák ze Starého Kolína. Naučil se prý sám o sobě dobře troubit na trubku (takže další muzikant v rodině, pozn.), do školy nikdy nechodil, jak by mohl když musel přes den pást ovce, do kostela také ne, ovce přece musel pást i v neděli.

Mne na tom ovšem šokuje to, jak údajně skončil jeden z mých šestnácti pra-pra-pra-dědečků. Už jen pomyšlení na to, že by byl spáchal sebevraždu, je otřesné, jak k tomu ale mělo dojít, že se nechal uvláčet koněm, takováto představa potom na člověka opravdu těžce dolehne! A tak si říkám: co když tomu tak vůbec nebylo? Lidé přece vždycky milovali tragedie o nešťastné lásce v nichž se to sebevrahy jen hemží, jak jinak by se mohla stát nesmrtelnou ta o Romeovi a Julii? Pokud by byl zhrzený mládenec chtěl opravdu ukončit svůj život, nenabízelo by se mu, jako vojákovi, množství jiných a lepších způsobů jak se bezbolestněji dopravit na onen svět? Co když ale vůbec neměl v úmyslu se zabít? Co když se ve skutečnosti šel s pár kamarády, po návratu do Brandýsa, jednoduše na to všechno do hospody napít? Mohl toho vypít trochu příliš moc, na cestě zpátky do kasáren se třeba kůň, který navíc nebyl zvyklý nést na hřbetě svého pána opilého, něčeho polekal a splašil se, opilý voják dostatečně rychle a správně nezareagoval, takže s koně spadl a přitom se mu zamotala noha do třmene... Pokračujme dále, ale s něčím trochu veselejším.

Babička říkala, že první službu dostala v Bělušicích u židů. Měli hospodu a obchod, práce bylo dost, i jídla, ale dlouho tam nebyla. Chlapíci ji zlobili a pak – k snídani měli kořalku s chlebem a mezi dnem ji dávali nejraději i jiným místo platu – a tak odtamtud odešla.

Šla do Tří Dvorů k sestřenici do hospodářství, kde chodila na trávu a pásla krávy. Měla se poměrně dobře, protože byla pracovitá a pořádná. Tam odtud vypravovala mimo jiné tuhle historku:

Jednou přišel hospodyni navštívit příbuzný z města a přinesl jí kávu, s tím aby ji hned uvařila. Káva byla zelená, jinak se tehdy neprodávala a tak milá selka kávu vyprala, dala do hrnce, nalila na ni vodu a vařila. Káva byla pořád tvrdá, ale přece jen ji konečně zcedila, dala na mísu, pěkně omastila, na vrch dala osmažené jitrnice a všechno přinesla na stůl.

Host na to kouká a pak se dal do smíchu a ptá se, kam dala tu vodu z kafe?

Tu prý vylila, co také s ní?

A tak nezbylo než kávu zase vyprat, upražit, uvařit, umlít a na kávě se smetanou si pak pochutnat. To prý babička také prvně pila kávu.

Hádám, že ta vylouhovaná káva už za moc nestála, jenže ji neměli s čím porovnat, tak jim to třeba i chutnalo.

Co se ale stalo se sirotkem po uvláčeném dragounovi? Můj pra-pra-dědeček žil několik let se svým dědečkem; ten potom umřel, takže si ho k sobě vzal jistý ovčák ze Starého Kolína. Naučil se prý dobře troubit na trubku — takže další muzikant v rodině, tato její větev ale jinak v tomto směru nijak moc nevyniká. Do školy pra-pra-děd Němeček (jmenoval se po matce) nikdy nechodil, jak by také mohl když musel přes den pást ovce? Do kostela také nechodil, ovce musel pást i v neděli. K tomu, aby si zašel do hospody k muzice, si ale přece jen čas našel a takto se seznámil s pra-pra-babičkou. Vzali se, on pásl ovce, ona posluhovala či pracovala na poli. V takováto kariéře jim příliš lukrativní budoucnost nekynula, takže po čase si pronajali hospodu v Hlubokém Dole. S mnoha místními zákazníky asi počítat nemohli; Hluboký důl i dnes má stěží dvě stovky obyvatelů. Stojí ale na tzv. Královské cestě, která v té době vedla z Kolína, přes Kutnou Horu do Prahy, takže jistě se zde občas zastavovali cestující, jichž ale po zavedení železniční dopravy z Kolína do Prahy jistě hodně ubylo. Prodávali prý proslavenou kořalku, jejíž čepování a roznášení prý babiččina babička živelně nenáviděla, už od zkušeností se svými prvními zaměstnavateli. Měli dceru Nanynku, jak o své matce babička zásadně píše, tedy Annu. Jiná dcerka Marie jim ale zemřela na záškrt v sedmi letech. Opět dávám slovo babičce:

Nanynka dospěla do krásy. A tak jednou Nanynka vyparáděná šla s kamarádkou na sv Jana do Červených Peček, kde byla po procesí muzika a holky si šly skočit. Stalo se, že matka měla známost s hochem z Peček, hezkým, černookým, tancovat uměl a tak ji prováděl. Ale co čerchmant nechtěl, byl tam také Josef Táborský z Hlubokého Dolu a vesele rejdil. A on uměl znamenitě a to se ví, koukal po holkách. Do oka mu padla Němečkova Nanynka a hned pro ni. Už ji nemínil pustit. Tomu prvnímu to nebylo vhod, byl domácí, sehnal partu — a na

Pepíka! K tomu se přidali také kamarádi a byla z toho bitva. To tatík už později se chlubíval, jak zrychtoval v Pečkách celou hospodu. Asi to vyhrál, ale holky zatím utekly. Pepík ale nepovolil, do Nebovid cestu našel, zvlášť si předcházel dědečka. Ten druhý sic také nechtěl povolit, ale asi nebyl tak prudký a do Hlubokého Dolu si tak netroufal, tam byl zase domácí tatík, asi mu nic dobrého nesliboval. A tak to Pepík nakonec vyhrál. Babička říkala, že se jí víc zamlouval ten první, že táta byl moc divoký, ale děda zase byl pro něj, říkala, že mu asi v hospodě něco podstrčil a tak si ho získal. Litovat ale nemusela, tatík byl dobrý a matku měl rád, důkazem byla kupa dětí. A tak z toho byla svatba, asi slavnostnější než babiččina, matka jedináček, známá dokola krasavice a otec synek z chalupy, byly družičky, mládenci, hostina a muzika, jak se sluší a patří — a svět se točil dál.

K dokončení této stručné babiččiny kroniky chybí ještě rod Táborských.

Náš otec Josef Táborský se narodil v roce 1853 v Hlubokém Dole, v čísle 4. Jeho otec se jmenoval také Josef a zemřel v 35 letech. otec říkával, že jeho otec byl zdráv a v noci se mu zdálo, že někdo tluče na dveře. Vyskočil, jak byl z postele, vyšel ven, ale nikdo tam nebyl. Bylo to v zimě a když šel zpátky do postele už mu nebylo dobře. A bylo zle a do tří týdnů zemřel. Otec říkal, že si přehodil střevo, ale to se nestává, asi dostal zápal plic. Zůstala po něm vdova a 5 dětí. Žil ještě jejich dědeček, ten umřel mnohem později, říkal otec, že mu bylo 80 let a ještě sekal obilí.

Babička zmiňuje některé členy rodiny, kteří zřejmě měli to, čemu by se dnes říkalo psychické schopnosti. Jedním z nich je dokonce její otec, můj pradědeček. Ten u jedné ze svých sester vdané v Červených Pečkách, která bydlila v domě kde prý mělo strašit, viděl „jak veliký černý pes přišel do místnosti, položil pracky na stůl, koukal do okna a pak se zase ztratil." Jinde píše babička o jedné z tet, která byla zřejmě lidovou léčitelkou, no řekněme si to rovnou, čarodějnicí...

Ta teta byla zvláštní osoba, menší, široká, široký obličej, široký nos, zapadlá očka — a ty pysky: byly veliké, masité, ústa široká. Byla vždy pěkně ušmudlaná, měli jsme před ní respekt a také jsme se jí báli. V baráku byl nepořádek, ve světnici, kde měla udusanou zem, bylo vše možné. Na plotně, na kamnech na lavici, všude plno hrnků a všelijakých kastrůlků, pytlíků i svazků všelijakého koření a trav, i láhve s pijavkami, byly takové velké, strakaté. Když jsme tam šli pro tabák nebo pro kvasnice, koukali jsme jak vyjevení. Jednou tam stojím a čekám, až mi dá kvasnice — a najednou vyletí černá slepice s velikým kdákáním s postele — a já byla venku hned — slepice jí nesly v posteli. Uměla také čarovat a zaříkávat nemoce. Vodila na zahradu pod bez — také mě jednou vedla v podvečer — klekla jsem na zem, dělala kříž a ona třásla bezem a něco mumlala, přitom mlaskala těmi velikými pysky tak zvláštně, že jsem měla oči navrch hlavy a víckrát k ní nešla, aby se to neopakovalo.

Tolik babička, když nám tlumočí vyprávění své vlastní babičky. Ona sama zažila také jistě dobré i špatné časy. Dokud byl naživu dědeček, který zřejmě byl velmi dobrým živitelem rodiny, vedlo se jí jistě dobře. Po jeho smrti se to nejspíš pokazilo. Moje matka si tak určitě myslela a vícekrát přede mnou prohlásila, že si babička druhého muže dobře nevybrala. Manželství je ovšem vždy záležitostí dvou lidí a ti kolem si mohou sice myslet své, úplně do toho ale nikdy nikdo nevidí. Nejslepější v tomto směru bývají potom asi děti toho z rodičů, který znovu vstoupí do manželství. V každém případě si říkám, že ta moudrost, která na mne místy ze stránek babiččiných memoárů dýchala, se z ní k stáru tak nějak vytratila. Říkáte, že je tohle údělem nás všech? Máte asi pravdu.

Babička se stala komunistkou, věřila zřejmě, jako přemnozí vlevo orientovaní občané, že k stáru nalezla univerzální recept na všechny lidské problémy. Když jsem k ní přijel, chtěla po mně abych s ní zpíval budovatelské písničky — a znáš tuhle, ta je krásná — a začala pět nějakou příšernost, kterou na zakázku stvořil nějaký skladatel kariérista. Mně tohle šlo dost na nervy, u babičky jsem to ale toleroval. Měl jsem v tom praxi, byl jsem matkou vychováván úplně jinak, věděl jsem ale už ve velice mladém věku, tak od sedmi, osmi let, že si musím dávat pozor na to, co kde říkám a hlavně předstírat, že s režimem souhlasím. Že mám kladný poměr k socialistickému zřízení, jak se v kádrových posudcích psávalo. Na jiném místě píši o tom, jak jsme s matkou poslouchávali Svobodnou Evropu v dobách toho největšího temna, počátkem padesátých let. Věděl jsem instinktivně, že o něčem takovém se před babičkou nesmím za žádnou cenu zmínit, nedalo se jí tak zcela v tomto směru věřit. Vždyť vzorem komunistického hrdiny byl Pavlík Morozov, který udal jako kulaka svého vlastního otce! Taková to byla doba...

Babička u nás bydlela po válce v Praze, takže jsem ji mohl poznat jako malý hoch. Později se odstěhovala k mé sestřenici Ivě do Kolína, když hrozilo to, že jí po smrti jejího otce sebevraždou, o čemž jsem se už zmínil, město nasadí do domu, který po něm podědila, nájemníky. Takže jsem za ní jen tu a tam jezdil. V té době jsem zjistil na vlastní kůži, jak silně byla babička, které v té době bylo již přes sedmdesát, indoktrinována komunistickou propagandou. Jistě, viděla kolem sebe v mládí spoustu chudoby i sociální nespravedlnosti, jako asi my všichni. Komunistické ideje dovedou být velice chytlavé, proto také svedly i celou řadu intelektuálů a to nejen v zemích v nichž se komunistický režim nakonec ujal. Stačí se podívat na univerzity v Oxfordu a Cambridge v meziválečné době, kdy mezi těmi svedenými byla i řada těch nejchytřejších studentů, z nichž mnozí pocházeli z těch nejlepších anglických rodin.

Babiččin syn a matčin mladší bratr Ladislav byl také přesvědčeným komunistou. Musel být, jinak by se nebyl stal členem strany už někdy ve třicátých létech, brzy poté kdy dosáhl plnoletosti a kdy mu z toho určitě žádné výhody nekynuly. Strýc Láďa, se po válce přes svou sestru seznámil s rodinou Korejsů a zejména potom s jednou z otcových sester Libuší. Oženil se s ní a měl s ní dceru. Radmila Jandejsková je takto mojí dvojitou sestřenicí, jak z matčiny tak i z otcovy strany, což jistě musí být dosti velká rarita. Manželství jejího otce a matky se naneštěstí brzy zhroutilo a došlo k rozvodu, Radčina matka nedlouho poté zemřela, takže Radku vychovala teta Jiřina na Zbraslavi. Strýc Ladislav se potom oženil s tetou Naďou. Když jsem se jednou bavil v jeho domě v Brisbane s Pavlem Formanem, bratrem slavného režiséra Miloše a řeč přišla na mého strýce, Pavel řekl "promiň" a kamsi odběhl. Za chvíli se vrátil, třímaje v ruce fotografii. Na ní se ukázal být on sám se strýcem a s tetou, v chatě Formanových u Máchova jezera. Jak se ukázalo, teta Naďa, z níž se stala lékárnice, chodila kdysi v Čáslavi na gymnasium s Pavlem Formanem do stejné třídy. Svět je malý...

Posledních několik let bydlela babička u rodiny svého syna, v jejich bytě nad kolínskou spořitelnou. Strýc byl totiž jejím ředitelem, takže zde měl veliký služební byt. Po určitý čas byl potom také předsedou kolínského okresního národního výboru, prostě veliké zvíře, jak se říkávalo. Babička, zřejmě pod vlivem propagandy, se v jistém bodě rozhodla, že bude pro ni nejlepší jít do domova důchodců. Tam pobyla několik měsíců a chtěla zase odtamtud pryč. Dovedu si dost dobře představit, jak s tím svým politickým přesvědčením, jímž se nikdy před nikým netajila, musela asi starším lidem kolem sebe jít se svou uvědomělostí silně na nervy. Takže v tom domově asi nebyla příliš populární.

V každém případě to dopadlo tak, že babička začala žadonit matku, aby si ji vzala k nám do Rokytnice. Což se stalo. Babička přijela, během necelého měsíce ale onemocněla, nejprve to vypadalo na obyčejnou chřipku, po několik návštěvách ale doktor prohlásil, že se prostě jedná o celkovou sklerózu a že babička umírá. K tomu se přidružila mozková mrtvice, kterou zřejmě také utrpěla. Po té upadla do bezvědomí a doktor nám řekl, že je to jen otázka několika hodin a že nemá smysl ji převážet do nemocnice. Pamatuji si, jak tu poslední noc jsme chodili se na ni dívat, poslouchali jsme jak těžce oddychuje — nevěděla o sobě, o nás, vůbec nic už kolem sebe nevnímala. Asi ve dvě ráno jsem už po několikáté vstal, šel jsem k ní a ještě za dveřmi jsem si uvědomil, že už neslyším to její těžké oddychování. Šel jsem rychle vzbudit matku a společně jsme šli do jejího pokoje, kde skutečně ležela babička už mrtvá. Bylo jí 77 let.

Matka Antonie Korejsová (1904-92)

Vraťme se ale k matce. Narodila se 5. června 1904. Asi dva roky chodila do obchodní školy v Kolíně, když do jejího života zasáhla náhlá smrt otce. Po krátkém čase nastoupila do zaměstnání v kanceláři pojišťovny v Kolíně. Její matka se brzy znovu vdala, takže na to, že by bydlela v Červených Pečkách společně s otčímem, kterého od počátku ráda neměla, neměla ani pomyšlení. Nějaký čas bydlila u své již vdané sestry, potom si pronajala vlastní pokoj. V kanceláři pojišťovny pracovala asi šestnáct let, až do té doby kdy se vdala za otce. Mezitím měla, podle svých slov, několik vážných známostí, jednou z nich byl syn jakéhosi továrníka, kterému ale dala košem poté, kdy se seznámila s tátou.

Matka se starala o bratra Ladislava, který byl téměř o deset let mladší a který s ní i po nějaký čas bydlel. Strýc Láďa chodil po čtyři roky na gymnasium a po další čtyři na obchodní akademii. Poté pracoval v jedné z odboček pojišťovny, než šel na vojnu, potom si našel místu v bance, kde si postupně vybudoval velmi slušnou kariéru. Matka měla v práci poměrně dobrý plat, takže si mohla podle svých slov dovolit hrát tenis, lyžovat a jezdit každoročně k moři na dovolenou. Při jedné z těchto jízd, jak už víme, se seznámila s Daliborem.

Po příštích asi čtrnáct let byl matčin život svázán s otcovým, což jsem už v souhrnu popsal. Po otcově smrti jsme žili po necelé tři roky v domě na Hanspaulce, poté krátce na Zbraslavi, než jsme se odstěhovali do Krkonoš, kde jsem dorůstal. O tom píši na jiném místě, stejně jako o svém odchodu z tehdejšího Československa. V té době jsme už bydleli v Karlových Varech, kde matka zůstala i po mém odchodu. Koncem 70-

tých let se ale odstěhovala do Peček — nikoliv do svých rodných Červených Peček, ale do větších Peček rovněž zvaných Pečky na dráze, nacházejících se o nějakých dvacet kilometrů dále, směrem na Prahu. Zde měla dva pokoje v domě jedněch vzdálených příbuzných, kde žila až do mé návštěvy v roce 1990. Během ní, vidouce jak silně zestárla, jsem po rodinné poradě raději zařídil. aby byla matka přijata do domu s pečovatelskou službou, jen o pár ulic dál.

V roce 1992 matka zemřela, poté kdy si při pádu na zem zlomila pánevní kost. Bylo celkem jasné, že zranění se nehojí a že vůle k životu se vytrácí. Byl jsem tam v létě téhož roku asi na šest týdnů, takže jsem měl možnost ji sledovat jen několik měsíců před smrtí, jak se později ukázalo. Přijel jsem v tom roce do Česka hlavně proto, abych ještě strávil nějaký čas s ní, protože jsem tušil, že jí toho života už příliš mnoho nezbývá. Ona to tušila také a byla s tím myslím vyrovnaná. Bylo jí 88 let, fyzicky byla celkem zdravá, stařecká demence se ale už projevovala a to hlavně ztrátou paměti. I toho si byla vědoma a přičítala to nedostatku příležitostí ke komunikaci s lidmi. Byla v Pečkách sice trochu příliš stranou, hlavní problém ale ležel v tom, že naprostou většinu svých kdysi četných známých přežila. Takže se v posledních několika letech už skoro s nikým nestýkala. Záležitosti tohoto světa ji už stejně nijak zvlášť nezajímaly, když neměla nikoho s kým by si o tom mohla promluvit. Někdy se na chvilku podívala na televizi, nic ji ale příliš dlouho nezaujalo. Jednou mi zničeho nic řekla: "Víš, když mě už ten život tak nějak nebaví..." Jindy jsem ji vezl autem; projížděli jsme přitom kdesi nedaleko Kolína dlouhou alejí hustých stromů. Matka najednou prohlásila: "To je divné..." Zeptal jsem se, co je divného. Odpověděla jen: "To světlo..." Světlo slunce občas probleskovalo mezi větvemi stromů; to muselo být co tím mínila. Bylo to také to jediné, co v ní vzbuzovalo živý zájem. Světlo.

****

4. VYRŮSTAL JSEM V KRKONOŠÍCH (1953-62)

Praha byla po otcově smrti pro matku drahá a tak přemýšlela, jak to zařídit aby mohla vyjít se svou tenkou penzí, když jsem tam byl neustále hladový já, který jsem začínal růst a potřeboval jsem oblečení, atp. Prozatímní řešení bylo se aspoň na čas přestěhovat na Zbraslav k tetě Jiřině, která byla tou rodinou skálou, za níž obvykle chodíval i její jinak světácký a úspěšný bratr, když míval nějaký problém. Asi půl roku jsme tedy bydlili na Zbraslavi, bylo to ale prostorově poněkud stísněné. Zažil jsem tam konec jednoho školního roku, letní prázdniny a začátek roku nového. To už jsem odcházel rád, protože nová učitelka v páté třídě se mi vůbec nelíbila, na rozdíl od té kterou jsme měli ve čtvrté třídě. Ta se jmenovala Hoffmeisterová a byla sestrou Adolfa Hoffmeistera, spisovatele, básníka, dramatika, karikaturisty, malíře a jednoho ze zakladatelů Děvětsilu. Jen tím, jak se tato dáma intenzivně s námi zabývala bohatou historií Zbraslavi, dokázala během těch několika měsíců, kdy na mne měla přímý vliv, ve mně vzbudit zájem o dějepis. S tím i zájem o školu vůbec.

Dům v Rokytnici

Přechod z Prahy na Zbraslav se postaral o jedno: zaplašilo to obavy, jaké asi má skoro každý člověk, když se má přemístit z metropole do nějakého menšího místa. Berlín, stále ještě trpící poválečnou kocovinou, se dal celkem snadno nahradit o něco menší Prahou; odejít z Prahy do mnohem menšího města, toho se myslím matka podvědomě bála. Vím, že jsem sám měl později podobné obavy z toho zaměnit světový Londýn za provinční Brisbane! Zbraslav, dnes už dávno Prahou pohlcená, byla v té době jaksi na půli cesty mezi Prahou a venkovem. Existovala ještě jedna možnost, znamenající odchod na úplný venkov. Tu nám poskytla jedna otcova koupě, kterou učinil v době kdy byl zaměstnancem Ministerstva zahraničí. Po poválečném odsunu Němců z pohraničních oblastí, se nabízely domy ke koupi a otec jeden z nich skutečně koupil, v Rokytnici nad Jizerou. Stál ho asi šest tisíc korun, což byla v té době dosti směšná cena. Dům dal prozatím napsat na tetu Jiřinu s tím, že si jej postupně upraví a že se tam k stáru s matkou přestěhují. Nebo snad počítal s tím, že přece jen skončí někde na Západě a chtěl, aby majetek zůstal v rukou širší rodiny..? V každém případě jsem po letech, když jsem likvidoval matčinu pozůstalost, objevil přitom plány k renovaci, které si nechal vypracovat od nějakého architekta, na „Obytný dům náležející panu Daliborovi Korejsovi, generálnímu konzulovi". Datum, které na plánech stálo mě ale opravdu uhodilo do očí a přinutilo mě k tomu přemýšlet nad tím, kde se končí náhoda a kde začíná osud (v té době mně už nebyl neznámý termín „synchronicita"). Nuže, ono datum: 7. srpna 1950. Den otcovy smrti!

Teta, která se zřejmě považovala pouze za kustoda, nyní nechala přepsat majetnictví domu na matku, jako na právoplatnou dědičku. Když se mně matka, ještě plná nejistoty zda máme opustit oblast Prahy, zeptala na moje mínění, odpověděl jsem jí: „Mámo, nech mě užít mládí na venkově!"

Dům se za daných okolností renovace nedočkal, k ní došlo až když jsme jej asi o deset let později prodali a koupil si jej místní lékař. V době kdy jsme se sem nastěhovali byl celkem obyvatelný, i když nějaké problémy se vyskytovaly. Střecha, původně šindelová, později byla pokryta dehtovým papírem. Na několika místech přesto propouštěla vodu, zejména když na ní tál sníh. Brzy jsme ale přišli na to, kam postavit vědra tak, aby vodu pochytala. Zadní polovinu domu kdysi někdo podezdil cihlami, k tomu aby je omítl se ale nikdy nedostal. My také ne, na to nám nikdy nezbývaly prostředky. Po celou dobu kdy jsme zde bydleli, asi deset roků, svítily tam proto červené cihly.

Byla to původně typická podkrkonošská chalupa, hádám že mohla být asi tak sto let stará; přední část byla jako srub stavěná z širokých hrubě otesaných klád, ty se nyní nejspíš stále nacházejí pod povrchem. Dole byla kuchyně a dvě místnosti, oddělené od sebe úzkou síní, nahoru vedly lomené příkré schody k dalším dvěma místnostem, dále na půdu vedl ještě žebřík. Příslušenství veškeré žádné. Za domem sice kdysi tekla voda vedená sem dřevěnými trubkami, ty se ale místy propadly. Zatím se muselo chodit pro vodu s vědrem k sousedům; trvalo to asi rok, než se povedlo přítok vody s pomocí proutkaře nalézt a obnovit, stálo to ale zato! Voda se ukázala být nesmírně dobrá, chutná, se spoustou minerálů. Jistě proto, že jsem tuto kromobyčejně tvrdou vodu pil po deset let a právě v době kdy se ještě tělo budovalo, mám dodnes velice silné a zdravé zuby. Návštěvníci, kteří k nám nejčastěji jezdívali z Prahy, si obvykle odváželi sebou domů lahve plné naší báječné vody, aby se ještě na den či dva vyhnuli pití toho, co jim tam teklo z kohoutků. Koupelnu jsme neměli, ta byla jen na plánech které objednal otec a k jejichž uskutečnění nikdy nedošlo. Koupali jsme se v chromované sedací vaně a ve vodě ohřívané na kamnech. Jinak, na záchod se chodilo na latrínu; nahromaděné výkaly se čas od času musely odstranit s pomocí peripatetického zařízení vydávajícího charakteristicky kvílivý zvuk, lidově zvaným hovnocuc.

Vaření byl také problém. Zpočátku užívala matka kamen, které byly z kachliček se železnou plotnou. Dosáhnout toho, aby se voda na ní začala vařit, si vyžadovalo spoustu trpělivosti. Té se mámě nedostávalo, zejména když se jí hladový syn neustále vyptával, kdy už budou hotové ty knedlíky? Usoužená žena začala zkoušet kde se co dalo — možností bylo několik, většina místností měla nějaká kamna, žádná z nich se ale nehodila k serióznímu vaření. Například, v horní místnosti byla kamna dokonce s pecí, v níž se ale obvykle jen peklo vánoční cukroví. Cukroví to bylo dobré, v tom směru pec fungovala skvěle! Co ale platno, když plotna tam byla stejně pomalá, ne-li ještě pomalejší. Nakonec to dopadlo tak, že valná část vaření se konala v elektrických spotřebičích, které se koncem 50-tých let už začínaly objevovat v obchodech. V té době už matka také měla celkem slušně placené místo účetní v největší továrně ve městě, jíž byla dnes už dávno zavřená přádelna, takže jsme si mohli dovolit trochu víc.

Tato továrna, přádelna, kdysi zaměstnávala několik set lidí - pracovala zde i moje matka jako mzdová účetní. V době kdy jsme se sem přistěhovali se jmenovala Kapnar, později se z ní stal Seba. Nyní se má tato impozantní budova (od nás odvrácená strana je minimálně stejně veliká) předělávat na kulturní a sportovní středisko, jak jsem se nedávno dozvěděl. Tomu tedy tleskám!

Jak jsem se stal pytlákem pstruhů

Pro dítě uvyklé pražským ulicím, i když ty na Hanspaulce měly ještě poměrně daleko třeba k těm žižkovským či smíchovským, to byl ráj na zemi! Jednu z hranic pozemku na němž stál náš dům tvořil Huťský potok, parcela byla asi stejně veliká jako ta v Šárecké ulici, snad něco přes tisíc čtverečních metrů a byla také trojúhelníkovitého tvaru, v tom se ale podobnosti končily. Především, byli jsme tu v horách, to znamenalo sníh, permanentně tak od prosince aspoň do března, někdy déle. Potok, který nám tam hučel pod okny, sváděl vodu údolím až od vrcholků Kotle a Lysé hory a protože doby průmyslového znečištění se teprve nacházely za rohem, byl kromě časů kdy se na jaře táním sněhu rozvodnil tak čistý, jak by o tom nesnil ani ten nejidealističtější člen strany zelených. Byl proto také plný pstruhů. Ryby byly sice chráněné a lovit se směly jen když jste k tomu měli povolení, záhy jsem ale přišel na to, že moji místní vrstevníci si takovýmito věcmi hlavy nelámou. Bylo to naopak otázkou prestiže dokázat chytit nějakého toho pstruha. Nezbývalo mi než pořídit si pár háčků a nějaký ten vlasec; to vše omotané kolem kratšího klacku se potom strčilo pod košili. Chodit kolem potoka s rybářským prutem by si přece jen žádný z nás klukovských pytláků byl nedovolil. Nějaké ty žížaly se našly pod kameny a už se na to šlo!

Pstruh je chytrá ryba. Má se neustále na pozoru. Umí plovat v hodně prudké vodě, přičemž pohybuje ploutvemi a ocasem téměř nepozorovatelně, právě tolik, aby mu to dovolilo zůstat stát v proudu na jediném místě, jakoby tam visel na nějakém neviditelném vlákně. Pohněte se ale směrem k němu, z místa se náhle odrazí a už vám zmizí z pohledu pod nějakým balvanem nebo pod kořeny stromů rostoucích kolem potoka. Musíte být strašně opatrní a hlavně trpěliví. Všimnout si kam ryba zmizela. Tam potom spustíte návnadu. Potrvá to chvíli, než se pstruh uklidní po kvapném útěku natolik, aby se začal zajímat o žížalu, kterou mu předložíte. Někdy vám ji trochu okouše, dřív než se rozhodne k tomu vzít si ji jedním soustem. Teprve v tu chvíli musíte trhnout vlascem a to takovým směrem, aby ryba pokud možno přistála na břehu. Tam se jí zmocníte, palec jí vrazíte do tlamy a ohnete hlavu směrem k páteři. Ucítíte malé lupnutí a ryba se přestane hýbat. To je ten nejrychlejší a nejhumánnější způsob jak ji usmrtit. Jako kluk jsem to dokázal, dnes už asi ne. Snad kdybych musel, kdyby jen na tom záleželo, zda přežiji. V těch dobách o nichž píši, jsem ale také nechytal nikdy víc ryb, než kolik jsme jich s matkou, případně někde v lese s kamarády, dokázali zkonzumovat. Maso bylo drahé.

Tento způsob chytání pstruhů jsem zvládl poměrně rychle a brzy jsem si v tomto směru získal docela slušnou reputaci. Většina z mých kamarádů by se s tím byla spokojila, já ale nikoliv. Doslechl jsem se totiž, že existuje mnohem efektivnější metoda chytání pstruhů. Poptával jsem se kolem, nikdo z mých známých ale nevěděl nic bližšího, kromě toho, že pstruzi se prý dají také chytat přímo do ruky! Adepti této esoterické disciplíny, kteří určitě někde existovali a jichž nemohlo být víc než pouhá hrstka, si svá tajemství přísně střežili. Nebylo pochopitelně v jejich zájmu zasvěcovat jiné do svého umění, protože i když ryb v okolních potocích bylo opravdu hodně a rybářům používajícím udice to většinou stačilo, větší množství podstatně výkonnějších rybářů by jich mohlo brzy vychytat trochu moc. Tomu všemu jsem rozuměl instinktivně a byv ambiciózním, šel jsem na věc sám a se zdravým selským rozumem. Bylo mi hned jasné, že s břehu se to dělat příliš dobře nedá, že se budu muset trochu zmáčet ve vodě, jíž se budu brodit tam, kde se to dělat dá. A že si na to budu muset obout staré tenisky, abych si o nějaký ostrý kámen nerozřízl nohu. Takto vyzbrojen velice rychle jsem zjistil, že v hlubší vodě nacházející se v tůních potoka tyto bystré tvory docela určitě lovit nepůjde. Některé z tůní byly i přes metr hluboké. Zbývala tedy místa pod břehy a pod balvany, kam se ryby uchylovaly, když vycítily nebezpečí. Další pravidlo, které jsem záhy formuloval, bylo to, že se zásadně musím pohybovat ve vodě proti proudu. Takto se totiž dalo zjistit kde se pstruzi nacházejí a to dřív než by je nějaké neobvyklé zvuky či pachy, jichž jsem si ani nebyl vědom, upozornily na mou přítomnost. Vibrace, které pstruzi pochytávali, zřejmě k nim putovaly hlavně po proudu. Když jsem se pohyboval proti proudu, dostal jsem se k nim podstatně blíž a měl jsem tak většinou možnost si všimnout a zapamatovat si kam se ryby plavaly schovat, když si mě všimly. Stačilo potom se dobrouzdat k té správné díře pod kamenem či pod břehem.

Oproti tomu, jak by se nezasvěcenec nejspíš domníval, pstruh který se schovává ve své díře (a oni většinou mívají své oblíbené skrýše), obvykle z ní nevystřelí hned jakmile se jej dotkne lidská ruka. Spíš se pokusí odcouvat co nejdál z dosahu, obvykle až na samý konec díry.

Když jsem někdy objevil, že je díra hlubší než kam rukou dosáhnu, vzdal jsem se lovu a nechal jsem takového pstruha na pokoji. Časem jsem už věděl o všech dírách ve svém loveckém rajónu, jímž byl asi kilometr potoka, kde nemělo význam se namáhat. Tam kde se dosáhnout na konec díry dalo, měli jsme jak já tak i ryba zhruba vyrovnané šance na úspěch. Někdy se pstruhovi podařilo proklouznout kolem mé paže a dostat se ven na svobodu. Jindy zase se mi povedlo hlazením a šimráním po hřbetě pomalými pohyby ruky rybu jakoby hypnotizovat. V závěrečné fázi potom bylo nutné najít si to správné místo, uchopit rybu mezi palcem a ukazováčkem pevně za skřele, aby se dala vytáhnout ven. Pstruhů se takto dá chytit podstatně víc, protože jste po celý čas aktivní, místo abyste jen pasivně čekali na to, až vám ryba zabere. Už to ale by odradilo většinu rybářů, jimž asi nejvíc vyhovuje právě ta pasivita. Ne každý se také chce brouzdat ledovou vodou.

Jakmile jsem tento způsob rybářského umění zvládl, chodil jsem takto lovit jen výjimečně, když jsem si byl naprosto jistý tím, že mě nikdo neuvidí. K tomu, abyste pstruha zhypnotizovali, je asi potřeba docela zvláštního druhu citu. O to hypnotizovat lidi jsem se nikdy nepokoušel, se pstruhy jsem to ale nějak dokázal. Jak, to se nedá dost přesně slovy vyjádřit a kromě toho, je to přece tajemství! Jak by k tomu přišli ti poctiví pytláci, kteří je pro sebe objevili sami, kdybych to tajemství teď před vámi vyjevil?

Lyžování v zimě, fotbal v létě

Ondřej Sekora

Rokytnice byla původně založena jako sklářská osada uprostřed 16. století, brzy se zde ale začalo dolovat stříbro i olovo. Později se zde vyvinul textilní průmysl. Ten v době kdy jsem tam přišel ještě dominoval, dnes už ale neexistuje. Život v horském městečku o nějakých třech tisících obyvatelů, byl hodně jiný než v Praze. Ta Praha ale na nás tak trochu dolehla, vždycky uprostřed léta i zimy, kdy se na krátký čas počet lidí ve městě zdvojnásobil, možná i ztrojnásobil. V době své největší slávy, zhruba uprostřed 19. století, mívalo sice město přes deset tisíc stálých obyvatelů, od té doby se ale dost zmenšilo. Lidé sem přijížděli na lyže nebo na letní dovolenou, dost místních pronajímalo místnosti, někteří prominentnější členové společnosti zde měli své vlastní chaty. Kousek nad námi měl tak svou chalupu malíř a spisovatel Ondřej Sekora, který sem jezdíval pravidelně. Docela si mě oblíbil, dokonce nakreslil můj portrét. Ten mám sice dodnes, pěkně zarámovaný, papír z počátku 50-tých let ale nebyl kvalitní a tudíž věkem silně zežloutl. Tolik, že jsem vážně pochyboval o tom, zda bych jej měl zde otisknout. Nakonec jsem si řekl, je to konec konců autentický obrázek od Sekory, patří sem. Přiznám se ale, že jsem jej místy musel trochu retušovat, i když s tou tmavou rozmazanou částí dole se dělat moc nedalo. A právě tam je, už skoro nečitelný, Sekorův podpis...

Chodíval jsem s panem Sekorou do přírody, znal snad všechen hmyz a dovedl o něm zajímavě vyprávět, byl to konec konců autor Ferdy Mravence! Také s námi hrával fotbal, trénoval nás, piloval s námi techniku — brzy poté kdy jsme s tím začali už jsem se dostal do školního žákovského týmu, o čemž jsem dříve jen snil. Nikdy se ale nepokusil o to v nás vzbudit zájem o ragby které, jak jsem se až po letech dozvěděl, prakticky sám už někdy ve 20-tých letech, po návratu ze studií na pařížské Sorbonně, v tehdejším Československu zavedl. Tam kde žiji dnes, je ragby rozšířenější než fotbal, jemuž se tu říká soccer, podobně jako v Americe. V Česku se ale hra ragby, přes veškeré Sekorovy snahy, nikdy příliš nechytla, i když nějací šílenci, kteří ji hrají, se přece jen tu a tam najdou.

Hned vedle chalupy Sekorových byla prudká stráň, která v zimě sloužila jako skokanský můstek — říkalo se tam Na staráku. Dnes je tam už nějaká zástavba. Když jsem se do Rokytnice přistěhoval, první zimu jsem měl hodně co dohánět, pokud jsem se chtěl jen přiblížit úrovni svých soukmenovců ve všem týkajícím se lyžování. Nejdřív jsem se musel naučit na lyžích vůbec jen stát, potom jsem opatrně začal zkoušet lehčí svahy. Až teprve příští zimu jsem se odvážil i na to skákání. Nejprve na malých sněhových můstcích, které jsem si sám postavil a tak, aby mě pokud možno nikdo neviděl. Později jsem si troufl i na Starák. Můstek tam

vždycky někdo z nás postavil a to hned jakmile napadl první sníh, který vypadal na to, že by se mohl udržet. Nájezd byl nepříliš prudký a tudíž musel být poměrně dlouhý; těsně před místem kde, hned vedle Sekorovic domku, začínala rampa můstku dlouhá několik metrů, se muselo přejet přes cestu. Potom, když jste se na můstku odrazili, už se před vámi otevřel pohled dolů. Asi ve dvou třetinách svahu se nacházel po pravé straně javorový strom. Skočit až „k javoru", to bylo cílem nás všech, zdaleka ne každý to ale dokázal. Znamenalo to, že jste museli vzduchem proletět něco přes dvacet metrů. Až dolů „do prohybu", jak se říkalo, to bylo skoro třicet metrů. Pár z mých kamarádů dokázalo i to – nejméně z jednoho z nich se časem stal špičkový závodník, který se prosadil i na mezinárodní úrovni. Pro nás ostatní bylo cílem si skočit občas na „velkém skoku", což byl můstek s dřevěnou konstrukcí nájezdové věže, s tzv. kritickým bodem asi 50 metrů. Za kopcem byl potom Harrachov pyšnící se podobným můstkem, kde se ale dalo skákat asi o dvacet metrů dál. Rokytnický můstek už neexistuje, hádám, že shnil a spadl nebo spíš byl z bezpečnostních důvodů stržen. Zato zde vznikla dnes asi nejlepší česká sjezdovka, která sice tehdy už existovala, neměla ale k sobě patřičné vleky. V Harrachově je dnes dokonce tzv. mamutí můstek, jeden z asi půl tuctu na světě, kde se dá skočit až přes 200 metrů! O něčem takovém se nám tehdy ani nesnilo, tak veliké můstky prostě neexistovaly. Dalibor Motejlek z Harrachova, jeden z naší západo-krkonošské skokanské líhně, s nímž jsem se ale potkával hlavně na fotbalovém hřišti (byl jako skokan úplně jiná třída), se později vypracoval až do čs. olympijského týmu a dokonce držel po celých 24 hodin světový rekord, když v německém Oberstdorfu skočil 142 metrů. Den nato ho ale někdo o metr či dva překonal. Současný světový rekord je už o víc než o sto metrů dál...

Na Staráku, kam jsem chodíval nejčastěji trénovat, jsem měl jednou dosti vážnou nehodu. Skok na lyžích není zdaleka tak nebezpečný jak by se snad nezasvěcenému zdálo, na rozdíl třeba od sjezdu, kde lyžaři se často mohou potkat se stromy. Skokan na lyžích, až na některé nepříliš světlé výjimky, jak ještě uvidíme, nemívá ale většinou na co narazit. Takže pokud opravdu nešikovně nedopadnete, obvykle si moc ublížit nemůžete. Stává se ovšem, že si lidé zlomí nohu nebo udělají výron v kotníku, nejčastěji následkem toho, že při pádu neztratili lyže. Když už se pád zdá být nevyhnutelným, modlíte se proto jen, aby povolilo bezpečnostní vázání. Vím ale o jednom případě, který se stal v Jilemnici na tamějším poměrně malém, asi 30 metrovém můstku (také jsem tam párkrát skákal), kdy přišel jeden mladý skokan o život. To bylo ale tím, že jak se později ukázalo, byl epileptikem a dostal záchvat právě ve chvíli kdy najížděl ke skoku, čímž pádem letěl zcela bez kontroly a zlomil si vaz.

Takto se skákalo v 50-tých letech, s rukama vpředu. ne jako dnes, podél těla. Lyže se přitom držely paralelně a blízko sebe. V dnešní době (vlevo) je všechno jinak a neřekl bych, že by to po estetické stránce vypadalo lépe. Spíš naopak.

Mně se stala ta nehoda hlavně proto, že jsem byl velice odhodlán k tomu se zlepšovat a šel jsem tudíž trénovat i toho dne, kdy nikdo jiný se mnou nešel. Sníh byl totiž už od rána mokrý a pomalý. Abych vůbec mohl dosáhnout nějaké rychlosti, musel jsem si rozjezd prodloužit o nějakých dvacet metrů, což znamenalo vylézt si až nad druhou cestu, která nájezd přetínala a nad níž se normálně nechodilo. Kdyby tam se mnou někdo byl, asi by mi to rozmluvil. Tam totiž byl svah podstatně prudší, takže jsem se rozjel rychle, i když bych byl většinu té rychlosti stejně na pomalém sněhu ztratil. K tomu ale nedošlo, tak daleko jsem se nedostal. Po tom rychlém rozjezdu jsem nezvládl dobře přejezd přes cestu a byl jsem hozen na stranu, kde se moje progrese zastavila o třešňový strom. Pamatuji si už jen ten zvuk lámání větve na niž jsem narazil; potom jsem se probral k vědomí až na sáňkách, na nichž mě vezli k doktorovi nějací dobří samaritáni. Ti mě objevili napůl stojícího a napůl visícího za bradu o pahýl větve, kterou jsem předtím zlomil když jsem do ní najel. Bradu jsem měl roztrženou od jedné strany k druhé a abych vzniklou jizvu skryl, proto jsem si později začal pěstovat onen bíbr, který je v názvu této knihy. Teď to tedy víte! Odnesl jsem to také docela slušným otřesem mozku, takže jsem si pobyl asi týden v jilemnické nemocnici. Od skákání mě to ale neodradilo, jen tak na měsíc či na dva.

Mezitím jsem se začal víc a víc věnovat běhu na lyžích. Opět, v té době se běhávalo jinak než je tomu dnes, kdy se spíš jedná o jakýsi způsob bruslení. My jsme ještě běhali tzv. klasickým stylem, který se stále ještě užívá, jen ale jako jedna z disciplín. Časem se mi podařilo získat od lyžařského klubu jak správné "skokačky", dlouhé hodně přes dva metry a patřičně široké se třemi žlábky, jakož i úzké "běžky", což by bylo bývalo nemožné pro mne si koupit. Odtud už byl jen krok ke sdruženému závodu, což je kombinace skoku a běhu. K tomu abych se v tomto prosadil bych byl ale musel zůstat v těchto krajích. Táhlo mě to přitom spíš někam do města, tam kde by byla divadla atp. V létě jsme trávili spousty času na fotbalovém hřišti, kde jsme často zůstávali až do úplné tmy. Nedaleko od našeho domu se nacházelo tzv. Junácké hřiště. To tam kdysi postavili Němci pro své Hitlerjungen, odtud tento název. Mělo asi poloviční rozměr normálního hřiště a stálo jaksi vykopané ve stráni — pod ním byla jiná a užší terasa, kam se vešlo volejbalové hřiště, doskočiště pro skok do dálky (už dávno bez písku), atp. Tam se odehrávaly zápasy mezi jednotlivými třídami, pořádaly se dokonce i turnaje, či se prostě hrálo na jednu nebo na dvě branky, podle toho kolik se nás tam sešlo. Většinou dost k tomu, aby se na ty dvě branky hrát dalo. Školní zápasy se hrály mezi týmy o sedmi hráčích; zajímavé bylo, že když jsem přišel do páté třídy, měla tato lepší tým než jak třídy šestá i sedmá, přičemž čtvrtá třída byla skoro stejně dobrá jako my. Cílem ovšem bylo dostat se do týmu školy, který hrával předzápasy utkáním místního Spartaku Rokytnice, to už se ovšem hrálo na velkém hřišti. V žákovském týmu jsem si zahrál snad jen jednou či dvakrát, nebyl jsem ještě dost dobrý. O rok či dva později se ale vytvořil dorostenecký tým Spartaku a tam už jsem měl pravidelné místo, dokonce jako střední útočník. To proto, že jsem měl čich na to být na pravém místě v pravý čas a dávat přitom rozhodující góly. Těch gólů jsem celkově příliš mnoho nenastřílel, když jsme ale potřebovali vyhrát či vyrovnat, často jsem tím střelcem právě býval já. Když jsem později strávil rok v Pardubicích, zahrál jsem si dokonce několik zápasů v dorostenecké lize za místní Lokomotivu — to už byl vrchol v této kategorii do 18 let, někdy se hrálo i před ligovými zápasy, před několika tisíci diváků. Potom mě ale už začínalo víc a víc zajímat divadlo, takže fotbalu jsem brzy nechal. Až po letech jsem si v Karlových Varech párkrát zahrál za herce proti muzikantům. A opět jsem vstřelil vítězný gól do sítě muzikantů!

Jak jsem se naučil číst

To je všechno moc hezké, co ale škola, jistě si říkáte. Nuže, vezmu to od samého počátku, což znamená se vrátit do pražských let. Když jsem chodil do školy na Hanspaulce, nijak zvlášť dobře jsem se neučil. První rok jsem z velké části vynechal, což asi nijak zvlášť nevadilo. Jednak mě v Berlíně učila máma a kromě toho, číst jsem už uměl po nějaké dva roky, dávno předtím než jsem začal do školy chodit. Takže jsem se ve škole většinou jen nudil, zatímco se ostatní děti prokoktávaly textem čítanky. První knížku v životě jsem si přečetl dřív než mi bylo pět let;

byla to kniha hlavně obrázková, na každé stránce bylo vyobrazené písmeno v nějaké hodící se situaci a k tomu vždy několik veršů. Jak se ta kniha jmenovala, jsem na dlouhá léta zapomněl, ale pamatoval jsem si z ní jeden jediný verš. To proto, že byl pro mne tehdy tolik enigmatický. Verš zněl:

"CH se jako blázen chechtá."

Písmeno CH tehdy pro mne představovalo nepochopitelnou záhadu. Znal jsem už obě písmena, která toto písmeno tvoří, C i H, v knížce jsem viděl obrázek, který si dodnes dokáži vybavit, dohromady mi to ale nějak nedávalo smysl. Na obrázku bylo CH, tančilo tam s ručičkami založenými v obou bocích a chechtalo se přitom na celé kolo. Problém spočíval v tom, že jsem najednou nevěděl, jak se tohle písmeno vyslovuje. Málem jsem se kvůli tomu rozbrečel a volal jsem hned na pomoc svou o mnoho let starší sestřenici Ninu, která u nás právě pobývala a která mi tehdy s čtením pomáhala. Dodnes se proto ani trochu nedivím těm národům, které to tvrdě vyslovované "ch" ve svých jazycích netrpí, protože se takto vyhnou nemalým potížím. Na chvíli opět přeskočím v čase, o dobré půl století. V roce 2000 jsem v průběhu olympijských her zde v Austrálii pracoval jako tzv. „language expert", jazykový znalec, no prostě tlumočník. Jednou z mých povinností bylo učit anglicky hovořící televizní komentátory správně vyslovovat jména českých sportovců. Šlo to většinou celkem slušně, zejména proto, že všichni jsme si přitom byli dobře vědomi toho, že dokonalosti v tomto směru dosáhnout nelze. Největší potíže nám přitom dělala ta jména, která obsahovala to české "ch". Vypracoval jsem si k tomu speciální metodu. Přišel jsem totiž na to, že anglicky hovořící lidé téměř vždycky dovedou vyslovit tvrdé "ch" v těch slovech, kde je mají Skotové. Ti potom "ch" vyslovují skoro stejně jako my Češi. Moje jazykové koučování tudíž vypadalo zhruba takto:

"Say Chvalovský." (ukázal jsem na seznamu hráčů na jméno tehdejšího brankáře fotbalového týmu)

"Čvalóóvsky."

"Chvalovský," opakoval jsem trpělivě.

"Kvalóóvsky." Pomocné metody bylo zcela jasně zapotřebí.

"Say Loch Ness." Tohle skotské jezero přece zná kdekdo. A vyslovit to také každý dovede. A vskutku:

"Loch Ness."

"Good. Now say Loch."

"Loch."

"Say ´ch´."

„Ch".

Úspěch! Ten přízvuk na druhou slabiku se prostě odstranit nedal, to "ch" ale nakonec všichni jakž-takž zvládli. Takže Chvalóóóvsky.

Po mnoha letech, ani nevím proč, mi z ničeho nic na mysli vytanul ten verš s chechtajícím se CH. Když se mi něco takového stane, jdu s tím v dnešní době často na Google. Čistě ze zvědavosti. Verš jsem tedy nagoogloval a bylo to tam!

G si sedlo, nic se neptá,
CH SE JAKO BLÁZEN CHECHTÁ,
D a E se strkají,
hrozný rámus dělají.
Uč se, ať nám porozumíš!"

Po nějakých šedesáti pěti letech proto teď vím, že kniha se jmenovala Kulihráškova abeceda, že ji ilustroval Artuš Scheiner, verše složila Marta Voleská, vydal ji pražský knihkupec Gustav Voleský v roce 1927. Našel jsem tam i obrázky, z nichž mnohé jsem poznal.

Škola

Po otcově smrti byla situace nestabilní, žádná z učitelek které jsme měli v Sušické ulici mi k srdci nepřirostla, takže si ani nepamatuji jejich jména kromě jediné, která se jmenovala Trdá. To jen ale kvůli tomu jménu, rád jsem ji neměl ani trochu. Zájem o školu ve mně tak vzbudila až již zmíněná učitelka Hoffmeisterová na Zbraslavi. To se promítlo i do Rokytnice, kde jsem si téměř okamžitě získal reputaci jako nejlepší či druhý nejlepší žák ve třídě. Měli jsme v jistý čas učitelku jménem Vanclová, která se neustále snažila rozřešit to dilema kdo je nejlepší — zdali Korejs či Breuer? Jednou to byl Přemek, jindy zase já, podle toho který z nás právě nějak zaperlil. Dnes si to srovnávám s moderními učebními metodami, například waldorfskou či montessori, kde se prostě soupeřivost nevede. Byla to ale jiná doba. V páté třídě nás měl za třídního učitel Hezký, který ale do roka zemřel na rakovinu, musel být mladý, nemohlo mu snad být ani čtyřicet. Vzpomínám si ještě na oba Havlíčky, mladšího a staršího a také na učitele Macha, jehož jsme se všichni hrozně báli. O něm ale později.

Skončil jsem národní školu jako jeden z nejlepších žáků; tehdy se ještě dělaly závěrečné zkoušky, podobné maturitě, která mě čekala o tři roky později. Po ty tři roky jsem dojížděl denně do gymnasia v Jilemnici, jak se mu říká dnes, tehdy to byla Jedenáctiletá střední škola. Nebylo to snadné dojíždět takto denně. Musel jsem vstávat už před šestou ráno, abych stihl autobus v 6.10. Zastávka naštěstí nebyla daleko, jen asi 300 metrů. Autobus projel asi za půl hodiny celou Rokytnicí, rozprostírající se po obou stranách dlouhého údolí, až na nádraží nacházející se vedle toku Jizery. Odtamtud následovala jízda motorákem přes asi osm stanic do Jilemnice, která trvala přibližně 40 minut. Dalších 20 minut jsme potřebovali k tomu dojít pěšky přes jilemnické náměstí až do školy. Jednou či dvakrát do roka se stalo, že vlak nejel; to když napadlo přes noc víc než asi 30 cm sněhu!

Takovýto motorák stále ještě jezdí na trati z Martinic, přes Jilemnici, do Rokytnice.

Prospěch jsem míval průměrný. Až na němčinu, kterou jsem přitom musel kdysi docela slušně ovládat, když jsem jako dítě trávil spoustu času s Frau Keller v Berlíně. Jenže, chtěl jsem se učit angličtinu, bohužel se nás ale v kdysi německém pohraničí tehdy nenašlo dost k tomu, aby se vytvořila anglická třída pro náš ročník (celkově kolem 80 lidí). Bylo by nás muselo být patnáct, do počtu nám ale dva žáci chyběli. Hádám, že dnes by tomu bylo jinak, obráceně. Tehdy jsem ale byl nucen se učit němčinu, kterou jsem živelně nenáviděl (vždyť jsem v Německu přišel o tátu) a v níž jsem tudíž neprospíval.

S mnohými svými tehdejšími spolužáky se stýkám dnes po internetu. Když český Seznam zavedl web spoluzaci.cz, založil jsem jsem tam pro nás stránku. Už nás je tam kolem dvaceti. Byl jsem jen jednou na společném setkání, to bylo 30 let od maturity, v roce 1990, kdy jsem v Česku právě byl. Obvykle si ale se svými spolužáky při těchto setkáních popovídám telefonicky. Scházejí se takto pravidelně už od samého počátku, minimálně každých pět let, v poslední době ale stále častěji. Nedávno jsem založil podobnou stránku i pro naši třídu na národní škole, zatím nás je tam sedm — ono těch lidí kteří v tomto věku mají internet není tak mnoho. Při nedávném srazu se ale podařilo sehnat dohromady celkem 25 lidí! Vzhledem k tomu, že devět či deset je jich už na onom světě, je to až neuvěřitelný počet.

Při setkání naší třídy Gymnasia v Jilemnici po 50 letech mne zúčastnění spolužáci pozdravili takto do kamery na jilemnickém náměstí. Sledoval jsem je na internetu a hovořil jsem s nimi telefonicky.

Začínám zpívat

Chodil jsem do poslední, jedenácté třídy (tehdy ještě dvanáctiletky nebyly), když jsem objevil, že umím zpívat. Matka později tvrdila, že vždycky tušila, že ve mně je zašitý nějaký druh interpreta, herec či zpěvák. To prý ještě když jsme bydleli v Stratfordu, městě proslulém jako rodiště Shakespearovo. Byla zabrána do jakési domácí práce a začala si k tomu broukat "všechny krásy světa, všechny krásy světa..." z Prodané nevěsty. Já, který jsem si hrál u jejích nohou, jsem se prý náhle vztyčil a začal jsem sám zpívat. Prý bylo k poznání, že se pokouším zpívat to samé, text jsem si ovšem upravil podle svého. Musely mi být asi dva roky, snad i o něco méně. V dospělém věku jsem tuto árii Kecala z Prodané nevěsty ještě zpíval při různých příležitostech mnohokrát.

Když mi bylo sedmnáct, začal jsem chodit na různé podniky, které se v Rokytnici konaly, obvykle to byly taneční zábavy. Jednou hrála jakási kapela odkudsi sem zavítavší a její vedoucí, snad aby trochu rozehřál celkem studenou atmosféru (venku byl sníh, uvnitř kamna moc nehřála), se s mikrofonem v ruce zeptal, jestli se v sále náhodou nachází někdo, kdo by si s nimi chtěl zazpívat. Neváhal jsem ani trochu a šel jsem na pódium. Tehdy byl populární valčík o tulipánech v Amsterdamu, na tom jsme se tedy dohodli a já jsem to zazpíval. Vysloužil jsem si slušný potlesk. Na pana kapelníka jsem zřejmě také udělal dojem, takže jsem si toho večera ještě zazpíval několikrát. Byl jsem zcela opojen svým úspěchem!

Příležitostně jsem si zazpíval i s kapelami, jakou byl třeba orchestr Zdeňka Marata.

Ředitel naší bývalé obecné školy se jmenoval Jaroslav Hejral a byl v něm také ukrytý muzikant. Na nic nijak zvlášť dobře nehrál, trochu myslím na trumpetu, vzal si ale do hlavy, že v Rokytnici založí taneční orchestr, který bude dirigovat. Snad odjakživa zde bývala dechovka a to docela dobrá — vyhrála i několik soutěží na krajské úrovni, takže jakýsi základ zde byl. Panu řediteli se skutečně podařilo dát dohromady celkem slušnou kapelu, hlavně když přišel na to, že žádnou glenmilerovku z místního talentu nevykřesá a že bude lépe se soustředit na menší kombo, které by se dalo spíš zvládnout. Když se to kombo potom rozjelo, už pana dirigenta příliš nepotřebovalo a začalo si žít od té doby svým vlastním životem. Mně brzy nato začali zaměstnávat jako zpěváka a konferenciéra, takže při plesech a tanečních zábavách, namísto tancování, jsem si rychle zvykl se dívat na svoje na parketu se svíjející vrstevníky (či spíš vrstevnice, ty mě v té době začínaly zajímat čím dál víc...) s výšin pódia, ať už v Rokytnici či někde jinde, kam si nás právě pozvali. Sám jsem si ovšem příliš často nezatančil, což mi ale nijak zvlášť nevadilo. Byl jsem přece jen víc než kompenzovaný tím, že jsem odtud měl takový krásný přehled a že jsem za to byl navíc placený. To už jsme měli tzv. přehrávku, takže jsem si začal docela slušně přivydělávat.

Čím mám být?

Sám jsem neměl sebemenší pochybnosti o tom, že ze mne jednou bude buď zpěvák či herec, případně obojí. Zde se ale křížily tyto moje představy s představami matky, která ze mne chtěla za každou cenu mít "pana inženýra"! Jedině v inženýrském titulu viděla záruku úspěšného života a nic jiného ji nezajímalo.

"Hraj si divadlo, ale jako ochotník. Já jsem sama hrávala. Zpívej si, přivydělávej si, nečekej ale, že z toho budeš mít profesi. Mnoho povolaných, málo vyvolených!"

Těmito slovy vždy zakončovala tato svá kázání. Žila v té době pod dojmem toho, že jistý bratranec z druhého kolena, s nímž jsme se poměrně často stýkali, nedlouho předtím dokončil vysokou školu slaboproudé techniky a stal se z něho kýžený pan inženýr. To, že já nejevím sebemenší zájem o cokoliv elektrického, snad kromě zesilovače mikrofónu, ji vůbec neodradilo od toho snažit se neustále prosazovat svou. Přinutila mě k tomu, abych si za výběrový předmět vzal fyziku, protože se mi to "bude hodit". Já bych si byl vybral dějepis, v němž jsem vždycky vynikal, to ale nešlo. K čemu by takovému slaboproudému inženýrovi mohl být dějepis? Když jsem složil maturitu s průměrným prospěchem, který by mě ke vstupu na vysokou školu slaboproudou ovšem nekvalifikoval, pouze k vysoké škole technické v Liberci, kde brali kdekoho, aby po prvním semestru asi tři čtvrtiny lidí vyhodili, přišla máma s následujícím plánem:

"Dohodla jsem s příbuznými v Pardubicích, že ti tam zařídí ubytování. Půjdeš na rok do Tesly v Přelouči, aby ses naučil dělat trochu s rádii. Potom tě přihlásíme ke zkouškám na tu vysokou slaboproudou.

A hotovo! Takhle to měla nalinkované, postavila mě před hotovou věc, co jsem mohl dělat? Nezbývalo, než odjet do Pardubic. Na to, abych se matce postavil, jsem asi byl ještě příliš mladý. V přeloučské Tesle jsem potom necelý rok pracoval ve vzorkovně, kde se vyráběly prototypy rádií, ovšem to co jsem tam dělal byla jen mizerná nekvalifikovaná práce, podle toho také placená. Trvalo mi to aspoň půl roku, než jsem vůbec zjistil jak asi vypadá transistor, tehdejší div technologického pokroku. Touhu po tom začít se vrtat v rádiích a dostat se proto na onu kýženou vysokou školu slaboproudou, to ve mně nevznítilo. O něčem takovém, že rádiem se jednou přece jen zabývat budu, ale úplně jinak, že budu jednou jako moderátor pravidelně vysílat z rozhlasového studia své programy, česky i anglicky, se mi v té době vůbec ani nesnilo! K tomu by mi byla ale znalost transistorů stejně nebyla nic platná. Mohl jsem to dělat hlavně proto, že jsem se naučil trochu slušně mluvit a to se dalo nejlépe vypilovat při divadelních zkouškách.

Edmund Hall

Na štěstí byly Pardubice docela zajímavým městem. Brzy jsem začal také zpívat s přeloučským orchestrem, který vedl dirigent Jan Březina — jednou s námi dokonce vystupoval jako host Milan Chladil, měl jsem tak možnost ho trochu poznat. Chodil jsem často do Rotundy (ta už dávno neexistuje), kde se většinou konaly zajímavé akce. Jednou, jak si vzpomínám, tam hrál orchestr Gustava Broma a s ním vystupoval také Edmund Hall jeden z nejlepších jazzových klarinetistů všech dob, který hrával i s orchestrem Louise Armstronga. Jak se dostal do tehdejšího Československa mi bylo dlouho záhadou, až jsem nedávno přišel na to, že se nedlouho předtím rozhodl vrátit se do Ghany, odkud kdysi přišli jeho předkové do Ameriky. Za několik měsíců byl ale zpět, zklamaný a na volné noze, takže rád přijal pozvání k turné od brněnského dirigenta Broma, který měl v amerických jazzových kruzích dobré jméno.

Chytlo mě divadlo

Matce konečně došlo, ze mne pana inženýra mít nebude. Přijel jsem v létě 1961 zpátky do Rokytnice, kde jsem mohl hned dostat místo jedné ze zdejších továren jako technický kontrolor. Stejně budu muset za necelý rok na vojnu, říkal jsem si, potom se uvidí... Hned druhý den ráno někdo klepe na dveře. Otevřu, venku stojí učitel Mach. Hrklo ve mně, to ještě ze starého zvyku. Býval totiž naším třídním v 8. třídě, učil hlavně matematiku, fyziku, chemii a byl postrachem celé školy. Bylo mu tehdy asi padesát, velice přísný, všichni jsme z něho měli hrůzu. Jenže, říkám si, vždyť už je ti osmnáct, co by ti proboha mohl udělat, když jsi se navíc ničím neprovinil! Kdysi tolik obávaný učitel Mach se ale tvářil docela pokorně protože, jak se brzy ukázalo, přišel za mnou s prosíkem. Jestli bych prý byl ochoten zaskočit v roli Čapkova Loupežníka? Po jakési náhlé nehodě a zranění jim vypadl v ochotnickém spolku herec. To byla ta druhá, měkká stránka monstra — miloval divadlo. A byl dobrým režisérem. Udělal s námi pár školních her a zřejmě tehdy musel ve mne nějak začít věřit. Takováto nabídka se ovšem neodmítá, i když zbýval jen pouhý jeden týden ke zkoušení. Ujistil mě ale, že se bude zkoušet každý večer. Vrazil mi do ruky roli. Potom natáhl ruku: "Jo, a já sem Honza."

Večer při zkoušce už jsem mu říkal "Honzo", jako všichni ostatní.

Pokud jste hru viděli, asi si vzpomenete na myslivce, který je Loupežníkovým rivalem v lásce a který ho před koncem prvního dějství puškou postřelí. Při představení se pro správný zvukový efekt používaly dvě stejné lovecké pušky. Jedna byla nenabitá, tu nosil na scéně myslivec, zatímco z té druhé, nabité slepou patronou, se mělo za scénou vystřelit. Nikdo nikdy nevysvětlil jak došlo k tomu, že při zmatcích provázejících každou premiéru, se ty dvě pušky nějak prohodily. Vyhoupl jsem se na asi dvoumetrovou zeď a zamával jsem svému jevištnímu rivalovi se zvoláním: "Na shledanou věčný čarostřelče!" Rozzuřený rádo-by-milovník zmáčkl spoušť. Hromová rána a z hlavně pušky vyšlehl oheň. Ucítil jsem, že mě něco horkého uhodilo do pravého stehna...

S té zdi jsem padal ještě tak, jak jsem si to během zkoušek pracně nacvičil. Ležel jsem potom, levou stranou k obecenstvu, takže pravou rukou jsem si mohl nepozorovaně ohmatávat stehno, které začínalo silně bolet a také prudce napuchat. Prsty jsem přitom nahmatal díru v kalhotách a pod ní objevil hlubokou ránu. Mezitím se na jeviště seběhlo několik vesničanů kteří mne, podle scénáře, nakonec naložili na trakař a odvezli ze scény. Přitom jsem pořád ještě hrál toho zraněného Loupežníka, i když mi začínalo docházet, že roli už ten večer nedohraji. Představení bylo zrušeno. V nemocnici mi z nohy vytáhli skoro

Učitel a režisér Jan Mach

celou patronu a kusy plstěné ucpávky. Protože rána vyšla poměrně zblízka, náboj se neměl čas rozprostřít. Dodnes tam mám aspoň deseti centimetrovou jizvu. Kdyby byla šla ta rána o něco výš, tak jsem už tehdy mohl vědět, jak se to má s tím posmrtným životem. Poležel jsem si v nemocnici asi dva týdny. Později, přestože jsem ještě trochu kulhal, jsem konečně Loupežníka dohrál až do konce a potom ještě několikrát, vždycky před plným hledištěm. Fáma o postřeleném Loupežníkovi se postarala o to, že do divadla začali chodit i ti, kteří tam předtím nikdy nepáchli.

K tomu se váže ještě jedna příhoda. Po více než třiceti letech navštívím znovu tato místa, jdeme s jedním starým kamarádem do hospody. Sedí tam i jeden náš současník. Pohlédne na mne, a jakoby mě naposledy viděl včera, prohlásí:

"S tebou nemluvím!" Táži se, co jsem mu udělal.
"Kvůli tobě jsem jednou dostal moc na prdel."

Ukázalo se, že nešťastník chodíval s jistou dívkou, navzdory přání svých rodičů. A měl s ní rande právě toho večera, kdy mě v divadle postřelili. Když se ho potom doma ptali na to kde byl, prohlásil nevinně, že byl v divadle. O střeleckém incidentu pochopitelně nic nevěděl. Takže dostal na prdel. Dali jsme si na to pivo. Potkal jsem potom i tu dívku, bývalou spolužačku. Taky dostala na prdel a je vdaná za jiného. Taky jsme si na to dali pivo.

Není tomu dávno, přišel mi na toto téma dopis, od jedné z dcer toho herce, který měl v rukách tu nešťastnou pušku. Objevila mě na internetu. S jejím svolením mohu citovat:

...můj tatínek Václav byl ten, co Vás postřelil, když jste hrál v rokytnickém přírodním divadle v Loupežníkovi. Moc dobře se na ten den resp. večer pamatuji. Když zazněl výstřel a Vy jste padl z té zdi, v obecenstvu zašumělo: "Ten Vojen to ale hraje..." Za chvíli se ale začala šířit jiná novinka: "Hladík postřelil Vojena! " Ta hrůza. Běžely jsme se sestrami do šaten pod jevištěm. Tam byl zmatek, někdo Vás ošetřoval, tatínek byl bledý, ani nás nevnímal. "Tatínka zavřou, tatínka zavřou... " bušilo mi do hlavy. Nezavřeli, ale následky to přece jenom mělo. Bylo nás pět holek a jak jsme dorůstaly, tak kluci říkávali : " Bacha, starej Hladík hned střílí...".

Dodala k tomu ještě:
Vás obestíral (obzvlášť u adolescentních dívek, slovo puberťačka se snad ještě ani nepoužívalo) nimbus pražského, a navíc pěkného, kluka. Myslím, že by Vás to mohlo i po tolika letech potěšit.

Měla pravdu, potěšilo mě to.

Karlu Čapkovi, který tyhle všechny mé nepříjemnosti nepřímým způsobem zavinil tím, že napsal Loupežníka, jsem se skoro o půl století později "pomstil" tím, že jsem tuto hru, která je stále populární v Česku, o níž se ale na Západě skoro vůbec neví, přeložil do angličtiny.

Zde hraji, krátce předtím než jsem šel na vojnu, zamilovaného vojáka. Myslím, že se jedná o Topolův Jejich den.. Na jméno své partnerky zde si už nevzpomínám. Druhý pár tvoří Miloš Čihák a Jana Mařasová. S Janou jsme vytvořili nedlouho předtím milenecký pár Luisy Millerové s Ferdinandem z Walterů v Schillerově klasickém dramatu Úklady a láska.

Půjdu na vojnu!

Blížilo se léto a s ním odvody na vojnu. Připravoval jsem se mentálně na to, že až se stanu na dva roky armádním majetkem, skončím nejspíš v nějaké zapadlé vesničce někde na Slovensku, tak jak se to stalo kdysi mému otci. A víte už, jak to dopadlo, táta se nakonec rozvedl! Že na tom Slovensku potom nebude pro mne nic lepšího na práci než si namluvit nějakou místní holku a vrátit se potom do Čech jako beznadějný ženáč, v tahu se svou Slovenkou s rostoucím břichem, tak jak jsem viděl dopadnout některé z těch starších než jsem byl já, kteří na vojnu odešli v nedávných letech. Někteří z nich se ani nevrátili; nejspíš se usadili kdesi ve svých nových domovech, poté kdy na kolenou poprosili celou vesnici o to, aby jim povolila se k nim přiženit. Třeba se potom plně věnovali pasení ovcí či výrobě kozího sýra.

Hrozil ale i jiný, snad ještě katastrofálnější, scénář. Podle něho bych se mohl dostat někam na jihozápadní hranici, kde bych patroloval podle plotů z ostnatých drátů nabitých elektřinou a tam bych ochraňoval čistotu toho našeho dělnického ráje proti zlému a ideologicky podvratnému Západu. Dokonce bych mohl být donucen k tomu střílet na někoho, kdo se rozhodl prostříhat se dráty určenými k tomu aby udržovaly v zemi její šťastné občany.

Skupinka rekrutů Lomnici nad Popelkou. Ležím vlevo dole.

Potom nás na vojenském úřadě v Lomnici nad Popelkou odvedli. Byl přitom jeden důstojník, dost vysoké hodnosti, podplukovník, či něco takového, který mě znal a vážil si mě jako zpěváka. Ten, když jsem tam stál nahý před stolem s odvodní komisí (ano dámy, tak se to dělalo a nejspíš ještě i dělá...), učinil několik kryptických poznámek o tom, že budu překvapený tím, kam půjdu, atp. Neměl jsem sebemenší potuchy, co tím myslel. Několik měsíců nato už začaly chodit první obálky s povolávacími rozkazy. Když tato první vlna přešla, oddychl jsem si zhluboka a nahlas. "Na čáru" mě už nepovolají. Byl v tom totiž systém. Ti, kteří byli odsouzeni k tomu sloužit jako pohraničníci, dostávali z nějakého důvodu povolávací rozkazy jako první a o celé dva měsíce dřív než ti ostatní — rukovali už v srpnu. Mně jistě teď přijde ten můj na to

Slovensko (s tím už jsem byl tak nějak smířený; skoro každý Čech byl povolán na Slovensko a naopak, jak mi to připadalo) až za dva měsíce, s nástupem k 1. říjnu. Když mi náhle dali počátkem srpna z pošty vědět, že tam mám doporučený dopis, bylo to ale příliš brzy k tomu, abych rukoval až prvního října.

Kam mě to asi povolávají? Skoro celou cestu k poště jsem běžel, přičemž jsem se potichu modlil, aby to bylo někam nepříliš daleko a do trochu slušného místa. Úředník na poště mě pozorně sledoval, zatímco jsem rozechvělými prsty otevíral obálku. Poslední dobou prožíval tohle napětí společně s více kandidáty na vojenský mundúr a většinu z nás znal i křestními jmény. Byl prostě zvědavý.

"Tak co, kam to máš?"

Byl jsem z toho trochu omámený, takže jsem hned nereagoval. Opakoval otázku.

"Do Prahy."

"Do Prahy? No, to máš tedy kliku! To jsi první co to má do Prahy koho letos vidím. Ani vloni tam nikdo nešel. K jaké zbrani to prosím tě máš?"

"Já nevím, já tomu nějak nerozumím..."

Už jsem si to přečetl, ale bylo to příliš bláznivé, abych o tom vůbec začal uvažovat.

"Ukaž to." Vzal si ode mne obálku, vyhledal si to místo. "Umělecký vojenský soubor. Tos to tedy kamaráde vyhrál!"

✳✳✳✳

5. Z VOJENA SE STAL VOJÍN (1962-64)

Asi o měsíc později jsem jel ranním autobusem (odjížděl už někdy ve 4 ráno) do Prahy. Předchozí odpoledne jsem ještě hrál fotbal za místní Spartak a dal jsem vítězný gól. Ten se měl ukázat být mým posledním. Čekaly mě asi čtyři hodiny, během nich jsem mohl jen přemýšlet co bude dál. Ten podplukovník co byl u odvodů asi musel za mne někde ztratit slovo, Pánbůh mu požehnej, říkal jsem si. Dělal jsem sice předtím jakýsi konkurs, nic jsem ale z toho neočekával a nic jsem potom neslyšel. Věděl jsem sice, že jako "crooner" nejsem nijak špatný, copak ale nebere armáda k takovýto věcem hlavně ty, kteří dovedou zpívat častušky či lidové písně, hrát na harmoniku, tančit kozáčka a podobně? Hodně se toho ale v tomto směru změnilo, jak jsem měl brzy zjistit.

Od starších kamarádů, kteří už vojnu zažili, jsem se ledacos dozvěděl a tak jsem si myslel, že vím aspoň zhruba, co mě očekává. Jeden z nich, jménem Mirek, pro některé z nás budoucích branců ty horory popisoval v hospodě při pivu.

"Hned jak tam dorazíte, tak na vás začnou hulákat. Tím míním, že budou řvát tak, že z toho do půl hodiny ohluchnete!"

"Oficíři?"

"Kdepak oficíři, ty skoro žádný ani neuvidíš, tak nanejvýš nějakýho seržanta. Dýzláci!"

"Dýzláci, kdo jsou dýzláci?"

"To je jak se jim říká, neptej se mě proč. To jsou ti chytráci co včas přišli na to, že v civilu by se neuživili a tak to na konci vojny podepsali a zůstali tam. Právě dostali na ramena ty svoje frčky a tak se před váma budou chtít ukázat."

"Je to doopravdy takhle zlý?"

"Horší než si dovedeš představit. Nejdřív se budete muset všichni svléknout do naha."

"To už jsme museli, když nás povolávali."

"Jo, to jen na chvilku. Teď takhle nahý zůstanete klidně i několik hodin."

"Proč tohle dělají?"

"Hlavně proto, aby tě co nejvíc ponížili, jinej důvod k tomu nevidím."

"Tohle si jistě musel vymyslet nějakej perverzní psycholog. Takhle vás hned na začátku připraví o vaši osobnost a o to přece armádě hlavně jde, či ne?"

Mirek jen přikývl. Psychologie nebyla jeho silnou stránkou. Dodal ale:

"Proto vás taky asi ostříhají dohola. Potom po vás začnou házet kusy uniforem, je jim jedno jestli je ti to velký či malý, to si budete muset mezi sebou potom vyměnit. To byl ale jenom začátek. To pravý peklo se strhne teprve druhej den ráno, jakmile zazní budíček!"

Mezitím si k nim přisedlo pár jiných veteránů a ti se teď vzájemně začali předhánět v tom, kdo přijde s tou nejděsivější historkou a s nejlepšími tipy k tomu, jak všechny ty hrůzy přežít. Takže jsem byl opravdu dobře připraven na to, co mě čeká a ... co mě minulo.

Budova na Pohořelci, kde byli ubytováni Ausáci a kde jsme my měli své zkušebny.

První den na vojně

Nebylo ještě ani devět a nástupní čas měl být v deset ráno. Už to bylo divné a také to, že ten povolávací rozkaz byl na pondělí 3. září. Pokud jsem věděl, na vojnu se vždycky chodilo prvního v měsíci, i kdyby to datum mělo připadnout na neděli!

Vstup do Hádesu se nacházel přímo naproti rampě tramvajové stanice Na Pohořelci. Nikde nikdo. Kam bych ale šel? Hospody budou ještě zavřené. No, tak budu první, někdo musí být. Po trošce otálení jsem prošel úzkým průjezdem do nádvoří budovy, která opravdu vyhlížela jako kasárna a prý jimi také byla, ještě za císaře pána. Odkudsi se ozývala trubka, nebyla to ale žádná polnice ohlašující příjezd kavalérie, dokonce ani tanků, byla to jen obyčejná trubka na níž kdosi pokojně hrál stupnice. Někde jinde zase někdo fidlal na housle. Idylka. Nikdo na nikoho neřval. Žádné dýzláky také vidět nebylo. Zatím. Po chvíli bloumání po nádvoří jsem objevil dveře, na nichž bylo napsáno něco v tom smyslu, že branci se mají hlásit zde. Vešel jsem dovnitř. Stál tam na chodbě stůl, u něho seděl nějaký důstojník, že je to kapitán jsem ale ještě v té chvíli podle nárameníků nedovedl rozluštit a tudíž nevěděl. Usmál se mne, řekl si o můj povolávací rozkaz, porovnal jej s něčím co měl natištěné před sebou na stole, řekl mi, abych se mu někam podepsal a poslal mě po schodišti dolů, kde prý najdu skladiště. Tam, že mě obléčou. Ve skladišti se nacházeli dva lidé, jedním byl voják v běžné uniformě, druhým už postarší civilista v béžovém plášti, jaký tehdy nosívali skladníci.

"Nazdar!" povídá mi ten voják. "Já sem Pavel, tohle je pan Kopecký. Von to tady vede."

Scénář, jehož se mi dostalo, byl beznadějně nepřesný, jak už se začínalo jevit. Hlavně ale, že nikdo nekřičel. Dokonce ani ten voják, zcela jasně mazák, který se ke mně choval jako bych ani nebyl bažantem! Prohlásil:

"Ty seš tu vůbec první, za chvíli tu ale bude zmatek. Co vlastně seš? Na co hraješ?"

"Nehraju na nic. Zpívám."

"Jo? Tak to jsem taky dělal."

"Dělal?"

"Jo, dokud jsem nešlápnul do hovna."

"Co se stalo?"

"Časem se jistě dozvíš. V každým případě mě poslali do Benešova."

"Proč zrovna do Benešova?"

"Tam se posílají provinilci. Máme tam náš hlavní sklad. Teď tam poslali jiného a Pavla dali sem ke mně."

To promluvil pan Kopecký. Jak jsem později zjistil, byl to vlastně jevištní mistr, který normálně měl k ruce tři kulisáky. Ti ale právě odešli do civilu, dva noví měli být v mém ročníku. Pavel, kterého kvůli nějaké drobné krádeži potrestali byl, jako skoro všichni my záklaďáci, jen pouhým vojínem, takže degradace u něho nepřipadala v úvahu; přišel ale o status zpěváka a potrestali ho navíc tím přeřazením. Teď z něho byl jevištní technik a jako takový měl před sebou ještě rok starání se o mikrofony. Pořád lepší, než být někde u útvaru, svěřil se mi jednou později. Kopecký, který dělal krejčího jen při této příležitosti, si mě začal přeměřovat. Potom mi oba chvíli nosili kusy uniforem a ostatní vojenské výbavy, nejprve tu normální uniformu, potom tu koncertní, která vyhlížela úplně stejně jako ty které nosili důstojníci, až na to, že na rameni neměla žádné hvězdičky. Říkalo se jí "fajnovka". To všechno jsem si vyzkoušel na sobě, zatímco jsem žertoval:

"Jsem tu vůbec na správném místě? Tohle má prý být armáda, žádný módní závod!" Kopecký mi odpověděl.

"V armádě seš, o tom se ještě přesvědčíš. Hlavně seš tu ale v šou byznysu. A já jsem tu dneska proto, abys na tom jevišti vypadal aspoň trochu slušně!"

Že jsem v šou byznysu, tak to mi ještě nikdo předtím neřekl. Neznělo to příliš jako bych se byl právě stal členem obranné moci naší socialistické vlasti. Zvolání "Sloužím lidu!" které se mi už už dralo na rty, jsem ale raději potlačil. Asi by se mu nedostalo patřičného ocenění. Pomalu se začínali trousit jiní branci — mělo nás toho dne narukovat asi třicet, polovička základáků.

Šel jsem zpátky k tomu důstojníkovi, který mi řekl ať chvíli počkám, dokud se nás nesejde víc. Asi za hodinu nás tam už bylo snad deset, všichni v pracovní uniformě, tj. v té normální vojenské a každý z nás třímající krabici s ostatním svým majetkem, obsahujícím například pravé vojenské onuce, které jsme si prakticky nikdy neměli příležitost obléknout, protože ke koncertní uniformě, k níž jsme nosili normální vlastní hnědé polobotky, by se jaksi nehodily. Tu k nám přišel jeden mazák, který měl na rameni červenou "frčku", čili byl svobodníkem. Jediným v celém souboru, jak se ukázalo, to proto, že byl oficiálně staršinou roty, tedy přímým velitelem nás vojáků, takže musel mít hodnost, byť jen tu nejnižší možnou. Nemyslím si ale, že by byl po nějaké hodnosti toužil, spíš ho to činilo dosti nesvým. Byl to Rudolf Šťastný, vynikající houslista, později primárius Moravského kvarteta a profesor brněnské JAMU. Nedávno jsem se dozvěděl, že zemřel, asi osmdesátiletý. Rudolf byl o celých deset let starší než já, bylo mu už dvacet devět, proto z něho také udělali velitele. Měl před vojnou řadu odkladů, nejprve studoval na konzervatoři, potom na brněnské JAMU, nakonec ale vojenskému mundúru stejně neunikl. Vzal si nás na povel, což před dohlížejícím kapitánem musel učinit a vrhal přitom po nás omluvnými pohledy. Jakmile jsme se ocitli z dosahu kapitánova zraku dvojstup zrušil a šli jsme dál jako normální lidé.

Ukázalo se, že zatímco zkušebny budeme mít na Pohořelci, v budově kterou jsme sdíleli se známějším AUSem, Ausáci měli i ubytovny ve stejné budově, zatímco my jsme měli své ubytovny asi o půl kilometru dál, v nedalekém bývalém Kajetánském klášteře, hned vedle Lorety s jejími proslulými zvonky. Šli jsme tudíž dolů pohořeleckým náměstím, podle domu v němž kdysi bydlíval můj pradědeček císařský správce vodních děl, potom kolem Černínského paláce, kde asi o dvanáct let dříve byl ještě zaměstnán můj otec, až do kýženého kláštera. Tam jsme každý z nás vyfasovali slamník, který jsme si dali na postel — asi polovina z nás měla obyčejné postele, zbytek spal na patrových. Ubytovny se se sestávaly ze tří velikých místností a z příslušenství. Každý z dvou dormitářů obsahoval asi třicet lůžek, v jednom spali mazáci a v druhém my bažanti. Jinak poměr mazák—bažant, jinde tak ošemetný, prakticky v souboru neexistoval. Snad jedině v tom, že mazáci neočekávali, že by měli dělat tzv. "rajóny", tj. zametali a omývali podlahu, atp. Loni tohle bylo jejich údělem, letos to bylo na nás. To ale platilo hlavně ze začátku a jen pokud jsme se nacházeli v Praze, což později stejně moc často nebylo. Uprostřed mezi oběma ložnicemi byla dost veliká společenská místnost, kde jsme každý měli svou skříňku, kde byla také televize, pár elektrických vařičů, atp. Místnost sousedila s klášterním ambitem, který měl uprostřed krásně udržovaný anglický trávník, kam jsme si někdy dávali pingpongový stůl. Na druhé straně bylo pod okny hřiště, kde se dal hrát nohejbal.

Sotva jsme si stačili uložit věci a už nám bylo řečeno, že máme jít zpátky na zkušebny. Cestou nahoru pohořeleckým podloubím jsme minuli další skupinu rekrutů jdoucí opačným směrem. Důstojníka stále ještě sedícího v chodbě jsme se zeptali, co dále.

"Nejdřív si skočte do kanceláře, aby vám vyplatili peníze, potom můžete jít na oběd", zněla trochu překvapivá odpověď.

"A kam máme jít na oběd, soudruhu kapitáne?" Tazatel si zřejmě uměl vyložit co značí epulety na ramenou důstojníkových, které mi až doposud nic neříkaly. Kapitán se usmál.

"To už je na vás. Směrem dolů k Malostranskému náměstí najdete pár výborných restaurací, vinárna u Lorety má opravdu dobrého kuchaře. Doporučil bych vám ale tu hospodu co najdete hned za rohem směrem na Břevnov. Je to jenom třetí třída, ale vaří se tam docela slušně."

Jak jsme šli spolu do kanceláře, zeptal jsem se jednoho nového kolegy, který se svými tmavě orámovanými brýlemi vypadal jakoby mohl leccos vědět, jak se to má vlastně s tím obědem, jestli opravdu máme jít do restaurace, jestli si ten kapitán z nás jen tak nevystřelil.

"To se ví, že tam jdeme. Copak sis myslel, že tady budou mít vojenskou kuchyni pro pár lidí, když budeme stejně pořád někde v luftu?"

To byla dobrá zpráva a jiné podobné následovaly. Podle toho, kolik nám vyplatili v kanceláři jsem si okamžitě vypočítal, že na tom budu finančně asi lépe, než když jsem dělal technického kontrolora v továrně na elektrické nabíječky, což bylo mé poslední regulérní zaměstnání. Dostávali jsme 24 Kčs na den tzv. relutu, což v dobách kdy se dalo koupit docela slušné jídlo za 5 Kčs nebylo zlé. K tomu jsme měli normální žold, který ovšem měli všichni vojáci a který myslím činil asi 120 Kčs měsíčně. Navíc tu byly umělecké příplatky, které činily nějakých 300 korun. Protože jsem ale byl veden jako sólista, měl jsem ještě asi 150 Kčs víc. Kdybych byl býval tanečníkem, měl bych ještě víc; u nich se počítalo, že spálí víc kalorií než my ostatní. Později se občas přidružila různá televizní a rozhlasová vystoupení či nahrávání, za která jsme dostávali poloviičku normální sazby — tu druhou půlku schlamstla vojenská hydra. Celkově jsem si přišel pravidelně asi na 1300 korun měsíčně, za což v raných šedesátých létech lecktterý nedobře placený zaměstnanec živil rodinu. A to nás nic nestálo ubytování či oblečení a navíc jsme za transport či za vstup na různé kulturní, společenské či sportovní podniky platili poloviičku! To, že nebudu jíst doma jsem tedy docela klidně oželel. Zanedlouho jsme objevili, že na obědy můžeme také chodit do závodní jídelny zaměstnanců pražského hradu, což bylo mnohem levnější než kdybychom šli do restaurace. A nevařili tam nijak špatně. To ovšem platilo jen pokud jsme byli v Praze a museli jsme si koupit stravovací lístky předem aspoň na týden.

Po obědě zapitým pivem (kdepak bych byl tohle čekal první den na vojně, i když to byla pouhá desítka) jsme se všichni noví členové souboru sešli v jedné ze zkušeben, kde k nám promluvil samotný velitel podplukovník Říčka. Kladl nám na srdce, abychom si vážili toho, že si nás lid vyvolil k tomu, abychom svým uměním bavili příslušníky vojenských jednotek, které nás všechny chrání před zlými silami NATO. Vyjádřil pevné přesvědčení, že se svých úkolů zhostíme tak, jak se patří na opravdové syny dělnické třídy, která nás jimi pověřila a která proto věří, že ji nezklameme. A tak podobně asi deset minut. Dříve než se vzdálil, představil nám kapitána Váňu, který bude naším přímým nadřízeným a který nás předtím přijímal. Motivační projev tohoto důstojníka byl trochu jiný:

"Soudruzi, jste všichni dospělí chlapi, jste zkušení lidé, jste všichni hudebníci a umělci, soudruzi. To je vaše odbornost, soudruzi, to je proč jste tady, soudruzi vojáci, proto abyste bavili jiné soudruhy vojáky. Při tomto všem si, soudruzi, budete ale muset vždy uvědomovat, že jste také vojáky naší lidové armády, soudruzi. Na to nikdy, soudruzi, nezapomínejte! Jistě, budete pořádat přestavení, to bude váš hlavní úkol, vystupovat před jinými soudruhy vojáky, soudruzi. S tím, co budete dělat, soudruzi, hrát, zpívat, tancovat, soudruzi, s tím já nemám nic co dělat. Já jsem tu soudruzi proto, abych zajistil, že po zbytek času se budete chovat tak, jak se patří na vojáky Československé lidové armády, soudruzi. To je, proč tu jsem, soudruzi. Jsem rozumný člověk, soudruzi a očekávám, že i vy máte rozum v hlavách. Takže si snad rozumíme, soudruzi. Přece si, soudruzi, nebudeme chcát na prsa!"

Tato poslední slova opakoval aspoň dvakrát. Nevěděl jsem co jimi míní a nemyslím si, že v tom jsem byl jediný. Postupně mi ale začal jejich význam docházet, zejména poté kdy se nedlouho nato dostavila Kubánská krize. Kapitán nás takto nabádal k tomu, abychom příliš nezneužívali volnosti, které se nám dostane. Říkal nám vlastně, že je ochoten tu a tam zamhouřit oko, pokud nebudeme věci přehánět tak, aby se to dotklo jeho postavení, aby se nebraly v potaz jeho schopnosti udržet ve své jednotce pořádek. Že to byl úkol takřka nemožný, to nám všem brzy došlo. Ubohý kapitán nebyl ani trochu v pozici moci, naopak, byl ve skutečnosti vydán nám na milost. Armáda potřebovala muzikanty, baviče všech druhů, aby se v ní udržovala morálka. Těch, kteří tohle dokázali dělat, nebylo zase tak mnoho. Jistě, zdaleka ne všichni talentovaní lidé se dostali do souboru jakým byl ten náš. Záleželo v tom dost i na štěstí. Počet kompetentních baviců ale je vždycky limitovaný. Brzy jsem přišel na to, že mezi mými novými kamarády byli i tací, kteří už začínali být obecně známí, kteří jako umělci už měli slušnou reputaci. Naproti tomu se v armádě musely vyskytovat spousty důstojníků kapitánova ražení, kteří by na jeho místo skočili okamžitě, kdyby mohli. Jezdit po republice, pobírat jistě slušné peníze za cestovní výlohy, atp., přičemž žádné zvláštní kvalifikace se nevyžadovaly, to bylo místo, které si potřeboval uchránit. Takže šlo o to, nechcat si na prsa, tj. nedělat žádně větší vylomeniny. Potom bude tento soudruh ochoten přivírat oči.

Život v souboru

Zhruba polovička vojáků pocházela z Prahy a pro ně bylo asi nejžádoucnější to, aby nemuseli spát v nepříliš útulném dormitáři. I v polovičním obsazení nás tam vždycky bylo dost, aby někdo chrápal. Lidé chtěli mít své pohodlí. Typicky jim bylo už tak kolem pětadvaceti, protože většina orchestrálních hráčů, jichž bylo nejvíc, měla za sebou školu, minimálně konzervatoř, mnozí i akademii. Někteří byli už i ženatí, dokonce s rodinou. Nás devatenáctiletých, kteří jsme narukovali podle zavedeného systému, tam byla jen hrstka. Pražáci začali chodit spát domů už asi po dvou týdnech, hned jakmile se rozkoukali. Trochu tím riskovali. Běžný voják lidové armády mohl očekávat, že se dostane z toho Slovenska či z "čáry" domů poprvé tak za půl roku, možná na dva, na tři dny. Pár šťastlivců snad i na Vánoce, to ale spíš až druhým rokem. Celý systém byl zaměřený na to, aby se pochytali případní dezertéři, v Praze potom zejména. Po městě chodily "lítačky", obvykle se sestávajících ze dvou vojáků základní služby a jednoho důstojníka nižší hodnosti, typicky mladého poručíka, které kontrolovaly každého vojáka na něhož narazily. K tomu aby vás rovnou nezavřeli, potřebovali jste mít v pořádku dva hlavní dokumenty, vojenskou knížku a vycházkovou knížku. Zatímco vojenská knížka více-méně jen nahrazovala občanský průkaz jako průkaz totožnosti, vycházková knížka byla tou klíčovou. Pokud jste neměli v ní patřičný záznam o povolení vycházky podepsaný vaším nadřízeným, neměli jste mimo kasárna či váš vojenský prostor co dělat. Vycházkové knížky bývaly u běžných útvarů zamčeny v zásuvce stolu ve velitelově kanceláři a byly vojákům vydávány pouze tehdy, kdy například měli jet na dovolenku domů nebo když jim bylo povoleno jít do hospody. My jsme byli výjimkou. Měli jsme vycházkovou knížku u sebe neustále a měli jsme v ní potvrzenou permanentní vycházku, která platila až do deseti večer. Byli jsme privilegovaní. Také i tím, že jsme měli malé zlaté lyry na klopách kabátu — kdekdo věděl, že tohle znamená muzikanty a tudíž z pohledu vojenských lítaček ulejváky! Populární jsme proto u nich nebyli, nemohli ale na nás a to bylo nejdůležitější!

Těm, kteří bydleli v Praze, to procházelo když chodili spát domů, pokud si dali pozor aby je nikdo nezastavil na ulici po desáté večer a aby byli před osmou ráno v kasárnách, kdyby si náhodou kapitán Váňa vzpomněl, že udělá náhlý přepad a nechá nás všechny nastoupit. To se sice párkrát stalo, před 8. hodinou ranní to ale normálně neriskoval a pokud ano, vždycky předtím utrousil nějaké poznámky, které nás nenechaly na pochybách o tom co má v úmyslu. Než jsme ale všech těchto privilegií nabyli, museli jsme si ještě pár týdnů počkat. Nejprve jsme museli totiž vykonat oficiální přísahu, abychom mohli obdržet zmíněné vycházkové knížky. Mezitím už se začal zkoušet hlavní pořad, s nímž jsme měli vyrazit na cestu už asi za šest týdnů. První týden jsme také dostali ten první a jediný výcvik jímž jsem na vojně prošel. Odkudsi k nám importovali správného "zupáka", četaře či rotného, už si nevzpomínám. Ten s námi na nádvoří, které měřilo asi 30 x 20 metrů, nacvičoval ty absolutně základní povely, jako postavit se do řady, vyrovnat, pozor, pohov, pochodem vchod, levá, levá, zastavit, stát, vpravo v bok, vlevo v bok, pozor, pohov! Také jak zdravit nadřízené. Když totiž šel člověk po Václaváku nebo třeba i takovými Dejvicemi, tak musel skoro pořád salutovat, nejčastěji podplukovníkům, říkalo se dokonce, že co Čech to podplukovník! Záplavu podplukovníků způsobovalo to, že této hodnosti bylo možno dosáhnout normálním postupem, takže pokud nevyvedli něco co by jim kariéru pokazilo, mnozí se tam nakonec doplazili. Odtud už to tak snadno nešlo. K tomu stát se plukovníkem, neřkuli generálem, už se muselo jet do Moskvy a projít patřičným školením. Ti, kteří tam byli a takovouto vysokou šarži si odtud přivezli, asi už na maličkostech jimiž je salutování nadřízeným tolik nebazírovali. Ti, kteří do Moskvy pozváni nebyli, si to potřebovali nějak kompenzovat, často tím, že pojebali ubohé vojáčky kvůli nedbalému pozdravu. Zupák se proto právem soustředil především na to salutování a když jsme to pátého dne úspěšně zvládli, byli jsme způsobilí k tomu být vypuštěni z řemene.

Soubor netvořilo jen oněch zmíněných šedesát vojínů základní služby; celkem čítal kolem stovky lidí. Záhada byla kolem šesti členů bývalého mužského sboru, kteří do nového konceptu nezapadali a o nichž nikdo nevěděl co s nimi dělat. Se Zbyškem Pantůčkem jsme pojali podezření, že poté kdy se přehodilo kormidlo na směr estrádní, nenašli si tito žádné jiné místo a armáda neměla to srdce je vyhodit. K tomu sice nejspíš nakonec dojít musel, ale až po mém odchodu. Také tam bylo několik tanečnic, pár zpěvaček, nějací ti technici, řidiči autobusů a pochopitelně, hrstka důstojníků. Kromě podplukovníka Říčky a kapitána Váňi tam byl ještě jeden major, který se staral o zájezdový program a, pochopitelně, musel tam být také všudypřítomný politruk. Hádám ale, že v AUSu to měli v tomto směru aspoň o poznání horší.

Bez propagandy to nešlo!

Rozdíl mezi AUSem a námi byl hlavně v tom, že AUS byl v té době ještě hodně zaměřený na to, co do našeho kouta Evropy zanesly východní větry a co tam, už silně zatuchlé, pořád ještě strašilo. Bylo to ale v té době stále ještě považováno za standard, jakým by se měly jednotky určené k tomu aby bavily vojska, řídit. V padesátých letech se ještě o vhodnosti toho, co k nám zavítalo s všemocnou Rudou armádou, nikdo ani neodvážil diskutovat; o něco později ale už vanul poněkud jiný vítr. Jakási chytrá hlava tehdy objevila, že vojáci z Čech či ze Slovenska se příliš nebaví když se jim tančí kozáček nebo zpívají ruské dumky. A šlo přece hlavně o to povzbudit v nich bojovou morálku! Náš soubor byl tedy krátce předtím než jsem tam nastoupil přeorganizován a přejmenován na Vojenský estrádní soubor, s tím, že se půjde po docela jiné linii a žádné kozáčky už se předvádět nebudou. Místo toho jsme tudíž měli veliký smyčcový orchestr ve stylu Mantovaniho a navíc také i pořádný taneční orchestr, skutečnou glenmillerovku, takovou jakou v té době u nás řídil Karel Vlach. Samozřejmě, že nějaká úlitba Marx-leninistickým bohům tu být musela, proto také bylo mým údělem během kubánské krize a po mnoho měsíců po jejím skončení zpívat skoro každý večer následující píseň, jejíž text mi ani to půl století nedokázalo z paměti vymazat:

Někdo je sokol smělý,
někdo zas krtek slepý,
píseň má Havaně zpívá,
Kennedy kojotům stepí!

Vždycky když v Sovětech
je rodnou stranou
kosmonaut poslán
do hvězdných dálek,
řekne si Kubánec:
nebude válek,
Vysvitla hvězda i nad Havanou!

Džentlmeny z jisté země
naučit se chovat jemně
bude třeba zakrátko.
Kuba páni není čtyrák,
vesmír není execírák,
moře není plivátko!

A v takové situaci
dávají si ještě práci,
s jistým gestem od boku.
Ale naši Kubu synku,
už nelze mít za sardinku,
nelekne se žraloků!

Někdo je sokol smělý...

A zde je kousek anglického překladu, který jsem z legrace také
pořídil, hlavně pro svého syna – žurnalistu, který o něm prohlásil, že
vyhlíží profesionálně:

I sing my song of Havana
With Soviets the Cubans are one
Together they laugh while watching
Kennedy's troops on the run!

With hammer and sickle now forming their sign
Seeing the cosmonauts fly into yonder
The Cubans are saying there's no end to wonder
Over Havana the red star will shine!

Jistě uznáte, že tato píseň je opravdu na úrovni pokud jde o
motivační vojenskou kulturu — však také text i hudbu dodali špičkoví
profesionálové v tomto žánru, jejichž jména jste mohli slyšet každým
dnem v rozhlase ohlašována jako autory budovatelských písní a

zejména častušek. Každý jsme se ale v té době museli nějak živit, já například tím, že jsem tento klenot tehdy vysoce prosperujícího propagandistického průmyslu zpíval. Kdybych nezpíval, zpíval by to někdo jiný a rád...

Pavel Bayerle, Škvoreckého Benno Mánes

Na štěstí jsem si kromě takovýchto věcí zazpíval občas i něco lepšího, při čemž mi za zády mocně zadul swingující orchestr. To je nádherný pocit, z něhož mě ještě dodnes mrazí v zádech. Pochybuji, že dnešní zpěvák současné "pop music" něco takového zažije – zvukové generátory, jimiž jsou elektrické kytary, nemohou nikdy docílit tónů jaké dokáže vyloudit klarinet, saxofon, trubka či trombón. To oni se ale většinou nikdy nedozvědí...

Orchestr měl permanentního kapelníka, který byl veden jako civilní zaměstnanec a který tudíž nosil při představení stejnou uniformu jako my vojáci, důstojnického střihu, ale bez hodnosti na ramenou. Byl jím Pavel Bayerle. Ten o mně jednou prohlásil, že mám dobrý hudební sluch a že intonuji nejlépe ze všech zpěváků, které zná. A to ani ještě nevěděl, že pocházím z muzikantské rodiny! Na druhou stranu, nikdo z nás v té době netušil, že Pavel Bayerle dosáhne nesmrtelnosti a že vstoupí do dějin české literatury! Náš kapelník sice zemřel poměrně mladý, nedožil se ani padesátky, stále ale žije v postavě trumpetisty Benno Mánese v románech Josefa Škvoreckého. Jeho Zbabělci už sice byli tehdy na světě, četl jsem tento román ale až po vojně. V Příběhu inženýra lidských duší, který jsem četl už anglicky, Škvorecký popisuje Pavlovu smrt, k níž došlo o několik let později na jevišti během představení v olomouckých kasárnách. Škvorecký sice tuto událost v knize dal kamsi do Bratislavy, to byl ovšem způsob jakým on psal.

Po dlouhá léta jsem měl podle různých narážek, které autor ve svých knihách zanechal, silné podezření, řekl bych spíš jistotu v tom, že Benno Mánes musí být Pavel Bayerle, pokud jsem ale věděl, Škvorecký to nikde nepřiznal oficiálně. Až v autobiografické eseji *Headed for the Blues* která anglicky vyšla uprostřed 90 let (nevím ani pod jakým názvem vyšla v Česku, pokud tam vůbec vyšla) to napsal přímo. Zmiňuje se zde i o jistých potížích které měl s Pavlem Bayerlem, který se nechoval právě hrdinně když měl Škvorecký své všudypřítomné potíže se stranickými činiteli. Pavel byl ale muzikantem tělem i duší a o politiku a podobné věci se nikdy nestaral. To jediné co ho kromě hudby vážně zajímalo, bylo dobré jídlo (alkohol ale nikoliv, pokud vím byl téměř úplným abstinentem), což bylo patrné na jeho poměrně malé, ale silně zakulacené postavě. Uniforma kterou na jevišti nosil se jistě musela každým rokem přešívat.

Některá známá jména

V souboru bylo několik desítek hudebníků a to jak klasických tak i jazzových, jakož i jiní zajímaví lidé. Mnozí z nich se dostali později na vrchol své profese, jako například skladatelé Evžen Zámečník, Petr Skoumal, Leoš Faltus, či houslisté Rudolf Šťastný, Josef Jakubec, trumpetista Jan Slabák (později založil Moravanku) a jiní hudebníci. Také zde byla celá řada lidí, jejichž jména se stala všeobecně známá, mezi nimi bas-barytonista Jaroslav Štajnc, populární zpěvák z Brna Zbyšek Pantůček, slovenský operní barytonista Juraj Oniščenko, herci Jiří Hrzán, Jiří Zahajský, Jiří Kodet, Ladislav Mrkvička, tanečník Jaroslav Dlask, dirigent Jan Štych, dramaturg Zdeněk Hedbávný, atd. Pokud je mi známo, Pantůček a Oniščenko, jakož i všichni tři herečtí Jirkové jsou už dnes mrtvi. Kodet, Mrkvička, Dlask, Štych a Hedbávný to všichni dotáhli až do Národního divadla. Většina z muzikantů jistě potom hrála s předními orchestry jak v Česku tak v zahraničí, o tom jsem ale snad celkem pochopitelně ztratil přehled. Takže raději teď napíši něco o těch, které zná či znalo asi nejvíc lidí a s nimiž jsem se stýkal nejčastěji.

Kodet a Mrkvička

Že Jiří Kodet a Ladislav Mrkvička budou oba z nejlepších herců své generace, to už bylo v jejich tehdejších mladých letech každému z nás celkem jasné. Byli ale také tím, čemu by se anglicky řeklo "accident-prone", tedy snadno postižitelní nehodami. Kodet, jehož herecký rodokmen sahá až k pradědečkovi, k onomu kulturní tradici tvořícímu českému divadelníkovi a národnímu buditeli s náležitě vhodným jménem Vendelín Budil, měl problémy už na gymnasiu a později také na DAMU. Nebylo se čemu divit, protože slovo "Rebel" měl prakticky vyražené na čele.

Láďa Mrkvička, ještě v době svých studií na DAMU, se rok předtím než jsem se s ním potkal zamotal do tehdy proslulých májových událostí, a následkem toho byl ze školy vyloučen a měl potom neustávající problémy, které přetrvávaly i v době kdy jsem ho poznal. Byl to, řekl bych, dost zázrak, že ho vůbec vzali do souboru, on ale byl skutečně dobrý a někdo, kdo tohle věděl, musel asi hodně zatlačit. Vzpomínám si, jak krátce poté kdy jsme začátkem září 1962 nastoupili na vojnu, přišel Mrkvička k několika z nás s hrstí lístků do kina, které potřeboval nějak udat. Že prý je dostal zadarmo a že jsou na předpremiéru jakéhosi filmu, která se koná toho dne odpoledne v jednom pražském kině. Pár z nás se rozhodlo s ním na to představení tedy jít. Cestou tam z něho pomalu vylezlo, že v tom filmu hraje; proto také dostal ty lístky. Čekal jsem, že tam nejspíš bude mít nějaký štěk a to se, jak se mi zdálo, také potvrdilo, protože jsem jeho jméno nikde neviděl když na plátně běžely titulky. Brzy se ale ukázalo, že Mrkvička měl třetí největší roli a tu nejhlavnější, která se pro mladého herce v tom filmu vyskytovala. Přesto nebylo jeho jméno nikde uvedeno. Seděl vedle mne, podíval jsem se na něho, když mi to všechno pomalu začínalo docházet. Jenom se zazubil. Ladislav Mrkvička byl pro ty, kteří o takovýchto věcech rozhodovali, prostě *persona non grata*! Vymazat ho z filmové pásky příliš dobře nešlo, takže aspoň za trest vymazali jeho jméno z filmových titulků. Pamatuji si ještě, že ten film se jmenoval Černá dynastie, že byl o třech generacích strojvůdců lokomotiv a že hlavní roli v něm hrál Ladislav Pešek.

Kubánská krize

Pouhých šest neděl poté kdy jsem nastoupil na vojnu propukla tzv. Kubánská krize. To už jsme měli po vojenské přísaze a už jsme se docela slušně zaběhávali do celkově uvolněného systému, který v souboru vládl. Pražáci mezi námi bažanty už většinou spali ve svých domácích postelích. Najednou ale přituhlo! Historikové dnes tvrdí, že 13 dní trvající politická krize, která nastala poté kdy Nikita Chruščov pohrozil USA tím, že dá umístit rakety s nukleárními hlavicemi na Kubu, byla tím nejbližším, co kdy svět přivedlo k nukleární válce. Bylo cítit, že naši představení důstojníci jsou tímto vývojem náramně poplašeni. Vojska po celé republice byla okamžitě uzavřena v kasárnách; byl vyhlášen stav bojové pohotovosti. My jsme v té době ještě nacvičovali budoucí hlavní pořad, včetně oné písně o smělých sokolech z Havany, narychlo vytvořenou na objednávku — mezitím se nám navíc dostávalo lekcí v tom, jak se mají správně nasazovat plynové masky — nevím, k čemu by nám asi byly plynové masky, kdyby se válčilo atomovými zbraněmi? Krize se nás ale týkala hlavně v tom, že nám bylo přísně zakázáno jezdit kamkoliv do Prahy — směli jsme se pohybovat jen v oblasti Pohořelce, kde jsme měli jak zkušebny tak i ubytovnu a kde se nacházelo i několik restaurací. Zákaz byl nutně trošku volný, jinak by to totiž ani nešlo, když jsme od samého počátku dostávali relutu neboli náhradu stravy v penězích a někde jsme se museli najíst, pochopitelně v hostincích kde se vyvařovalo. Jak jsem už psal, měli jsme proto ve vojenských knížkách potvrzeny permanentní vycházky až do deseti večer pro každý den, což i za této situace stále platilo. Takže jsme měli výmluvu pro případ, že by by nás zastavila některá z vojenských "lítaček", hlídek jichž se po Praze vyrojilo nespočet a které poletovaly po celou dobu trvání krize, aby zastavovaly a buzerovaly kdekoho nacházejícího se v uniformě. Dokonce i Pražáci, kteří v klidnějších dobách chodili téměř vždycky spát domů, to nyní, snad až na několik nejotrlejších jedinců, většinou neriskovali, takže noclehárna na Loretě vykazovala asi poprvé v dějinách téměř plný stav šedesáti vojáků. Najednou tam skoro nebylo k hnutí...

Ne každý si ale krizovou situaci bral příliš k srdci. Když byli vojíni Kodet s Mrkvičkou jednou z lítaček zastaveni na Příkopech ve dvě hodiny ráno, kde právě v podnapilém stavu opustili jeden z nočních podniků, neměli celkem šanci se vymlouvat na to, že tam šli na večeři. Pokud by k něčemu takovému bylo došlo za plného válečného stavu, ne jen za stavu pohotovosti, počítalo by se to nejspíš jako dezerce a za to by byli mohli klidně být i zastřeleni před celým nastoupeným Vojenským estrádním souborem! Nakonec se ale z toho dostali poměrně lehce.

Nedostali ani toho obávaného vojenského prokurátora, o čemž se mluvilo a co by bylo znamenalo jít do vězení a potom ještě nasluhovat celou délku trestu. Dostali pouze maximální trest jaký posádkový velitel mohl vyměřit, tedy oněch "21 vostrejch", jimž se charakterově silní jedinci na vojně většinou nevyhnuli. Navíc byli oba viníci potom ještě posláni do exilu, jímž byl onen sklad souboru nacházející se až v dalekém Benešově. Odtamtud to neměli do nočních podniků právě blízko, takže odpykávání trestu nemohlo pro ně být lehké. Moc jsme s nimi soucítili. Do měsíce ale byli oba zpátky.

"Soudruzi nás v souboru potřebují", vyjádřil se o tom lakonicky Jirka Kodet...

Zahajský a Hrzán

Jiří Zahajský a Jiří Hrzán, měli oba také punc herecké kvality vyražený na čelech. Zahajského jsme si užili většinou jen při zájezdech; jakmile jsme se ocitli zpátky v Praze a on mohl zmizet, byl pryč. Byl v té době velice moc zamilovaný do televizní hlasatelky Kamily Moučkové, která byla o víc než deset let starší než on a která navíc už měla tři děti! Pochopitelně, že jsme si z něho kvůli tomu dost často utahovali, Jirka byl ale stálého charakteru a myslil to s tím vztahem zřejmě opravdu vážně. Později jsem se dozvěděl, že tito dva potom spolu žili po víc než třicet let, až do jejich vztahu vstoupila Jana Brejchová. Ani jedné z těchto dvou prominentních žen, které tohoto na pohled nepříliš přitažlivého muže milovaly, zřejmě nijak nevadila jedna věc. Všiml jsem si totiž, že vždycky když se Zahajský před představením líčil, nechával si zásadně ústa nenalíčená. To jsem jiné herce dělat neviděl, pokud vím, většinou tomu u nich bývá právě naopak. Nedalo mi to, abych se na to při jisté vhodné příležitosti Jirky nezeptal. Odvětil:

"Víš, to je na tom mým ksichtě to jediný co tam je výrazného. Jinak ho mám jak rozvařenej knedlík."

Jirka Hrzán byl komik, na jevišti, na plátně, na obrazovce, na vojně i v civilu (i tam jsem na něho občas po vojně narazil, dokud jsem ještě v Česku pobýval). Hrávali jsme spolu na volejbalovém hřišti u naší loretánské vojenské ubytovny často nohejbal – on se svou vrozenou

Jiří Zahajský jako pohřbívaný laureát – tohle, jak si pamatuji, jsem fotil v létě 1963 u Máchova jezera.

mrštností byl dobrý na síti, já jsem hrával stopera vzadu. Na rozdíl od Zahajského, bylo Hrzána kolem vidět skoro pořád – namluvil si totiž Věru Šmídovou, hezkou černovlásku, která s naším orchestrem pravidelně zpívala se svým příjemným altovým hlasem a byla proto jednou z několika civilních zaměstnankyň, které si soubor držel (z umělkyň kromě ní ještě zpěvačku Manku Kopeckou a několik tanečnic).

Jiří Hrzán

Jirka zapracoval rychle, brzy poté kdy jsme narukovali a dřív než se mohl kdokoliv jiný jen začít rozmýšlet, natož rozhýbávat, takže během pár měsíců už se s Věrou vzali. Jako jeho manželka jezdila novopečená paní Hrzánová potom s námi dále na zájezdy a vystupovala, pokud jí to ještě povolovalo její rostoucí bříško. Jirka Hrzán se ale se svou povahou k tomu, aby byl svědomitým manželem a otcem rodiny, příliš nehodil a proslul spíš jako náramný milovník a svůdce žen. O tom jsem už spíš jen slyšel. Nám, kteří jsme se s ním tehdy denně potkávali ve sprchách, bylo ale celkem dost jasné kde se nacházel kořen těchto úspěchů.

Po několika měsících se vyčerpala místa s velikými sály, kde bylo možno pořádat představení celého souboru, který čítal kolem stovky lidí a přemisťoval se z místa na místo ve třech autobusech a navíc s velikým stěhovákem pro rekvizity. Zbyla už jen místa s menšími sály. Soubor se proto rozdělil nejprve na dvě a ještě později na tři skupiny. Jezdil jsem shodou okolností vždy s tou, v níž převládali herci. Jedním z čísel která jsme předváděli byl skeč – taková parodie na Shakespearova Romea a Julii, hraná ovšem jen vojáky a pro vojáky. Julii hrál obrýlený Zdeněk Dryšl (později Horácké divadlo), Romea hrál Kodet, Hrzán představoval

Zdeněk Dryšl

režiséra. Což mu skýtalo téměř neomezené možnosti k improvizacím. Já jsem se v předcházejícím čísle vyžíval zpíváním jiné parodie, v tomto případě na přeslazenou operetu. Aby se skeč mohl už konečně začít, potřebovali se mě jakoby zbavit, takže výše zmínění mě k pobavení obecenstva obklopili jako mafie, aby mě vzpouzejícího se od mikrofonu násilím odtáhli. Režisér - Hrzán mi potom ještě za trest udělil nějakou hodně hloupou roli. Pokaždé přišel s něčím jiným. Takto jsem jednou mohl být třeba Hamletem, který se sem zatoulal od jiné hry, jindy služkou kmitající kolem Julie, potom pro změnu koktavým poslem, abych se příštího večera stal obhroublým zbrojnošem, kterého trápí močový měchýř. Pointa byla v tom, že mi Jirka nikdy předem neřekl co má za lubem a uhodnout se to nedalo, musel jsem prostě zaimprovizovat to, co mi přidělil. Měl mě tak v hrsti a náramně se tím bavil. Srdce měl ale dobré. Jednou jsme jeli se souborem až kamsi na Slovensko a já jsem zrovna neměl co číst a byl jsem proto dost mrzutý. Jirka Hrzán se nade mnou slitoval a půjčil mi jednu ze svých knih, kovbojku.

"To je Zane Grey, to je klasika!" zdůraznil přitom. Jenže to vyslovil Za-ne, po česku, ne zejn, jak to má být... Pamatuji si ještě, že se ta knížka jmenovala Nevada. I teď máme pořád nějaké ty greyovky na prodej v našem brisbaneském antikvariátu; lidi je stále kupují, klasikou to v tomto žánru zůstává. Už jsem ale od té doby žádnou z nich nečetl.

To, na co Jiří Hrzán smutně doplatil nakonec životem, lezení po výškách, už se projevovalo tehdy. Nepřekvapilo mne proto, když jsem se dozvěděl o tom, jak zemřel. Pamatuji si totiž, jak jednou na zájezdu v Brně jsme večer po představení uspořádali ve čtvrtém či pátém poschodí hotelu takovou menší party, tedy mejdan, jak se tomu tehdy říkalo. Jirka se tam dostavil ještě s někým také ze souboru, kdo jím byl si ale už nepamatuji. Zaklepali zvenčí na okno, abychom je vpustili dovnitř...

Jaroslav Štajnc, vysoký blonďák, téměř albín, jeden z mála nás kteří jsme nastoupili na vojnu jako devatenáctiletí, měl už tehdy slušné jméno jako populární zpěvák — vyhrál předtím soutěž Hledáme nové talenty. Jeho ambice ležely ale docela jinde — začal proto už před vojnou externě studovat konzervatoř a chtěl se stát operním zpěvákem. Měl silný bas-barytonový hlas, který mi připadal jakoby jím mohl dokázat bořit zdi. To jsem ale ještě toho moc nevěděl o tom, co s hlasem dokáže udělat dobré školení. Dlouho jsem také nevěděl, co se s Jardou stalo, doslechl jsem se jen, že vyhrál jakousi soutěž a že snad dostal angažmá ve Vídni. Potom jakoby se ztratil z obzoru, aspoň z českých zdrojů jsem o něm nic neslyšel, to ohlušující ticho mi ale napovídalo, že se nejspíš nachází někde na Západě. Teprve mnohem později jsem se z internetu dozvěděl, že měl velice solidní kariéru jako operní zpěvák, nejprve ve Volk Opera a potom asi dvacet let jako člen Vídeňské státní opery. O moc lépe už to asi nejde. Tolik mi aspoň dovolila zvědět moje chatrná němčina, která se od dob kdy jsem jako dítko předškolního věku komunikoval tímto jazykem a zřejmě bez obtíží s Frau Keller, nikterak nezlepšila, spíš naopak.

Zbyšek Pantůček

Rád vzpomínám na Zbyška Pantůčka. Ten byl už v souboru druhým rokem a tehdy sedmadvacetiletý patřil k těm nejstarším. Vysoký a silně stavěný člověk, měl už tehdy problémy s váhou a jak už tomu s lidmi tohoto typu bývá, byl veselé a družné povahy. Duše v této robustní postavě se skrývající byla snad ještě masivnější. Byl to Moravák až do morku kosti, s vrozenými schopnostmi bavit obecenstvo a s příjemným mikrofonovým hlasem.

Zbyšek Pantůček

"Já su hned věděl, že ty dovedeš zpívat a že těm civilistům dáš na prdel!" Zbyšek mě držel jednou rukou kolem krku a druhou mával půllitrem, neustále hrozíce tím, že mi polije kalhoty. Předtím se Leoš Faltus, budoucí skladatel a hudební pedagog, inteligentní člověk v černě orámovaných brýlích, kterého soubor užíval jako korepetitora, marně snažil o to vykřesat jiskru černošského spirituálu ve skupině šesti civilních zaměstnanců a mne. Synkopy těmto pánům, věkem tak mezi 35 – 55 lety, uvyklým zpívat hlavně ruské dumky, prostě neseděly. Když potom nás nechal Leoš všechny individuálně zpívat naše party, všiml jsem si, že Zbyšek, který stál stranou ve zkušebně a s někým se o něčem vybavoval, se zastavil, aby si poslechl můj zpěv. Později mě pozval na pivo. Teď do mě, vedle toho piva, se snažil také napumpovat větší sebevědomí. Dost mě to překvapovalo, vždyť jsem pro něho byl potenciálním rivalem. Tohle ale platilo ve světě který jsem až doposud poznal a v němž vládla soupeřivost. Jenže Zbyškův svět byl jiný — v něm hlavně vládlo to jeho pravé, široké, filantropické moravské srdce.

"Nakopals je do prdele, kamaráde a to se mi moc líbilo! Pobíraj tady jen love a za nic. Ty máš na víc. Podívej, doved bys zazpívat Smutnou kytku?"

Smutná kytka byla píseň našeho kapelníka Pavla Bayerleho, která byla částí hlavního programu. Zpíval ji Zbyšek už rok předtím a měla se druhý den ráno zkoušet s orchestrem v novém obsazení. Zbyšek mi řekl, že už se jí nazpíval dost a že mi ji rád předá. Na takovéto věci se ale musí jít diplomaticky a proto mi navrhl, že ráno řekne kapelníkovi, že se necítí dobře a že by si měl raději šetřit hlas pro natáčení v rozhlase, které bylo na pořadu za pár dní. A že za něho zaskočím já, že tu píseň umím. Bayerle svolil a tak se mi dostalo díky Zbyškově nezištnosti příležitosti, kterou bych byl jinak neměl.

Byl jsem toho rána trochu nervózní, když jsem stál u mikrofonu v hlavní zkušebně; šlo mi tu o hodně a navíc jsem očekával, že náš kapelník asi bude trochu víc zaměřený na skladbu, která je jeho vlastní. V textu se zpívalo o opilém řidiči který se vyboural, takže aby si jaksi vojenští řidiči dali pozor, byl v tom ale swing a mělo to šmrnc. Plechy zahřímaly, Pavel Staněk za bubny zaválel a už to spělo k mému vstupu. Tu první notu jsem o zlomeček vteřiny pozdržel, abych toho swingu do toho dal ještě trochu víc.

Dejte mi tu smutnou kytku do vázy
Snad vonět vydrží než sundám obvazy
Zatím znám jen kolem vůni od gázy
A ta mi vůni kytky jistě pokazí!

Honza Václavík mě po druhé sloce u mikrofonu na chvilku vystřídal s nádherným sólem na tenor saxofon. Viděl jsem koutkem oka, že Pavel Bayerle se zdá být docela slušně spokojený s tím, co tu děláme, aspoň to nevypadalo na to, že by nás chtěl zastavit. Vzadu ve zkušebně jsem viděl sedící civilisty, jako snad vždycky v jednom hloučku (to jim jistě zůstalo po všech těch sborových ruských dumkách), s tak trochu dlouhými obličeji. Přišel můj druhý nástup. Pokusil jsem se o trochu víc výrazu než tomu dával Zbyšek, nechtěl jsem to ale přehnat. Trubky spolu s trombóny sjely nakonec glissandem dolů, pár vteřin bylo ticho. Potom někdo z orchestru zatleskal, další se přidali. Hledím na kapelníka, ten se jen šklebí. Hlavou mi pokynul směrem k židlím, potom se obrátil k orchestru:

"Další číslo, prosím."

Uslyšet tohle je při takové zkoušce cennější než kdyby vám na hlavu měla pršet slova chvály. Věděl jsem, že se mnou, který jsem až doposud byl značně nevyužitý, nyní už bude počítat. Pavel Bayerle za mnou později přišel s tím, že mám kromě pár svých vlastních výstupů ještě nacvičit všechna čísla která má Zbyšek, pro případ, že by měl problémy s hlasivkami. Jak se ukázalo, ty on míval poměrně často, takže jsem za něho musel zaskakovat, což znamenalo někdy táhnout půlku večera na zádech. Takový byl Zbyšek Pantůček. Když jsem se ho později zeptal, proč takovou věc pro mne udělal, řekl jen:

"Víš, ty seš fajnovej kluk a já ti mám rád."

Jezdíme po republice

Kubánská krize se po pár týdnech nějak vyřešila a my jsme mohli začít jezdit po celé republice. Nadále jsme dostávali přitom stravné spolu s uměleckými příplatky, podstatná část čehož skončila ve výčepech hospod českých, moravských i slovenských. Na vojnu jsme samozřejmě nadávali jak se dalo, i když nebylo celkem na co, protože jsme se po nějakém vojenském cvičáku nikdy plazit bahnem nemuseli, dokonce jsme na žádném nezanechali ani jediný otisk nohy. Pušku jsme za celou tu dobu v rukou ani jednou nedrželi, natož abychom nějakou museli čistit! Co jsme v nich drželi nejčastěji, byly asi karty, bez nichž by se dlouhé přesuny z místa na místo ani nedaly přežít. Při hraní karet jsem jednou zažil něco, co mělo hodně poznamenat můj život o nějaké ty roky později; o tom ale jinde. Prostě to byly časy bezstarostného mládí. Armáda nás živila, oblékala, ubytovávala, převážela z místa na místo, přitom finančně jsme na tom nebyli nijak hůře než kdybychom se nacházeli v civilu. Často i lépe, když jsme dostali zaplaceno za občasná vystoupení v televizi, rozhlasové nahrávky a tak podobně.

Někdy, když bylo daleko do výplaty a my se nacházeli někde mimo Prahu, odehrávala se následující scéna. Několik se nás sebralo a šli jsme do hospody — tohle zejména dobře fungovalo v menších městech. Nejlépe bylo, když u toho s námi byl nějaký houslista nebo dva, stačily ale celkem jakékoliv nástroje. Ty si hoši odložili tak, aby je bylo dobře vidět. Netrvalo obvykle dlouho a někdo z místních se začal zajímat — houslista se nakonec nechal přemluvit k tomu, aby zahrál. Byl to ovšem nějaký trhák, něco třeba jako Montyho čardáš. Hospoda se pomalu zaplnila, za chvíli se přidali další z nás a o pití bylo postaráno, už nás nepustili.

V Milovicích

Byl jsem už "mazák", když došlo k jakýmsi reorganizacím v souboru, takže několik z nás, kteří jsme to měli "za pár" a nebyli jsme tudíž perspektivními, bylo převeleno jinam. Skončil jsem u posádkové hudby v Mladé u Milovic, to je přesně to místo kde se o téměř patnáct let přede mnou vyskytoval onen sice fiktivní, ale z vojenského života nesmírně dobře okoukaný Tankový prapor Josefa Škvoreckého, který tam sám také v dobách ministra obrany generála Alexeje Čepičky válčil. V mé době ale byl bývalý armádní generál Čepička už po nějaký čas v předčasném důchodu, kam byl poslán když ztratil protekci, po smrti svého tchána Klementa Gottwalda. O nějakých pět let po mně tam potom přišly už velice nefiktivní, spíše dosti reálné jednotky Rudé armády a pobyly tam celá dvě desetiletí, takže nevím, jestli tam po nich vůbec něco ještě zůstalo. Prý snad ano. U té hudby chudáci tehdy nevěděli co se mnou mají dělat – na žádný nástroj jsem totiž uspokojivě hrát nedovedl a při tom um-ta-ta co většinou taková dechovka hrála, zpěváka nijak zvlášť nepotřebovala. Občas jsem si při různých akcích aspoň mohl zazpívat či dělat konferenciéra.

Luboš Zajíček a Jiří Kysilka

Při těchto akcích většinou vystupovalo jazzové kombo, které dokázalo hrát velice dobrý dixieland, při čemž dominovali vynikající kornetista Luboš Zajíček, který v civilu hrál s tradiční dixielandovou skupinou Smetáčkovců a Jiří Kysilka, v té době bubeník orchestru Ferdinanda Havlíka v Semaforu, s nímž jsem sdílel ložnici (spali jsme po dvou). Tehdy jsme po večerech obvykle dlouho do noci poslouchali magnetonové nahrávky jichž měl Jirka přehršel a zároveň spolu debatovali o jazzu, v čemž on byl odborník a já zaujatý amatér, no když na to přišlo dokázal jsem snad trochu sketovat a improvizovat. Padala přitom jména jako Art Blakey, Thelonious Monk, Dizzy Gillespie, Miles Davis, Charlie Mingus, Dave Brubeck, která měl Jirka všechna absolutně za svatá. Kde by mě bylo tehdy napadlo, že jen za několik krátkých let uvidím a uslyším všechny tyto hochy, které jsem právě zmínil, najednou a pohromadě na jevišti při jam session v Odeonu v londýnském Hammersmithu? Jirka by mi tohle určitě moc záviděl!

Major Toman, který hudbu vedl, si fandil také jako dirigent symfonického orchestru. Proto si vždy nechal k posádkové hudbě, kromě obvyklých trumpetistů, pozounistů atd., převelet také co nejvíc rekrutů, kteří měli za sebou konzervatoř či akademii, kde studovali hru na smyčcové nástroje. Nejčastěji se jednalo o houslisty. Tyto hudebníky bylo totiž snadné naučit hrát na Es trumpety, a podobné nástroje, takže během několika týdnů byli schopni hrát s dechovkou. Později jich mohl ovšem využít, když se věnoval svému koníčku a nastudoval se svým symfonickým orchestrem, plným trénovaných profesionálů, třeba Smetanovu Mou vlast. Nedávno jsem se dozvěděl od jednoho z nich, Jiřího Peštuky, jehož jsem objevil na internetu a jenž potom asi po čtvrt století hrál první housle v norském symfonickém orchestru, že Karel Deml, který v Milovicích hrál na pozoun, se později předělal na malíře a grafika a stal se takto dosti známým. Občas je pro lidi tak říkajíc uměleckého ražení dobré takto přehodit výhybku; s něčím podobným konečně mám sám zkušenosti. Někdy si říkám, kam asi vedly životní pouti všech těch lidí, s nimiž jsem se na vojně poznal? Aspoň na jednoho z nich si vzpomenu minimálně jednou za rok. Mám doma nahrávku Rybovy Vánoční mše Hej mistře, v níž hraje na varhany a kterou diriguje František Xaver Thuri, hobojista, cembalista, varhaník, hudební vědec a pedagog, který si už tehdy říkával „poslední žijící český barokní skladatel". Každý rok na Štědrý večer ji pro nás pouštím. Je v tom všem i kus rodinné tradice. Můj dědeček v kostele na Zbraslavi tuto stejnou mši také kdysi každoročně dirigoval a hrával přitom na varhany.

František Xaver Thuri

Tu vojnu jsem dotáhl úspěšně do konce tak, že jsem po většinu času jen seděl v budově v níž jsme měli zkušebny na chodbě u stolu, stříhal podle metr, četl si nebo se pokoušel učit se angličtinu a odpovídal jsem na případné telefonáty. Těch ale k posádkové hudbě, která hrála většinou jen při parádách a žádných větších taktických manévrů se nezúčastňovala, celkově se držíce stranou dění, nebylo nikdy příliš mnoho, takže přepracován jsem nebyl. Čas takto sice ubíhal o dost pomaleji než kdyby se něco kolem mne dělo, to mi ale nevadilo. Pokud by se byly někde kolem konaly tankové manévry, při nichž by hrál roli onen v teorii sice kovaný ale praktických znalostí postrádající a tudíž krajně nebezpečný střelec rotný Maňas, jehož duch tam jistě dodnes obchází, dělo se tak vždy v bezpečné vzdálenosti od mého stanoviště.

6. KARLOVY VARY, PRAHA (1964-69)

Sadová 42 Karlovy Vary. Byt který jsme obývali se nacházel ve druhém patře třetího domu zleva. Dům je dnes zcela jasně v ruském vlastnictví, protože v okně našeho bývalého bytu je vyvěšený modrý plakát s nápisem Аренда, což znamená, že se nabízel k pronájmu. Doufám, že malý balkon uprostřed byl řádně opraven: za nás byl v havarijním stavu a nedoporučovalo se na něj byť jen položit nohu!

Po skončení vojny jsem se ocitl v Karlových Varech, kam jsme se s matkou mezitím přestěhovali. Dům v Rokytnici jsme prodali — koupil jej od nás místní lékař. Byl bych nejraději šel do Prahy; po uplynulých dvou letech jsem uvykl životu ve větším městě a venkov mě už pro mne neměl to stejné kouzlo. Jenže, v Praze byla bytová situace velice komplikovaná a pokud neměl člověk hodně peněz anebo dobré známosti, šance k tomu získat byt byla malá. Zmínil jsem se hned na počátku tohoto vyprávění o tom, jak moje matka odkojila poté, kdy zemřela moje sestra Živana, Lumíra Pospíchala, syna jednoho z vojáků otcovy štábní roty, když Lumírova matka se nacházela těžce popálená v nemocnici. Pospíchalovi nám nyní nabídli, že bychom mohli žít ve společném bytě v Karlových Varech. Byt byl pro ně trochu příliš veliký, takže navrhovali, že by nám uvolnili dvě místnosti a sami si nechali dvě, s tím že kuchyně bude společná. Vary se mi vždycky líbily, takže nebylo potřeba mě dlouho přemlouvat. K přestěhování došlo pár měsíců předtím než jsem 3. září 1964, na den přesně dva roky po nástupu na vojnu, odešel do civilu, už do svého nového působiště.

Karlovarské divadlo je zmenšenou replikou Vídeňské opery.

První den v divadle

V Karlových Varech, tomto lázeňském městě, jsem skoro nikoho neznal. Neměl jsem navíc do čeho píchnout. Trochu jsem zpočátku zpíval s místní jazzovou kapelou Studio Club, kterou už tehdy vedl výborný pianista ing. Jan Spira, to by mě ale nebylo samo o sobě uživilo. Takže, když se mi náhle nabídlo místo kulisáka v karlovarském divadle Vítězslava Nezvala, vzal jsem to bez váhání; aspoň budu mít stálou gáži, říkal jsem si. A hlavně: budu u divadla!

Den nato byla středa a první den v mém novém zaměstnání. Začínalo se od osmi ráno a pokud bych si byl přál, aby ta práce nebyla nudná, nemohl jsem si k tomu vybrat lepší den. Byla to práce přímo hektická. Nejprve jsme museli rozebrat scénu na níž se hrálo večer předtím, myslím, že to byla Maryša bratří Mrštíků. Odnosili jsme kulisy do skladiště, odkud jsme přinesli ty, které jsme museli postavit pro ten den. Tato scéna měla stát jen několik hodin. Navečer se totiž mělo hrát opět něco jiného, tuším, že Past na myši. Kulisy k té hře se budou stavět později odpoledne, mezitím ale bude na jevišti stát scéna ke Gogolovu Revizorovi. Ten měl mít premiéru v sobotu a toho dne byla na pořadu kostýmová zkouška.

Tři přestavby jeviště v jediném dni. No, stal se z tebe kulisák, říkal jsem si, na tohle si asi budeš muset zvyknout, od toho tu přece jsi! Jednu věc jsem ale docela určitě nečekal a sice, že jako novopečený kulisák, si budu muset na sebe obléci ještě i kostým! V pojetí režisérově byli totiž členové jevištní techniky, jak se nám kulisákům říkalo — už tehdy zřejmě byla politická korektnost na postupu — zároveň policajty v ruském provinčním městě v němž se děj odehrává. Když se mezi jednotlivými obrazy přestavovalo jeviště, zazněla vždy píšťala, aby nás osm či devět policajtů vtrhlo na scénu, kde jsme po příští minutu nebo dvě vytvářeli zmatek podobný tomu, jaký dovedli na plátně dělat Keystone Cops. Nu, tak dobří jsme jistě nebyli, byli jsme ale aspoň snaživí. Dříve než nás náčelník policie opět sehnal dohromady se svou píšťalou a nechal nás před sebou nastoupit, se při tom všem hemžení na scénu tu přinesla židle, tam se objevil stůl, či se vrtíky připevnila k podlaze shora spuštěná kulisa, atp. Jevištní mistr Karel Kubart, který se v divadle prakticky narodil, který ve 24 letech byl nejmladším člověkem v takovéto odborné funkci v republice a který se brzy nato měl stát dobrým mým přítelem, kmital přitom s námi. Koutkem úst mi vždycky jen šeptem napovídal, „udělej tohle, postav to támhle", a já jsem se snažil řídit jeho instrukcemi jak se dalo.

Mezi tím vším, ve chvilce krátkého oddechu, jsem stál v portále. Se mnou tam čekala na svůj výstup přenádherná dívčina, oblečená a nalíčená do role Marji, hejtmanovy dcery. Netušil jsem ještě, že se mi má právě dostat názorné lekce z reality všedního dne v profesionálním divadle. Krásná Marja se na mne podívala, koketně přitom zamžikala dlouhými umělými řasami a sdělila mi důvěrně:

„Ten rejža se s tím zase sere a já potřebuju na záchod, jestli se s tím bude dál takhle srát, tak se asi pochčiju!"

Oba Klimtové (Gustav s flétnou, Franz s loutnou) a Matsch (s houslemi) jsou společně vyobrazeni na části opony, kterou vytvořili pro karlovarské divadlo.

Karlovarské divadlo a Klimtové

Divadelní budova v Karlových Varech by mohla soupeřit s kteroukoliv podobnou stavbou v Evropě, taková je to krásná ukázka vídeňské architektury z konce 19. století. Navrhla ji v roce 1884 firma architektů Fellnera a Helmera, kteří mj. navrhovali i budovu Vídeňské státní opery, kromě asi 150 jiných divadelních budov v Evropě. Navíc se na její výzdobě podílel tehdy ještě docela neznámý malíř Gustav Klimt spolu se svým bratrem Franzem a se společníkem Gustavem Matschem. Však se také všichni tři zvěčnili na pravé spodní straně bohatě zdobené opony, kterou navrhli.

Klimt je malířem obrazu, který před pár lety vytvořil nový světový rekord jako nejdražší obraz prodaný přímo při aukci. Neptejte se mě ani kolik tehdy vynesl tento portrét jisté dámy z vídeňské společnosti jemuž se říká Zlatá Adéla, bylo to ale hodně přes sto miliónů dolarů. Gustav Klimt ale tento obraz a jiné, které ho proslavily, namaloval ale až hezkých pár let poté kdy ještě patřil k tomuto společenství. To se rozpadlo poté, kdy Gustavův bratr Franz zemřel mladý, stěží třicetiletý. Takovéto věci u mne vždycky vedou k přemýšlení. Co by se asi stalo, kdyby byl Franz žil a společenství se tím pádem nerozpadlo? Byli by všichni tři pokračovali v tehdy již úspěšně zavedeném podnikání jako designeři a malíři divadelních (i jiných) interiérů? Myslím, že to by bylo dosti pravděpodobné. Znamenalo by to ovšem, že jeden z nejúspěšnějších malířů 20. století a snad i všech dob, by se byl nejpravděpodobněji nikdy nestal známým, protože by nikdy nebyl namaloval obrazy, které ho učinily slavným, ve svém vídeňském studiu které si otevřel až po smrti svého bratra a po rozchodu s Matschem!

Takto by člověk mohl pokračovat dále. Jednou jsme se s kamarádem toulali po karlovarském hřbitově, když jsme náhle narazili na zřejmě nedlouho předtím vystavěnou hrobku, či spíše monument. Přistoupíme blíže, abychom zjistili komu se to tu činí takováto pocta. Čteme jméno toho člověka — Wolfgang Amadeus Mozart! Tohle přece není možné, kroutíme nad tím hlavami. Vžyť přece Mozart byl pochován ve společném hrobě, poté kdy zemřel ve Vídni při chřipkové epidemii! Trocha bádání ale odhalila pravdu. Pohřben na tomto místě je syn slavného skladatele, který později přijal stejné jméno jako jeho otec. Byl také hudením skladatelem, ovšem daleko méně významným než jeho ploditel. Zemřel náhle poměrně mladý v Karlových Varech, kde měl tehdy jakousi zakázku a jeho hrob se původně nacházel v nedaleké čtvrti Rybářích. Jen několik měsíců předtím než jsme tento nový hrob objevili, byly zde jeho ostatky znovu pohřbeny, když se původní hřbitov měl rušit. Pokračujme ale dále po stejné linii — copak by se asi stalo, kdyby byl W. A. Mozart otec nechytil chřipkový virus, který skolil tisíce obyvatelů Vídně a kdyby byl žil, dejme tomu, dalších 30 let? Byl by stejně slavný jako je dnes? Slavnější? Něco mi říká, že spíš naopak. Že by třeba byl skládal další opery, každou novou o něco málo slabší než tu před ní, až by ke konci úplně zapadl do průměru. Což by ale znehodnotilo v očích kritiků i ty jeho ranější skladby, jakkoliv výtečné mohly tyto být. Všechno by možná bylo úplně jinak...

Karlovarští herci

O Klimtovi jsem toho ale v té době věděl mnohem méně než toho vím dnes, to že jsem občas vytahoval či stahoval jím navrženou oponu mě nadšením nenaplňovalo, dokonce ani Mozartovy opery mi ještě tak příliš moc nestačily přirůst k srdci — zajímalo mě hlavně divadlo, chtěl sem být hercem v činohře. Začalo to vypadat, že bych se jím snad i mohl stát. Brzy mi totiž začali režiséři skutečně dávat menší role a vypadalo to tak, že bych časem mohl povýšit do hereckého souboru. Ten byl v té době dosti dobrý. Celkem čítal asi třicet pět členů, z nichž některé bych sice nezaměstnal, kdybych měl tu moc, často to ale vypadalo tak, že tu moc měli spíš oni, pokud byli členy strany. Pár takovýchto případů jsem poznal. Vary byly pro některé méně významné členy souboru zlatým dolem! Členství v souboru divadla jim dodalo potřebnou prestiž, ostatní už záleželo na podnikavosti jedince. Lázeňské domy vždycky potřebovaly nějak utratit své fondy na kulturu, takže některým z herců náramně vyhovovalo když si v divadle zahráli jen občas, protože jim to poskytovalo víc času k tomu dělat různé melouchy.

Někteří z herců byli ale opravdu výteční. Vynikající herečkou byla například Libuše Řídelová, která v padesáti letech ještě dokázala vystřihnout Maryšu tak, že by jí záviděly dámy polovičního věku! Jiří Samek byl tehdy dominujícím všestranným hercem, který, jak se říkává, vyžral skoro všechny hlavní mužské role. Měl náramnou jevištní přítomnost a byl schopen hrát jakoukoliv roli, tragickou či komickou, dovedl také zpívat. Skončil svou rozmanitou kariéru v Plzni, kam přešel z Varů nedlouho po mém odchodu a kde byl ke konci svého života (zemřel 2009) dokonce starostou městského okrsku, jakožto i ředitelem Plzeňské filharmonie. Na Jiřího Samka si pamatuji také jako na náramného žertovníka který, když byl v náladě, pokoušel se občas své kolegy na jevišti "odbourávat". To je odborný výraz pro to, když se vás někdo snaží rozesmát na hodně nepatřičném místě. Samek se k tomu

účelu třeba postavil někde blízko portálu a to tak, aby mu obecenstvo nevidělo do tváře. Potom se začal šklebit a dělat různé opičky, zatímco navenek třeba vedl docela vážnou konverzaci se svým jevištním partnerem. Člověk by asi potřeboval vědět co takovémuto představení předcházelo; obvykle to ale bývalo prosté škádlení, tak trochu dětinské. Herci ale k dětem většinou příliš daleko nemívají.

Při té příležitosti nelze si nevzpomenout na Antonína Zacpala. Říkalo se mu zásadně "Toníček", přičemž se mu ale vykalo. Jeho jevištní kariéra sahala hluboko do předválečné doby, kdy si také zahrál různé menší filmové role. Toníčkovi už táhlo na šedesátku když jsem ho poznal, byl ale vždycky náramně fit. Hrávali jsme spolu často ping-pong a byl mně, o víc než třicet let mladšímu, rovnocenným partnerem. Byl to, tak pravíce, herec od Boha. Jeden z několika herců které jsem znal a kteří se dokázali do role vžít téměř okamžitě a úplně. Pokud hrál Toníček například krále, byl prostě králem a to přesto, že ani vy ani on jste nikdy v životě žádného živého krále nepotkali. On jím ale byl, o tom nebyla možná žádná diskuse, na jevišti stál před vámi král. Nebo ajznboňák. Nebo žebrák. Často vás Toníček překvapil nějakým novotvarem. Ráno jste ho třeba potkali na chodbě před zkouškou a pozdravil vás slovem "Probuzín"! Jindy zase "Vstáváček"! Bylo takovýchto pozdravů které měl v repertoáru mnohem víc, vzpomínám si ale jen na tyto dva. Ještě také na některé ze surrealistických obrazů, které ve volném čase maloval.

Občas k nám zavítali různí hosté z Prahy – zahrál jsem si tak na jevišti s některými z legend českého divadla, jako s Jaroslavem Vojtou, či s Oldřichem Novým. S Novým jsem navíc hrával v divadelním klubu mariáš a to skoro po každém představení, v nichž svým skvěle se hodícím unylým způsobem hrál ve hře Harvey a já podivínského Elwooda P. Dowda, který má všem ostatním postavám ve hře neviditelného společníka – šest stop vysokého králíka. Když Nový vstoupil ve hře poprvé na jeviště a otočil se ve dveřích zpět, se slovy ,"Kde jste zůstal, Harvey?", vítal ho pokaždé potlesk. Nebylo možné o tom pochybovat, právě přišel Pan Herec! Nebo prostě Hráč, jak by se také mohl obdivně vyjádřit jiný herec. Nový tuto hru také režíroval, stejně jako jindy jednu z her Osvobozeného divadla a sice Slaměný

klobouk aneb Helenka je ráda. Říkalo se mu zásadně "Mistře", což ovšem u mariáše po prohraném betlu někdy mohlo vest až k absurdnostem typu: "Mistře, vy ste to ale vůl!"

Z herců, kteří se ve Varech tehdy vyskytovali, mi nejlépe vyhovovali Zdeněk Kryzánek a Gustav Opočenský. Je zajímavé, jak jsem byl vždycky přitahován k osobnostem rebelantských typů, které za komunismu měly problémy. Dovedu si dost dobře představit, že bych podobné problémy byl měl také, kdybych byl v Česku zůstal. Kryzánek dokonce skončil kvůli něčemu, co někde řekl, na tři roky ve vězení a v době kdy jsem ho poznal byl teprve poměrně krátký čas na svobodě. Angažmá ve Varech bylo jeho prvním po mnoha letech. Opočenského sice nezavřeli (to se povedlo až jeho synovi), také ale neměl povoleno asi deset let hrát a musel se živit jako dělník. Kryzánek, s nímž jsem se obvykle potkával buď v některé karlovarské restauraci, vinárně či v divadelním klubu, kde jsme mnohou číši vypili spolu, byl nadšený když se v angažmá objevil náhle také Opočenský. Oba byli stejný ročník 1920, oba začínali zhruba ve stejný čas krátce po válce v Praze (Kryzánek nedlouho poté dokonce hostoval v Národním divadle, tehdy měl kariéru opravdu slibně rozjetou) a oba měli sklony k pití (po tom, co zažili, se nebylo čemu divit), takže hned toho dne zaparkovali v hotelu vedle divadla ve výčepu. Když se blížil začátek představení, byl jsem vyslán silně znepokojeným inspicientem, abych se pokusil Kryzánka přesvědčit o tom, že musí přestat pít, pokud má ten večer hrát. Nějak se mi povedlo zabavit Opočenského natolik, že Kryzánka nechal na chvíli být, takže ten mohl zaskočit přes ulici do divadla a roli, která na štěstí nebyla moc náročná, odehrát. Potom se mohlo začít s pitím nanovo.

Opočenský přišel o nějaký čas později na představení naší malé divadelní scény a byl nadšený naší mladistvou vervou – "kluci, já bejt mladej jako vy, hned se k vám přidám...!" Hráli jsme tehdy operetní parodii, kterou její tvůrce Rudolf Staník nazval "Nechci vás proradné hrabě aneb deset let bez muže (hravě)

aneb Evita Víta neodmítá." Oblečeni podobně jako postavy z Prodané nevěsty, jsme tam mj. zpívali blues, které nakonec vyústilo v improvizaci trvající několik minut. Dodnes mám před očima ten pohled, když si Bohunka Hošková v kroji české selky dala ruce v bok a zaimprovizovala celé dva chorusy ve stylu Elly Fitzgerald! Opočenského tolik nadchlo jak jsme se dokázali odvázat, že potom v divadelním klubu objednal celou láhev Johnny Walkera, která tehdy stála nějakých 400 Kčs, což byla asi čtvrtina základní měsíční gáže a tudíž moc peněz, abychom ji společně vypili. Zřejmě to musel opravdu myslet upřímně. Bohužel, k tomu aby omládl mu ani ta drahá whisky nepomohla. Když jsem v prosinci 1992 přijel do Varů, dozvěděl jsem se, že Opočenský právě umírá. Než bych se byl mohl dostat druhý den do nemocnice, už byl na onom světě. V tamějším divadelním klubu se nepochybně znovu setkal s Kryzánkem, který tam na něho čekal už nějakých 15 let.

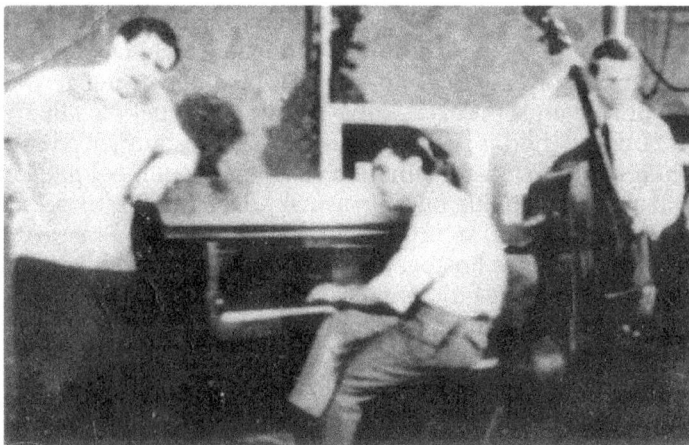

S Rudolfem Staníkem u piána, zpíváme blues.

Divadlo malých forem

Zmínil jsem se o naší kabaretní skupině. Divadlo malých forem, jak se tehdy s oblibou říkávalo takovýmto scénám. K jejímu založení došlo asi v polovině roku 1965. Zatímco jsem dělal kulisáka v divadle, ve Varech se objevilo několik mladých talentovaných lidí a společně jsme se rozhodli si vytvořit vlastní autorské divadlo. V zásadě se jednalo o politický kabaret a záleželo vždycky dost na obecenstvu jak dalece jsme si mohli "pustit hubu na špacír". Tu a tam se stalo, že nám přítomnost nějakého špízla v obecenstvu unikla a potom jsme mívali problémy. Když tam nějaký ten špízl seděl, lidé kolem to ale většinou věděli a vrhali tím směrem pohledy, hned jakmile jsme vypustili nějaký trochu

ostřejší vtip. Potom nám bylo jasné, že jít dál si dovolovat nemůžeme. Od poloviny šedesátých let ale už režim nevládl tak tvrdou pěstí jako zpočátku, takže nám všechno celkem procházelo. Pamatuji si, jak jednou nějaký takový papaláš nás po představení začal přísně kárat. Otázal se nás nejprve:
"A nemyslíte soudruzi, že to co jste tu dneska dělali, byla devalvace hodnot?"

Okázale jsme se na to my všichni tři přítomní, Kim, Ruda a já, hluboce zamysleli. Jakoby nám možnost devalvace hodnot až doposud nepřišla v naší prostotě na mysl. Měl jsem přitom pocit, že něco jsme toho večera docela určitě devalvovali, neviděl jsem v tom ale žádné hodnoty. To jsem ovšem papalášovi říci nemohl. Kim, který byl vždycky náramně pohotový, se vzpamatoval první a požádal soudruha o to, zda by nám mohl přesněji definovat devalvaci hodnot, tak jak to on vidí. Abychom mohli porovnat vzájemně svá stanoviska a abychom se příště mohli podobným prohřeškům vyhnout. To byl voda na soudruhův mlýn a po příštích deset minut nám činil kázání o tom, co bychom měli z programu vypustit. Moc by bylo z něho nezbylo, kdyby bylo po jeho. Tvářili jsme se pokorně, takže když ho po chvíli povinnosti kamsi odvolaly, odkráčel jistě s pocitem dobře vykonané práce. My jsme se dali do smíchu až když byl bezpečně z doslechu!

V té době odešel z Plzeňské Alfy do Prahy Václav Neckář a nabízelo se mi tam místo po něm. Rozhodl jsem se ale, že raději zůstanu v Varech, kde jsem v tu dobu ještě bez bíbru vystupoval v Písních pro kočku. Výhodou pro mne tu bylo, že ve skupině k níž jsem patřil jsem byl jednak hlavním zpěvákem, také ale i dosti vytíženým hercem. Navíc jsem zpíval písničky, většinou šansonového stylu, které byly originální, tedy nic z druhé ruky. Skládány byly přímo pro mne, takže mi seděly jak hlasově tak i obsahem. Tři z nás, Ruda Staník, Kim Novák a já, jsme si udělali brzy nato co jsme se dali dohromady přehrávky v Plzni, čímž jsme dostali profesionální punc a mohli jsme si začít vydělávat.

Zde je poněkud dadaistický úvod, který přednášela způsobem klasické "naivky" Majka Koudelová (mimo jiné majitelka oněch nohou na piánu, ruka patří Kimovi), po němž následuje text jedné z písniček, kterou jsme zpívali společně s Rudou Staníkem, přičemž Ruda hrál na piáno na němž jsem já obvykle seděl. Tuhle písničku jsme hodně často museli opakovat *(hudba Rudolf Staník, text Petr Novák)*:

Bajka je, když se zvířata chovají jako lidé.
Život je, když je tomu naopak.
Bajky jsou staré. Starší než samo lidstvo.
Jinak by se do nich určitě nějaký člověk vetřel.
Bajky mají poučit. A poučí? Poučí.
Zvířata už se nechovají jako lidé.
Chovají se v klecích.
První bajky vyprávěl Ivan Ivanovič Bajkal.

Píseň:
V jedné poušti žil byl šakal,
který tuze nerad makal,
když měl makat hořce plakal,
o-o-ó
inu jako šakal!
V téže poušti tam v Africe
žil byl lev a paní lvice,
šakal často lez a sice
o-o-ó
lvovi do zadnice.
Dost dlouho měl šakal kliku
jednou slunce v nadhlavníku
stálo když lez podle zvyku
o-o-ó
lvu do konečníku.
Jenže došlo k velké změně,
velký lev stál obráceně,
jak nám praví sága.
Úslužný šakal v tu ránu
svému pánu vlez do chřtánu
a to byla trága!

Ref.
Šakal totiž v mysli chová,
že pan lev a paní lvová
jsou králemi pouště.
Žije v díře v pevné víře,
že žádné veliké zvíře
sluhu nepokouše.
V jedné poušti žil byl šakal,

kterej tuze nerad makal,
spíš se kolem pánů flákal,
o-o-ó
nad výdělkem splakal

Prosíme za odpuštění,
že tu není poučení,
neboť toto naše pění
o-o-ó
šakaly nezmění!
Ref.
Šakal totiž v mysli chová...

Některé z textů písní byly lyrické, jiné satirické, další byly docela jasně ovlivněny tím, co v Semaforu dělali Jiří Suchý s Jiřím Šlitrem. Například:

Dala jsem do novin zprávu
ať se u mne přihlásí
ten kdo pro mne ztratil hlavu
v tomhle počasí

venku prší z drátů kape
on v tom chodí louže šlape
hlavu svoji hledá
a já ji mám pod kanapem
denně běhám domů trapem
hlava spát mi nedá

chytrá hlava dosti těžká
už by pro ni přijít měl
líbám ji a hladím ježka
aby nevěděl

Jistě říká hlavo vrať se
vyřiďte mu prosím ať se
pro ni zastaví
básníku mé přání zrýmuj
ať to dobře pochopí můj
rytíř
  můj rytíř
    můj rytíř
      bezhlavý

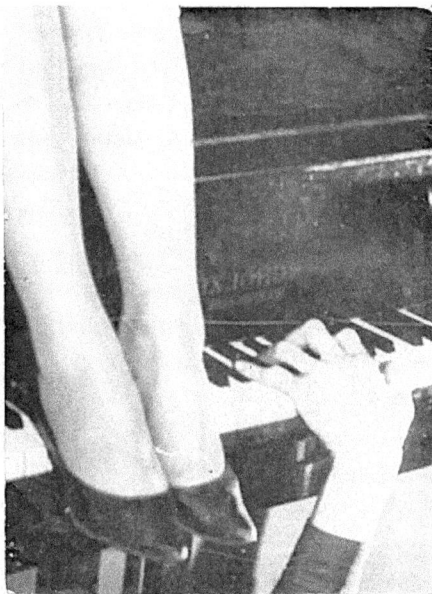

Nebo, co byste řekli tomuto textu, který se recitoval — vybírám namátkově ze zázračně se zachovalého skripta, celého počmáraného a přelepovaného (zdá se, že muselo patřit našemu osvětlovači, jímž byl Jarda Štorm), kde mi zežloutlý papír někdy stěží dovoluje slova přečíst:

jazyk je dítě
hodné děti chodí večer spát
jazyk je dítě
hodné děti nelžou
jazyk je dítě i když nehodné
tu a tam si zalže trochu
aby mohl večer ven
poznávat nevinně beztrestně
vinné tresti
      ryzling pinot noir hořčák
jazyk je dítě
ale zná nikotin
jazyk je hodné dítě
      poznává cizí jazyky
francouzáky
kolik znáš jazyků tolikrát jsi člověkem
jazyk je zkažené dítě
pokousán nocí plete si to od stoličky ke stoličce
jazyk je zkažené dítě
a tak je ráno v hubě jak v polepšovně
(v polepšovně zkažené dítě)
jedva mu kartáčkem odemknete
uteče vám
bude se tedy
brzy jazyk nazývati
recidivista
a proto
      pozor na jazyk!

Krásné dámy ... i vy ostatní. Všechny věci, které nějak souvisejí s Amorem, nazýváme amorálními. Největší epidemie v dějinách lidstva způsobili Amor a mor. Mor jsme vymýtili docela, lásku téměř. Naší nejúčinnější zbraní jsou písně. To se napíše píseň o čisté lásce a za honorář se jde večer ... od toho jsou lékařské přednášky. Ani my nezůstáváme v tomto boji pozadu. Co by tomu řekli vnuci. Když v tomto boji pozadu nezůstaneme, vnuci nebudou, nic neřeknou. Toto je naše největší zbraň. Klavír s OB sluhou. Hudebník duší i tělem. Duší, to už jste poznali — tělem — tady má prosím houslovou klíční kost.

V jedné z pozdějších her, takto promlouvá úspěšný mladý architekt ke svému sluhovi:

Zde, Kvido, leží na prkně krematorium. Zde místa pro truhlící, zde truhlíc pro drahého zesnulého, zde úschovna jiných drahých zesnulých, zde vyhlídka na Olšany, vápenka a školní družina...

Tyto snímky jsou z operety (tedy přesněji parodie na operetu) nazvané: Evita Víta neodmítá, aneb Nechci vás proradné hrabě, aneb Deset let bez muže (hravě). Byly pořízeny při přímém přenosu v Čs. televizi, tuším, že v roce 1966. Hraji a zpívám zde naivního, smolařského, zato ale v lásce úspěšného Víta, který po tragickém nedorozumění se svou milovanou Evitou se chce zastřelit, změní ale názor a stane se poustevníkem. Konec ovšem všechno napraví.

První svátek bláznů — Happening

Také si vzpomínám na to, jak jsme zhruba v té době uspořádali První svátek bláznů, což nebylo ve skutečnosti nic jiného než Happening. Až na to, že jsme v té době o existenci této umělecké formy ještě ani nevěděli, i když v Americe Kaprow a Kerouac tohoto výrazu užívali už po několik let. V té době to ale vždy nějaký čas potrvalo, než moderní trendy dorazily až do tehdejšího Československa. Nějaké ty vibrace jsme ale asi pochytávali ze vzduchu, jinak si to vysvětlit nedovedu. Náš Happening se začal v místě kde jsme v té době regulérně hráli, tj. v sále městské knihovny. Když se obecenstvo sešlo, nabídli jsme jim šňůru, takovou jakou užívaly mateřské školky, kde se děti povinně držely za jakási ucha ke šňůře přidělaná. Bylo zapotřebí několika na sebe navázaných délek. Žádný z diváků se kupodivu nevzpouzel, takže jsme mohli své obecenstvo vést od knihovny, přes podstatnou část lázeňského komplexu, až ke kavárně, kde jsme měli předem dohodnuté, že zde provedeme náš program. Cestou bylo obecenstvo, jakož i náhodní diváci, z nichž se někteří dokonce připojili na konec šňůry, dobře poučeno s pomocí hlásné trouby o místních zvláštnostech. Zbytek programu byl v podstatě improvizovaný text-appeal. Po pódiu jsme rozházeli listy papíru s různými texty, které jsme jakoby objevovali lezouce po kolenou. Většina byla našich vlastních, některé jsme měli ale importované. Rudolf, který v té době ještě byl zaměstnán vojenskou správou jako kulturní referent, posbíral na příklad slušné množství materiálů, které se mu dostaly do rukou — většinou to byly výtvory amatérských básníků, kteří se pokoušeli o to prorazit a získat si uznání tím, že jejich pracím se dostalo publicity. Některé z nich byly prostě k popukání. Mimochodem, o dva nebo tři roky později jsme v Praze šli na tzv. První pražský happening – to už se tak jmenovalo. O tom, že jsme happening provedli ve Varech o několik let předtím, jsme ale nikomu z přítomných neříkali. Stejně by nám to nebyli uvěřili. Inu, Pražáci...

Být na volné noze bylo sice dobré, mělo to ale také své háčky. Protože jsem neměl stálé zaměstnání, kvalifikoval jsem se jako "svobodný umělec". To by bylo v pořádku, pokud jsem nešel pozdě v noci po ulici (což patří k životu svobodného umělce a docházelo k tomu tudíž často) a nenarazil na policejní hlídku. Když se tak stalo, ten z těch dvou, který uměl číst, si ve vyžádané občance nalistoval stránku kam se normálně dávalo razítko o zaměstnání, které tam ovšem nebylo. Nastalo vysvětlování, které většinou pokračovalo na policejní stanici. Zvykl jsem si u sebe mít VŽDYCKY občanku a v ní navíc složenky, kterými mě platil Krajský podnik pro film, koncerty a estrády, abych těm tupcům mohl dokázat, že nejsem příživník. Občas se stávalo, že na stanici byl ten stejný policajt jaký tam byl posledně, přesto se ale musela vždycky dovést do konce ta stejná šaškárna, než mě někdy k ránu laskavě pustili domů.

Chtěl bych zkusit operu

Zpívat populární a kabaretní písničky mě po čase přestávalo bavit. Nikdy neustávající intelektuální debaty vedly časem nevyhnutelně k tomu, že se vyskytly rozpory v souboru, který se následkem toho rozpadl. Okamžitě sice vzniklo pár vzájemně si konkurujících skupin, což není nic nového pod sluncem a což se děje snad všude kde se něco tvoří. Náladě to ale nepřidalo. Starosti mi dělalo také to, že jsem na jevišti býval často dosti zřetelně nejlepším zpěvákem mezi herci a nejlepším hercem mezi zpěváky, což mi také řeklo hned několik lidí. Říkal jsem si, že bych s tímhle měl konečně něco udělat. Vždycky jsem měl rád klasickou hudbu a lákala mě hlavně opera. Ještě kdysi ve vojenském souboru se mne stále snažil přesvědčovat kolega Juraj Oniščenko, barytonista a později dlouholetý člen opery Slovenského národního divadla, dnes už bohužel také zesnulý, s nímž jsem tehdy hodně kamarádil, že bych měl ten svůj bas pořádně vyškolit. Juraj byl skoro o celých deset let starší než já – byl jedním z těch kteří studovali a studovali, vojnu odkládali a odkládali, nakonec jí ale stejně neunikli, jako v té době skoro žádný člověk mužského pohlaví s hlavou a čtyřmi končetinami. Když na tu vojnu konečně přišel, vyjímal se představitel Eugena Onegina či toreadora Escamilla z Carmen mezi nastoupenými vojáky natolik, že jakýsi opery milovný důstojník zařídil, aby Juraje poslali k nám do Prahy. Když tam konečně dorazil, veškeré role byly už dávno rozdané, takže dost dlouho neměl do čeho píchnout. Nevyhnutelně se Oniščenkovi proto dostalo přízviska "Nefachčenko". Juraj byl jedním z těch lidí, jichž bylo u souboru víc a s nimiž se stýkat bylo pro mne jako mnohem mladšího ohromnou školou života.

Teď jsem říkal, co když měl ten Juraj pravdu a já bych mohl najít své pravé poslání na prknech operního jeviště? Přesunul jsem se do Prahy a šel jsem za profesorkou Jelenou Holečkovou-Dolanskou, která také kdysi zpívala ve Slovenském ND a potom po dlouhá léta učila na pražské AMU. Její manžel, profesor slavistiky na Karlově univerzitě, býval dobrým přítelem mého otce (v jeho pozůstalosti se v sedmdesátých letech nalezl dávno pohřešovaný rukopis knihy mého otce, který těsně před válkou připravoval k vydání, k němuž už nikdy nedošlo po příchodu nacistů). Paní Dolanská, která v té době už byla na penzi a udržovala si proto jen menší skupinku žáků, mě tehdy za žáka přijala. Jen jsem jí musel slíbit, že se skutečně plně věnuji opeře, že ji nezradím a nesklouznu zpět k populární hudbě, tak jak to přede mnou udělalo několik jejích bývalých žáků, například Richard Adam či Jiří Vašíček. Začal jsem s ní tedy vážně trénovat své "basso profondo" s tím, že se pokusím dostat na AMU. Mezitím vypuklo Pražské jaro. Byl jsem při té památné schůzi na Střeleckém ostrově, když se zakládal Klub angažovaných nestraníků KAN a odnesl jsem si odtamtud přihlášku, kterou jsem hned druhý den vyplnil a poslal. Jistě ji potom měli soudruzi někde dobře uloženou. Když se do Prahy přihnaly tanky, nebyl jsem nijak zvlášť překvapený. S kolegou Rudou Staníkem jsme šli na Václavák, kde stála celá řada těch oblud. V jednu chvíli mě před jednou z nich pěstmi hrozící dav postrčil takovým způsobem, že jsem se ocitl přímo před hlavní samopalu, který třímal v rukou vojáček sedící na tanku, takové nedomrlé, vyděšené, nic nechápající stvoření. Hrdinou jsem se ale necítil, raději jsem tedy vklouzl zpět a splynul s davem.

Když se čas nachýlil ke zkouškám na AMU, dost jsem si důvěřoval. Dokonce natolik, že mě ani nenapadlo oholit si vous, který jsem si začal pěstovat již před nějakým časem. Nejprve jsem si pořídil knírek a o něco později se dostavila i bradka. Tehdy se tomu říkalo bíbr – dnes už je tohle slovo asi skoro úplně zapomenuté. Už proto jsem se je rozhodl v názvu tohoto životopisu vzkřísit. Moje paní profesorka byla sice ženou liberální a můj bíbr jí normálně nijak nevadil, dokonce se jí i líbil, přesto mi ale radila, abych si jej aspoň pro tuto příležitost oholil. Věděla zřejmě svoje. Pokud si správně pamatuji, zpíval jsem s tím bíbrem při svém vystoupení před přijímací komisí arii Vodníka z Novákovy Lucerny, bass buffo arii z Pergolesiho jednoaktovky Služka paní (s vlastním českým překladem) a pár Janáčkových písní. Paní Dolanská, která mi s výběrem pomáhala, byla přítomna, i když v té době již jako penzistka neměla hlasovací právo o tom kdo má být přijat. Mohla mi ale říci ještě v ten samý den, jak to v místnosti poroty potom vypadalo. U většiny členů poroty jsem prý měl úspěch a byl bych se asi na AMU dostal. Jenže, potom se do toho vložil samotný předseda komise, jímž byl Přemysl Kočí. Ten, spíš než jako zpěvák, proslul neblaze jako náramný straník a později, v dobách "normalizace" i jako ředitel Národního divadla. O mně tehdy prohlásil kategoricky, že „žádné beatniky na AMU mít nechce!" Nikdo se prý potom už neodvážil pro mne volit.

Bíbr, který se tolik nelíbil panu Kočímu

Co tady tenhle Angličan vlastně dělá?

Odjel jsem do Karlových Varů, kde jsem stále ještě měl trvalé bydliště. Tam jsem šel utopit žal do vinárny Embassy, v níž jsem trávil nejednu noc (zavírali až někdy po třetí ráno), když jsem býval ještě u divadla. Sedělo tam několik známých, kteří se velice hlasitě a okázale bavili o tom, že v téhle zemi už žít nechtějí, že „raději budou dělat závozníky někde na Západě" (jaká naivita!), atp. Povídám si, ale jen potichu a pro sebe, že já tu také být už nemusím a nechci. Nejsem snad rozeným Angličanem? Co tady tedy dělám?! Potom jsem si řekl ještě jedno, že jsem dosti silně napojený vínem a tudíž že nejspíš postrádám zdravého úsudku. Také to, že ráno je vždy moudřejší večera a pokud moje předsevzetí do rána nevyprchá, něco v tomto směru podniknu. Ráno jsem se probudil jen s poměrně malou kocovinou a mojí první myšlenkou bylo, že v téhle zemi dál zůstat nehodlám...

Začal jsem si tedy zařizovat všechny náležitosti, které jsem potřeboval k tomu, abych mohl vycestovat. I když jsem se v Anglii narodil, oficiálně jsem byl čs. občanem a tam jsem jel jen na dovolenou. Jinak by mě jistě nebyli pustili ven. Jako každý občan Československa jsem musel mít pozvání — to mi poslali jedni příbuzní žijící ve Warvicku v Midlands, nějakých 150 km od Londýna. Bylo ovšem nutné zařídit celou řadu dalších věcí. Potřeboval jsem cestovní pas s výjezdní doložkou, do něho vízum z Britské ambasády. Na to jsem musel čekat ve frontě po celou noc a následující ráno. A to v té době již fronty pomalu opadaly — v prvních měsících po invazi to bylo mnohem horší, prý se stálo ve frontě několik dní, dokonce také celý týden! Navíc tu bylo potvrzení od vojenské správy, od místní veřejné bezpečnosti, od uličního výboru, k tomu ještě několik jiných povolení a potvrzení, jejichž účely si již nepamatuji. Mohu vás jen ujistit, že pro člověka, který chtěl jet na pár týdnů jinam než do Bulharska, bylo v té době absolutně nutné je mít. Zajímavé bylo, že v okamžiku kdy jsem začal činit tyto kroky, vše šlo poměrně hladce, pokud něco takového za tehdejšího režimu bylo vůbec možné. Veškerá razítka jsem dostal na počkání.

Jedinou velkou obětí, kterou jsem musel s těžkým srdcem podstoupit, byla ta, že jsem si oholil svůj bíbr, o nějž ironickým způsobem vlastně šlo od samého počátku mé londýnské anabáze. Důvod k tomu byl ten, že jsem bíbr ještě neměl na orazítkované fotografii v občanském průkaze, přičemž o pravděpodobných následcích téhož jsem byl náležitě poučen policejním úředníkem. Měl jsem ale už na té občance knírek, takže aspoň ten jsem si mohl ponechat. Však mi v Anglii bíbr zase doroste, utěšoval jsem se, když jsem po tomto symbolu své mužnosti před zrcadlem smutně přejížděl žiletkou.

Karel Kryl

Po celou tu dobu jsem se všechny přípravy k odchodu snažil uchovávat pokud možno v tajnosti; nechtěl jsem být jako ti křiklouni z vinárny Embassy z nichž, pokud vím, žádný nakonec nevycestoval. Takže nikdy nepřišli na to, že závozník byl ryze český fenomén a že o české závozníky (a o závozníky vůbec) na Západě žádný velký zájem nebyl a není. Když to jinak nešlo a někdo se mě přímo zeptal, prostě jsem jim řekl, že jedu na tři týdny na dovolenou do Anglie. Vzpomínám si, jak jen necelý týden před mým odjezdem jsme s kolegou Staníkem na schodech pražského rozhlasu, kde jsme měli jakési pohledávky, potkali Karla Kryla, s nímž jsme se oba dobře znali z dob kdy s námi občas vystupoval, což bylo pár let předtím než se proslavil. Slovo dalo slovo a šli jsme si sednout na pivo do jedné z vinohradských hospod. Karel mi prozradil, že jede za několik dní do Mnichova, kam byl pozván na jakýsi festival, já jsem mu na oplátku pověděl o tom, že se chystám příštím týdnem do Anglie. To, že se ani jeden z nás nehodláme vrátit, sice viselo ve vzduchu a nám oběma to muselo být jasné, naplno vysloveno to ale nebylo. Ne, že bych byl Karlovi nevěřil či on mně, jenže co kdyby nás někdo poslouchal. Nebo, co kdyby se některý z nás v nějaké jiné hospodě o něčem takovém v podroušení neopatrně zmínil a pracně spředené plány by se přičiněním nějakého donašeče zhroutily? Tohle se prostě nedalo riskovat. Taková to byla doba.

Když jsme se nedlouho před pádem komunistického režimu znovu sešli s Karlem zde v Austrálii, tuším, že to bylo v r. 1987, vzpomínali jsme na to jak jsme tehdy z Československa utíkali a srdečně jsme se tomu zasmáli. Pověděl jsem mu ale také o tom, co jsem se nedlouho předtím dozvěděl, že náš někdejší kumpán Ruda Staník, s nímž jsme oba vypili nejeden žejdlík a který mimochodem byl jedním z původních signatářů Charty 77, utrpěl mozkovou mrtvici a zůstal po ní ochrnut na půl těla. Karel tehdy chmurně prohlásil: "No víš, tam odtud už choděj jenom samý špatný zprávy! A už to jiný nebude!" Karlova chmurná předpověď se sice nenaplnila a situace se jen za pár roků nato změnila, pokud vím, Kryl k ní měl své výhrady. O něco později mě ale stihla ještě horší zpráva, ta o jeho náhlé smrti...

Přípravy k odchodu

Všechny ty složité přípravy k odchodu z Československa trvaly nějaké tři měsíce. Jak jsem již zmínil, člověk k tomu aby mohl vyjet do zahraničí potřeboval celou řadu různých kulatými razítky opatřených povolení, uličního výboru až k vojenské správě. Nakonec to vyšlo tak, že letenku do Londýna jsem měl rezervovánu na odpoledne 20. srpna 1969, tedy vlastně na první výročí dne kdy jednotky Varšavské dohody překročily čs. hranice. Jak se zdá, okované boty prvních vojáků překročily hranici již před půlnocí 20. a ne až 21. srpna; to pozdější datum se ale přesto později stalo oficiálním. V každém případě se toho dne opět očekávaly demonstrace (k nějakým potom snad skutečně došlo, ne ale v příliš velkém měřítku), což ve mně vyvolávalo dosti značnou nervozitu. Co kdyby se soudruzi rozhodli, že zavřou letiště?

Že moje obavy byly vcelku oprávněné se potvrdilo jen asi o šest týdnů později, kdy počátkem října skutečně ta klec spadla. Nedávno jsme zde v Brisbane byli na pohřbu jedné dámě, kterou jsme znali od samého počátku našeho pobytu v Austrálii. Přišla sem s manželem a s tehdy tříletou dcerou, poté kdy utekli z Československa v 69. roce a to právě toho dne, kdy se režim rozhodl k tomu hermeticky a permanentně uzavřít hranice. Měli štěstí. Nacházeli se totiž už na palubě rakouského letadla do Vídně, když přišel k tomu povel od čs. úřadů. Soudruzi se je ještě pokusili vrátit a chtěli letadlo zastavit, jenže sympatizující posádka prohlásila, že poté kdy se zavřely dveře, nacházejí se už technicky na rakouském území a trvala na tom, že je tudíž nevydají. Nastaly asi dvouhodinové tahanice, nakonec ale muselo být letadlu povoleno odstartovat. Cestující, přestože to pro ně znamenalo podstatné zdržení, jim fandili a nakonec jim prý i spontánně zatleskali.

Když už jsem u tohoto tématu, ještě jedna perlička. Potkal jsem později v Londýně jednoho mladíka, který pracoval na Ruzyni se zavazadly a který se nechal uzavřít v nákladním prostoru letadla do Anglie. Vytáhli ho jeho angličtí kolegové na letišti Heathrow celého promrzlého, ale šťastného. Nebyl prý tehdy jediný kdo takto z Československa odcestoval.

Den odletu

20. srpna 1969 se nás dopoledne v Ruzyni sešla celá skupinka mladých lidí, kteří jsme všichni čekali na letadlo BEA do Londýna. Pochopitelně, že jsme se spolu bavili a pochopitelně, že každý z nich letěl někam na dovolenou, stejně tak jako já. Když se po nevyhnutelném zpoždění, které se nám za těchto okolností zdálo být obzvlášť nekonečné a které nás všechny činilo silně nervózními, letadlo konečně vzneslo, ozval se také potlesk a všichni náhle rozvázali, jakoby už nedokázali udržet jazyky na uzdě. Ten vedle mne měl namířeno do Kanady, ta na sedadle před ním chtěla do USA, ten přes uličku se vybarvil jako budoucí Australan. V Anglii, tak jak jsem si to představoval pro sebe, nikdo z nich zůstat nehodlal...

Říkal jsem si ještě v té chvíli, co by se stalo kdybychom naletěli do bouřky a letadlo se muselo vrátit, co potom? Raději jsem ještě chvilku mlčel, jenže když už jsme letěli delší dobu nad Německem a blížili se ke kanálu La Manche, také jsem to nevydržel a se svými zaječími úmysly jsem se už netajil. To už jsem začínal být přesvědčen o tom, že se mi to opravdu povedlo! Bouřka tam sice kdesi nad severním Německem byla, ovšem naši zdatní britští piloti se jí dokázali vyhnout, aniž bychom se museli vracet. Tohoto britského občana, téměř čtvrt století poté kdy opustil svůj rodný ostrov, bezpečně dopravili domů!

✳✳✳✳

7. Letiště Heathrow (20. srpna 1969)

Od prvního dne po svém osudovém rozhodnutí jsem se učil anglicky. Do té doby jsem neuměl ani breptnout — ne to bych lhal, v době kdy jsem v Anglii naposledy přebýval jsem angličtinu celkem ovládal, moje slovní zásoba byla ale ještě neveliká. Zahrnovala hlavně slova jako ga-ga, ka-ka, pi-pi, ču-ču, ma-ma, ta-ta a da-da (už tehdy jsem zřejmě musel být dadaistou). Od té doby jsem občas sice prožíval krátká údobí píle a odhodlání k tomu se učit, učit a učit, jako například když jsem byl na vojně, nikdy to ale příliš daleko nevedlo a po čase jsem opět zlenivěl a nechal toho. Tentokráte ale jsem věděl, že to co se naučím mi k něčemu opravdu bude, pokud se mé plány nějak nezhatí. Byl jsem ale optimistou. Umínil jsem si tehdy, že se každý den naučím nejméně dvacet anglických slov. To mi připadalo zvládnutelné. Odhadoval jsem také, že do odletu mi zbývá přibližně sto dní, takže až přistanu na londýnském letišti, budu vyzbrojen slovní zásobou asi dvou tisíců slov, s čímž bych měl pro začátek vystačit. Dočetl jsem se totiž kdesi, že toto je minimum s nímž by se člověk měl anglicky domluvit. V tom odhadu jsem se příliš nezmýlil a protože jsem se učil opravdu pilně, nějaké ty dva tisíce anglických slov jsem v den přistání v Londýně skutečně znal. Ovšem, nepočítal jsem s tím, že když vidím tato slova natištěná ve slovníku a v paměti je potom mám jakoby napsaná vlastní rukou na papír (začal jsem si skutečně psát takový slovníček, protože jsem kdesi slyšel, že si člověk slova snadněji zapamatuje když si je sám zapíše), je to úplně jiné, než když slyší někým anglicky hovořícím tato slova vyslovená! Takže, když šlo do tuha a když na mne na letišti Heathrow celník cosi vybafl, vůbec jsem mu nerozuměl. A to se prosím jenom ptal, jestli mám něco k proclení! Nakonec to dopadlo tak, že jsme se dohadovali převážně posunkovou řečí. Bylo mi přitom dost trapně, protože už mi začínalo být jasné, že s tou angličtinou to nebude zdaleka tak snadné jak jsem si to představoval.

Na letišti mě očekával můj vzdálený příbuzný Vladimír Simice, kterého jsem rok předtím potkal v Varech. Emigroval do Anglie v roce 1948, poté kdy si vzal za manželku Angličanku. Ta se za války jako mladá dívka nejprve zamilovala do jednoho z vojáků v tátově štábní rotě. K němu se už dříve doneslo, že jeho manželka, která byla Židovka, zahynula v koncentráku, takže když se po čase v jeho životě objevila tato Angličanka, nebránil se nijak tomu začít s ní poměr, přičemž oba počítali s tím, že se brzy vezmou. Válka se skončila a on ke svému překvapení zjistil, že není vdovcem jak se domníval, ale že jeho manželka zázračně koncentrák přežila! Vrátil se k ní, protože byl charakter. Zhrzená mladá žena prohlásila, že si ale stejně za muže vezme Čechoslováka a odjela do Prahy, kde si nejprve našla místo jako učitelka angličtiny a brzy nato i manžela. Její sestra, rovněž povoláním učitelka, ji následovala a obě po nějaký čas žily vdané v Praze. Když po 48. roce nastala jiná situace, obě sestry své manžely asi nemusely moc dlouho přesvědčovat o tom, že bude lépe se přemístit natrvalo do Anglie. Ten jehož si vzala druhá sestra, byl mým strýcem z druhého či snad třetího kolena — tito dva nakonec skončili v australském Sydney, kde jsem je jednou i navštívil. Ti druzí dva, Vladimír s Joan, žili ve Warwicku v Midlands.

Vladimír, bývalý baťovec, si nikdy nebyl úplně jistý svým statutem, takže do republiky po celý ten čas raději nejel, až když v 68. roce roztály ledy, o čemž se v Anglii intenzivně psalo. Někdy v polovině srpna tedy konečně naložil do auta rodinu čítající manželku a párek teenagerů, jimž slíbil výlet na jaký nezapomenou. U nás ve Varech se objevili náhle, hned jakmile přejeli hranice z Německa. Přespali noc a jeli do Prahy, kde za pár dní nato je ráno probudily rachotící ocelové pásy sovětských tanků valících se po dlážděných pražských ulicích. Zděšeni, uchýlili se na ambasádu, odkud Britové druhý den nato zorganizovali hromadnou jízdu směrem k hranicím pro britské turisty takto zaskočené, jichž byly stovky. Zbytek dovolené strávili potom ježděním po Anglii, opravdu dovolená na jakou se nezapomene! Teď mě Vladimír odvezl do Warwicku, kde jsem u nich zůstal po několik dní, abych se mohl trochu aklimatizovat, zvyknout si na anglické počasí i poměry. Potom jsem se přesunul do Londýna, kam mě srdce přece jen nejvíc táhlo.

V Londýně jsem měl jiný kontakt. Byl jím právě onen voják, který nebyl vdovcem jak se kdysi domníval. Slovák, původně profesor matematiky a chemie, také se po 48. roce přesunul s manželkou do Anglie, kde si v Londýně našel místo jako zkušební chemik v jisté továrně. Když jsem se mu přihlásil, zařídil ihned pro mne ubytování a také práci, i když jen asi na čtyři hodiny denně. Bylo to v Soho, kde jsem potom po nějaký čas obsluhoval mašinu na „cappuccino" v kavárničce, byl to spíš snack bar, který vlastnil jiný emigrant z osmačtyřicátého roku. Snack bar byl otevřený jen přes den a mne tam potřebovali od deseti ráno do dvou odpoledne, takže o nočním životě v této notoricky známé londýnské čtvrti vám bohužel žádnou zprávu podat nemohu. Jak bych si byl mohl dovolit jít do nějakého nočního podniku, když jsem vydělával pouhých deset liber týdně? Cappuccino jsem se naučil expertně dělat asi za hodinu! Vedle mne u kasy stál bývalý čs. velvyslanec v Británii a později v Indii Bohuslav Kratochvíl a ten mi přispíval radami. Tam se ale dosti pochopitelně většinou mluvilo kolem mne česky, což mojí pochybené angličtině neprospívalo. Ta moje nedostačující angličtina mě vůbec silně dráždila. Mnozí z nově příchozích českých emigrantů řešili tento problém tím, že se přihlásili do jazykových škol, což anglická vláda podporovala. To by ovšem bylo znamenalo, že bych byl delší dobu bez příjmu. A to jsem si dovolit nemohl. Vzpomněl jsem si na legendární metodu k učení cizích jazyků, kterou si vypracoval můj otec, který jich uměl asi tucet. Vypravil se do země jejíž jazyk se potřeboval či chtěl naučit (na příklad kdysi do Albánie) a tam se ihned ponořil do domorodého světa. Přes den chodil po trzích, obchodech, nádražích, prostě všude kde se sdružovali lidé. Poslouchal jak se kolem mluví. Večer četl noviny, vyhledával slova ve slovníku, poslouchal radio. Asi po měsíci takového intenzivního poustevnického života se znovu vynořil a v portfeji si nesl další jazyk.

Stavebním dělníkem

Řekl jsem si, že bych měl zkusit něco podobného. Na výběr jsem moc neměl, po závoznících překvapivě v Anglii žádná velká poptávka nebyla, rozhodl jsem se tedy, že půjdu dělat dělníka na stavbu. Aspoň bych měl trochu víc vydělat, zatímco se budu, tak jak to činil můj otec, pohybovat mezi domorodci. Odpověděl jsem (telefonicky a s potížemi) na jeden inzerát ve večerníku a ke svému překvapení jsem byl hned napoprvé úspěšný. Musel jsem ale nejprve jet až do Wembley (nedaleko slavného olympijského stadiónu), kde měla firma ředitelství, protože se musela vyjasnit otázka mého pracovního povolení. Kvůli mé lámané angličtině si celkem pochopitelně mysleli, že třeba bych mohl být v zemi nelegálně. Snažil jsem se jim vysvětlovat, že žádné pracovní povolení nepotřebuji, protože jsem rodilý Brit a že mám k tomu i důkaz v podobě kopie křestního listu. Tu jsem jim ukázal. Kroutili sice nad tím hlavami, měl jsem to tam ale černé na bílém, vydané v Sommerset House, kde se vede veškerá evidence týkající se občanů Británie. Řekli mi nakonec, kam mám jet druhý den ráno do práce. Jakási továrna v Lambertu se měla předělávat na kancelářskou budovu pro nějakou pojišťovnu. Bouraly se tam různé stěny a přepážky, kopaly se základy, aby se tam potom mohla přistavovat schodiště, atp. Plat jsem měl asi 25 liber týdně, což v té době nebylo zlé, práce ovšem byla těžká, většinou s lopatou a s krumpáčem. První týden či dva jsem ve svém pokojíku, který jsem si pronajímal ve Streathamu od jakýchsi Indů asi za 5 liber, dostával z toho v noci křeče. Tělo si ale postupně zvykalo.

Vše vypadalo dobře, jen s tím učením se jazyku anglickému to bylo nadále problematické. Večer jsem sice poslouchal radio a trochu jsem tu a tam i začínal rozumět – v tomto sdělovacím prostředku se ale většinou mluvilo vytříbenou angličtinou s oxfordským přízvukem. V té části Londýna, kde jsem pracoval, naopak jsem se ale s oxfordským přízvukem setkával pouze tehdy, když na mne na ulici zaštěkal oxfordský teriér. Také opravdových domorodců bylo na stavbě pomálu. Ti se omezovali na pár cockneys jimž bylo rozumět ještě hůře než těm ostatním, protože po cockneyském způsobu zásadně polykali půlky slov. Poměrně slušně jsem rozuměl jen jednomu Skotovi a dost překvapivě, také jednomu černochovi z Karibiku. Ti byli totiž trochu inteligentnější a dávali si proto pozor na to, aby se mnou mluvili o něco pomaleji, jak jsem je o to žádal. Ostatní pocházeli ze všech možných koutů světa, z Irska, Afriky, Indie a bůhví odkud odjinud a každý z nich měl nějaký jiný přízvuk. Divil jsem se, že si vůbec rozumí mezi sebou, bavili se ale vzájemně většinou jen všedních věcech, o fotbale či o koňských a psích dostizích, takže si s těmi svými dvěma tisíci slov celkem vystačili.

Když jsem nedlouho předtím vařil v Soho italské cappuccino, bylo to ještě jakž-takž ve správných mezích — v Anglii jsme oba byli cizinci, jak to cappuccino tak i já. Jak kdekdo ví, Angličané pijí čaj a to se týká jak těch bohatých tak i chudších vrstev obyvatelstva. Kdekoliv se vyskytuje více lidí pohromadě, ať už jsou to továrny, dílny, kanceláře, atp., existuje zde i ona ryze anglická instituce, jíž je "tea lady". Typicky to bývá postarší výmluvná dáma, která brzy po začátku pracovní doby projde postupně po celém pracovišti a vyptá se lidí, co si přejí mít ke svému šálku čaje o svačině. Potom nakoupí co je potřeba, čaj uvaří a rozveze. Pokud firma tea lady nezaměstnává — ne každá si to může dovolit, to také závisí na její velikosti — zaměstnanci obvykle někoho tímto úkolem pověří. Tak tomu bylo i na stavbě, kde jsem pracoval. Jakmile nás na stavebním projektu pracovalo asi deset, dosáhlo se tímto kritického bodu, kdy se tea lady, aspoň na poloviční úvazek, stala nutností. Přišli za mnou, jestli bych jim chtěl dělat tea lady. Vůbec jsem se nerozmýšlel a přijal jsem. Jednak to pro mne znamenalo, že asi půl hodiny až hodinu před ranní, polední i odpolední přestávkou, jsem obešel lidi, zapsal jsem si co si objednávají, jako sendviče, koláče, záviny, atp., vybral od nich peníze, zašel do nedalekého obchodu, nakoupil, donesl. V jedné z místností kde byla elektřina jsem v čajníku uvařil vodu, přidal čaj — skrupulózně jednu lžičku na každou osobu, plus jednu pro čajník. Na deset lidí tedy šlo do čajníku jedenáct lžiček čaje. Připadá vám to hodně? Ne tak lidem v Anglii. Do hrnků, které spolu s čajníkem dodala firma, jsem nalil mléko, zalil po okraj čajem. To už se začínali trousit lidé, aby mi klepali na rameno se slovy: "A nice cup of tea, you've made." Takto chválili mne, který jsem až doposud pil jen kafe a pokud nějakou náhodou někdy čaj, potom jedině s citrónem, kdepak s mlékem! Tohle jsem si ale v jejich přítomnosti nedovolil, hádal jsem, že citrón do čaje by se rovnalo rouhání a že by mě nejspíš zlynčovali. Když jsem ale poprvé sám usrkával ten silný čaj, který by bez toho mléka byl určitě docela černý, přišel jsem na to, že tento čarodějnický odvar který jsem vytvořil není zdaleka tak špatný, jak jsem se obával. Musí se ale pít tak, jak se to dělá v Anglii.

Výhodou tu pro mne bylo, že po celou tu dobu kdy jsem se zabýval zařizováním svačin a výrobou čaje, jsem nemusel těžce pracovat s lopatou či s krumpáčem a to se poznalo. Také to, že jsem se musel domlouvat s lidmi o tom, co pro ně mám koupit, v obchodu to potom objednávat, atd. To všechno prospívalo mojí angličtině. Dále jsem bifloval, učil se slovíčkům, snažil se číst noviny, poslouchal radio... Všichni z asi deseti dělníků, kteří na stavbě zpočátku pracovali (později jich přibylo víc, mezi nimi i někteří inteligentnější a vzdělanější, takoví jací se na příklad dokonce vyučili zedničině) mi celkem rozuměli. To hlavně proto, že jsem ze sebe ta anglická slova, která jsem se až doposud dokázal naučit, soukal hodně pomalu, protože jsem měl problémy s jejich spojováním. Často jsem jim nabídl příležitost k tomu od srdce se zasmát, to když se mi povedlo nějaké zvlášť originální slovní spojení. Celkem mi to příliš nevadilo — většinou jsem se smál s nimi. Frustrující ovšem bylo, že já jsem jim nerozuměl skoro vůbec nic, zejména když se bavili mezi sebou. I když, jak mi brzy došlo, oni se málokdy bavili o něčem co by mne mohlo zajímat. Ještě tak ten fotbal, ten jsem kdysi hrával a potom jsem na něj občas chodíval i doma.

Dostihy, i když ty koňské mají prý být sportem králů a jak se zdá, královské rodiny, včetně samotné královny Alžběty Druhé, je jimi zcela zaujata, mě prostě nikdy k srdci nepřirostly. Byl jsem na nich jen jednou, když mi bylo deset let. S matkou jsme jeli do Chuchle v den před měnovou reformou, kdy naposledy ještě platila stará měna. Den nato, 1. června 1953, už měla začít platit nová měna. Máma se tehdy rozhodla vyhodit si z kopýtka. Počítala s tím, že těch několik stovek, které jí zbývaly, jednoduše prohraje na koních. Jenže, ať dělala co dělala, nemohla v ten den prohrát. Žádné závratné sumy sice nevyhrála, z Chuchle jsme ale odjížděli bohatší než jak jsme tam přijeli. Co ale se starou měnou, když měla platit už jen několik hodin? Dali jsme si dobrou večeři. Gamblerství to ve mně ale naštěstí neprobudilo!

Čs klub ve West Hampsteadu

K tomu, abych si mohl popovídat česky, v sobotu večer jsem obvykle jezdíval do West Hampsteadu, kde se na West End Lane nacházel (a pokud vím stále ještě se nachází) čs. klub, abych se aspoň trochu odreagoval. A promluvil si s jinými lidmi, aniž bych se musel v poloprázdné hlavě pořád pídit po slovíčkách. Po nějakém čase jsem se dokonce od Indů ve Streathamu odstěhoval a

Čs klub ve West Hampsteadu

našel si pokoj v nedaleké Iverson Road, od klubu jen asi půl kilometru vzdálený.

Jednou takto přijdu do klubu. V místnosti kde se nacházel bar bylo celkem plno, u jednoho malého stolku byla ale volná židle. U stolu seděl tmavovlasý muž asi tak mého věku, jehož tvář mi připadala povědomá. Zeptal jsem se jestli si mohu přisednout, dali jsme se do řeči.

"Odkud jsi", ptám se — Češi v zahraničí, zejména pokud jsou podobného věku, si zásadně rovnou tykají.

"Z Karlových Varů"

"Já taky. Kdes tam bydlel?"

"V Sadovce."

"Vážně? Já taky!"

Ukázalo se, že můj nový známý (jméno jsem už zapomněl) bydlel skoro přímo naproti domu, kde jsem bydlel já. Museli jsme se občas na ulici potkávat, proto mi byl povědomý a já jemu také. Tím se ale podobnosti neskončily. Dohodli jsme se, že jsme se za podobných okolností oba narodili za války v Anglii, proto jsme sem nyní znovu přišli. V něčem jsme se ale přece jen lišili a to podstatně. Ve svém mladém věku, oběma nám bylo 27, byl on už nejen ženatý, ale měl dokonce čtyři děti!

V čs. klubu se o víkendech obvykle něco dělo, i kdyby to měla být jen normální taneční zábava. Brzy se ovšem přišlo na to, že umím trochu zpívat, takže jsem byl obvykle vyzván k tomu, abych při různých příležitostech a státních svátcích předvedl nějakou tu "kulturu". To většinou znamenalo, že zazpívám Kecala z Prodanky a Vodníka z

Rusalky. Potom jsem obvykle býval někým představen nějaké známější osobnosti, která se tam zrovna vyskytovala. Mohl to být například Jaroslav Stránský, z dynastie majitelů Lidových novin, nebo Jaroslav Drobný, vítěz tenisového Wimbledonu, atp. Také jsem býval zván při jiných příležitostech, například k tomu abych zazpíval z kůru kostela při svatováclavském svátku nebo při svatbě.

Skladníkem u židovské firmy

Po několik měsíců jsem pracoval dosti těžce jako stavební dělník, což uprostřed zimy nebylo nic příjemného. Zpočátku se mi dokonce stávalo, že mě v noci budily křeče ve svalech, které nebyly na takovouto práci zvyklé. To se sice brzy usadilo, hlavně poté kdy jsem se ze mně stala tealady, zima v Londýně je ale v lecčems horší než ta v Praze, kde bývá mnohem sušší. Ta londýnská nebyla sice tolik studená, zato ale vlhká a vlezlá. Nakonec se mi ale podařilo nalézt si jiné místo a jaksi "za větrem". Bylo to u jedné malé firmičky, kterou vedli dva pražští Židé a která se zabývala exportem použitého a druhořadého plexiskla do východních zemí, hlavně do Indie a Pákistánu. Kdoví, co tam z něho vyráběli? Měl jsem na starosti jeho skladování a vedl jsem záznamy. Člověk, s nímž jsem se přitom denně nejčastěji stýkal, byl jeden z partnerů, jménem Khan. Čas od času jsme oba jezdili pro zboží najatým nákladákem s řidičem (takže jsem si přece jen v té Anglii zazávozničil...), někdy i poměrně daleko od Londýna, takže bylo dost času k tomu si povídat. Tehdy mě Khan zasvěcoval do různých aspektů života v Anglii, kam přišel ještě před válkou – bylo mu už skoro šedesát, občas mu trochu dělala potíže čeština, zdaleka ne ale tolik jako mně v té době ještě angličtina. Pochopitelně, že při těchto debatách přišla na přetřes i politika.

Jako čerstvý utečenec z tehdejšího Československa jsem měl celkem pochopitelnou nedůvěru ke všemu, co se v politice nacházelo nalevo a jen trochu zavánělo socialismem. Khan se pokoušel mi ukazovat, že se musím dívat na politiku na Západě trochu objektivněji. Vysvětloval mi kupříkladu, že i mezi britskými labouristy se nacházejí "slušní lidé", což mi moje zaslepenost a nedůvěra, podpíraná tehdy ještě čerstvými vzpomínkami na sovětské tanky a kvéry, nedovolovala jen tak lehce přijmout. Dozvěděl jsem se od něho také něco, co jsem si později mohl mnohokráte ověřit, že totiž jak konzervativní, tak i labouristická strana se skládají z frakcí, které u té první mohou klidně začínat kdesi napravo od Džingischána a u té druhé nalevo od Mao Ce-tunga. Ještě později mi potom došlo, že oba tyto extrémy jsou za jistých podmínek dokonce i zaměnitelné. Khan mi ale předal také ještě jednu moudrost: *"Pamatuj si, že když mají tady politici problémy, tak se za tím* vždycky schovává jedna ze dvou věcí: buď je to sex, nebo peníze. U konzervativců to bývá skoro vždycky sex, u socialistů peníze." Mám dnes už za sebou o několik roků víc sbírání zkušeností s politikou na Západě, než měl tehdy Khan. A mohu říci, že ta jeho slova opravdu platila! Dlouho. Až v poslední době se nám to začalo nějak kazit. Myslím si, že za to může dnešní společnost s tou svojí tolerancí. Kam se ztratily ty nádherné skandály, které konzervativní politici vyvolávali tím, že se vyspali s někým jiným než se svou manželkou? Když se něco podobného kdysi provalilo, potom – v případě dejme tomu takového ministra – to prostě znamenalo jasnou a okamžitou rezignaci. Natož kdyby se přišlo na to, že je někdo homosexuálem či lesbičkou. To by znamenalo náhlý a neodvratný konec politické kariéry. Dnes ale může takový politik vystřídat kdovíkolik milenek, či se promenádovat se svým gay partnerem či partnerkou a nejenže ani oko nemrkne – dokonce jim to přidá na popularitě!

Zpívám operu

Otakar Kraus, český, později britský barytonista

Ještě v Česku jsem si sliboval, že i v Anglii něco udělám se svým zpíváním. Spojil jsem se nejprve s Otakarem Krausem, který tam měl veliké jméno jako zpěvák (po dvacet let zpíval v Covent Garden, kde měl patent na role padouchů, jakými jsou třeba Iago v Otellovi či Scarpio v Tosce), i jako učitel (učil několik významných britských basistů), také proto, že s ním jsem mohl mluvit česky. Zazpíval jsem mu a on mně za žáka přijal, ale podmínečně. Měl totiž v té době osobní problémy, manželka byla těžce nemocná a věděl, že aspoň po nějaký čas nebude schopen učit. Proto mi navrhl, abych zatím šel do Morley College. To byla večerní škola, která se nacházela a dodnes nachází pod státní dotací, což mi nesmírně vyhovovalo, protože se platilo jen poměrně malé zápisné. Učilo se tam různým uměleckým oborům, přičemž opera byla velmi prominentní a konala se také pravidelná školní představení, obvykle čtyři do roka. Navíc se škola nacházela v Lambertu, jen asi kilometr od místa kde jsem z počátku pracoval. Za války byla původní budova z roku 1880 zasažena německou bombou, přičemž zahynulo několik desítek lidí. Po hudební stránce má tato škola opravdu výtečnou reputaci. Jako umělečtí ředitelé zde působili například skladatelé formátu Gustava Holsta, který jím byl po 17 let od roku 1907, jiná jména takto spojovaná s Morley College jsou ta známých anglických skladatelů Johna Gardnera, Michaela Tippetta, či Ralpha Vaughan Williamse, což vlastně představuje špičku moderní anglické hudební tvorby. Když jsem tam poprvé zabrousil, začínala se právě zkoušet Rossiniho Popelka a potřebovali basistu velice naléhavě, takže jsem okamžitě dostal roli Alidora. V čs. klubu jsem se v té době seznámil s mladou českou emigrantkou Dášou, která pocházela z Nové Paky, tedy také z Podkrkonoší, nedaleko místa kde jsem sám vyrůstal. Svět je malý. Pozval jsem ji potom na představení. Asi za rok a půl nato jsme se vzali a naše manželství už trvá víc než 40 let.

Moje budoucí manželka jako svůdná lesní žínka

Zazpíval jsem si Kecala

V Morley College jsem si dokonce zazpíval a tomu ani neuvěříte, Kecala v Prodance. Navíc zpočátku i česky, pouze ale při několika zkouškách. Mým kolegům se to nesmírně líbilo, když jsem jim předzpíval některé party česky. Dokonce se ozývaly hlasy, že by se snad měla ta Bartered Bride nacvičit v originální češtině jako Prodaná nevěsta. Když si jich to ale pár z účinkujících pod mým dohledem a s mými instrukcemi vyzkoušelo, jejich počáteční nadšení rychle opadlo.

To moje také, protože dostat z „Marženky" nebo z "Dženika" kloudné
české slovo prostě nešlo. Takže se opera zpívala anglicky. Oficiálním
dirigentem byl Marcus Dods, který v té době vedl rozhlasový orchestr
BBC; ten se ovšem při zkouškách příliš často neobjevoval a většinu
práce nechával na asistentovi. Se spoustou výtečných zpěváků, jaké
jsem kolem sebe dennodenně vídával a slýchával už na této úrovni, mi
brzy začínalo být jasné, že prosazovat se v této profesi a v této zemi
bude velice těžké. Inu, mnoho povolaných, málo vyvolených, jak
říkávala moje matka.

Poměrně nedávno jsem objevil na YouTube nahrávku celé Prodané
nevěsty, kterou před několika lety udělala opera Sadlers Wells v
Londýně. Mezi zpěváky jsem neobjevil ani jedno české jméno, opera
byla ale nastudována v originální češtině. Co víc, všichni zpěváci, pokud
jsem slyšel, se naučili správně vyslovovat i to naše české "ř", které dělá
každému cizinci takové potíže. Připadal jsem si, jako bych se díval na
představení v pražském Národním divadle, tak autenticky to znělo! Inu,
časy se mění, tehdy to byla jiná doba...

Vilém Tauský

Přihlásil jsem se k přijímacím zkouškám na Guildhall School of
Music, jedné z nejlepších operních škol vůbec. Šancí jsem si příliš moc
nedával, věděl jsem, že bych potřeboval ještě aspoň rok či spíš dva
intenzivně a soustavně cvičit. To ale by stálo peníze a ty jsem neměl.
Několik dní před přijímacími zkouškami jsem vystoupil při jednom
koncertu pořádaným českou komunitou v Londýně. Představení se
konalo ve větším sále kdesi uprostřed města, zpíval jsem toho večera
dvě z Dvořákových Biblických písní, Hospodin je můj pastýř a Při
řekách Babylonských. Od samého rána jsem se necítil v příliš dobré
formě. Navíc tyto písně mému hlasu ideálně neseděly, jsou spíš pro
baryton. Za moc to nestálo, říkal jsem si, když jsem skončil tu druhou z
písní, i když mi lidé docela slušně zatleskali. Tleskali by ale dneska asi
všemu, napadlo mě. Za jevištěm na mě čekal starší pán. Teprve když se
mi představil, spadla mi poněkud čelist. Byl to Vilém Tauský, do té doby
snad nejúspěšnější český dirigent v Anglii, který tam podobně jako moji
rodiče původně přišel jako dobrovolník s čs. jednotkami z Francie. V
Anglii už zůstal. Asi po deset let byl před již zmíněným Dodsem hlavním
dirigentem orchestru BBC a nedlouho předtím se stal ředitelem právě
oné operní sekce školy Guildhall kam jsem se hlásil. Věděl proto už o
tom, že tam mám zpívat při konkurzu, přišel si mne okouknout a musel
také slyšet, že jsem nepodal toho večera právě ideální výkon. Ať si z
toho prý nic nedělám, utěšoval mě, tohle je údělem všech zpěváků, že
všichni mají své dobré i špatné dny. Tréninkem se ale dá dokázat to, že

kromě odborníků, nikdo nepozná když ten dobrý den právě nemáte. Tauský mi také rovnou řekl, že sice při prvním kole zkoušek nebude, že je mu ale jasné, že se na Guildhall nedostanu, rozhodně ne tento rok. Přišel mi ale říci, ať se nevzdávám, že potřebuji ještě aspoň rok nebo dva, že ten hlas tam mám. Tohle od člověka, který studoval pod Leošem Janáčkem a který v pouhých 19 letech už dirigoval v Brně Pucciniho Turandot, když hlavní dirigent Zdeněk Chalabala náhle onemocněl! Vilém Tauský, jak jsem zjistil, zemřel v roce 2004 jako 94-letý.

Vilém Tauský (1910-2004) diriguje orchestr BBC

Peníze, peníze, peníze, bez nich jsem neměl šanci. Potřeboval jsem dobrého učitele a ti jsou drazí. V té době si kvalitní učitel účtoval tři guineas, tedy 3 libry a 3 šilinky, což tehdy bylo hodně peněz. Otakar Kraus se neozýval, slyšel jsem jen, že se jeho žena potácí mezi životem a smrtí. Po nějaký čas jsem chodil do Holland Parku za italským učitelem signorem Mele, kterého mi doporučili v Morley College, jeho styl koučování mi ale příliš neseděl.

Cesta do Frankfurtu a Hamburku

Učinil jsem ale aspoň jeden vážný pokus a pořídil jsem si agenta, který mi vyjednal konkurz u jiného agenta poněkud většího ražení v Německu. Třeba se tam dostanu do některého menšího operního divadla, v Německu jich je spousta, říkal jsem si. A začnu tam od píky, tak jak to pro mne plánovala zařídit paní profesorka Dolanská, když mě chtěla dostat jako eléva do Opavy. Jel jsem do Frankfurtu koncem 70. roku. Jeli jsme tam čtyři, kromě mne ještě dvě sopránistky a jeden tenorista, jemuž patřilo auto jímž jsme jeli — přidali jsme mu všichni na benzin. Nejprve lodí do Belgie a odtud do Německa. Ve Frankfurtu jsme přespali v hotelu a dopoledne se šlo ke konkurzu. Opět jsem se necítil být právě v ideální formě, takže jsem neočekával, že by z toho vzešlo něco kloudného. Ve zkušebním sále frankfurtského operního divadla se nás sešlo hezkých pár zpěváků z různých koutů Evropy — na chodbě těsně před svým výstupem jsem se chvíli bavil s jedním ruským barytonistou — nevím ale jak ten dopadl u důležitého pana agenta, jehož jméno si nicméně už nepamatuji. Tentýž, když na mě konečně došla řada, si poslechl mého Simona Boccanegru a Osmina, řekl si navíc, jestli bych mu mohl zazpívat Leporellovu rejstříkovou árii. V té chvíli už jsem si říkal, že tohle vypadá pro mne dobře, protože tuto árii jsem měl nacvičenou a měl jsem navíc i pocit, že už se začínám trochu lépe rozezpívávat. Hlas ale opravdu nebyl ten den úplně v pořádku a když došlo na ono dlouze držené "D" v druhé části árie, což přece není nijak zvlášť vysoká nota, s násilím jsem ji ze sebe tlačil a věděl jsem okamžitě, že tohle mě nejspíš zabije. A vskutku, důležitý pán mě chvíli nato zastavil, obrátil se ke dvěma ze svých o něco méně důležitých asistentů, chvíli se radili, vrtěli hlavami a nakonec jsem byl propuštěn s tím obvyklým: dáme vám vědět. Pokud vím, pouze ten tenorista, který nás do Frankfurtu vezl, uspěl se svou árií Tamina z Kouzelné flétny a dostalo se mu nejspíš pozvání k nějakému dalšímu konkurzu.

Odskočil jsem si tedy aspoň při té příležitosti do Hamburku, kde působil jeden z mých bývalých kolegů Petr Novák, lépe známý jako Kim Novák, jako asistent režie v místní televizi. Šel jsem se na něho podívat když natáčeli jakousi televizní písničku, v níž byla snová scéna odehrávající se pod vodou, při níž pár lidí kouřilo cigarety (to se dělalo tak, že měli v ústech mléko, které pomalu do vody vypouštěli). Natáčelo se to v akváriu v městském parku voda tam někdy v listopadu mohla mít, hádám, tak stěží 5 stupňů. Kdo asi do ní musel vlézt a plně oblečený? Pochopitelně, že asistent režie. Těžký byl život čerstvého emigranta! Možná, ale mělo to také světlé stránky. Kim, který byl původně vyučeným kuchařem, připravoval pro nás pro oba snídani. Na velikou pánev dal slušné množství slaniny a potom začal rozbíjet vejce. Když tam sázel už asi osmé, podíval se na mě a prohlásil:

"Víš, jedný věci jsem se tady v tý emigraci zbavil."

"Jaký věci?"

"No, doma jsem vždycky míval takovej ten nejasnej pocit provinění, pokaždý když jsem si pro sebe rozbíjel to třetí vejce!"

Londýnské bedsittery

Londýn byl zejména zpočátku pro mne novotou, která se ale jen tak lehce neotřela. Nejskvělejší ze všeho tam byla muzea a galerie. Už proto by mě tehdy ani nebylo napadlo odstěhovat se někam jinam, i když pokud bych byl chtěl v Anglii zůstat, asi by nakonec nebylo vyhnutí a byl bych nejspíš musel jít za prací do některého provinčního města. Nejdůležitější z těchto institucí, jako British Museum či National Gallery, náležely státu a vstup do nich byl a dodnes je, zdarma. To bylo nesmírně výhodné zejména o víkendech, kdy se člověku nechtělo sedět doma, kde byla zpravidla zima.

Zima! Ta je v Londýně horší než třeba v Praze, kde je podnebí kontinentální a o dost sušší a kde se takový malý pokoj dá snadněji vytopit. Aspoň mi to tak připadalo. „Bedsittery — "česky" garsonky, které jsem si pronajímal (jako snad každý jsem prošel několika, v Earls Court, Streathamu, West Hampsteadu, Paddingtonu) a ten, který jsme později s manželkou měli ve Wilsden Green, měly všechny jedno společné. Elektroměr a v některých případech ještě navíc i plynoměr. Tito dva jsou snad největšími nepřáteli člověka, aspoň toho druhu, který se zve nájemníkem! Tyto kovové stvůry se totiž zpravidla nacházejí (užívám přítomného času, protože nepředpokládám, že by se v tomto směru něco příliš změnilo) v nesvaté alianci s „landlordem" – tedy panem domácím. Běžný londýnský landlord náleží k živočišnému druhu dravců a navíc má v ruce veškeré trumfy. V domě má hlavní měřící přístroj, který mu tam nainstalovali dodavatelé elektřiny (či plynu) a podle toho platí účty té které společnosti. Jak si potom nastaví ty sekundární přístroje, které má umístěny v místnostech ubohých nájemníků, aby tam polykaly mince, to záleží čistě jen na něm. Měřící jednotka, jíž se přitom běžně používá, se nazývá jeden moloch. V době, kdy jsem se v Londýně vyskytoval, byly tyto příšery na šilinky (dnes budou nejspíš na jedno-librové mince) a i ty nejmírnější s nimiž jsem se potkal se chovaly jako profesionální bytoví lupiči. Následkem toho, člověk si zpravidla nemohl dovolit uprostřed zimy strávit v neděli celý den ve svém pokojíku (po čemž těžkou prací na stavbě vysílené tělo přímo prahlo), protože ho to mohlo klidně stát i víc než libru jen za topivo. Když uvážíte, že přibližně tolik vás stál denně také vlastní nájem běžného bedsitteru, v časech kdy slušný plat se pohyboval někde mezi 20-30 librami, potom skoro polovička celkového příjmu mohla klidně prasknout na bydlení v jedné malé místnosti se společně užívaným příslušenstvím. Jistě potom pochopíte, proč byla příjemně vytopená londýnská muzea zejména o víkendech plná vzdělávajících se lidí.

Můj spolubydlící František Fisher

S Františkem Fisherem zkoušíme Mozarta

S Františkem Fisherem jsem se seznámil brzy poté kdy jsem dorazil do Londýna. Franta byl vystudovaným varhaníkem a jako takový byl i velmi dobrým pianistou. Cokoliv, co jsem mu kdy předložil, byl okamžitě schopen hrát z listu. Mít takového přítele, to je něco, co začínající zpěvák klasiky potřebuje snad nejvíc. Fisher se živil tím, že učil soukromě hrát na piano dětičky v Londýně dobře zavedených českých paniček. Musel jich znát dost, protože hlady nestrádal, na víc jsem se ho ze zásady neptal. Byl skoro o deset let starší než já, rozvedený, bezdětný, takže po nějakém čase přišel s nápadem, že bychom jako měli spolu zaparkovat v nějakém menším bytě a dělit se rovným dílem o nájemné. Věděl dokonce i o takovém bytě, v Paddingtonu. To sice není zdaleka ta nejlepší čtvrť, není ale odtamtud nikam příliš daleko, pěšky se odtud dá dojít třeba na Portobello Road, ulici proslulou svými trhy i leckams jinam. V tu dobu jsem mimochodem byl velice fit, protože jsem chodil všude, kam se dalo. Ušetřil jsem tak za poměrně drahé jízdné podzemní dráhou.

Fisher byl věřícím katolíkem, takže chodil pravidelně na Velehrad, který se nacházel na Ladbroke Square, kam se také dalo dojít. Nedávno jsem se dozvěděl, že toto středisko českých věřících, založené a po dlouhá léta vedené jezuitou páterem Langem, dnes už zemřelým, je na prodej, protože si jej už londýnští Češi nemohou dovolit. Město si vyžaduje opravy na historické budově, na které prostě není, takže se má z peněz utržených za prodej nalézt něco levnějšího a méně náročného... Tehdy ale Velehrad prosperoval a mne, i když jsem katolíkem nebyl a spíš jsem se v té době považoval za agnostika, tam hlavně kvůli Frantovi tolerovali.

Dvě starší dámy, které se staraly o ještě staršího pána, bydlely právě v onom Paddingtonu a chtěly se z bytu ve Fordingley Road odstěhovat, protože měli všichni namířeno do jakéhosi domova pro přestárlé. Dům vlastnil jistý Čech, který byl bratrancem proslaveného dirigenta Rafaela Kubelíka. Celkové nájemné činilo něco přes deset liber, každý z nás by byl dal jinak aspoň polovičku této sumy za jediný pokojík, takhle jsme měli dohromady pokoje tři — každý z nás ložnici a navíc ještě i obývací pokoj!

Dům ve Fordingley Road, Paddington. Nám patřilo horní patro, tři okna.

Asi 30 liber nás dohromady stálo to, že jsme strhali se stěn věkovité tapety a svépomocí tam nalepili nové. Dalším vylepšením bylo to, že jsme si dali zavést telefon. To už jsem ale začínal tušit, že asi budu tak trochu vykořisťován, protože telefonu jsem sám užíval málokdy, zatímco můj spolubydlící, pokud se zrovna nacházel doma, se od něho téměř nehnul. No nic, říkal jsem si, zato mám zdarma korepetitora — piano jsme tam samozřejmě měli, Franta s piany dokonce i tu a tam kšeftoval. Obchodník byl celkem zdatný, i když na pyramidové schéma s čistícími prostředky nakonec komusi naletěl — to už bylo poté, kdy jsem se oženil a odstěhoval. Místo mne tam měl potom pokoj plný krabic s pracími prášky a podobnými zhůvěřilostmi k jejichž koupi ho nějaký podvodník přemluvil. Asi o rok později nám ještě do Austrálie napsal a přiznal se, že od té doby se mu podařilo odprodat jen málo...

S Frantou jsem se také stal, poprvé v životě, majitelem auta, tedy polovičním majitelem. Koupili jsme stařičkou, silně ojetou fordku, za celých dvacet liber. Jezdila nám ještě asi rok. Příští auto, které jsem koupil, bylo už celé moje a stálo mě dvojnásobek ceny fordky. Byla to černá škodovka octavia. Ta také jezdila asi tak rok, potom jsme si, už s Dášou, pořídili austina cambridge. Ten nám vydržel až do té doby, než jsme z Anglie odjeli a ještě jsme jej prodali a dostali za něj jen o málo méně než kolik jsme za něj dali, což bylo myslím 80 liber. Kdo si jej od nás koupil? František Fisher. Jak dlouho ten s ním jezdil, to už nevím.

Naše svatba v březnu 1971 a č.191 Walm Lane Willesden, kde jsme asi dva roky s manželkou a kocourem Tačikem bydleli v garsonce — dvě horní okna vpravo.

Já se dnes dopoledne žením...

... bim–bam zvon ale nevyzváněl, dělové rány také chuběly, protože svatba to nebyla nikterak okázalá. Celkem nás bylo čtrnáct u stolu, který jsme vtěsnali do našeho bedsitteru. Příbuzní z Warwicku přijeli, dostavil se i onen Slovák, takže dva bývalí milenci se asi po dobrém čtvrt století znovu setkali. K žádnému trapasu ale nedošlo. Ne, že bych byl nějaký očekával.

Jedna věc, která mi na životě v Londýně vadila, byl nedostatek prostoru. Na menší byty či pokoje jsem byl celkem zvyklý, chybělo mi ale to vyrazit si ku příkladu na chvíli někam do lesa, jak jsem to doma občas dělával. Tady to dost dobře nešlo, aspoň v okolí Londýna ne. Když jsme si časem pořídili auto a mohli jsme si občas vyjet ven z města, stejně člověk všude narážel na cedule „Private Property – soukromé vlastnictví, atp. Začali jsme vážně uvažovat o tom, že se z Anglie odstěhujeme někam jinam. To, že bychom mohli také nechat Londýn Londýnem a přesunout se třeba do Cornwallu nebo do Lake District, či na příklad i do Skotska, nás nenapadlo. Dáša, která začínala jako číšnice v letním táboře Pontins a potom na čas jako uklizečka v nemocnici, si v době kdy jsme se poznali už našla místo v kanceláři. Byla odhodlaná si najít něco takového přes podobné potíže s angličtinou jaké jsem měl i já, „i kdybych tam měla jen ořezávat tužky", jak kdysi statečně prohlásila. O nějaký čas později se jí podařilo najít už poměrně dobré místo u finské firmy, které dovážela do Anglie dřevo. Já jsem ale o slušné zaměstnání zavadit nemohl. Zkoušel jsem leccos, většina míst která se nabízela ale byla jako „salesman" neboli obchodní cestující nějakého druhu a většinou bez základního platu, jen na provizi.

Zkusil jsem takovýchto míst několik, žádné z nich za moc nestálo. Poměrně nejdéle jsem pracoval jako "canvasser" pro jednoho Irčana, jménem Andy. Ten měl za manželku Češku, moc jim to ale myslím neklapalo a v době kdy jsem je oba poznal, už to spělo k rozvodu. Andy byl totiž rozený gambler. Dovedl peníze vydělávat, dovedl je ale také utrácet, nejčastěji v sázkových kancelářích. Řídil veliký americký caddilac, jímž rozvážel své "zaměstnance". Po většinu času nás zaměstnával tři. Zavezl nás vždycky k večeru do některé z londýnských čtvrtí, podle toho kam ho vedl jeho obchodnický čich a my jsme potom chodili ode dveří ke dveřím, abychom se pokusili získat potenciální zákazníky, jimž by Andy mohl potom prodat elektrické ústřední topení. Byl to druh práce, který člověku pomohl vypěstovat si hroší kůži. Obvykle vás lidé vyhodili, na štěstí většinou slušně. Přesto jste si připadali jako veřejný otrava na pochodu. Byla to ale práce, i když nijak zvlášť dobře placená nebyla. Andy byl sice vynikající "salesman", prodejce, trh byl ale celkem dost nasycený. Přesto, nebýt toho jeho gamblerství, byl by si vedl výtečně; jakmile se dostal nohou do dveří, šance že majitele domu či bytu ke koupi nějak přemluví byly značně vysoké. Zkušenosti, které jsem získal tím, že jsem se otloukával jako podomní obchodník, se mi ale hodily později, zejména když jsem začal budovat v Austrálii svůj vlastní "business". Čímž se dostávám k další kapitole, která se otevřela když jsme si s manželkou uvědomili, že v Anglii nám žádné veliké štěstí nekvete a asi nepokvete. Pokusili jsme se párkrát najít si byt, který bychom mohli koupit, ceny v Londýně byly ale tak vysoké, že jsme prostě neměli šanci. A odstěhovat se někam na venkov? To můžeme rovnou jít kamsi úplně jinam, mimo Anglii, mimo Evropu. Vždyť ten bíbr, který mi mezitím už zase narostl, může se mnou přebývat celkem všude!

8. DO AUSTRÁLIE (1973)

Kde je na mapě Austrálie?

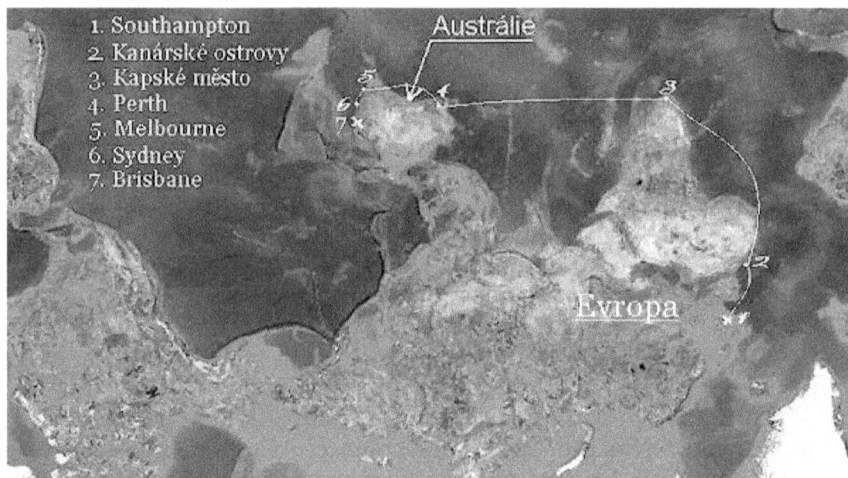

1. Southampton
2. Kanárské ostrovy
3. Kapské město
4. Perth
5. Melbourne
6. Sydney
7. Brisbane

Austrálie

Evropa

Svět, jak jej vidíme odsud. Austrálie vůbec není "down under", tam dole, jak si to snad myslí většina lidstva, nýbrž tam nahoře, čili "up over"! Jak také musí nestrannému pozorovateli být patrné, Austrálie světu zcela dominuje.

Proč právě do Austrálie?

V té době už z větší části vyprchala ta původní charitativní atituda vyspělých zemí, které se zpočátku mohly přetrhnout, jen aby pomohly uprchlíkům z ujařmeného Československa. Po nějaký čas, ovšem jen po několik měsíců, to bylo prostě v módě a ti, kteří tehdy nezaváhali, mohli z toho těžit tím, že si více-méně mohli vybírat kam chtějí jít. Nejvíc jich pochopitelně chtělo do USA, následkem čehož byly Spojené Státy také mezi prvními zeměmi, které se začínaly uzavírat. To mně osobně moc nevadilo, protože po tom jít do Ameriky jsem nikdy ani trochu netoužil. Když potom už po pár letech si začínali do Londýna tu a tam odskakovat ti, kteří využili počáteční shovívavosti Američanů vůči ubohým českým běžencům a usadili se tam, my Londýňané jsme se jich samozřejmě vyptávali na to, jak se jim tam žije. Tehdy mi připadalo, že jsou takoví nějací namyšlení a že se na nás dívají tak trochu skrz prsty. Jeden z nich to vyjádřil lakonicky a celkem bez skrupulí: „Víte, jste tady chudáci!"

O tom, že ekonomicky jsme na tom nebyli zdaleka tak dobře jako ti kteří odešli do Ameriky, jsem moc dobře věděl. Nepovažoval jsem se ale nikdy za emigranta ekonomického, jimiž byla právě většina z těch, kteří si hned zpočátku zvolili Ameriku. Mladý, svobodný a stále ještě plný ideálů, jsem zatím jen nejasně tušil, že dříve či později záležitosti rázu ekonomického nutně musejí začít hrát stále větší úlohu v životě člověka. Amerika pro mne vypadla ze hry první a když jsme začínali s vážností uvažovat o tom kam tedy jet z té klaustrofobní Anglie, těch možností se už zdaleka tolik nenabízelo. Informovali jsme se kupříkladu o možnosti toho přesídlit dokonce i na Island, v čemž byla jistá exotika, zastupitelský úřad této země nám ale otevřenou náruč právě nenabízel. Docela vážně jsme v jisté době uvažovali o Jižní Africe. Napsal jsem dokonce zkusmo na jeden inzerát na jakousi práci v Durbanu, který jsem kdesi objevil, a přišla mi na to odpověď, abych se jim přihlásil hned jak do země dorazím, že práci pro mne mít budou. Když jsme se ale začali opravdu vážně informovat o možnosti emigrace, ukázalo se, že já jako rozený Brit bych byl sice vítaný, moje manželka narozená v komunistické zemi ale nikoliv. Bezprostředně po Sovětské invazi Jižní Afrika brala Čechoslováky celkem bez problémů, to ale také trvalo jen několik měsíců. Jak nám ovšem nedlouho poté došlo, držel tehdy nad námi ochrannou ruku strážný anděl, o tom ale později...

Dosti rychle se výběr zúžil jen na dvě země, Kanadu a Austrálii. Ta první mi připadala trochu moc studená, ta druhá mě lákala o něco víc. Jak se také brzy ukázalo, emigrovat „down under" bylo navíc o dost snadnější a „komunističtí předkové" mojí manželky tam nikomu nevadili. Austrálie v té době ještě aktivně vyhledávala potenciální emigranty, zejména Brity. A Britové jsme oba byli, já rodilý, moje žena adoptivní, takže jsme byli přijati bez problémů.

Proč právě do Brisbane?

Další podstatné rozhodnutí, které jsme museli v té době učinit, bylo do kterého australského státu se vlastně chceme přestěhovat. Každý ze států totiž měl v Londýně své zastupitelství, které se staralo o vše spojené s emigračním procesem. Po několika letech strávených v jednom z největších měst světa nás bydlení v Sydney či v Melbourne příliš nelákalo. Londýn to stejně nikdy nebude i když se nejspíš bude pokoušet něco takového předstírat, říkali jsme si. Adelaide a hlavně Perth jsou menší, ale tato města nám připadala být trochu příliš daleko od těch ostatních měst. Brisbane se nám jevilo jako nejvhodnější. Veliké tehdy asi jako Praha, na rozdíl od ní ale obklopené mořskými plážemi a se subtropickým podnebím. Spousta Pražanů by po tomhle skočila! Poté kdy člověk žil po několik let v Londýně, měl velkého města opravdu až dost. Kdybychom byli šli do Sydney či Melbourne, byli bychom pořád v hodně velkém městě, oproti Londýnu, jednomu z hrstky opravdu velikých a důležitých měst na světě, by se člověk ale pořád musel tak trochu cítit jakoby žil v provinčním městě. O Brisbane jsme věděli, že tím provinčním městem spíš je, mluvilo ale pro něj několik jiných věcí. Podnebí určitě, ne ještě v tropech, ale v subtropickém pásmu, kde rozhodně nebudeme muset utrácet za topení. Blízkost krásných pláží, které nás sice zase tak moc nelákaly, když už je ale člověk může mít, proč ne? Věděli jsme také, že pláže nad i pod Brisbane přivádějí stále víc lidí do státu Queensland, které se zdál prosperovat. Zatímco ostatní města místy stagnovala, Brisbane, od toho dne kdy jsme sem dorazili, skutečně nikdy nepřestalo růst. Momentálně je už o něco větší než Praha, město samotné má něco přes 2 milióny obyvatel, celá oblast jižního Queenslandu kolem 3 miliónů. Taková správná velikost.

Jen krátce předtím než jsme sem přijeli, byla nejvyšší budovou v Brisbane radnice (vpravo dole). Že za nějakých 30-40 let bude střed tohoto města vyhlížet tak jako na tomto obrázku, to nás tehdy ani nenapadlo.

Ostatně, pokud by se nám v Brisbane nelíbilo, říkali jsme si, mohli bychom se kdykoliv přemístit jinam. Ještě poměrně nedlouho před naším příjezdem se lidé emigrující do Austrálie museli smluvně zavazovat, že zůstanou na tom místě které jim bude určeno, a to minimálně po dva roky. Pováleční emigranti ze střední Evropy, kteří přicházeli do Austrálie až tak někdy do poloviny padesátých let, to proto většinou nemívali lehké. Spousta z nich skončila například na stavbě obrovského vodního díla ve Snowy Mountains, kde pracovali většinou jako pomocní dělníci a to celkem bez ohledu na to, jaké vzdělání či kvalifikace si mohli sebou z původního domova přivézt. Ovšem, na rozdíl od těch lidí, kteří v ten stejný čas byli v komunistickém Československu nuceni dělat něco podobného, například stavět Most inteligence, pokud rovnou nebyli posláni do uranových dolů, ti zde v Austrálii byli za to lépe placeni a hlavně: po dvou letech si už mohli jít kam chtěli. My jsme se sice také museli zavázat, že v Austrálii zůstaneme minimálně po dva roky, měli jsme ale už v té době svobodu rozhodování v tom kam chceme jít a co budeme dělat. Měli jsme vlastně volnost dokonce i v tom odejít z Austrálie dřív než za ty dva roky, v kterémžto případě bychom ale museli uhradit státu náklady, které měl s tím nás do země přepravit a zpočátku nás ubytovat.

Proč právě lodí a ne letadlem?

Pokud šlo o tu přepravu, i v tom jsme měli volbu. Mohli jsme buď letět letadlem a stát se protinožci za pouhých 24 hodin, nebo plout lodí, což by trvalo asi měsíc. Pochopitelně, že jsme si vybrali to druhé. Dáša, která po nějaký čas pracovala v Londýně pro turistickou agenturu, mi spočítala, kolik by nás jinak byla stála plavba na veliké zámořské lodi přes půlku světa. Bylo by to sahalo do tisíců liber. Takhle jsme každý z nás zaplatili jen symbolických deset liber. To za cestu přes půlku světa, včetně ubytování a stravy, navíc s možností si prohlédnout několik míst kde jsme nikdy nebyli a kam bychom se jinak stěží dostali, nebyla vůbec špatná cena!

Ještě než jsme z Anglie odjížděli, navštívila nás v Londýně na pár týdnů moje matka, kterou jako penzistku pustili celkem bez větších problémů. Nejspíš doufali, že tam s námi zůstane a tu penzi že jí nebudou muset vyplácet. Pracoval jsem tehdy v jedné menší továrně na elektrické spotřebiče v Londýně, kterou kdysi založil jakýsi Čech a v níž tudíž se mnou pracovalo víc krajanů. To místo jsem si našel brzy poté kdy nás oficiálně přijala Austrálie a hlavně proto, abych měl do té doby pevný stálý příjem a my si tak mohli něco našetřit. Do odjezdu ještě zbývalo asi půl roku a chtěli jsme mít něco na útratu během cesty a pro začátky v nové zemi. Matce se ani trochu nelíbilo, že se chystáme do Austrálie ("to už tě nikdy neuvidím!") a také to, že v londýnské továrně v expedici balím do krabic různé výrobky, „kvůli tomuhle jsi sem přece nejezdil". Byla také jistě trochu naočkovaná čs. úřady — v tu dobu už se totiž pomalu začínala rozjíždět kampaň k tomu, aby si Češi žijící v zahraničí „upravili poměr", což byla poněkud sofistikovanější forma vydírání. O tom ale trochu víc na jiném místě.

Den našeho odjezdu 2. února 1973 se nezadržitelně blížil a my jsme činili poslední horečnaté přípravy. Oproti letu měla cesta lodí do Austrálie ještě jednu velikou výhodu. Na letadlo bychom si byli mohli vzít jen 20 kg zavazadel (a případný zbytek poslat pomalu lodí, aby nás to stihlo až za několik měsíců), zatímco v tomto případě jsme neměli skoro žádná omezení pokud se týkalo váhy i počtu kufrů, které s námi mohly jet v podpalubí. Chodili jsme tudíž po různých londýnských bleších trzích, kterých tam vždycky bylo habaděj a kupovali jsme, pochopitelně za babku, starší kufry a cestovní bedny. Sehnali jsme těch větších celkem sedm, plus dva normální kufry, které jsme si mohli vzít sebou do kabiny. To postačilo pojmout veškerý náš majetek. Matka měla asi pravdu, moc toho majetku jsem v Anglii neakumuloval. Dobrou polovičku toho, co jsme si sebou do Austrálie vezli, tvořily knihy, hlavně české knihy. Číst anglicky ve vážnosti jsem teprve začínal.

Kam s ním?

Měli jsme ještě jeden problém, který bylo nutno řešit. Byl jím černošedě mourovatý kocour jménem Tačik, kterého jsme měli už asi dva roky. Tačika jsem kdysi daroval Dáše, ještě dřív než jsme se vzali a teď jsme nevěděli co s ním. Vézt ho do Austrálie byla téměř úplná nemožnost, s omezeními která Austrálie vždy měla na dovoz a to nejen zvířat, ale v zásadě čehokoliv organického. Chudák by byl musel jít nejméně na rok do karantény a to jsme mu přece udělat nemohli. Nakonec jsem dohodl s matkou, že si ho vezme do svého karlovarského bytu. Znamenalo to, že jsme potřebovali pro něho vyšetření veterinářem a podobné věci, než jsme ho mohli odvézt na letiště, odkud potom letěl v kleci do Prahy. Tam si ho nejprve vyzvedla moje teta Jarka a poté kdy ho, pochopitelně silně naštvaného, s mezitím dorazivší matkou společně vylákaly z pod kanape, kam se zpočátku uchýlil, cestoval dál do Varů. Neměl ale příliš dlouhý život, zemřel náhle asi za tři roky po této své anabázi.

SS Australis

Konečně nadešel den odjezdu. Už o den dříve si přijeli zřízenci pro naše velké kufry a bedny, ráno jsme potom opustili náš londýnský "bedsitter" už jen nalehko, se dvěma normálními kufry. Vlakem jsme cestovali do Southamptonu, odkud odplouvala naše loď. Ta se jmenovala SS Australis a patřila řecké společnosti Chandris Lines, která s ní operovala od počátku 60-tých let až do roku 1978. Historie této lodi je pohnutá a jistě jedna z nejzajímavějších, pokud jde o veliké zaoceánské parníky. Stojí zato, abych se o ní trochu rozepsal. Loď spatřila světlo světa v roce 1939, kdy byla spuštěna na moře v Newportu v USA. Měřila 220.4 x 28.4 metrů, výtlak 34,449 tun, rychlost 22 uzlů, což je asi 40 km/hod. Její cena byla na tehdejší dobu obrovská: 17.5 miliónů amerických dolarů! Manželka presidenta Roosevelta Eleanor ji pokřtila jménem SS America. Pokud to náhodou nevíte, SS před anglickými názvy většiny starších větších lodí nemá nic co dělat s nechvalně známými jednotkami nacistů, je to zkratka pro Steam Ship neboli parník. SS America byla zpočátku luxusní výletní lodí, která pojala něco přes tisícovku pasažérů, z nichž dobrá polovička cestovala v první třídě. Když USA vstoupily do války v roce 1942, loď se přejmenovala na USS Westpoint a takto převážně přepravovala americké vojáky přes Atlantik do Anglie.

Po válce se loď vrátila k provozování zábavních plaveb a opět jako SS America takto operovala hlavně v oblasti Karibiku až do roku 1964., kdy ji její američtí majitelé prodali řecké společnosti Chandris Lines. Ta už trochu stárnoucí loď úplně přebudovala, už na tu podobu v jaké jsme ji poznali a přejmenovala ji na SS Australis. Od samého počátku totiž společnost počítala s tím, že loď bude hlavně přepravovat emigranty na cestě z Anglie do Austrálie, což úspěšně činila až do roku 1978, kdy byla znovu prodána. Krátce poté operovala opětně jako SS America, brzy nato kolem roku 1980 jako SS Italis, potom do roku 1984 jako SS Noga. Po dalších deset let až do roku 1994 kotvila více či méně opuštěná jako SS Alfredoss v řeckém Pireu. Znovu prodaná a přejmenovaná na SS American Star byla vzata do vleku ukrajinskou vlečnou lodí, která ji měla dopravit do Phuketu v Thajsku, kde měla být znovu přebudována, tentokráte na plovoucí luxusní hotel. Během bouřky v Atlantickém oceánu se ale z vleku utrhla a zcela neovladatelná ztroskotala u pobřeží ostrova Fuerteventura, náležejícímu ke Kanárskému souostroví. Existuje celkem předvídatelně teorie, že celá záležitost s tažením lodi vedoucí k jejímu smutnému konci, byla podvodem, který zosnovali majitelé aby získali peníze od pojišťovny. V době kdy toto píši už je na místě ztroskotání prý vidět jen kousek kýlu této kdysi tolik pyšné lodi, což je i vidět na posledním obrázku.

Vrak kdysi hrdé lodi Australis spočívá na útesu u Kanárských ostrovů. Asi před pěti lety byl z ní vidět ještě kousek. V roce 2013 už je zcela pod vodou a asi skoro úplně zanesená pískem. Třeba ji někdy objeví nějaká budoucí civilizace!

Kolem poledne 2. února 1973 jsme vlakem dorazili do přístavu v Southamptonu, kde stála u mola loď Australis, připravená nás přijmout. Vyhlížela majestátně, zejména pro někoho, kdo se nikdy předtím neplavil ničím větším než vltavským parníkem Primátor Dietrich. Ne, to bych lhal. Plul jsem přece trajektem přes kanál z Anglie do Belgie a potom také z německého Hamburku zpátky do Anglie. To sice byly také dosti veliké lodi, Australis se ale zdaleka nevyrovnaly. Ještě než jsme se nalodili, dozvěděli jsme se, že budeme mít pro sebe kabinu. To jsme přijali s velkou úlevou, protože se k nám předtím doneslo, že občas i manželské páry bývají během celé cesty rozděleny a muži či ženy spí po čtyřech či dokonce po šesti ve společných ložnicích, kterých je na lodi několik. Protože cestu nám platila australská vláda, příliš vybírat jsme si samozřejmě nemohli. Naše obavy se ale ukázaly zbytečné; stevard nás potom vedl po několika schodištích a dlouhými chodbami až kamsi do hlubokých útrob lodi. Jistě až někde dost blízko čáry ponoru nebo i pod ní, se potom nacházela malá kabinka, která čekala na nás. Jen něco přes dva metry široká a nějaké tři metry dlouhá, bez okénka (kam to by také mohlo vést...), jen s větrákem. Ale naše, na celý měsíc! Dvě postele nad sebou, umyvadlo, pouze koupelna a záchody byly na chodbě společné pro několik podobných kabin.

Loď měla celkem osm palub pro cestující; nejníže byly umístěny ještě další dvě paluby k ubytování posádky, kam jsme ovšem přístup neměli. Shora dolů, nám přístupné byly paluby tzv. sportovní, sluneční, promenádní, horní, hlavní a tři nejnižší pod ní zvané prostě A, B (ta naše) a C. Ty nejlepší kabiny se pochopitelně nacházely na sluneční palubě, kde byli ubytováni většinou cestující, kteří pluli celou cestu kolem světa — ti za cestu ovšem platili plnou cenu, i když ta jistě nebyla veliká ve srovnání s jinými loďmi provozujícími zábavné plavby. Takováto plavidla typicky mívají přísně segregované paluby a různé atrakce, z nichž některé bývají přístupné jen pasažérům první třídy. Taková asi bývala kdysi i Australis, v časech kdy se na ní ještě plavili příslušníci amerických horních vrstev — v době kdy jsme na ní pluli my, už se žádná taková rozdělení na třídy nevedla, vše bylo přístupné všem pasažérům. Třetí shora byla tzv. promenádní paluba, kde kromě plaveckého bazénu, který byl pod širým nebem na zádi, se dále nacházely kryté prostory obsahující taneční sál, dva salóny s barem (s velice levnými cenami, ale jen od okamžiku kdy loď vyplula z přístavu), kasino, karetní hernu, kavárnu, místnost pro kuřáky, knihovnu, atp. Další dvě paluby většinou zahrnovaly kabiny trochu lepší než ta naše, větší a s okénky. Byly zde také různě rozstrkané podniky poskytující služby, jako prádelna, kadeřnický salón, lodní hospodář, směnárna, atp. Podstatnou část paluby A, kromě více kabin pro cestující a také kinosálu, zabíraly dvě jídelny, větší tzv. Pacifická a o něco menší Atlantská.

Malá kulturní vložka o fotbale

Náš stůl se nacházel v Pacifické jídelně, v jejím levém křídle. Na opačný konec sálu od našeho stolu, který byl blízko vstupního vchodu, se málem nedalo dohlédnout — nacházel se už někde pod obzorem. Stolní pořádek byl určen již před odplutím, takže jsme hned prvního večera seděli tak, jak tomu mělo být po celou cestu. U stolu nás, myslím, bylo kolem deseti, na všechny z našich tehdejších spolustolovníků si ale již přesněji nepamatuji. Pouze na pár mladých lidí, kteří stejně jako my cestovali do Brisbane, přičemž on (jméno mi vypadlo) se měl stát posilou jednoho brisbaneského fotbalového týmu. Tedy fotbalového, tak jak tomu rozumíme my nebo třeba také Angličané. Když totiž řekne Australan slovo „football", míní tím skoro určitě ragby, které zde má navíc dvě verze, jednu mezinárodní, tu která se díky Ondřeji Sekorovi hraje trochu i v Česku a kterou zde hrají povětšinou lidé vzdělaní, ti kteří chodili na univerzitu, zatímco druhou, která je zpotvořeninou té první, miluje lid dělnický zejména v Sydney a v Brisbane. Takhle jednoduché to ale není. Fotbal může také znamenat australský fotbal, který se původně hrával většinou jen v Melbourne a v Perthu, dnes ale už se díky levné letecké dopravě a chytrým reklamním kampaním rozlezl po celé zemi. Ten je rovněž zpotvořeninou, v tomto případě ragby a irského fotbalu, který sem kdysi museli zavléci početní irští trestanci a osadníci, kteří si nejspíš ani nepamatovali příliš dobře pravidla a tak si vymysleli svoje vlastní. Všechny výše uvedené verze „fotbalu" mají jedno společné; hrají se se šišatým míčem. S tím pořádným kulatým se hraje jen opravdový fotbal, jemuž se zde stejně jako v Americe říká „soccer" a který zde byl až donedávna opravdovou popelkou. Takže když si pan Eduard Bass ve své Klapzubově jedenáctce někdy ve dvacátých létech vybájil australské mistry světa, byl hodně vedle. Ovšem, zhruba v době kdy svou knihu psal, pražský klub Bohemians byl v Austrálii na turné, což asi na pana spisovatele udělalo dojem. Týmu Bohemians se sice od té doby v Česku říká „Klokani", nadvládu ragby nad správným fotbalem v této zemi jejich cesta sem ale příliš neovlivnila. Teprve v době poměrně nedávné se tato Popelka australského fotbalu začíná dosti rychle probouzet, jako spící Růženka po polibku prince. Kdo byl tím princem? V době kdy toto píši, je stále ještě předsedou australské fotbalové asociace Frank Lowy, 83-letý velice úspěšný podnikatel, který sem přišel po válce přes Maďarsko, Francii a Izrael z rodného Československa.

Anglická herečka Pat

Také si ještě vzpomínám na jiného spolustolovníka, dámu jménem Pat, tedy Patricia. Byla to už postarší herečka, která jela natrvalo se usadit do Canberry, kde už její manžel v tu dobu měl práci. Rozhodla se totiž skoncovat jak s prkny, která znamenají svět, tak i se stříbrným plátnem. O tom, že se na něm také objevila a ne jedenkrát, nám ve své skromnosti nic neprozradila; přišli jsme na to sami až v pozdější době, když jsme se občas dívali v televizi na některé starší anglické filmy. Nebylo přitom možné si ji splést, byla totiž kromobyčejně ošklivá. Na té ošklivosti si ovšem postavila celou svou kariéru. Bylo to taková hubená sušinka s tak trochu ptačím obličejem a s nosem zahnutým jako soví zobák. Pat měla zcela jasně patent k hraní těch většinou menších rolí jimž se na divadle říkává „komická stará – a v tomto směru byla vynikající, zejména když k tomu nasadila takový krákoravý hlas, který mistrně ovládala. Dokázala nám to také na jevišti, kde jsme ji viděli krátce před přistáním v Perthu, když se na lodi dávala hra, komedie nacvičená během cesty ochotníky z řad pasažérů, jimž všem dala se svým výkonem pořádně na frak. Pochybuji, že je Pat ještě naživu, muselo by jí dnes být už dost přes sto let.

Chandris Lines, řecká společnost která loď v tu dobu vlastnila, ji udržovala ve slušném stavu, veliké prostředky na ni ale už nevynakládala. Šlo jim jistě hlavně jen o to, aby loď byla schopna provozu. Přesto na ní byly stále ještě patrné známky bývalé slávy. Hlavní jídelna, s hladce leštěnými parketami a množstvím nástěnných maleb v klasickém stylu, určitě musela pamatovat mnohé vlivné osobnosti a boháče, ještě z doby předválečné a ještě i krátce po válce, kdy jako zábavná loď křižovala ostrovy v Karibiku. Totéž platilo o hlavní společenské místnosti, tanečním sálu, kavárně, atd. Když pomyslím na to, že tohle všechno, podobně jako je tomu s Titanicem, se dnes nachází zanesené pískem na dně moře, je mi z toho dost smutno. V době naší plavby byla již zmíněnou společností podstatně zvýšena kapacita lodi; z původního asi tisíce pasažérů až na 2250, což se zobrazilo zejména na kajutách a na množství v nich umístěných lůžek, nikoliv ale na společenských prostorách lodi, které si i tehdy udržovaly svůj lukrativní vzhled, i když místy už to začínalo působit poněkud omšelým dojmem. Jednoho radikálního zásahu bylo ale zapotřebí – jídelny fungovaly na dvě směny. Jinak by se množství pasažérů, jaké by se vešlo do menšího českého města — taková Rokytnice není mimo sezónu o moc větší — najíst nemohlo. Jídelníček byl převážně řecký, často jsme měli také různou mořskou havěť, ryby, chobotnice, krevety, atp.

Jsme na moři!

Ze Southamptonu, odkud jsme vypluli někdy k večeru, měla naše loď namířeno do francouzského Cherbourgu. Tam se ani neobtěžovala přistáním, přibrala jen nějaké pasažéry, které k ní dovezl přístavní člun. K tomu došlo v noci, pozorovali jsme ale jak se naloďovali, zatímco jsme stáli na jedné s horních palub, kde jsme byli hlavně proto, že se nám moc nechtělo spát. Ne, že bychom byli přímo trpěli mořskou nemocí, jen jsme nebyli ještě příliš zvyklí na to pomalé houpání, jaké dokáží provádět jen lodi této velikosti. Na poměrně klidném moři to trvalo vždy celou řadu vteřin, někdy i skoro půl minuty, než se loď zhoupla z jedné strany na druhou. Při tom, zejména zpočátku, se člověku moc dobře nespí...

Australis, pokud je mi známo, provozovala po celou řadu let stejnou plavbu a to čtyřikrát do roka. V té době nebyl následkem nestálé situace na Středním východě už po několik let v provozu Suezský kanál, takže se muselo plout tou podstatně delší cestou z Anglie na Kanárské ostrovy, odtud do Kapského města, Perthu, Melbourne a Sydney, které v Austrálii bylo naším cílem, i když ne tím konečným. Odtud potom, už bez nás, měla loď pokračovat do Aucklandu na Novém Zélandu, přes Fidži a Tahiti do mexického Acapulca, dále do San Francisca, potom Panamským průplavem do Port Everglades na Floridě, odtud zpět do Southamptonu, kde začala nový okruh. Před námi počátkem února 1973 ležel celý jeden měsíc plavby.

Třicátiny oslavené na rovníku!

Za několik dní jsme dopluli do Las Palmas na Kanárských ostrovech, kde se loď na celý jeden den zastavila. Zaplatili jsme si vyjížďku autokarem po okolí města, což zahrnovalo výjezd po klikatých horských silnicích až kamsi k vrcholu vyhaslé sopky Roque Nublo. Pamatuji si ještě, že jsme v Las Palmas zakoupili velice levně poměrně dobré víno a také brandy, to vše ještě podstatně levnější než za kolik jsme to mohli dostat na lodi, kde byl alkohol osvobozen od jakéhokoliv cla. Blížily se totiž moje narozeniny. Naše loď se pomalu ale nezadržitelně blížila k tropickým oblastem kolem rovníku, zatímco plula podél západního pobřeží Afriky. Říkal jsem si jen, vyjde to tak nebo nevyjde?

Šlo mi o to, zda oslavím své třicátiny v ten stejný den, kdy také poprvé ve svém životě překročím rovník. Tohle by přece muselo mít nějaký hluboký symbolický význam. Asi po pár dnech plavby podél afrického pobřeží už mi začalo být jasné, že to tak vyjde. A také vyšlo. Rovníku dosáhla naše loď právě kolem poledne 14. února, tedy přesně v ten den kdy si mi na záda sedla třicítka! Náhoda? V ty nevěřím. Všechno vždycky má nějaký význam. Ale jaký? Na lodi se konaly toho dne tradiční rituální oslavy, při nichž byli někteří noví členové posádky křtěni, poléváni vodou a holeni, dříve než byli přijati samotným Neptunem a jeho družinou. Na cestující si naštěstí netroufli.

Blížili jsme se pomalu ke Kapskému městu. Když jsem v mládí čítával různé dobrodružné knížky a cestopisy, často se tam psávalo o Kapském městě a o Stolové hoře, která se nad ním tyčí. Budu teď mít příležitost k tomu si ověřit, že všichni ti dobrodruzi, kteří o ní psali, nelhali! Když jsme se přiblížili tak na sto kilometrů, stál jsem už připraven na nejhornější palubě, aby mi příjezd do takového tajemného místa neunikl. Potom se tam, kam špička lodi mířila, objevil nízko nad obzorem jakýsi podlouhlý oblak a jak jsme se dále blížili a já jsem začal být schopen rozlišovat tvary, najednou už nemohlo být pochyb. Stála tam Tabulová hora! Ta stejná, která v těch minulých stoletích tolik učarovala celým generacím objevitelů, cestovatelů, dobrodruhů, lodních kapitánů, plavců a námořníků všech možných ras a národností.

Tabulová hora nad Kapským městem je přesně taková, jak jsem si ji vždycky představoval z popisů v různých cestopisech.

Teprve o něco později bylo také vidět, že pod tím impozantním kamenným masivem se nachází město, které nejprve vypadalo jen jako přerušovaná bílá čára, která se pomalu rozšiřovala, až z ní byl pás, z něhož potom začaly vyčnívat některé z vyšších budov. Tak tohle je ten nejvzdálenější cíp oné tajemné Afriky, kterou jsem během té naší plavby pořád jen tak nějak cítil, že jí mám někde po levé ruce. "Je ti třicet", říkal jsem si, "a dostal ses právě sem, do jednoho z těch míst po nichž jsi vždycky toužil."

Kapské město

Měli jsme jeden celý den na to, abychom posoudili moudrost onoho strážného anděla, který nám tehdy Jižní Afriku víceméně znemožnil jako místo budoucího života. Vystoupili jsme z lodi a šli jsme z přístavu tam kam nás nohy nesly. Po čase jsme dorazili k velikému nádraží, zřejmě tomu hlavnímu městskému. Dobře, říkám si, z toho jak vyhlíží takové nádraží se člověk leccos dozví jak o městě, tak i o celé zemi. Veliká, velice dobře vyhlížející nádražní hala, byla skoro úplně prázdná, kromě několika stánků s pár prodavači nebylo vůbec nikoho vidět. Všude čisto, čisťoučko, s podlahy by se tam bylo dalo jíst... Už jsme si říkali, že půjdeme dál, protože tady se toho moc nedozvíme, když tu zazněly tlampače ohlašující příjezd vlaku, odkudsi z hloubi černého kontinentu. Počkali jsme si tedy na něj. Po chvíli prošlo tou velikánskou halou několik lidí, zřejmě od toho vlaku, protože všichni kamsi spěchali, asi domů. A všichni byli bílí. Vyšli jsme z nádraží ven. Po straně budovy se nacházela široká prašná cesta, která tam vedla od kolejiště, vyhýbajíce se nádražní budově. Tou cestou se právě valil dav lidí, stovky a stovky, samí černí. Také spěchali domů. Naše první setkání s apartheidem.

Kam se člověk v Kapském městě (a předpokládám v celé tehdejší Jižní Africe) podíval, tam z toho všeho nějak ten apartheid vykukoval. Pokud chodil po hlavních ulicích ve středu města, potkával většinou bělochy, jakmile ale zahnul jen trochu mimo ty hlavní trasy, už to vypadalo jinak. Náš objevitelský duch nás ovšem brzy dohnal k tomu, abychom z těch hlavních tras sešli. Potom jsme začali být středem nechtěné pozornosti. Černé tváře hleděly na nás z oken, lidé které jsme míjeli se po nás otáčeli, necítili jsme se ani trochu dobře. Říkali jsme si, že teď to snad ještě půjde, dokud je světlo, že za tmy bychom tu ale jít nechtěli. Naštěstí, podle foťáku, který jsem měl neustále připravený v ruce každý musel vidět, že jsme turisté, takže ve dne nám to procházelo. Zamířili jsme ale přece jen raději zpět, směrem k bílým čtvrtím. Tam jsme se po chvíli dostali, stále jsme ale ještě nacházeli mimo tu hlavní trasu. Proto také mohlo dojít k incidentu, který mi dodnes nejvíc připomíná Jižní Afriku.

Chození po ulicích a nervózní pokukování kolem způsobilo, že jsme silně vyprahli. Řekli jsme si, teď by sedlo pivo! Nacházeli jsme se už zcela jasně v bílé čtvrti města a nedaleko stála hospoda, taková na jaké jsme byli zvyklí z Anglie, kde to bývá přímo instituce. Už zvenčí bylo oknem vidět, že je tam celkem plno, samé bílé tváře. Tedy, sluncem značně osmahlé bílé tváře. Vešli jsme tedy oba dovnitř, kde vládl přesně takový hluk jaký by člověk v plné hospodě očekával. Už jak jsem mířil k výčepu všiml jsem si, že něco nemůže být tak docela v pořádku. Hovor kolem nás náhle ztichl, po několika dalších už jen šeptem pronesených slovech se rozhostilo úplné ticho. Rozhlédl jsem se; všichni lidé v místnosti hleděli naším směrem, nedívali se ale na mne. Svorně a jako jeden muž všichni hleděli jen na Dášu. Bylo mi hned jasné, že naším společným příchodem jsme museli porušit nějaká místní pravidla, nějaký zákon. Vždyť jsme ale oba bílí! Myslil jsem si, že apartheid je o barvě pleti a ne o blondýnkách...

Rozhodl jsem se, že se budu tvářit jakoby nic. Přistoupil jsem ráznými kroky k výčepnímu pultu a obsluhujícímu, který tam stál zírajíce stejně jako ti ostatní na objekt jejich nevole (protože volí se to být rozhodně nezdálo) a pevným hlasem jsem objednal dvě piva. Výčepní mi věnoval jen letmý pohled a zrak se mu znovu ustálil na osobě mé ženy. Zopakoval jsem, že chci dvě piva. Tentokráte se mi podařilo upoutat jeho pozornost. Se zavrtěním hlavy a s nevěřícným úsměvem v tváři prohlásil nahlas, tak aby to slyšela celá hospoda. "Tak tohle se nám tu ještě nikdy nestalo!"

Ucítil jsem na lokti ruku své ženy. Šeptala mi, česky: "Pojďme odsud!"

Obrátil jsem se k barmanovi, který už ale začal čepovat dvě sklenice piva. "My raději půjdeme."

"No, když už jste tady, tak si to pivo můžete vypít, odčinit už se to stejně nedá..." Rozhlédl se po sále a zřejmě našel dostatečný souhlas k tomu, aby dokončil čepování sklenic. Po tom všem nám i přes tu žízeň pivo už tolik nechutnalo, zejména když nás sledovala celá hospoda jak ho vstoje u pultu pijeme. Na sobě jsem ale jejich oči necítil. Že by to pivo bylo nějak obzvlášť dobré, to mi také nepřipadalo, žízeň ale uhasilo. Vypadli jsme odtamtud raději co nejrychleji. Hádám, že dnes už bude ta hospoda, pokud tam vůbec ještě stojí, už plná nejen žen ale navíc černošek. Nicméně, do té doby než se apartheid rozpadl, po nějaké ty roky si tito pánové ještě měli o čem povídat.

"Víte, bylo to v 73 roce, to se nám sem nabooural jeden takovej ... a víte, přived sebou jednu, no co vám mám povídat, ta teda byla! ... Kdepak, něco takovýho už se dneska stát nemůže..!

Ono, jak jsme se brzy nato dozvěděli, v Austrálii to nebylo o moc jiné. V době našeho příjezdu tam se to už sice změnilo, ale ještě nedlouho předtím směly v hotelích a restauracích ženy jen do tzv. "lounge" neboli salónu, ne ale do baru či do výčepu. K tomu aby "nabalil holku u baru", musel si až někdy do šedesátých let průměrný Australan zajet do Evropy, včetně Anglie, kde kupodivu nic takového už někdy od počátku století neplatilo.

Bouře v Indickém oceánu

Z Kapského města si to náš zaoceánský parník namířil směrem na Perth, kam jsme měli dorazit asi za deset dní. Vzdálenost mezi oběma městy činí skoro devět tisíc kilometrů. Až doposud byla plavba klidná, podél západního pobřeží Afriky dokonce velice klidná. Jen jsme ale obepluli Mys dobré naděje, začalo se moře vzdouvat. Druhého dne plavby už vítr dul dosti silně a to tak, že se skoro nedalo vyjít na palubu. Přišla noc a loď se kymácela tak divoce, že už jsme měli strach z toho že spadneme s postele. Ráno jsem vstal a začal jsem se oblékat, protože byl už čas jít k snídani. Ptám se ženy, jestli také půjde, i když jsem tomu moc nevěřil. Nevypadala dobře. Mávla jen rukou a prohlásila, že si možná nechá něco přinést do kabiny. Šel jsem tedy sám. Ukázalo se, že dobře nevypadal toho rána skoro nikdo. Mořská bouře neublížila jen vysloužilé herečce Pat, která byla ošklivá za každého počasí a která mě teď vesele vítala u stolu, kde seděla sama a kde se chudinka cítila opuštěná. U vedlejšího stolu nikdo, o stůl dál také nikdo. Pár lidiček rozsazených tu a tam, v obrovské

jídelně se skoro ztráceli. Číšníci se v nevelkém počtu, ale s nemalými potížemi, proplétali mezi stoly a židlemi; na štěstí pro ně toho ale moc nosit nemuseli, nebylo komu. Náš stůl s dvěma lidmi byl mezi nejčetněji obsazenými v celé jídelně. Po snídani jsem zašel zpátky do kabiny, podívat se jak si vede moje drahá polovice. Nevedla si. Mořská nemoc byla jasnou diagnózou. Snídaně, kterou jí donesl stevard, ležela na stolku nedotknuta. Žádná řeč s ní nebyla, chtěla jen spát. Pomoci se jí nijak nedalo, nechtěla nic jiného než abych jí dal pokoj. Nechal jsem ji v kabině a šel jsem se projít po lodi. Projít? Šlo spíš o takový klikatý pohyb, od jedné stěny k té protější. Loď se chovala jako kyvadlo; v jednu chvíli byl s ní člověk vynesen nahoru, potom se mu podlaha začala pod nohama propadat, aby se o několik vteřin později ocitl opět dole. Někdy to trvalo déle než se dosáhlo vrcholu či nejnižšího bodu, jindy to přišlo o něco náhleji, to zřejmě podle toho jak vysoká byla vlna která právě loď z boku zasáhla. V jednom okamžiku, když jsem trochu nepřesně odhadl nastávající pohyb lodi dolů, vrhlo mě to dolů tak, že se mi podařilo s prudkostí vrazit ramenem do kabinových dveří, které mi stály v cestě a jimž jsem se už nemohl vyhnout. Dveře jsem tudíž rozrazil. Uvnitř se nacházeli dva lidé, muž a žena, každý na jednom z lůžek. Byli přitom tolik zahleděni každý sám do sebe a do své osobní mizérie, že si mě snad ani nevšimli. Zamumlal jsem jen nějakou omluvu a potichu jsem se pokusil dveře zase zavřít. Což se nepovedlo, vytrhlo mi to kliku z ruky a byla z toho rána jak z lodního děla! Takže jsem ty dva chudáky nakonec asi musel přece jen vyplašit.

Přitom všem jsem si říkal, jakpak tohle asi snášejí členové posádky? Nikde jsem totiž na chodbách žádné neviděl. Přece musejí mít nějaký systém na to jak se dostávat z místa na místo, aniž by naráželi na stěny po obou stranách, tak jak se to má se mnou! "Došel" jsem, či spíš jsem se dopotácel k ústí jedné z těch nejdelších chodeb na celé lodi. Musela být bezmála sto metrů dlouhá. Na vzdáleném konci chodby jsem zahlédl kohosi v lodní uniformě; pohyboval se směrem ke mně. Narážel přitom na stěny chodby po obou stranách, podle toho kam ho vždy zanesl ten příští pohyb směrem dolů, vše přesně tak jako já. Když jsme se oba takto vzájemně propracovali blíž k sobě, poznal jsem toho člena posádky. Byl jím samotný kapitán lodi, starý řecký mořský vlk, jménem Ilkadis. Usmál se na mně, prohodil něco povzbudivého mým směrem, zatímco nám oběma podlaha utíkala pod nohama a my se museli soustředit na to, abychom si při příštím nárazu na stěnu neublížili. Na to, jestli má nějaký patent na chození po lodi zmítající se v bouři, jsem se ho už ani neptal, nechtěl jsem ho uvést do rozpaků.

Jeremy Irons a Diana Quick jako sirotci bouře v mém oblíbeném televizním seriálu Brideshead Revisited.

Risknul jsem to vyjít si i na palubu. Několik dobrodruhů se tam nacházelo, každý z nás křečovitě se držící zábradlí, přitom nakloněný proti směru větru, málem v ostrém úhlu. Když se loď ocitla uprostřed koryta mezi jednotlivými vlnami, člověku to připadalo, že vršek té příští vlny se nachází vysoko nad ním. Byl to optický klam nebo byly ty vlny skutečně tak vysoké? Což by jistě činilo hodně přes dvacet metrů. Možná i třicet. Nevím.

Bouřka řádila asi po tři dny. Evelyn Waugh, který sloužil ve stejné vojensko-diplomatické misi v Jugoslávii jako můj otec, má ve svém románu Návrat na Brideshead, o němž se zmiňuji jinde, scénu, kdy Charles Rider a Julia Flyte se do sebe vzájemně zamilují během bouře v Atlantickém oceánu, zatímco ostatní cestující jsou upoutáni na lůžka. Na rozdíl od Waughova románového hrdiny, já jsem ale žádnou milostnou romanci během té bouřky nezažil, i když téměř po celou tu dobu jsme měli s herečkou Pat Pacifickou jídelnu skoro úplně sami pro sebe. I my dva jsme byli "Orphans of the storm", sirotci bouře, jak Waugh nazval kapitolu v níž se výše uvedené milostné drama odehrává.

Asi po dvou dnech, když už moře konečně začínalo trochu utichat, se k nám v jídelně přidal vyhládlý fotbalista; po něm při každém dalším jídle přibyl některý další uzdravený hltoun, včetně mé vlastní ženy, až jsme zase byli v plném počtu. Tak jsme dorazili do Perthu.

Perth, Melbourne, Sydney

V Perthu jsme měli také jeden den na prohlídku města. Abych se popravdě přiznal, moc si na Perth nepamatuji. Vím jen to, že hned jak jsme vystoupili z vlaku, který nás dovezl z přístavu Freemantle do tohoto hlavního města Západní Austrálie, bylo odevšad slyšet skřípění automobilových pneumatik. S Dášou jsme si říkali, no to jsme se ocitli v pěkné zemi! Z Anglie jsme byli zvyklí na dost klidné a hlavně ohleduplné řidiče, kteří vám například zabrzdili jakmile jste stáli jen nedaleko přechodu pro chodce. Tady to asi bude trochu divočejší. V Perthu jsem od té doby ještě znovu nebyl, takže nemohu posoudit, mohu ale říci, že jinde v Austrálii to už bylo lepší. Podobá se to tu spíš

Anglii. Bezpochyby také v tom, že se tu jezdí po té správné straně silnice, vlevo, a ne tak jak to v protektorátu Boehmen und Moehren zavedl Hitler.

Z Melbourne té doby si pamatuji hlavně tramvaje, které mi velice moc připomínaly ty staré pražské. V Praze už se dneska takové myslím neuvidí, v Melbourne ale ještě nějaké stále jezdí kolem středu města. Většinu dne jsme tehdy strávili v zoologické zahradě a také v té botanické. V zoo se trochu příliš krotký pštros emu pokusil sezobnout Dáše prstýnek, asi se mu líbilo jak se jí na ruce třpytí. Ještě jedné věci jsme si všimli: melbournského počasí. Bylo nám řečeno, že to se dokáže měnit i několikrát za den, že někdy se za den skoro vystřídají všechna roční údobí. K tomu také došlo. Byl konec února, což je zde jako srpen. Ráno byla dosti slušná zima, potom vyšlo slunce a bylo nám docela horko. Odpoledne se obloha znovu zatáhla a k večeru už to málem vypadalo, že by mohl napadnout sníh...

V Melbourne na loď nastoupil manželský pár Čechů, asi tak našeho věku. Bavili jsme se s Dášou na palubě česky a oni nás zaslechli, takže se k nám přihlásili. Ukázalo se, že jedou tak skoro kolem světa – nejprve do Ameriky a potom přes Anglii, podržte se, do Jižní Afriky, tam kde jsme my právě nedávno byli. V Jižní Africe se chtěli usadit. V Austrálii byli asi 3 roky a nelíbilo se jim tu. Nijak jsme jim tu Afriku nerozmlouvali, zdáli se být pevně přesvědčeni o tom, že udělali správné rozhodnutí. My jsme si tím nebyli zdaleka tolik jisti, přáli jsme jim ale, aby jim to vyšlo. Mám přesto podezření, že už tam dávno nejsou a že svého rozhodnutí nakonec asi litovali. Ukázalo se, že oba hrají rádi mariáš, takže ve mně nalezli toho třetího, na těch pár večerů které nám zbývaly k přistání v Sydney. Tehdy jsem neměl ovšem sebemenší tušení o tom, že tohle bude naposledy kdy budu tuto hru hrát. Od té doby jsem měl hrací karty v rukou ještě několikrát a vždycky to bylo při pokeru. I tak tomu už bude nejméně 30 let, co jsem nehrál. Pokud jde o karty, těmi se ale zabývám dodnes, ovšem jen teoreticky, zajímá mě především jejich symbolický význam.

Tato proslulá operní budova už v Sydney u přístavu stála v době našeho příjezdu –
několik měsíců nato byla slavnostně otevřena

V Sydney jsme z lodi vystoupili, protože odtud už plula kamsi směrem na Nový Zéland a do Ameriky, Anglie a zase do té Afriky, kam mířili ti naši noví známí. Plul s ní nespíš také jeden z našich sedmi lodních kufrů, který chyběl když nám po několika dnech byla doručena ta zavazadla, která s námi cestovala v podpalubí. Už jsme se s ním nikdy nesetkali. Po celá léta potom, vždycky když jsme nemohli nalézt nějakou věc o níž jsme věděli, že bychom ji měli mít, že by tu někde sakra měla být, přidali jsme ji nakonec do toho kufru. Časem se z něho v našich myslích stala veliká virtuální bedna, potom kontejner... Kdoví, třeba to byl právě on, co nakonec svou váhou způsobil potopení té lodi!

Ze Sydney jsme měli jet vlakem do konečného cíle naší cesty, Brisbane. Když nás celník vybavoval v přístavu, ptal se kam máme namířeno. Když slyšel, že do Brisbane, prohlásil, že bychom měli raději zůstat v Sydney. Je tu prý spousta práce, v Brisbane to prý tak dobré není. On byl totiž ze Sydney, Brisbane pro něj bylo provinčním městem. Jak se ale potom ukázalo, i tam té práce v té době bylo dost a dost. Času na prohlídku toho hrdého velikého Sydney jsme tu moc neměli, protože nás odvezli autobusem do jakéhosi centra pro přistěhovalce, kde nás nakrmili. Večer jsme potom byli odvezeni na nádraží, odkud nás čekala celonoční jízda do provinčního Brisbane.

Spánku jsme si moc neužili; ve vedlejším kupé bylo malé dítě, které řvalo po celou noc. Začalo se rozednívat a pochopil jsem, že se nacházím někde jinde. Nejen v jiné zemi, ale i na jiném kontinentě. Venku byla vidět úplně jiná krajina než na jakou jsem byl zvyklý. Siluety stromů vypadaly jinak. Eukalypty. Křoviny. Suchá tráva. Občas se projíždělo kolem nějaké farmy; potom bylo obvykle vidět na zadním konci pozemku, který se zpravidla nacházel v blízkosti železniční tratě, vrakoviště aut. Těch aut, osobních i nákladních, tam bylo v některých případech víc než deset, jeden model vždy o několik let starší než ten předchozí, někdy to tak šlo až kamsi blízko k začátku dvacátého století. Renovátor by si tu přišel na své...

Potom oznámili, že se podávají snídaně. Šli jsme tedy do jídelního vozu; po té probdělé noci nám hodně vyhládlo. Slyšel jsem o tom, že v Austrálii bývá zvykem mít k snídani bifteky, moc jsem tomu ale nevěřil. Jako Evropanovi mi spíš připadalo, že je to nějaký mýtus. Třeba na nějaké takové farmě, co kolem nich projíždíme, no možná... Jaké bylo ale naše překvapení, když jsme zjistili, že si skutečně můžeme k snídani objednat steak! A nejen to. Když nám potom v jídelním voze toho stejka přinesli, byla to nádhera jakou nikdo z nás ještě neviděl. Na talíři už nezbývalo skoro žádné místo k nějakým přílohám. Kdo by ale chtěl přílohy, když může mít biftek přes celý talíř! Později jsem zjistil, že existuje kniha s názvem Steak for Breakfast neboli Stejk k snídani, kterou napsala Elizabeth O'Connerová. Ještě jsem ji ale nečetl, i když ji někde doma máme. Kdo by také četl knihu o stejcích k snídani, když si je může dát sám?!

9. NOVÝM AUSTRALANEM

Brisbane 1. března 1973

Bylo kolem desáté ráno a jen jsme vystoupili z klimatizovaného vlaku do pozdního brisbaneského léta, uhodilo nás horko. Bylo to ale takové jiné horko, než na jaké byl člověk zvyklý z některých letních dnů v Evropě. Ten rozdíl je hlavně v tom, čemu se zde říká "humidity", ve vlhkosti vzduchu která, snad kromě pár zimních měsíců, je zde skoro neustále vyšší než bývala doma. Představte si, že se cítíte jakoby bylo pořád před bouřkou a déšť na spadnutí, i když žádné mraky právě vidět nikde nejsou. V zásadě máme zde v subtropickém jižním Queenslandu jen dvě sezóny; tu horkou a tu méně horkou. Ta méně horká může zahrnovat dny, kdy se probudíte do poměrně studeného rána, zejména pokud se nacházíte trochu dál od pobřeží, jako my. Potom, tak jednou dvakrát do roka, můžete v některých místech brzy ráno dokonce zahlédnout na trávě i jinovatku. Ta ale rychle roztaje a k polednímu už pravděpodobně bude kolem 20 stupňů Celsia. I o tom nejstudenějším dni, který jsem tu za 40 let zažil, se teploměr vyšplhal skoro na 13 stupňů. To bylo v červenci, který odpovídá evropskému lednu. Od září už se maximum začíná usazovat nedaleko třicítky. Kolem Vánoc se u nás v Brisbane ta teplota už většinou příliš dál nezvedne, zato se ale udělá parno. Tak tomu může být denně i po několik měsíců, takže mít ve své pracovně klimatizaci se pro mne stalo nutností. Pojedete-li autem asi hodinku směrem k jihovýchodu či severovýchodu, dostanete se na některou z pláží, které Brisbane obklopují. Stejně dlouhá jízda na druhou stranu vás zavede do hor, kde se nacházejí tropické deštné pralesy. Obratník Kozoroha, za nímž začíná už to pravé tropické pásmo, je od nás vzdálený asi 500 km.

Hned na první pohled nám bylo celkem jasné, že se nacházíme v provinčním městě. Tím v té době Brisbane rozhodně ještě bylo, i když už se začínalo dosti rapidně rozrůstat. Oproti Londýnu, ale i ve srovnání se Sydney či Melbourne, bylo prostě malé. Tehdy měla oblast města asi milión obyvatelů, dnes už má dost přes dva milióny. Navíc hned vedle vyrostl Gold Coast, který v té době neznamenal skoro nic a dnes už má dost přes půl miliónu. Počátkem sedmdesátých let k tomu všemu ještě bylo daleko, i když budoucí prudký vzrůst už se dal vytušit. Zpočátku jsem také ještě ani nedokázal ocenit, jak privilegovaní jsme se svou britskou příslušností byli ve srovnání s emigranty z jiných zemí. Ti státem sponzorovaní totiž, ať už pocházeli z Itálie, Řecka, Francie,

Česka, Polska či Německa, byli ubytováni ve Wacolu. To bylo místo kam jsem o několik let později často dojížděl, když jsem pracoval jako státem pověřený tlumočník pro české a slovenské přistěhovalce. V řídkém lese, roztroušeny kolem několika administrativních budov, stravovny a kantýny, tam stály v řadách většinou dřevěné montované domky, v nichž byli ubytováni "new Australians", noví Australané, jak se kolektivně nám všem nedávno příchozím říkalo, což někdy mohlo mít celkem laskavý, jindy ale potměšilý podtón. Z tábora ve Wacolu to bylo asi dva kilometry pěšky ke stanici vlaku, který jel do středu města, vzdáleného nějakých 18 kilometrů. Jinak jste se do města nedostali, žádný autobus odtamtud nejezdil. Široko daleko tam kolem nic nebylo, kromě obchodu se smíšeným zbožím, takže pro čerstvé přistěhovalce tohle všechno představovalo dobrou iniciativu k tomu najít si co nejrychleji práci, odstěhovat se jinam a přestat být závislými na státu a na sociální péči. Kdo tohle naplánoval, plánoval chytře. Wacol fungoval skoro půl století, dnes už ale po nějakých dvacet let na tomto místě stojí vězení pro narušitele zákonů nacházející se ve vyšetřovací vazbě.

Stali se z nás Pommies!

Nám Britům k nimž, jak si jistě všimnete, se hlásím kdykoliv se mi to hodí, se zásadně zde v Austrálii říká "Poms" nebo "Pommies". To nezní moc dobře, takže v tomto případě zůstávám raději Čechem. Ostatně, s mým přízvukem by mě stejně nikdo z toho, že bych mohl být "Pommy" ani zdaleka nepodezíral. Má se za to, že tato přezdívka je zkratkou výrazu Prisoner of the Mother Country neboli "vězeň mateřské země", mohla ale vzniknout i jinak, podle některých například podle barvy granátového jablka (pomegranate), kterou bledá pleť čerstvě přibyvších emigrantů z Británie, která je na sluneční dny notoricky skoupá, připomíná. V žádném případě to příliš lichotivé není, nicméně jako Pommies jsme zde v Queenslandu na tom nebyli zpočátku nijak špatně. Oproti tomu jak se zacházelo s migranty z ostatních zemí, jimž se dokonce v poválečných dobách říkalo "Ajtalijens", jsme se měli jako lordi. Ubytování jehož se nám dostalo se totiž nacházelo v místě zvaném Yungaba na Kangaroo Point, hned na opačné straně řeky od centra města, kam by odtud málem kamenem dohodil, v krásných historických budovách s hezky upravenými zahradami. Do středu města se odtud člověk mohl dostat buď převozem nebo pěšky či autobusem přes most jemuž se říká Story Bridge a jenž i když postrádá majestátu sydneyského Harbour Bridge, přesto ale městu celkem dominuje. Pro nás je zvláště zajímavé, že most drží pohromadě tuny kovových nýtů, které dodala firma ČKD – Česko-moravská Kolben & Daněk, když se začal stavět v roce 1935.

Story Bridge, dole před dokončením v roce 1940, drží pohromadě české nýty.

Ubytování v Yungabě bylo vyhrazeno přísně jen pro britské emigranty, což by dnes, v časech politické korektnosti, jako výrazně diskriminační opatření vůči emigrantům nebritským, asi příslušným orgánům jen tak neprošlo. Mohli jsme zde pobýt půl roku, potom si ještě zažádat o prodloužení a po celou tu dobu platit jen jakési symbolické nájemné. Přitom bylo možné se stravovat v jídelně, kde se také platilo podstatně méně než kdekoliv jinde. Pokud by byl všech těchto výhod člověk využil a pokud by si brzy našel práci, šlo to v poměrně krátké době našetřit si tolik, aby to stačilo na zálohu ke koupi domu. Což ale neznamená, že bychom toho byli my dva nějak využili. Kdyby se totiž vedly záznamy o rekordech dosažených v tom, jak krátce kdo požíval této státem nabízené sociální pomoci, manželka a já bychom to nejspíš buď vyhráli, či se aspoň umístili náramně vysoko. Když jsem se po létech, při jisté společenské události konané právě v Yungabě, před tehdejším federálním ministrem přistěhovalectví Rudockem zmínil o tom, že jsme zde s manželkou přespali celou jednu noc, nechtěl mi to věřit. Jeho podřízení ho asi přesvědčili o tom, že každý emigrant využije veškerých výhod a podpor, které mu stát nabízí, až do poslední mrtě. Což jistě také velká většina nově příchozích dělala, až na některé výjimky. Jednou z nich jsme byli my.

Došlo k tomu rekordnímu výkonu následovně. Poté kdy jsme v pátek dorazili po celonoční jízdě vlakem ze Sydney, ponechali jsme si své dva kufry v místnosti kterou nám přidělili (popravdě, byla to spíš jen taková kóje) a vydali se k přívozu do města, abychom viděli kam jsme se to vlastně dostali. Na jedné z hlavních ulic se nacházela agentura pro kancelářské zaměstnance. Dáša, která v Londýně pracovala jako účetní pro finskou firmu, která jí dala dobrá doporučení, si jí všimla a prohlásila, že to rovnou zkusí. Po několika minutách se objevila, v ruce držela adresu, kam se měla jet představit. Sedli jsme na autobus, který nás odvezl přes most a ještě o něco dále, kde se nacházel jakýsi módní závod. Vynořila se odtamtud asi po čtvrt hodině s tím, že má místo a může nastoupit hned v pondělí. Několik hodin po našem příjezdu tedy už dostala práci, která se tady v té době skutečně válela na ulici. Počet volných míst totiž zdaleka přesahoval počet nezaměstnaných. Takováto idylka ovšem trvat věčně nemohla, dostat práci za dva až tři roky už tak docela snadné nebylo.

Náš první byt

Již dříve jsme si spočítali, že jakmile kterýkoliv z nás dostaneme práci, dokážeme pro začátek vyjít z jednoho platu. Okamžitě jsme proto odjeli zpátky do Yungaby kde, jak jsme již zjistili, se vyskytovala úřednice zabývající se mj. sháněním ubytování pro ty odvážlivce, kteří se rozhodli postavit se na vlastní nohy. Hleděla na nás s velkým údivem; nejenže to bylo z naší strany nanejvýše podivné a nestandardní chování, navíc byl pátek a to už dosti pozdě odpoledne. Nakonec se ale přece jen podívala do svých záznamů a potom kamsi zavolala. Dostali jsme takto adresu v nedaleké čtvrti s překrásným názvem Woolloongabba, proslulé hlavně svým stadiónem zvaným krátce "The Gabba". Ten je dnes již zmodernizovaný a dokonce se tam konaly některé fotbalové zápasy Olympijských her 2000, při nichž jsem figuroval jako oficiální tlumočník, protože český tým si vylosoval právě tu skupinu, která zde hrála své zápasy. V době našeho příjezdu se tam ale ještě hrál pouze cricket a konaly se psí dostihy na dráze, která tehdy hřiště obepínala. Cricket je jistě tou nejbritštější hrou pocházející ze země, která stála u kolébky většiny populárních sportů. Přišel jsem na to, že je dobré se aspoň pokusit proniknout do ducha této hry a pochopit její pravila, která nejsou právě jednoduchá. Stojí to ale zato. Tato hra poznamenala totiž také Australany a to podstatným způsobem, stejně jako i jiné národy Britského společenství, například Indii, Pákistán, Jižní Afriku, Karibské ostrovy, Šri Lanku, atd. Pokud se dovedete inteligentně bavit o cricketu, přijmou vás mezi sebe snadněji!

Na to, abychom se přemístili do svého nového bytu bylo už přece jen trochu pozdě, takže jsme se rozhodli zůstat pro tu jednu noc v Yungabě a veliké přestěhování s dvěma kufry (zbývající zavazadla nás měla stihnout až za několik dní) si nechat až na ráno. Naše nová bytná se nám představila jako "Penny", což hádám byla zkratka pro Penelope. Byla to stará dosti upovídaná dáma, která obývala jeden ze čtyř bytů na něž byl původní klasický dřevěný "Queenslander" rozdělený a ostatní tři pronajímala. Penny, která zřejmě pocházela z kdysi dosti bohaté rodiny, se nám jednou pochlubila, že jako mladá dívka zdědila někdy ve dvacátých letech století několika-hektarový pozemek v místě zvaném Surfers Paradise. Marnivost mladé dívky se ale projevila tím, že Penny pozemek brzy nato prodala a to za dnes směšnou sumu čítající několik set liber, protože bylo pro ni důležitější nakoupit si šaty. Kdyby si byla pozemek ponechala, mohla být mnohanásobnou milionářkou. Surfers Paradise je dnes totiž úplným středem Gold Coast, což je něco jako australská Riviéra...

Je dobré mít se na pozoru!

Náš první australský byt se sestával z velikánské místnosti, která byla v původním, později rozděleném domě v koloniálním stylu zřejmě kdysi kuchyní, z mnohem menší přilehlé místnosti, která nyní sloužila jako ložnice, do níž se jen stěží vešla dvojitá postel, z jiné místnosti, která bývala kdysi vstupní halou a z níž byl nyní obývák a z přilehlé koupelny se sprchou. Záchod byl sice jen pro naše užívání, nacházel se ale vzadu za domem, muselo se tudíž vyjít ven. Že tím člověk riskoval večer za tmy setkání s některými z méně příjemných členů boží čeládky jimiž disponuje australská příroda, jsem si dobře uvědomoval. Nejvíc jsem se měl na pozoru před hady, o nichž jsem už dobře věděl, že na ně může člověk šlápnout kdekoliv na zahradě, případně je najít i v domě. Bral jsem si proto večer sebou baterku.

To jsem ale ještě nic nevěděl o "redback spiders", kteří představovali mnohem větší nebezpečí. Tito pavouci zejména prosluli tím, že se nejraději schovávají pod poklopy venkovních záchodů, jimž se v Austrálii dostalo populárního názvu "thunder box", *hromová bedna*. Tyto před 40 lety už sice byly v městských oblastech na ústupu, ještě asi po desetiletí ale přetrvávaly na zahradách v některých čtvrtích města a nadále se pochopitelně dodnes vyskytují v hojných počtech na venkově. Kousnutí tímto poměrně malým pavoučkem s výraznou červenou tečkou na zadečku může sice být v krajních případech životu nebezpečné, především je ale ohromně nepříjemné. Zejména pokud se v této blízké příbuzné neblaze proslulé černé vdovy probudí nezdravý zájem o některou z částí pánské tělesné anatomie. Bolest kterou takovéto kousnutí způsobí je legendární, vyřadí oběť z akce na celé měsíce a navíc se vracívá periodicky, někdy i po řadu let! Tohle všechno jsem se ale dozvěděl, až když už jsme bydleli v domě s normálním záchodem, kde jsem neměl důvod k tomu pečlivě zkoumat spodní strany záchodových poklopů, tak jak to činí Australan odkázaný na thunder box. Kdo ale ví, čemu jsem tehdy možná o pouhý vlásek unikl?

Poprvé jdeme nakupovat

Oproti garsonce jakou jsme mívali v Londýně, kde jsme se museli o veškeré příslušenství dělit s několika jinými nájemníky, to byl přímo kvantový přechod do nového prostředí. V něm jsme se hned začínali rozkoukávat. Nejmarkantnější bylo jistě všudypřítomné horko. Vydali jsme se na nákup. Byl začátek března, tedy pozdní léto nebo počátek podzimu, to podle toho jestli se rozhodnete počítat 1. březen jako počátek podzimu, tak jak to činí Australané, či se přidržíte našeho systému, kdy začátek podzimu přichází až s rovnodenností. Už v sobotní dopoledne pálilo venku sluníčko ostošest. K hlavní ulici čtvrti to bylo jen několik set metrů a s kopce, takže jsme seběhli dolů dosti rychle. O něco později, za ještě mnohem většího horka a do kopce, obtíženi navíc nákupem, jsme se už vláčeli hodně pomalu. Naštěstí, ten nákup příliš veliký nebyl a ani být nemohl. V té době byly ještě nákupní hodiny zde v Brisbane a vůbec po celé Austrálii až neuvěřitelně krátké a nejen oproti Londýnu, ale i ve srovnání s jakýmkoliv trochu větším evropským městem. To se v dnešní době změnilo až neuvěřitelně, takže současná generace, která může nakupovat prakticky kdykoliv si vzpomene, stěží uvěří, že ve všední den v Brisbane většina obchodů zavírala v pět odpoledne, zatímco v sobotu už v půl dvanácté. Pro někoho kdo měl typické zaměstnání od devíti do pěti, či spíše od osmi do pěti s hodinovou polední přestávkou, moc času na nákupy nezbývalo! Tehdy ale ještě v zemi panoval takový pořádek při němž se jednoduše počítalo, že muž bude pracovat a žena zůstane doma s dětmi a o nákupy se postará. A tak to také v Austrálii až poměrně donedávna chodívalo. Ještě pár roků poté kdy jsme sem dorazili, nezapočítávaly banky pro hypoteční účely do celkového příjmu plat ženy, pouze ten plat který měl muž, jako hlava rodiny. Tohle pravidlo ještě stále platilo když jsme o pár let později kupovali náš první dům a sháněli jsme se po tom, kdo by nám půjčil. Jak se tyhle věci mění – v dnešní době naopak banky shánějí komu by mohly půjčit a to co nejvíc! Kdyby něco takového člověk vykládal někomu z mladší generace, tak skoro určitě by to vypadalo jako nějaký stařecký blábol.

Vaříme si kuře v čajníku

Po měsíci prožitém na lodi s tou věčnou řeckou stravou jsme už moc a moc toužili po tom, až si uvaříme něco po svém. Jenže co? A také z čeho? Než jsme se trochu v ulicích města rozkoukali, bylo už po sobotní zavírací hodině. Nalezli jsme jeden krámek, který vlastnil jakýsi Řek (?), který byl smíšený se snack barem a tudíž nezavíral už v půl dvanácté. Z mrazáku, který tam měl, jsme vydolovali kuře. To by nám s chlebem, který se nám také v tom místě podařilo koupit, mělo pro ten den stačit, řekli jsme si. Do kopce v tom horku jsme to nějak zvládli a chystali jsme se dát do vaření, když se vynořil další problém. V čem máme vařit? Těch pár kastrolů, které jsme si vezli sebou z Anglie, se ještě toulalo kdesi po světě a v té velikánské kuchyni, kterou jsme měli k dispozici, se nenacházela jediná vhodná nádoba, jediný hrnec, rendlík, pekáč či pánev, prostě nic v čem by se to kuře dalo upéct či uvařit. Jedinou věcí, kterou jsme kromě pár otlučených talířů v kredenci objevili, byl objemný prastarý čajník, takový jakému se v Austrálii, říká "billy", což jsem v té době ovšem ještě nevěděl. Zpívá se ostatně o něm už v oné neoficiální australské hymně o tulákovi, který ukradl ovci a se zlou se potázal:

Once a jolly swagman
camped by a billabong,
Under the shade of a Coolibah tree,
And he sang as he watched and waited till his billy boil,
You'll come a Waltzing Matilda with me.
Waltzing Matilda, waltzing Matilda...

Mimochodem, když jsem tuhle písničku, v podání Jiřího Hály, hrál po letech někdy při svých rozhlasových pořadech, padali přitom Australané na zadek, tak se jim to líbilo! Správný billy o němž se v písni zpívá, by asi měl být čajník plechový či mosazný; tento byl aluminiový a na dně měl usazený aspoň centimetr tlustý kámen, vzniklý po mnohaletém užívání. Řešení bylo nasnadě. Uvaříme si kuřecí polévku v čajníku! Zmrzlé kuře v tom horku rychle změklo, takže se nám ho podařilo do čajníku nacpat už i po menším úsilí, i když ucho přitom dost vadilo. Další problém nastal když se kuře konečně uvařilo a my jsme se chystali k tomu vzniklý vývar i samotné kuře zkonzumovat. Kámen, který byl usazený na dně čajníku se, zřejmě působením tuku z kuřete, uvolnil, oddělil ode dna a rozpadl se na písek s menšími kousky. Také zde jsme si poradili; přes malý cedník, který se také mezi kuchyňským náčiním nacházel, jsme polévku přecedili, takže se dala jíst, či spíš pít.

O životní prostor se dělíme se šváby!

Večer bylo pořád ještě docela slušné horko. Dáša se šla osprchovat. Z ničeho nic vyběhla nahá z koupelny, ani si na sebe nestačila vzít ručník. Za jiných okolností bych byl takovouto podívanou jistě ocenil, jenže za ní se vyvalilo cosi hnědého; vypadalo to skoro jakoby ji to honilo. Ukázalo se, že to je jen hodně veliký šváb; byl nejspíš stejně vyděšený jako moje drahá polovice. Takového švába žádný z nás až doposud nikdy neviděl. Zpočátku jsme vlastně ani nevěděli, že se jedná o švába, protože něco tak velikého si člověk se švábem ani nedával dohromady. Doma v Česku a později v Anglii, člověku mohli zkřížit cestu nějací ti šváby, zejména v místech kde se dělá s jídlem, například v pekárnách nebo v restauracích. Většinou o nich ale jen slyšel a žádný větší problém pro nikoho nepředstavovali.

Ovšem, jsme v Austrálii, kde si člověk musí na ledacos zvyknout, včetně "cockroachů", jak se jim zde říká. Takový kokrouč, podobný tomu který tolik vyděsil moji ženu, doroste klidně tak do čtyř, pěti centimetrů. To nepočítám tykadla, s nimiž může měřit i dost přes deset. Zejména v tropických a subtropických oblastech na ně připadnete téměř všude. Pokud máte v domě nějakého toho švába takovéto velikosti, všechno je ještě celkem v pořádku. Jejich existenci musíte prostě vzít na vědomí, je dobré se pro jednou smířit s tím, že se budete o prostor muset občas dělit s nějakým tím švábem. Můžete se tento hmyz ovšem pokoušet agresivně hubit a možná, že na nějaký čas i podlehnete iluzi, že jste tu válku vyhráli. Šváb je ovšem tvor peripatetický, který navíc bývá až na některé výjimky

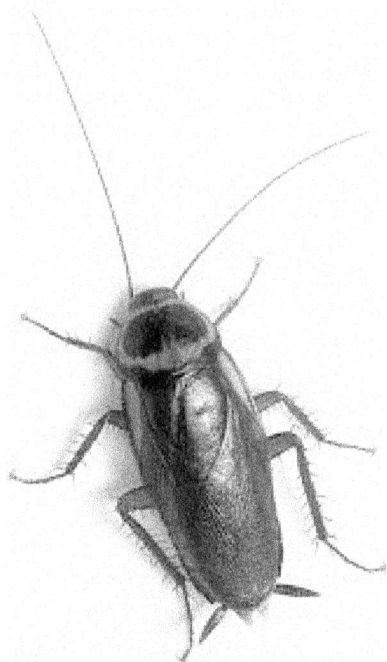

okřídlený. Dům ocitnuvší se dočasně bez švábů představuje pro tyto tvory stěží odolatelnou výzvu.

Dospěl jsem brzy k názoru, že je nejlépe zaujmout k švábům pragmatické stanovisko, tak jak to činí většina Australanů. Ti se s nimi prostě naučili vycházet. Na více místech v zemi se dokonce konají švábí závody – bylo by spíš překvapivé kdyby se tak nedělo, protože Australané milují cokoliv na co se dá sázet! Existuje dokonce odrůda švábů zvaná the giant burrowing cockroach (Macropanesthia rhinoceros), které si někteří lidé skutečně chovají jako domácí mazlíčky. Tento šváb, který je bezkřídlý a nemá ani žádná delší tykadla, dosahuje velikosti až 8 či 9 centimetrů, váží kolem 35 gramů a dokáže žít i déle než 10 let. Zkameněliny švábů podobných velikostí, některé z nich staré až 300 miliónů let, byly nalezeny leckde po světě; dnes ale se takovéto švábí těžké váhy najdou už jen na tomto kontinentě a to jen v jeho tropických částech.

Většina z nás se musíme spokojit s běžným švábem, který zde dorůstá stěží poloviny této velikosti. Přesto by nějakých deset těch českých dokázal asi slupnout k večeři. Tu a tam slyším zdejší Čechy říkat, "My žádné kokrouče v baráku nemáme, my jsme se jich pro jednou zbavili!" Či tak nějak podobně. Přítomnost švábů v domě berou, podobně jako mnozí jiní nedávno sem doraziví Evropané, jako osobní urážku; cítí se, jakoby něco takového muselo nutně zanechat nesmazatelnou skvrnu na jejich pověsti. Pokud ovšem takový člověk skutečně žije v domě v němž se žádní kokroučové nevyskytují, potom vězte, že problém má on, nikoliv vy, kteří nějaké ty šváby doma máte v přijatelném množství. Pravděpodobně to totiž znamená, že se musel příliš horlivě zasazovat o jejich vyhubení. Takovéto místo potom musí nutně být plné všelijakých jedů a chemikálií, jichž se tito tvorové sice straní, které ale vy denně dýcháte a jichž se dotýkáte. Zkušenost mě naučila, že nejrozumnější je se s existencí švábů v Austrálii vyrovnat; být vždy a za každých okolností připraven na to, že se někde objeví, že na vás odněkud vyjuknou. To znamená mít na ně na strategických místech políčené nějaké ty pastičky, prášky a podobně, hlavně kolem potrubí v kuchyni či v koupelně, kolem nichž se nejčastěji potulují, hlavně to ale nepřehánět.

Přišel jsem také časem na to, že tam kde jsou nějací ti velcí šváби, většinou nebývají žádní malí. Nevím, jestli je ti velcí sežerou či jen vyženou, jednoduše tam nejsou. Opravdový problém vám nastane teprve když zjistíte, že někde máte spoustu malých švábů. To potom již nezbývá nic jiného, než nechat celý barák vyplynovat, na čas odtamtud zmizet, jít do hospody, zajet si k moři. Hlavně pořádně vyvětrat než se tam vrátíte. Tohle se nám stalo asi o rok později, když jsme se nastěhovali do jednoho domu. Večer člověk přišel do kuchyně a slyšel jen takové šustění. Když rozsvítil, ještě stačil zahlédnout nožičky a krovky mizící tu a tam, kdekoliv se dalo. Naštěstí jsme tehdy ještě pronajímali, takže výdaje s vyplynováním musel nést majitel domu! Dlouho jsme tam ale stejně ani potom bydlet nezůstali.

Také jsem si našel práci

V Anglii to nebylo snadné najít si slušnou práci. Vystřídal jsem tam několik zaměstnání, žádné z nich za moc nestálo. Byl jsem opravdu zvědavý, jestli se potvrdí to, co se tam o Austrálii říkalo, že je tu práce spousta. Šel jsem tedy na zdejší pracovní úřad. Tam mě vyzpovídali, podívali se do svých záznamů. Bylo by tu prý místo skladníka u jedné menší firmy. Jel jsem se tam hned představit; nebylo to příliš daleko od našeho bytu, jen asi tři stanice dráhy. Okamžitě jsem byl přijat. Práce zde v té době skutečně jakoby ležela na ulici. Ukázalo se, že se jedná o rodinnou firmu tzv. bílých Rusů, potomků těch, kteří se po revoluci uchýlili nejprve do Číny a když i tam začala být pro ně půda horká, emigrovali do Austrálie. Stařešina rodu se jmenoval křestním jménem Basil a pod tímto jménem si někdy koncem třicátých let otevřel v Brisbane obchod s kávou, který stále existuje, dnes už v něm nejspíš figuruje třetí generace této rodiny. Postupem času přibylo ke kávě, kterou firma v době kdy jsem pro ni pracoval prodávala už jen velkoobchodně, různé lahůdkářské zboží. To vše bylo uloženo ve skladišti které, jak jsem se nedávno ujistil, stále ještě stojí ve čtvrti Norman Park. Starý pán už se zabýval jen kávou, jejím pražením, atp. Jeho zeť Genadij neboli Gene, přibližně mého věku, oficiálně vedl firmu, jeho bratr byl jedním ze čtyř obchodních cestujících, zatímco další zeť Gus rozvážel to zboží, které se prodalo do Brisbane. Já, spolu s jedním Francouzem, také nedávným příchozím, jsme dávali dohromady objednávky a balili jsme ty, které se posílaly mimo Brisbane.

Když jsem si nedávno ověřoval některé údaje, objevil jsem náhodou na internetu novinový článek z roku 1953, kde se píše o prvním soudním stání k němuž došlo následkem tehdy státem nově vydaných nařízení, týkajících se švábů v restauracích a obchodech. Obžalovaným byl právě výše zmíněný Basil, který v té době ještě vedl svůj obchod s kávou na jedné z hlavních ulic Brisbane. Podle obžaloby se dotyčný nedržel patřičně těchto nařízení, podle nichž měl užívat dostatečně silný prášek DDT (uvádí se tam přímo míra koncentrace tohoto tehdy ještě všeobecně uznávaného kouzelného prostředku), aby udržoval pod kontrolou švábí populaci ve svém obchodě. Obhájce namítal, že kontrola byla prováděna za horkého počasí, kdy je v Brisbane zcela nemožné se úplně švábů zbavit, protože noví a noví stále přilétají. Žalobce sice také souhlasil s tím, že šváb se ve zdejším podnebí nikdy zcela vymýtit nedá, soudce ale přesto uznal obžalovaného vinným a vyměřil mu pokutu ve výši 3 liber. K tomu musel chudák Basil ještě zaplatit dalších 6 šilinků za soudní výdaje. Hádám, že toto soudní řízení jistě bylo aspoň jedním z důvodů proč se obchodu na hlavní ulici zbavil a zavedl si již zmíněnou firmu, k čemuž muselo dojít zhruba v té době. Rozhodl se prostě, že od nynějška bude už jen dodávat kávu a o to, jak se zbavit kokroučů, ať se starají jiní!

Dělat skladníka za základní mzdu mě příliš nebavilo, takže asi tak za půl roku jsem se začal ohlížet po něčem jiném. Manager Gene mi sice sliboval, že časem by mě mohl povýšit na obchodního cestujícího, nijak se k tomu ale neměl. Dnes, když se zpovzdálí dívám na tuto firmu, chápu proč asi. Pokud mohu říci, stále ještě ji vede, přičemž firma se nikterak nerozrostla, spíš to vypadá, že se zmenšila. Což pro malý rodinný podnik vůbec není tak špatná věc. Zdá se, že Basils, jak se nazývají, stále ještě obchodují s kávou a také s kořením, což vždycky bývaly pro ně hlavní opěrné body. Jinak v lahůdkách a podobných artiklech je zde stále větší konkurence, od supermarketů jakož i od různých asijských obchodů, jejichž počet se tu zmnohonásobil. Takže Gene se zřejmě moudře rozhodl s nimi nesoutěžit a držet se nadále jen toho, co rodinu už živilo po větší část století. Na to místo bych tedy asi byl musel dost dlouho čekat, nejspíš dokud někdo jiný neodešel a také bych se byl ani nemusel vůbec dočkat. Takže jsem udělal dobře, když jsem odešel.

Prodávám koberce ...

Hned den nato jsem nastoupil u firmy, která prodávala koberce, česky by se dnes spíš řeklo podlahové krytiny. Takové ty role, většinou 360 cm (původní standardní míra 12 stop) široké, různé tloušťky i kvality. Firma se jmenovala The House of Axminster. Dvakrát týdně inzerovala v novinách, lidé potom buď zavolali nebo přišli rovnou do skladu si vybrat co chtějí. Šéf byl Angličan, také poměrně nedávno přišlý do Austrálie, mladý a dravý podnikatel. Několik let poté kdy jsem pro něho pracoval, firmu koupil, přejmenoval ji na Carpet Call, potom k ní přikoupil ještě jinou firmu, kterou nazval Curtain Call a která se zabývala prodejem záclon a takto si brzy vytvořil značně velké obchodní impérium, které dodnes stále úspěšně vede. V době, kdy jsem pod ním pracoval, byl ale ještě pouhým managerem a o tom jak začne dobývat australský obchodní svět se mu asi zatím jen po nocích zdálo. Pracovat pod takto ambiciózním šéfem nebylo ovšem nijak snadné. Počet metrů prodaných koberců hrál vždycky v mysli tohoto člověka tu nejhlavnější roli, přičemž to, že stejně jako moji kolegové, jsem ho mohl oslovovat "Jime", což se tak nějak skoro rovná českému tykání, vůbec pro mne ani pro ně neznamenalo žádné úlevy. Tohle je totiž v Austrálii celkem běžné, šéfovi můžete tykat, to ale neznamená, že vás nepojebe, když se mu zachce! Kupující si nejprve vybrali co chtěli mít doma položené, buď přímo ve skladu nebo na místě a ze vzorků, které jsem jim dovezl. Změřil jsem prostor, spočítal cenu a obchod jsem uzavřel tím, že jsem od nich inkasoval zálohu. Někdy to šlo ráz na ráz, jindy to trvalo hodiny než se zákazník rozhodl, pokud se vůbec rozhodl, protože záruka úspěchu zde nikdy nebyla. Jednalo se o sumy od několika set dolarů, za koberce položené v menším bytě, až do několika tisíc, za drahé koberce po celém velkém domě. Sklad se nacházel hned na opačné straně řeky od středu města, kde tehdy stála celá dlouhá řada budov podobného skladištního typu. V osmdesátých letech byly všechny, až na pár výjimek, zbořeny, aby udělaly místo pro největší projekt jaký Brisbane do té doby zažilo – EXPO 88. Když to se po půl roce skončilo, připadly pozemky městu. Dnes, jak to zhruba odhaduji, tím místem kde jsem sedával u stolu a čekal na zákazníky či na to až mě vysvobodí zazvonění telefonu, probíhají střední řady hlavního divadelního sálu městského kulturního střediska, který pojme asi dva tisíce diváků. I tady mne divadlo jistým způsobem pronásleduje...

Nejdůležitější bylo nalézt si něco, co by přinášelo trochu slušné peníze, abychom se v Austrálii mohli zavést. To vlastně znamenalo v první řadě sehnat těch peněz poměrně dost, aby bylo na zálohu ke koupi domu. Při rozhodování o tom, zda má člověk koupit či pronajímat, nehrály role jen emoce (jen málokdo si přeje zůstat až do smrti bezzemkem), ale také prostá matematika. Za nájem totiž člověk vydal přibližně stejnou částku jakou by potom splácel bance, kdyby ta mu na koupi domu půjčila. Když už platit, potom nejlépe tak, aby člověk platil v zásadě sám sobě, protože dluh se časem podaří umořit. První překážkou která stála v cestě byla záloha – bez té to nešlo a našetřit si na ni nebylo nijak snadné. Dále člověk potřeboval mít pravidelný příjem jako tzv "bread winner" neboli ten kdo do domu přináší chléb, kdo je živitelem rodiny. V té době totiž ještě panoval v této zemi systém, který by pozdější generace považovaly za nemyslitelný a ovšem i za krajně politicky nekorektní. Banky, které byly hlavními poskytovateli hypoték, se řídily pravidlem, podle něhož v případech manželských párů se výše nabízeného úvěru vypočítávala pouze podle výše příjmu manžela. Plat manželky banky prostě nebraly v úvahu. Roli v tom hrála ovšem čistá logika. V případě, že by přišla do jiného stavu, žena by musela opustit zaměstnání; s touto eventualitou se muselo počítat a proti ní se zabezpečit. Jistěže existovaly výjimky, zejména v případech vysoce kvalifikovaných žen nebo těch které si obstaraly potvrzení o neplodnosti, atp. Nás se ale toto základní pravidlo týkalo a to dosti bolestně. Znamenalo to, že budu muset, aspoň v té kritické době kdy budeme žádat banku či spořitelnu o půjčku na dům, vydělávat co nejvíc a mít to navíc od zaměstnavatele potvrzené černé na bílém. To celkem vylučovalo takové druhy zaměstnání jakým bylo prodávání koberců, kde jsem měl jen poměrně malý základní plat k němuž se potom připočítávaly prémie za úspěšně dokončené smlouvy o prodeji. Ty mohly sice být někdy docela vysoké, jindy ale za moc nestály. Jako v každém podobném zaměstnání, nezáleželo zde jen na schopnostech, ani na odpracovaných hodinách. Dost často to jednoduše stálo jen na tom, jaké měl či neměl člověk na kupce štěstí.

... a prodávám salámy

Bylo mi celkem jasné, že budu muset učinit nějaký kompromis mezi tím, co bych dělat chtěl a tím, co budu muset dělat pro to, abych se uživil. Na rozdíl od svého tehdejšího šéfa Jima Smithe jsem v prodávání koberců budoucnost neviděl. Tlak od něho vycházející a který měl vést k neustálému zvyšování pracovních výkonů, byl dalším důvodem, který mě asi po roce přiměl k tomu z tohoto místa odejít. V té době už se pomalu začínala měnit ekonomická situace v zemi a pracovních příležitostí už nebylo tolik jako v době kdy jsme sem dorazili.

Říkal jsem si, že to v budoucnu bude spíš horší a že asi tím nejbezpečnějším druhem zaměstnání by bylo něco, co má co dělat s jídlem. Lidé přece budou vždycky potřebovat jíst, zatímco koupi takového koberce mohou klidně odložit na neurčito. Šel jsem na čas znovu pracovat jako skladník, tentokráte k firmě nazývající se Hans Continental Smallgoods. To poslední slovo je ryze australský výraz a nenalezl jsem je v žádném anglicko-českém slovníku. V podstatě znamená smallgoods totéž co uzeniny, i když se to z toho slova dost těžko pozná. Holanďan Hans van der Drift založil svou uzenářskou firmu někdy kolem roku 1960, takže v době kdy jsem pro něho pracoval, byla už dobře zavedená zde v Brisbane, i když ještě ne po celé zemi, k čemuž později také došlo. Na rozdíl od mého bývalého šéfa Jima Smithe, Hans si ale své impérium nepodržel – někdy v 90-tých letech prodal firmu výhodně Japoncům a pokud vím, užívá si dodnes takto nabytých miliónů.

Po nějaký čas jsem pracoval ve skladu, abych se co nejlépe seznámil s produkty, jichž byly desítky, od uzenin, šunek, klobás, buřtů, párků, kabanosů, až po imitace maďarských a dánských salámů, atp. Po několika měsících jsem se stal obchodním cestujícím. Dostal jsem menší asi dvoutunový nákladáček, takové speciální chladírenské vozidlo, s nímž jsem jezdil po zavedených trasách, od jednoho obchodu k druhému. Někdy to byly supermarkety, kam jsem většinou dodával balené zboží, jindy lahůdkářství, kam šly pletence kabanosů, uzené šunky, celé nekrájené salámy a podobné věci. Firma měla tehdy devět takovýchto pojízdných ledniček. Mezi námi řidiči-prodavači panovala celkem přirozená kompetitivní atmosféra, čehož firma využívala k tomu, aby pořádala různé soutěže. K soutěžení mezi socialistickými kolektivy to sice mělo daleko, princip byl ale stejný. Brzy jsem v nich začal vynikat a nakonec jsem dosáhl titulu absolutně nejlepšího firemního obchodního cestujícího. Mohu proto o sobě hrdě prohlásit, že zatímco v mém bývalém domově probíhala normalizace, já jsem se v Austrálii stal úderníkem!

Jako správný stachanovec jsem ovšem pracoval dlouhé hodiny. Slova naivních obdivovatelů Západu z vinárny Embassy mi tehdy bzučela v hlavě a bzučí dodnes – "To radši tam budu dělat závozníka..." Práci, která se ode mne očekávala, by v tehdejším Československu určitě dělali dva lidé, řidič a závozník. Odpracovali by si přitom každý z nich osm hodin, přičemž by měli aspoň hodinovou přestávku na oběd, kromě toho asi ještě pár kratších přestávek na svačiny. Já jsem to auto nejen řídil, ale také jsem zboží doručoval. To doručování by v ČSSR dělal závozník, který by kmital, zatímco já jako řidič bych vozidlo odřídil někam, kde bych si potom v klidu vykouřil cigaretu, jimž jsem v té době ještě holdoval. Nebo obráceně. Takto se mi tu cigaretu podařilo si za volantem vykouřit jen když jsem musel řídit trochu delší čas, abych se dostal od jednoho zákazníka k jinému. Odhaduji, že na to co jsem sám stihl objet za týden, by dva zaměstnanci socialistického transportu, řidič se závozníkem, potřebovali minimálně dva týdny. A ještě jsem si přitom šetřil plíce!

Můj den vyhlížel asi takto: Ráno jsem z domu, který jsme si v té době ještě pronajímali, vyjížděl kolem šesté hodiny a brzy nato už jsem byl v místě, kde se nacházelo jak depo tak i sklad zboží. Tam jsem převzal vůz v němž mi večerní směna mezitím doplnila zboží a vydal jsem se na cestu. Jako první jsem vždycky navštěvoval řeznické krámy, které prodávaly naše uzeniny jako vedlejší produkt, protože ty se otevíraly už brzy ráno. Tak po osmé hodině bylo už možné se dostat do běžných obchodů a supermarketů, jichž v 70-tých letech bylo víc než jak je tomu nyní, které ale byly menší. Teprve k polednímu se otevřely a staly se pro mne přístupné hotely a restaurace. Jezdil jsem po celý den, přičemž když jsem měl trochu delší přesun z místa na místo, ukusoval jsem při řízení z nožičky kabanosu, párku nebo něčeho podobného, co jsem si vzal vzadu z lednice. To totiž býval můj oběd. Přestože jsem oběd vůbec nesvětil, zpátky do depa jsem se obvykle dostával až někdy kolem šesté večer, kromě středy, kdy jsem míval o něco kratší trasu a končil tak asi o hodinu, někdy i o dvě, dřív. Potom jsem ještě musel spočítat peníze, které jsem inkasoval a na cestě domů je ve zvláštním vaku hodit do noční schránky banky. K sedmé večer jsem přijížděl domů, jak na koni! Když nepočítám cesty z práce a do práce, byly to minimálně 12-hodinové šichty, bez oběda, bez svačiny. Pracovní dny to byly dlouhé, nicméně jsem si s provizemi často přišel i na trojnásobek průměrného týdenního platu, který byl v té době kolem 80 dolarů. Což mi firma také potvrdila pro banku, když jsme si šli půjčit peníze na barák. Nedlouho poté došlo ale u Hanse k reorganizaci a firma přešla na jiný systém vyřizování objednávek i dodávek. Bylo by tam sice pro mne místo, cenili si mne také proto, že jsem navíc dokázal často získávat nové zákazníky. Přešel jsem ale k jiné firmě, která dělala totéž co ta předchozí před reorganizací a kde pracovní tempo nebylo tolik vysoké. O něco později ještě k jiné firmě, která vyráběla bramborové lupínky všech možných i nemožných chutí a druhů, které jsem rozvážel společně s ořechy a jinými zákusky. To už jsme měli náš první dům a nemusel jsem se tolik honit.

Kupujeme stavební parcelu

Nerad bych ale předbíhal. O tom, abychom si pořídili nějakou realitu, která by nám říkala „pane", jsme se pokoušeli několikrát, hned od samého začátku. Vždycky to dopadlo stejně. Něco se nám líbilo, podepsali jsme smlouvu, šli s ní do banky zažádat o půjčku. Byla to ale taková doba, kdy banky nepůjčovaly, či spíš půjčovaly jen těm, kteří pro ně nepředstavovali vůbec žádné riziko a my jsme se v jejich očích takto nekvalifikovali. Už asi cítily ve vzduchu nadcházející zhoršení ekonomické situace, k němuž skutečně brzy nato došlo.

Když nám nikdo nepůjčí na celý dům, zkusme si půjčit aspoň na parcelu s tím, že něco na ní postavíme později, řekli jsme si. Koupili jsme jednu na jižní straně města asi za pět tisíc dolarů, příliš se nám to místo ale nelíbilo, takže když se o několik měsíců později naskytla příležitost pozemek prodat za šest a půl tisíce, prodali jsme s výdělkem. Dobře jsme udělali, jak se ukázalo. Dnes tam vznikla čtvrť, která není právě z nejlepších.

Přitom jak jsem denně jezdil po čertech a ďáblech, objevil jsem ale kout, kde se mi líbilo. Bylo to v místě zvaném Bellbird Park, kde se teprve nedlouho předtím začaly prodávat pozemky a stálo tam zatím jen několik domů. Koupili jsme jeden pozemek; byla ta taková nudle, něco přes dvacet metrů široká a skoro sto metrů dlouhá, táhnoucí se od silnice, která šla podle hřebenu kopce, dolů do údolí. Hlavní pro nás bylo, že náš budoucí dům bude stát vysoko na kopci. Předtím jsme totiž zažili něco, co nám dalo pořádnou lekci o tom, jak rozumné je postavit si dům na místě dostatečně vysokém! Nebudu ale předbíhat událostem.

Máme růžového holdena!

V létě 1974, tedy asi rok po příjezdu do Austrálie, jsme bydleli ve čtvrti Salisbury, kde jsme si pronajímali dům. Začátkem ledna, tedy uprostřed léta, jsme si vzali oba dvoutýdenní dovolenou s tím, že se trochu podíváme po Austrálii. Auto jsme si koupili hned po několika týdnech, když jsme ještě bydleli v tom prvním bytě ve Wooloongabbě – pamatuji si, že stálo 330 dolarů. Byla to koupě nadmíru odvážná – holden, asi tak z roku 1957, ale ta barva! Převážně růžová. Zde toto majestátní vozidlo bohužel mohu ukázat jen v černobílém. Auto mělo pouze tři rychlosti, které se přehazovaly takovou pákou pod volantem, žádné velké vymoženosti nemělo, to všechno co v něm bylo ale fungovalo, což bylo nejdůležitější! Zůstalo s námi potom ještě asi dva roky, než úplně dosloužilo. Ty tři stovky, které jsme za růžového holdena dali, jsme potom ještě dostali na protiúčet, když jsme za něj kupovali náhradu, o dost novějšího hillmana.

Onu cestu na jih zvládl růžový holden perfektně. Odjeli jsme s ním do New South Walesu, nejprve do Sydney, kde žil v té době můj již zmíněný strýček z druhého kolena, s jehož původem anglickou manželkou jsme se také setkali ještě krátce před odjezdem do Austrálie v Londýně, kde byla na návštěvě. V Sydney jsme zůstali několik dní. Podívali jsme se potom ještě do Canberry a zajeli jsme si až do Snowy Mountains, australských Alp. Cestoval s námi také malý springer spaniel Sargon, kterého jsme si nedlouho předtím pořídili.

Nebylo mu ještě ani celých šest týdnů, když jsem ho krátce před Vánoci domů Dáše přinesl. Ležela v posteli, nebylo jí dobře, chytila zřejmě nějaký virus. V momentě kdy jsem jí do postele přinesl malého

Sargonka, zázračně se uzdravila! Jak by také ne? Bylo to nesmírně roztomilé malé štěňátko, vypadalo jako model k prototypu všech dětských hraček – obrázek vám sem prostě dát musím, abyste se jím mohli také potěšit. Už tehdy bylo patrné, že je to pejsek přilnavý a také velice houževnatý, přímo tvrdohlavý. Sargonek opravdu vyrostl ve psa velice výrazného charakteru. Vyklubal se z něho náramný plavec; jakmile spatřil vodu byl prostě k neudržení. V tomhle podnebí to ale žádný větší problém nepřestavovalo. Později, když jsme si pořídili asi 10 metrů dlouhý bazén, rozhodl se, že je on jeho pravým vlastníkem a nás že tam pustí jen z milosti. Do vody skákal s břehu šipkou, což jsem nikdy žádného psa dělat neviděl! Připomínal ve vodě spíš tuleně, než psa. Sargon s námi pobyl na tomto světě třináct let a nějaké ty měsíce.

Jak se chovají cyklóny

Zpět k tomu pohnutému roku 1974. Už když jsme ke konci naší dovolené dojížděli do Brisbane, začínaly se kolem stahovat mraky. Shora z tropických oblastí sem doputoval cyklón, něco co se zde stává tak jednou za deset nebo dvacet let. Každým rokem v letní době se těch cyklónů vytvoří několik, jak ale postupují dolů podle pobřeží, s tím jak se voda stává chladnější postupně ztrácejí tu původní ničivou sílu větru a rozpadají se většinou ještě dřív než sem k nám dojdou. Cyklón, to bylo něco o čem jsem až doposud jen slyšel, ale nikdy nepoznal, něco co jsme doma v Česku a Evropě vůbec neměli a s čím jsem se seznámil až zde v Austrálii. K tomu, aby člověk mohl opravdu intimně poznat takovýto hrozivý přírodní jev, musel by ovšem žít na dalekém severu. Z hlavních měst Austrálie pouze Darwin leží v oblasti přímého ohrožení cyklóny (téměř každým rokem tam mívají pohotovost) a v tom stejném roce 1974, ale až v prosinci, byl o Vánocích cyklónem Tracy téměř srovnán se zemí, přičemž zahynulo více než 70 lidí. V průměru přitom pouze jeden z pěti domů zůstal v Darwinu po této živelné katastrofě stát. Z ostatních hlavních měst jednotlivých států už jen Brisbane a částečně Perth leží v pásmu kam může cyklón, či spíš jen jeho zbytky, teoreticky ještě dojít, k Sydney či k Melbourne už cyklóny nedojdou. Z větších měst kolem sta tisíc obyvatelů či více, se mohou v cestě cyklónu v Queenslandu ocitnout ještě Cairns, Townsville, Mackay a Rockhampton, spolu s celou řadou menších měst a resortů. V daleko řídčeji obydlených severních částech Západní Austrálie, kde cyklóny bývají snad ještě častějším jevem, potom to jsou zejména Broome a Port Headland. V 60-tých létech jeden menší cyklón došel až do Brisbane a docela slušně přitom pocuchal Redcliffe, což je přímořská čtvrť na severu města – zrodila se tam zhruba v té době slavná popová skupina Bee Gees. To se ale stalo ještě předtím než my jsme sem dorazili, takže to znám jen z vyprávění. O Bee Gees toho také moc nevím, protože tento způsob hudby mi nic moc neříká.

Cyklón (v Americe také hurikán, v Japonsku tajfun) vzniká tím, že se tlaková níže soustředí nad mořem a následkem otáčení zeměkoule začne také rotovat - na jižní polokouli se tak děje zleva doprava. Cyklón proto nepřekročí rovník; pohybuje se směrem od něho, podle toho na které polokouli se nachází, buď na jih či na sever. Vznikají přitom větry, které nedaleko středu mohou dosáhnout až nějakých 400 km/hod. Takto silné cyklóny jsou ovšem velmi vzácné, i když cyklóny s 300 km větry se tvoří už poměrně často. Takový cyklón potom spadá do nejvyšší 5. kategorie a byla jím výše zmíněná Tracy, která zničila Darwin. Cyklón nejnižší 1. kategorie mívá větry asi kolem 100 km/hod, potom to stoupá zhruba po 50 km/hod pro každý další stupeň. Plně vyvinutý cyklón obvykle patří do druhé či třetí kategorie a vypadá na satelitním snímku jako veliké kolo se spirálovitě se odvíjejícími rameny. Uprostřed mívá dobře viditelné „oko", několik kilometrů široké, kde nejsou žádné mraky ani větry. Na obrázku zde je satelitní snímek cyklónu Yasi z února roku 2011. Ten dlouho vypadal, že by si mohl pohrát s městem Cairns (asi 150 tisíc) tak jak to udělala kdysi Tracy s Darwinem, nakonec se ale městu vyhnul a jeho 300 km větry se vyřádily jinde a napáchaly poměrně malé škody jen na několika samotách. V případě cyklónů lze skoro s jistotou předvídat jen to, že se budou chovat nepředvídatelně. Někdy se dá uhodnout směr jímž se cyklón vydá, když už by se ale zdálo, že jej meteorologové mají tak říkajíc na provázku, tato podivná bytost najednou změní úmysly, zastaví se, či se otočí jako na obrtlíku a jde někam úplně jinam, než kam ji z míry vyvedení vědci původně posílali. Nazývám cyklón bytostí, protože se skutečně takto chová, jako nějaká živoucí bytost; je to navíc tvor s velice nestálou, vrtošivou, popudlivou povahou. Třeba takovou bytostí i je, co my víme?

Na obrázku je oko cyklónu Yasi *(vlevo)* docela zřetelně viditelné v té nejhustší části mraku těsně u pobřeží. Ten bílý křížek vpravo dole značí Brisbane, kde se nacházíme a kam až skoro sahá rameno cyklónu; odtud je to po silnici do Cairns asi 1750 km. Z toho si snad dokážete lépe udělat představu o tom, jak veliký byl tento cyklón. Pozorovatel na místě jímž přímo prochází oko cyklónu nejprve zaznamená neustále se zesilující větry a déšť, potom po několik minut úplný klid a možná dokonce i modrou oblohu. Ti kteří to zažili obvykle prohlašují, že jim to připadalo jako zjev nadpřirozený. Po chvíli se větry znovu vrátí a se stejnou intenzitou, tentokrát ale z opačné strany. Bohudíky, praktickou zkušenost s tímhle zatím nemám. Typický cyklón, jak jsem se již zmínil, se chová naprosto nepředvídatelně, meteorologové se mohou jen dohadovat, nejen o tom jakým směrem se pohne, ale i také jak dlouho tím cyklónem vůbec zůstane. Některé cyklóny se totiž dokáží udržet při životě až měsíc (nejdelší život z těch plně zaznamenávaných měl hurikán John, z roku 1994, který žil celých 31 dní), zatímco pomalu kličkují nad oceánem, jakoby se nedokázaly rozhodnou, co vlastně mají udělat. Jiné si s tím jsou jisté a hned poté kdy se vytvoří už si to rovnou namíří k pevnině, takže během 24 hodin je po nich veta. Skoro jakoby spáchaly sebevraždu. V okamžiku kdy se totiž cyklón dostane nad pevninu, začne rychle ztrácet sílu. Pouze přímořské oblasti bývají proto bezprostředně ohroženy cyklónovými větry, ty sice mohou zasahovat do vnitrozemí, někdy i pár stovek kilometrů, v případech opravdu silných cyklónů to může potrvat den či dva než se rozpadnou. Déšť se ovšem může takový bývalý cyklón rozhodnout shodit kdekoliv.

Cyklón Wanda

V okamžiku kdy se tlaková níže promění v cyklón, meteorologové mu přidělí jméno. To je snad jediná věc, kterou stran cyklónů mohou dělat s určitou sebejistotou, i když v minulosti se ani zde nechovali politicky korektně. Až asi do konce 70-tých let, se totiž cyklóny křtily zásadně jen ženskými jmény, což ovšem bylo diskriminací podle pohlaví, v tomto případě navíc doslova do nebe volající. Takže nyní už dostávají cyklóny střídavě ženská a mužská jména a to v abecedním pořádku. Nemám po ruce přesné statistiky, mám ale takový nejasný pocit, že těm cyklónům s mužskými jmény tak nějak chybí v ruce ten váleček! Cyklón, který se přihnal hned po našem návratu z výletu na jih, se jmenoval Wanda. Ta sice už také ztratila svou ničivou sílu větru, zato měla v sobě spoustu vody. Wanda překročila pobřeží nedaleko na sever od Brisbane a zastavila se několik desítek kilometrů směrem do vnitrozemí, kde zůstala stát, dokud se veškeré té vlhkosti nezbavila. Začalo pršet a pršelo a pršelo. Den nato byla sobota a byli jsme pozváni na narozeninovou party jednoho ze zdejších Čechů. Bylo to na opačné straně řeky od nás, tím jsme se ale v té chvíli ještě nijak nevzrušovali. Během večera už byly přívaly deště tak prudké, že chvílemi se zastavila veškerá zábava, protože se skoro nedalo slyšet ani když jsme si vzájemně křičeli do uší. Někdy po půlnoci jsme se vydali na cestu domů. Měli jsme starosti o štěňátko Sargona, které jsme nechali doma. Ty se ještě zvětšily, když dost brzy jsme narazili na zátarasy, které tam už postavila policie. Cesta k hlavnímu mostu byla zaplavená. Jak se dostaneme domů, na druhou stranu rozvodněné řeky? Policista nám poradil, abychom zkusili most v Jindalee o několik kilometrů dále proti proudu řeky, ten že prý má ještě být otevřený. Jeli jsme tedy tím směrem a most se ukázal být na štěstí sjízdný. Později jsme se dozvěděli, že nedlouho poté kdy jsme po něm úspěšně projeli, už byl také zavřený. Přes most sice voda netekla, narazila ale do něho bagrovací loď, která pod ním zůstala beznadějně zaklíněná. Tím jak do mostu bušila, způsobila natolik těžké strukturální poruchy, že most nakonec musel zůstat uzavřený ještě několik měsíců po povodni.

Loď zaklíněná pod mostem, po němž jsme ještě stačili projet. Pod vodní hladinou na opačné straně mostu se nachází jedna z městských čtvrtí prakticky celá.

Zjistili jsme později také, že pár lidem z té naší party se potom úspěšně zdařilo utopit svá auta, když se nemoudře pokoušeli projet tam, kde to nešlo! V neděli pořád ještě pršelo. V pondělí byl svátek – výročí založení Austrálie a do práce se proto nemuselo a ani nemohlo. Když už to o další tři dny později možné bylo, zjistil jsem, že sklad odkud jsem prodával koberce byl totálně vyplavený a všechny role úplně nových koberců se musely vyhodit. Brzy nám tam ale byly doručeny jiné. Dáša tehdy pracovala jako účetní v hotelu Parkroyal, v té době nejmodernějším hotelu v Brisbane a ten byl pod vodou až do prvního patra! Botanické zahrady naproti hotelu zmizely pod vodou úplně.

Povodeň

Když jsme si v pondělí ráno pustili rádio – denní televize ještě tehdy neexistovala – o ničem jiném se nemluvilo než o záplavách a o tom jak je to strašné! Až později jsme se dozvěděli, že celkový počet obětí na životech přesáhl třicet. Vsedli jsme toho dne do auta s tím, že se pojedeme podívat co se to vlastně děje. Pršelo sice ještě, už ale drobněji. Ujeli jsme asi kilometr, když ulice náhle před námi končila. Kolem nás stála jiná auta a skupinky lidí, kteří se dívali na jedinou souvislou vodní pláň táhnoucí se zřejmě mnoho kilometrů. Vyčnívaly z ní tu a tam koruny stromů, dopravní značky a střechy domů, často jen jejich špičky, člověk si přitom mohl snadno domyslet, že tam někde jsou ještě také domy zaplavené až nad střechu. Mezi tím vším kroužilo pár motorových člunů a plavili se různě lidé na loďkách. Ten obraz zaplaveného města mám dodnes před očima a už nikdy nevymizí. Je to obraz pokoření lidské civilizace. Pohromy, jakými byly ty dvě které jsem zde zažil (druhá povodeň přišla o mnoho let později), jsou zde zřejmě proto, aby člověku čas od času připomínaly, jak maličký je proti přírodě a jak malou má šanci, když ta se rozhodne si s ním pohrát!

Povodeň z roku 1893, kdy mělo Brisbane stěží sto tisíc obyvatelů – toto je Queen Street, nejhlavnější ulice města.

Býk na verandě hotelu

Povím vám ještě jednu perličku, o níž jsem se dozvěděl až poté kdy jsme se přestěhovali do našeho nového domu a začal jsem hrát golf střídavě na obou hřištích, které se v blízkosti nacházely. K nim vede silnice u níž stojí klasický australský hotel, který stál u kdysi hlavní výpadové silnice směrem k městu Ipswich, které dnes prakticky splynulo s Brisbane. Ulice lemovaná vzrostlými fíkovníky byla zatopená několika metry vody. Když povodeň vrcholila a dosahovala až k verandě asi tři metry nad zemí, připlaval odkudsi k hotelu mohutný býk, který se zoufale snažil zachránit na verandě. Několik hospodských charakterů, jací se vždycky vyskytují kolem takovýchto hotelů, kde obvykle také bydlejí, sedělo na verandě, kde popíjeli pivo z lahví, které jim smysl pro přežití v drsných podmínkách velel nanosit si včas z výčepu nahoru. Ubohého zvířete jim přišlo líto a tak odstranili kus litinového ornamentálního zábradlí, aby se býk mohl dostat na verandu. To se sice povedlo, místo ale museli hned nato zvířeti přepustit, protože sdílet je s vyděšeným několika metrákovým býkem jim připadalo riskantní. Až doposud to šlo poměrně hladce. Jenže, potom voda začala odpadávat, až se ztratila docela. Býk zůstal uvězněn na verandě, několik metrů nad zemí. Co teď s býkem? Dolů po schodech se nikdo ani neodvážil se pokusit ho dostat. Asi by to stejně nešlo. Po několik dní potom majitelé hotelu krmili býka na verandě, kde ho pro jistotu zabarikádovali, až se podařilo přes společnost pro ochranu zvířat získat jeřáb, s jehož pomocí byl býk z verandy odstraněn. O jeho dalších osudech jsem se bohužel už nic víc nedozvěděl...

Stoletá voda?

Povodeň v lednu roku 1974 byla tou největší od roku 1893, kdy voda snad dosáhla ještě o něco větší výšky. Přesně jak vysoko tehdy voda vystoupila je dnes těžké říci, protože orientační body se v důsledku rapidního vzrůstu města změnily. Podle některých zachovalých fotografií, jako té kterou zde máme, mohla jít voda ještě snad o metr výš. Nedávné záplavy v roce 2011, které přišly rovněž koncem ledna, přitom vrcholily o několik desítek centimetrů níže než ty z r. 1974. V úvahu je ale nutno vzít to, že už od 80-tých let stojí asi 40 km od města, přímo ve sběrné oblasti kam kdysi lila ze svých mračen vodu Wanda, mohutná přehrada s vodní plochou, která může při plné kapacitě zabírat o dost víc než sto čtverečních kilometrů. Ta jistě musela ubrat metr či dva z celkové výšky povodně, takže ta poslední povodeň mohla být potenciálně vůbec největší z těch známých.

Když se tedy na to celé podíváme tak trochu okem analytickým, uvidíme, že zde byly tři velké povodně v rozmezí necelých sto dvaceti let. Ve starých pranostikách většiny civilizací bývá zmiňována stoletá voda a často také voda padesátiletá. Dvě z těchto záplav by mohly tedy být těmi stoletými a ta zbývající vodou padesátiletou. K tomu, abychom mohli dělat nějaké definitivní závěry, asi bychom ale potřebovali mít k dispozici podstatně víc informací. Tyto části kontinentu konečně nejsou obydlené ani po celá dvě staletí. Takže dosti marné jsou úvahy o tom, zda lze podobné katastrofy předvídat, či jak se na jejich nepravidelné výskyty připravit, kde stavět a kde nestavět. Pro mne, jakožto pamětníka záplav v Brisbane v roce 1974 a 2011, které obě měly přibližně stejnou ničivou sílu, z toho všeho vyplývá jen jedno hlavní poučení: lidé se nikdy nepoučí...

Tady, na východním pobřeží Austrálie bývá tohle obzvlášť patrné. Statisticky je nepravděpodobné, že by Australan po uplynutí sedmi let ještě bydlet v tom stejném domě, který právě obývá. V Evropě naproti tomu k tak velikým přesunům obyvatelstva nedochází, či spíše až donedávna nedocházelo. Typický Evropan prožíval většinu svého života ve stejném městě či vesnici, často tam, kde žili i jeho předkové, často po mnoho generací. Možná, že dnes bydlí v jiném domě než oni, který si třeba postavil právě tam, kde se nikdy stavět nemělo. Potom na to ovšem doplatí, když se dostaví stoletá voda, o níž mohl slyšet a o níž mu třeba i vyprávěl jeho dědeček, nad čímž on ale mávl shovívavě rukou. Lidé mívají notoricky krátkou paměť, ať už žijí tam kde žijí. Jenže tady v Austrálii by mohly být následky neuváženého plánování staveb mnohem drtivější. Staví se tu víc, jednak díky rychlejšímu vzrůstu populace, také ale proto, že lidé tu bývají náročnější. Prakticky tu na příklad neexistuje, aby mladý manželský pár bydlel po delší čas u rodičů, prostě se očekává, že budou bydlet ve svém od samého začátku nebo hodně brzy. Často i před svatbou, pokud o té vůbec uvažují. Pravda, je tu mnohem víc místa. Komu nevadí, že bude do práce dojíždět desítky kilometrů, ten si může vybírat bezpečné místo k stavbě domu bez problémů. Blíž ke středu města je ale o dobré pozemky nouze.

Lidská paměť je krátká

Asi před dvaceti lety jsem trénoval dětský fotbalový tým, ve kterém hrával můj syn Darius (později přesedlal na tenis). Hřiště stálo nedaleko poměrně nového sídliště s výhradně rodinnými domy, které tu vyrostly až po zmíněných záplavách z roku 74. Znám ta místa dobře a proto jsem věděl, že jak hřiště tak dobrá polovina přilehlých domů by se při stejně vysoké povodni ocitly 3 - 4 metry pod vodou. Při té nedávné povodni se jistě pod ní ocitly znovu, ovšem z těch lidí, kteří tam tehdy

– *Vojen Koreis* –

bydleli, už tam stěží někdo dnes ještě bydlí – už od té doby uplynulo mnohem víc než sedm let, takže o to se pravděpodobně už postaraly ty statistiky. Děti, které hrály v našem tehdejším týmu, bydlely většinou na tomto sídlišti. Nedalo mi to, abych se příležitostně a opatrně nevyptával jejich rodičů, zda si jsou vědomi toho, že bydlí v povodňovém území. A vidíte, buď jim to vůbec nepřišlo na mysl nebo to s blazeovaností přehlíželi. Všichni až na pár výjimek sem přišli odněkud odjinud, jedni ze Sydney, jiní z Kanady či bůhvíodkud, povodně tu nezažili, takže se tím netrápili. Po nás potopa!

Tým fotbalistů do sedmi let, který jsem trénoval, syn Darius (druhý zleva) se chlubí vyhranou putovní trofejí.

Nerad bych byl apokalyptickým prorokem, už léta mě ale pronásleduje jedna ukrutná vidina. V Brisbane a v okolí, v místech přiléhajících k moři, se v nedávné době silně rozmohly tzv. canal estates. K tomu dochází následovně. Mazaný podnikatel se rozhodne rozmnožit svůj kapitál. Za babku koupí nějaký k ničemu se nehodící pozemek, nejlépe močál. Ten se nejprve trochu vysuší a potom se tam pošlou buldozery, které vyrýpají bludiště příkopů, kolem nichž navrší a zploští nasypanou hlínu. Když je vše hotovo, prorazí se příkop k moři, kanály se zaplní a máme tu canal estate. K tomu, abyste se kvalifikovali jako majitel takovéto exkluzívní reality, potřebujete splňovat dvě základní podmínky. Mít dobře naplněný trezor a v hlavě pavučiny. Potom si můžete postavit palác, vpředu stojí váš bourák, vzadu neméně impozantní plavidlo, jachta či motorový člun, s nimiž lze vyplouvat přímo na moře. Prostě nádhera.

Jenže, co se asi stane až jednou, zákonitě, přijde velká voda? Ona může navíc přijít ze dvou stran. Z vnitrozemí, pokud hodně zaprší, ale také od moře. Brisbane se nachází na spodní hranici cyklónového pásma. Cyklon, pokud by se zastavil nedaleko pobřeží, by svým tlakem zvedal hladinu moře, které by se potom hrnulo do canal estate. Nemluvě ani o jiné a ještě horší eventualitě, o tsunami, příbojové vlně, způsobené podmořským zemětřesením. Samotná Austrálie je sice geologicky dosti stabilní, ovšem už Nový Zéland, od něhož nás tu dělí jen pruh oceánu, se nachází v tzv. Ohnivém pásmu, kde může k zemětřesení dojít kdykoliv. Totéž platí o některých z ostrovů Tichomoří. Že tu už něco takového bylo, dokazují legendy aboriginálců. V jedné z nich se vypráví o vzniku Glasshouse Mountains, což jsou divukrásné skalní útvary sopečného původu, nacházející se kousek na sever od Brisbane, na kilometry vzdálené od moře. I odtamtud musel kdysi utíkat domorodý kmen před tsunami a ti, jimž se to nepodařilo, tam zkamenělí stojí dodnes. Po těch škodách, které viděl celý svět tsunami nadělat v nedávných letech v Thajsku, Malajsku, Indonésii a v přilehlých oblastech, později také v Japonsku, člověk už spíš pochopí, že takovéto legendy se nejspíš zakládají na pravdě.

Glasshouse Mountains – jsou to podle legendy zkamenělí domorodci, jimž se nepodařilo uprchnout před tsunami.

Náš první dům

Pozemek jsme tedy měli, zbývalo nalézt stavitele a hlavně: někoho kdo by nám na tu stavbu půjčil. V hlavách se nám honily všelijaké nápady a plány k tomu jak by měl náš budoucí dům vypadat, museli jsme se ale sklonit před realitou. Tou bylo, že největší šanci na to, že nám někdo vůbec půjčí budeme mít, když zažádáme o půjčku pokud možno co nejmenší. A když má být co nejmenší ta půjčka,

musí být co nejmenší a nejobyčejnější také dům, který za ni postavíme! Řešením bylo jít za stavitelem, který staví domy co nejtuctovější. Takového jsme si tedy našli a vida! stavební společnost nám tentokráte peníze půjčila. Zastavil jsem se na pozemku, když jsem nedaleko projížděl, abych se přesvědčil o tom, že kolíky označující místo kde má dům stát jsou na správných místech (stejně nakonec postavili dům o několik metrů blíž k silnici než jsme původně chtěli...). Stojím v kontemplativní náladě na místě budoucího domu, když náhle něco zaslechnu zašustit za mými zády. Otočím se a hledím přímo do tváře velikému klokanovi stojícímu jen několik metrů ode mne. Chvíli jsme se takto na sebe dívali, potom to klokana omrzelo, otočil se a odskákal. Byl to tzv. eastern grey, podobný tomu na obrázku, což jsem v té době ještě ale nevěděl. Dorůstají až velikosti člověka a tenhle mi rozhodně nepřipadal být o moc menší než já sám. Tito klokani dovedou prý někdy být i docela agresivní, když si chrání teritorium; tento se ale netvářil nijak zvlášť nepřátelsky, spíš byl jen z našeho setkání stejně překvapený jako já. Musel přitom být na lidi už aspoň trochu zvyklý, protože hned na vedlejším pozemku už stál dům, v němž už po nějaký čas bydlela rodina přistěhovalců z Holandska. Jinak tam ale mnoho domů ještě nestálo, i když už se začínaly objevovat a rostly potom jak houby po dešti. Jak postupně nové domy přibývaly, ubývalo klokanů kolem nás, i když se tam nejspíš dá nějaký občas zahlédnout i dnes, stejně jako pštrosi emu, kteří jsou zde také celkem běžní.

Stavební firmě to trvalo jen asi měsíc postavit náš dům! Čekal jsem pořád, že se někde něco zadrhne, tak jak jsem byl na podobné věci zvyklý ještě z Československa. Přece to takhle rychle jít nemůže! Jeden den tam jsou vykopané základy a když se tam o tři dny později člověk znovu jede podívat, už tam stojí dřevěná kostra celého budoucího baráku. Za dalších pár dní nato už je dům pod střechou! Kromě toho, že malíři se pořádně nepodívali na to jakou barvu jsme si vybrali (byla to taková světle hnědá) a natřeli dům prostě na bílo, tak jak asi na to byli zvyklí, k žádným incidentům nedošlo. Dům malíři přemalovali tak jak měl být za další den a my se mohli nastěhovat. Vyřešili jsme to tak, že jsme uspořádali stěhovací party. V pátek k večeru přijeli lidé k nám ještě do Morningside, kde každý naložil do auta co se dalo. My už jsme v té době měli auta dvě, cortinu a hillmana, který mezitím nahradil starého růžového holdena. Jeden známý Jugoslávec Miro (poměrně nedlouho nato umřel na rakovinu tlustého střeva, nebylo mu ještě ani třicet) měl náklaďáček, kam se naložilo pár těch větších kusů nábytku, postele a křesla. Hrozila bouřka, už cestou začalo pršet. Když jsme dorazili k novému domu, lilo jak z konve. Říkali jsme si sice, že nám prší štěstí, než jsme všechno dostali dovnitř bylo to ale mokré. Spali jsme ten večer v ještě vlhkých postelích, spali jsme ale poprvé zde v Austrálii a poprvé vůbec v životě, v našem!

O našich zvířátkách

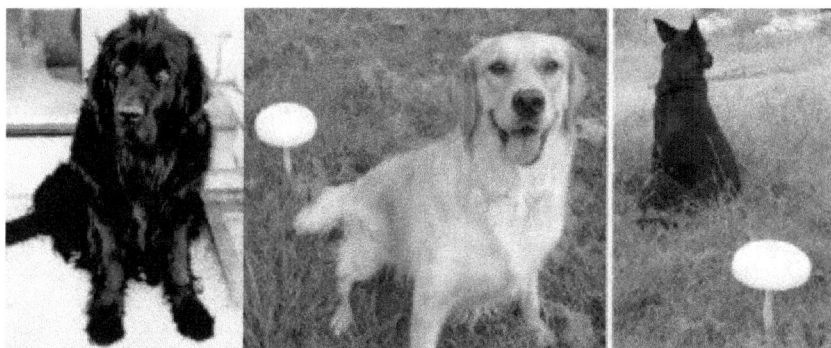

Zleva doprava — Zarah, Roxie, Biggles

Zmínil jsem se již o Sargonovi, anglickém springer spanielovi, který s námi jako malé štěně cestoval po jihu Austrálie. Ten asi po roce dostal ještě nevěstu stejné rasy jménem Niki; jedno z jejich šesti štěňátek jsme si také nechali a dali jsme jí jméno Becky. Ta později měla těch štěňátek dokonce devět! Z nich už jsme si ale žádné nenechali. Zato jsme zhruba v té době adoptovali také ruského vlkodava neboli barzoje jménem Car. O nějaká ta léta později, když všichni tito zmínění pomřeli, jsme ještě měli dalšího springera Arguse. Všichni naši springříci byli milí, čilí a chytří pejsci, všichni se dožili právě těch třinácti let – to se zdá být pro tuto rasu věkový limit. Niki a Argus k stáru oslepli, nijak zvlášť jim to ale nevadilo. Potom jsme ještě měli párek lhasa apso Činki a Tiki, čímž pádem jsme přišli na to, že takto malí psi pro nás nejsou. Šli jsme potom do druhého extrému a pořídili si novofundlanďanku Zaru, která byla velice milá a inteligentní, bohužel nám ale umřela jen jako tříletá na jakousi nemoc krve. Hned příští den po její smrti jsme adoptovali křížence té stejné rasy s vlčákem, jménem Biggles. I ten už nás opustil, takže v současnosti máme zlatou retrívkyni Roxie. Náplní jejího života je nosit nám míčky, přičemž od nás očekává, že jí je někam hodíme, tak aby pro ně mohla běžet a zase nám je přinést. To je její práce, tak říkajíce její svatá povinnost, jedině pro to ona žije. S tím, s nějakým jídlem a spánkem, což potřebuje k zotavení po té vší námaze, si naprosto vystačí.

Mezi kočkami které jsme měli byly Henrietta (ta žila déle než 18 let), Muni, Muši, Kai-kai II, Theodor a několik jiných, které nám skoro všechny přejela auta, hlavně zpočátku, kdy jsme bydleli v hustě obydlených částech města. V současnosti, přiměřeně k našemu rostoucímu věku, máme dvě sestřičky ušlechtilé a kromobyčejně klidné a líné rasy ragdoll, jménem Gennie a Kira.

Nahoře: sestry Kira a Gennie, dole jejich předchůdci Henrietta a Theodor.

10. TEN NEŠŤASTNÝ ČESKÝ AKCENT!

Od samého počátku mi bylo dost jasné, že asi nemám šanci se v Austrálii uživit jako zpěvák, herec, či něco podobného, což mě kdysi v Česku živilo. Rozhodně ne na plný úvazek. Na jevišti a všude jinde by mě byl vždycky silně omezoval můj přízvuk. Tohle je jedna konstanta s níž musí každý kdo se rozhodne žít v anglicky mluvícím světě, počítat. Že ve své angličtině bude do smrti mít akcent, který vždycky lidem prozradí, že sem přišel odněkud odjinud, kterého se nikdy nedokáže úplně zbavit. Z Čechů, kteří se pokusili prorazit jako herci v anglicky mluvících zemích, jich proto moc úspěšných nebylo. Z té hrstky jimž se povedlo si na svém přízvuku vybudovat kariéru, daleko nejúspěšnější byl v Česku až donedávna kupodivu téměř neznámý Herbert Lom (1917-2012), který si vybudoval impozantní kariéru trvající déle než sedmdesát let a čítající víc než stovku filmů.

Herbert Lom a Jiří Voskovec

Původním jménem Herbert Karel Angelo Kuchacevič ze Schluderpacheru, Lom pocházel ze staré pražské šlechtické rodiny. Jako mladík si zahrál ještě před válkou v pár českých filmech, jako 22-letý ale přesídlil v roce 1939 do Anglie. Lom prý bylo nejkratší jméno které namátkou našel v telefonním seznamu, takže je od té doby užíval. Snad jen ti, kteří učiní takový přesun do věku asi tak 16-18 let, mají ještě jakous-takous šanci s tím svým akcentem něco udělat. Po dvacítce už je pozdě. Lom proto hrál v Anglii už od 40-tých let a později i v Hollywoodu vždycky nějaké cizince, zpočátku hlavně takové ty podezřelé, či přímo padoušské, později ale i jiné. Tak například v roce 1952 hrál krále Siamu v původní londýnské produkci hry Král a já, později se objevil jako Napoleon ve známé filmové verzi Vojny a míru z roku 1956 s Fondou a Hepburnovou (francouzského císaře, jehož v obličeji dost připomíná, potom hrál i v jiné verzi.), měl hlavní roli ve Fantomu opery z r. 1962, hrál i kapitána Nema v Tajuplném ostrově (1961). Ještě později přesedlal i na role komické, když v seriálu filmů o Růžovém panterovi vytvořil nezapomenutelnou dvojici s Peterem Sellersem, kde hrál Dreyfuse, těžce trpícího šéfa policie, kterého beznadějně neschopný a věčně potrhlý inspektor Clouseau dostane až do blázince.

Oproti Lomovi, Jiří Voskovec filmových rolí tolik nedostával, rozhodně ne těch významnějších, i když celkově jich bylo kolem sedmdesáti. Poměrně nedávno jsem ho ale viděl v jedné docela slušné starší kovbojce (na které se dívám jen málokdy), kde ovšem hrál německého přistěhovalce. Nebyla to sice veliká, ale v celkovém ději dosti klíčová role. Zahrál si ale někdy také na Broadway na jevišti, občas i v televizi (na jeden seriál, v němž poměrně krátce před svou smrtí Voskovec hrál Fritze, opět Němce, který je osobním kuchařem labužníka a detektiva Nerona Wolfa, jsme se i dívali).

Jára Kohout

Někdy kolem roku 1980, jsem se o českých hercích a angličtině bavil s jiným, na Západě poměrně úspěšným českým hercem, komikem Járou Kohoutem. Zatímco V&W se v dobách Osvobozeného divadla zabývali spíš druhem intelektuálního humoru, Kohoutův humor byl jadrný, lidový, tak říkajíce "od podlahy". V Česku byl slavný hlavně ve třicátých letech, po komunistickém převratu ale zmizel "za kopečky". Přes Německo a Francii se nakonec dostal do Ameriky kde, jak říkal, se nikdy nesnažil o to získat si nějakou slávu. Té si ostatně užil dost ještě v Česku. Jednu vedlejší roli si zahrál i ve Formanově "Taking Off", prvním filmu který tentýž natočil v USA, ale i tak to byl spíš jen štěk. Vzal prý jinak každou roli kterou mu agent sehnal, včetně televizních reklam, jichž natočil na stovky a kde si tím pádem získal jakýsi patent na roztomile komického cizince. Voskovec prý takovéto role odmítal. Pro Kohouta důležité bylo prý to, že sebe i rodinu takto docela slušně uživil. To je ale Amerika, kde jsou jednak lidé na komerční reklamy zvyklejší než kdekoliv jinde, kde se jich proto také víc natáčí a kde žije podstatně víc lidí, kteří se na ně dívají. V Austrálii není pro tohle zdaleka tak úrodná půda. Konečně, říkal jsem si, kdo by si chtěl dělat kariéru v reklamách?

Járu Kohouta to nejspíš také moc nebavilo, proto občas udělal kratší turné po českých komunitách. Jedno z nich ho přivedlo do Austrálie. Když jsem se tehdy Kohouta na Voskovce vyptával, prohlásil, že ten prý většinou jen čeká ve svém manhattanském bytě na to, až mu zavolá jeho agent. Že prý se mezi sebou sázejí zda, když vytočí jeho číslo, vezme to Voskovec na první nebo na druhé zazvonění. Jestli to bylo jen takové přátelské popošťouchnutí, o kolik se přitom postarala ta věčně přítomná herecká řevnivost, či jak mnoho si k tomu přidal rozený komik, jakým Kohout byl na jevišti i v civilu, se mohu dnes už jen dohadovat. Tehdy, bylo to tuším v roce 1978, zavítal i sem k nám do Brisbane, kde měl v krajanském klubu vyjednané představení na

— *Vojen Koreis* —

nedělní odpoledne. Dorazil už o pár dní dřív, takže jsme s ním, s mojí matkou, která u nás právě byla na návštěvě a s jedním párem zdejších Čechů, jeli na Gold Coast, což je taková australská Rivéra, několik desítek kilometrů na jih od Brisbane. Bylo to uprostřed zdejší zimy a nás, australským podnebím zhýčkané domorodce, ani nenapadlo jít se koupat do moře. Severní Amerikou otužilý Jára Kohout ale nezaváhal a jakmile jsme dorazili k pláži, svlékl se do plavek a zamířil přímo do příboje. Na svůj věk, tehdy asi 75, se zdál být v dobré kondici, sledovali jsme ho ale trochu s obavami, aby neplaval příliš daleko, protože zachraňovat ho z té pro nás ledové vody by bylo bývalo značnou obětí.

O něco později seděla naše malá společnost v restauraci, která se specializovala na delikatesy pocházející z moře, kam nás pozval její vlastník, jeden ze zdejších Čechů. Kohout byl pochopitelně jejím středem. Jen když potřeboval trochu nabrat dechu, snažil jsem s, tak jak to šlo, za něj zaskakovat. Už z dob, kdy dělával své pravidelné rozhlasové pořady, jsem věděl, že má vždycky po ruce zápisník, kam si zaznamenává všechno, co by se mu mohlo v budoucnu hodit. S tím se nikdy netajil, byl na to naopak hrdý. Několikrát si takovéto poznámky dělal i za mé přítomnosti. Jakmile zaslechl například vtip, který ještě předtím neslyšel, šup s ním do zápisníku! Takový byl i případ vtipu, který jsem znal ještě dávno z Česka (pověděl mi jej tehdy jevištní mistr Karel Kubart) a ten jsem dal k lepšímu:

Otázka: Kdo vynalezl pytle?
Odpověď. No přece, Pytlov.
Otázka. A kdo vynalezl ozubená kola?
Odpověď. No pochopitelně, že Ozubov.
Otázka. Kdo tedy vynalezl jódlování?
Na tohle jsem se už ptal přímo Kohouta. Odpověděl trochu váhavě, ale stejně jako až doposud každý před ním:
No, asi Jódlov.
Chyba! Jódlování vynalezl kolektiv Ozubov-Pytlov, když strkali pytle mezi ozubená kola.

Vtip měl Kohout v zápisníků hned jak jsem domluvil. Jestli jej někde potom udal, to ovšem nevím. Když jsem ho v neděli při jeho představení uváděl na jeviště, překvapil jsem ho velice moc tím, že jsem přitom užil několik z neměnných průpovídek, které vždycky užíval on při svých rozhlasových pořadech na Svobodné Evropě:

...já mám v notesu..!
nebo
...ale teď, ale teď uhodila rozhlasová čtvrthodinka..!

— 188 —

Dokonce jsem mu i zazpíval:
...nikdy nic netrvá věčně
to je staré přísloví,
sdělujeme dodatečně,
že náš pořad je hotový...

Tohle jistě nečekal a trochu ho to myslím i dojalo. Na mně, tehdy asi pětatřicátníkovi, musel vidět, že mi nemohlo být o moc víc než deset let v době, kdy se tyto pořady na věčně rušených krátkých vlnách vysílaly. Jenže, já jsem ty jeho čtvrthodinky v těch časech opravdu poslouchával a skoro s náboženskou pravidelností. Žili jsme v té době sami s matkou v domě, který otec ještě před svou náhlou smrtí koupil v Rokytnici nad Jizerou, kam hodlal jednoho dne odejít na odpočinek. K tomu nedošlo, život v Praze byl ale příliš nákladný, chalupa tam stála nevyužitá, takže jsme se s matkou do Podkrkonoší přestěhovali. Televize ještě nebyla, Svobodná Evropa se u nás poslouchala každý večer. Měl jsem přísně nakázáno radio okamžitě vypnout, kdyby k nám někdo náhodou zavítal. Máma mě také už dávno předtím důrazně poučila, že se o tom co posloucháme nesmím nikde, ale opravdu nikde a před nikým, zmiňovat. Věřila v můj zdravý úsudek a já jsem ji nikdy v tomto směru nezklamal. Některé z vtipů, které jsem tehdy od Járy Kohouta i od jiných slýchával, sice po tom přímo volaly a byl bych je hrozně rád pověděl svým kamarádům. Věděl jsem ale také, že by se takto mohlo prozradit, že náš vztah k socialistickému státnímu zřízení není právě z těch nejkladnějších. To by bylo také mohlo znamenat, že by mi mámu zavřeli do vězení! Jára Kohout, tam kdesi za Železnou oponou, proto po celá léta zůstával mým a máminým tajemstvím. Řekl mi tehdy, že dost často přemýšlel, jestli ho vůbec někdo poslouchá. Tomu říkám "Osamělost rozhlasového moderátora" a zakusil jsem ji sám pro sebe, když jsem brzy poté začal sám účinkovat v rádiu.

Kohout, pokud vím, se po Sametové revoluci vrátil do Česka, kde prožil několik posledních let života, až do své smrti ve věku necelých 90. let. Ještě si dokonce stačil zahrát pár rolí, na jevišti i ve filmu.

Zpěváci to nemají lepší

Pokud jde o zpěv, nezasvěcenec by řekl, že tam se ten přízvuk přece jen tolik nepozná, že to tam snad tak zlé s tou angličtinou nebude. Věřte mi, že je! Přijdou na to nakonec i ti optimističtí a ambiciozní jedinci, ale většinou až poté kdy marně utratili spoustu peněz, hodin i dní, když se snažili ta břemena svých přízvuků odhodit či aspoň nějak zakamuflovávat, i když si třeba k tomu zjednali i to nejkvalitnější jazykové koučování. Doma mohou sice být slavní, přes to všechno to s nimi skoro vždycky dopadne stejně a to tak, že ta jejich čeština je v jejich anglickém zpěvu pořád na hony slyšitelná a poznatelná. Běžný Čech, který má tu svoji češtinu v uchu každý den, to asi tak nepozná a může mu potom snadno připadat, že někdo hovoří či zpívá anglicky bezchybně. Ten kdo žije v zahraničí jako já, po nějaké době ale už pozná, že tam něco tak úplně nesedí. Čím déle se nachází mimo české prostředí, tím se to stává poznatelnějším. Ondřej Suchý na svých stránkách Šemanovice kdysi ocitoval Voskovce, který v jednom ze svých dopisů Jiřímu Šlitrovi napsal:

"A ty anglický citáty jsou nepřesvědčivý. – – No ale, to snad tak člověku zní odsuď – pro domácí tamozemskou potřebu to snad nevadí. Připomíná mi to trapas, který cítím, když slyším na desce Ježkův band zpívat: „...tiger rag" do nekonečna, s žižkovským akcentem."

Ano, přiznám se, že ten trapas také někdy pociťuji. Po tom všem se divte, když těm, kteří se v anglicky mluvící zemi narodili, to zpívání s českým akcentem trhá uši! Možná, že v dnešní době, kdy se lidé dostanou třeba do Anglie snadněji a v mladém věku, se to trochu změní k lepšímu a bude jich víc jimž se podaří prorazit. Výše zmíněné ovšem platí nejen o Slovanech, ale i o ostatních národech, o Němcích, Francouzích, atp. Jde to ale ještě hlouběji, týká se to dokonce i mnohých z těch, kteří od kolébky neznali nic jiného než angličtinu. Přízvuky v angličtině jsou totiž velice zarputilé a to kde se člověk narodil ho většinou poznamená na celý život. V Anglii potom zejména. Profesor Higgins v Shawově Pygmalionu, či v jeho muzikální verzi My Fair lady, který dokáže podle přízvuku Elisy Doolittle určit nejen čtvrť ve východním Londýně, ale dokonce zhruba i ulici v níž se narodila, je pochopitelně výplodem spisovatelovy fantazie, není to ale zase tak příliš za vlasy přitažené. Názorně nám v tom může posloužit třeba Michael Caine. Cockney přízvuk v jeho angličtině je natolik zakořeněný, že pochybuji o tom, že by byl kdy tento herec schopen s tím něco udělat, i kdyby byl od samého počátku chtěl. Když kupříkladu hrál ve filmu *Educating Rita* profesora angličtiny, měl přitom pořád cockney akcent. Budiž, takový profesor se mohl snad narodit v chudé čtvrti kdesi ve východním Londýně, přesto mi to ale jako divákovi vadilo. Klasická oxfordská angličtina by asi byla spíš na místě. Jako mnozí filmoví herci, je Caine ale spíš osobností než klasickým hercem, kteří bývají flexibilnější, zejména ti divadelní. Jsou mezi nimi i takoví, kteří dokáží napodobit celkem jakýkoliv přízvuk, když se ale na to podíváte pod drobnohledem, nejspíš objevíte, že spíš než o skutečný přízvuk se jedná, jak je tomu v případě Petera Sellerse, o karikaturu.

Na úskalí přízvuku už tedy ztroskotal nejeden ambiciózní herec či zpěvák a jsa si toho velice dobře vědom, neměl jsem náladu na to k těmto statistikám nějak přispívat a stát se další obětí toho hrůzostrašného monstra zvaného "foreign accent"!. Kdybych byl zůstal u opery, bylo by mi toho sice prošlo daleko víc než populárním zpěvákům či hercům, protože opera se dnes zpívá skoro všude po světě v originále, což bývá nejčastěji italština, někdy němčina či francouzština. Tady jsou na tom skoro všichni zpěváci stejně. Italština není jako angličtina a k češtině má výslovností dost blízko, takže bych měl snad i spíš výhodu oproti těm anglicky mluvícím pěvcům. Zpočátku jsem si proto říkal, že bych to snad měl přece jen ještě zkusit, na druhou stranu jsem věděl, že těch příležitostí tu prostě není dostatek, aby ta dřina spojená s veškerým tím pilováním pěvecké techniky za to vůbec stála. Nehledě na to, že operní zpěvák potřebuje učitele a ti dobří nejsou ani trochu levní. Navíc, po třicítce už jsem také na tom nebyl po stránce věkové nejlépe!

Jsou ovšem případy operních pěvců, kteří začínají své kariéry pozdě, bývají ale výjimkou. Jednou z nich byl snad můj nejoblíbenější český tenor Vilém Přibyl *(1925-90, vpravo),* který začal svůj hlas cvičit až po pětadvacítce a do svého prvního angažmá nastoupil až ve 34 letech. Což je pozdě, zejména na tenora. Zazpíval si ale potom například Beethovenova Florestana dokonce i v londýnské Covent Garden! Nejsympatičtější na tomto zpěvákovi mi ale bylo to, že nikdy nevystoupil v žádné z Pucciniho oper. Představuji si proto, že musel být jako já — neměl rád hudbu Pucciniho! Když poslouchám rádio, což činím často když maluji či píši a některá z jeho podle mne příliš přeslazených a přeexponovaných árií či duet je na pořadu, přeladím obvykle ihned na jinou stanici, se slovy "Už tam zas pučej!"

Ještě jednou to zkusím

Tak trochu inspirován Vilémem Přibylem, rozhodl jsem se učinit ještě jeden pokus. Brzy poté kdy jsme sem přijeli jsem začal chodit na zdejší konzervatoř, kde mne okamžitě přijali a kde si mne, zdálo se, docela považovali. Pomohlo mi to v tom trochu se porozhlédnout po místní hudební scéně. Viděl jsem ale dost brzy, že tohle asi nikam nepovede. Rozhodně ne zde v Brisbane. V sedmdesátých letech to tu bylo s operou slabé a kdo se chtěl někam dostat, musel z Austrálie ven, nejčastěji do Londýna. Jenže, odtamtud jsem právě přišel! Existovala tu sice už tehdy Queensland Opera Company, ta ale v té době byla víceméně jen poloprofesionální záležitostí. Později se přejmenovala na Opera Queensland, ani v dnešní době ale není nijak zvlášť prominentní. Uspořádá obvykle asi 3-4 premiéry do roka, přičemž aspoň jednou z nich bývá některá z Pucciniho oper které, jak jsem se už zmínil, nemám ani trochu rád. Nemohu za to, je to podle mne prostě takový operní kýč. Chápu přitom, že se operní společnosti potřebují nějak uživit a že se tudíž musí zavděčit obecenstvu, které z nějakých mně nepochopitelných důvodů na Pucciniho chodí rádo. Občas zde v Brisbane udělají něco docela dobře — líbila se nám na příklad v roce 2009 La Traviata, kde Violettu zpívala vynikající ruská pěvkyně Elvira Fatykhova. Jindy to naopak za moc nestojí, jako produkce jiné Verdiho opery Nabucco o rok či dva předtím, která byla tak nějak násilně zmodernizována! Proti modernizování operních libret v zásadě nic nemám, nemám to ale rád, když se to dělá příliš politicky korektní. Což je ovšem mor moderní doby. V konkrétním případě Verdiho Nabucca, měl babylonský král za jakési své alter-ego Saddama Husseina, což jsem ještě překousl — konečně, děj se odehrává v těchto končinách světa. Když ale proslulý sbor zajatých Židů *Va, pensiero* zpívali jakoby Palestinci za jeruzalémskou zdí, bylo toho na mne přece jen trochu moc! Byl jsem jen rád, že myšlenky na uměleckou kariéru v Austrálii, pěveckou nebo hereckou, jsem ze všech výše uvedených důvodů pro jednou pustil z hlavy hned ze začátku. Naši rodičové někdy mívají dokonce i pravdu, když nám dávají své životní rady. V tomto oboru je tomu přesně tak, jak říkávala moje matka: mnoho povolaných, málo vyvolených...

Začal jsem hrát golf

Nechal jsem tedy zpívání a protože jsem potřeboval být nějakým způsobem aktivní, začal jsem hrát golf. Že tohle bych si kdy mohl dovolit, v to jsem předtím nikdy nevěřil. Tady v Austrálii je ale hraní golfu dostupné asi každému, kdo si to přeje. Nejprve jsem zkusil hrát s několika prastarými a už trochu zrezavělými golfovými holemi, které jsem koupil kdesi na blešším trhu. Brzy jsem přišel na to, že mě docela baví chodit takhle na čerstvém vzduchu a občas přitom postrčit míček směrem k jamce, že tohle je něco pro mne! To jsem ještě nevěděl, co o golfu kdysi prohlásil Mark Twain, že totiž golf je příjemná procházka, kterou si tím hraním pokazíte... Na druhou stranu, jiný mudrc se na to dívá jinak a pozitivněji, když prohlašuje, že golf a sex jsou asi tak ty jediné dvě věci jichž si můžete užívat, aniž byste v nich vynikali... V každém případě, hned jakmile jsem si našetřil na sadu pořádných holí, za které bych se nemusel stydět, začal jsem hrát golf s veškerou vážností.

To už jsme bydleli v našem vlastním domě, odkud to bylo autem necelých pět minut hned ke dvěma hřištím. Tím prvním, byl Gailes Golf Club, což je opravdu velice dobré hřiště, na němž se v roce 1955 dokonce konalo Australian Open, největší turnaj roku. Členství zde bylo dost drahé, několik set dolarů ročně, přesně už si nepamatuji, jen to, že v té době jsem si nemohl dovolit stát se zde členem. Naštěstí to druhé hřiště, které s ním přímo sousedilo, bylo pro mne mnohem přístupnější.

Nazývá se Wolston Park a původně bylo postaveno na pozemcích psychiatrické léčebny, která zde stojí už od roku 1865 a tvoří tak část historie tohoto státu. Zpočátku byla známá jako Woogaroo Lunatic Asylum, tedy prostě blázinec — tehdy se ještě lidé nebáli nazývat věci pravými jmény. Hřiště bylo postaveno počátkem 60. let minulého století, původně jen pro pacienty a zaměstnance léčebny, brzy se ale při něm vytvořil klub, který měl už širší členstvo. Členské poplatky byly jen zlomek toho, co se platilo hned vedle za plotem, takže členem jsem se stal okamžitě. Brzy jsem také objevil, že hrát vedle na Gailes nebylo pro mne nyní přece jen tak nedostupné, jak by se bylo zdálo. Jakmile jsem totiž pro jednou získal oficiální handicap, který platil pro celou Austrálii a který dostanete jen když jste členem nějakého klubu, mohl jsem potom být i tzv. "weekday member" na vedlejším glamorózním Gailes, t.j. hrát tam v týdnu, kromě víkendů. V té době jsme už měli s manželkou docela slušně zavedený rodinný podnik, při němž jsme rozváželi do obchodů chléb a jiné čerstvé pečivo. Znamenalo to vstávat ve tři ráno, v pátek dokonce i před půlnocí a s dvěma dodávkami potom jezdit od čerta k ďáblu. Jenže, někdy kolem desáté ráno už nám padla a já jsem se mohl přemístit na hřiště, kde jsem buď tréningově odpaloval stovky míčků na Wolston Parku nebo hrál v nějakém menším golfovém turnaji na Gailes.

Tam se dokonce stal mým častým hracím partnerem tamější profesionál Jack Coogan. Jack, ještě jako jeden z nejlepších australských a tudíž i světových amatérů, hrál zde na Gailes právě při onom Australian Open v 55. roce, kdy skončil celkově třetí, jako nejlepší Australan. Vyhrál tehdy legendární Jihoafričan Bobby Locke. Poté kdy takto Jack porazil plejádu australských profesionálních hráčů, byl brzy nato sám přijat do jejich řad a bylo mu hned nabídnuto místo klubového profesionála právě na Gailes. Tam potom učil hrát golf až do své smrti, někdy kolem roku 1990. V době kdy jsem ho znával, už nebyl žádný mladík a hrál v týdnu soutěže jen rekreačně. Držel ale stále rekord hřiště — 63, deset pod par. Mne si oblíbil a sám mi nabídl, že budeme hrát spolu v soutěžích dvojic v týdnu, což bylo pro mne velice výhodné. Získával jsem takto vlastně od něho zcela zadarmo golfové instrukce, za které bych jinak musel dost zaplatit. Žádným přeborníkem jsem sice nebyl, na to jsem začal hrát golf trochu příliš pozdě, dostal jsem se ale dosti rychle na slušnou amatérskou úroveň. Začínal jsem na handicapu 24 a po následující rok jsem ubíral v průměru jednu ránu měsíčně — tomu kdo golf aspoň trochu zná to asi něco poví. Později už to ovšem šlo pomaleji, brzy jsem ale začal reprezentovat klub v místní golfové lize a potkal se tak s celou řadou mladých, nadějných hráčů, včetně budoucí světové jedničky Grega Normana. Můj mentor Jack Coogan přesto mým golfovým švihem nikdy příliš nadšený nebyl, obdivoval se ale mému "putting stroke", konečnému úderu k jamce. Řekl mi jednou, "já mít v tomhle tu tvoji vrozenou finesu, tak jsem mohl dlouhá léta hrát na tour, vydělat spoustu peněz a nemusel bych býval učit hrát golf taková polena, jakým jsi ty!" Teprve když se ze mne po letech stal mezinárodně uznávaný přeborník v golfu na počítači (to už hrál Jack dávno na těch nebeských hřištích), došlo mi, že asi skutečně jsem musel dostat do vínku nějaký způsob delikátního doteku. Na počítači to bylo patrnější, na skutečném hřišti se to zdaleka tolik nepoznalo, jen někdy.

Už zase zpívám...

Kam pak asi vede hraní golfu? V mém případě neomylně ke zpěvu! Na Wolston Parku jsem hrával pravidelně každou sobotu a často i v neděli golf se skupinou hráčů, z nichž někteří patřili k jakési církevní organizaci, tuším, že to byli presbytariáni, která se chystala za účelem získání financí uspořádat tzv Black and White Minstrel Show. To jsem zahlédl jednou či dvakrát ještě v Anglii, kde bylo jako televizní pořad nesmírně úspěšné. Pamatoval jsem si jen, že mě to nijak zvlášť nenadchlo. Minstrel shows byly velice populární v 19. století v Americe, potom jejich popularita začala pomalu upadat. Ke vzkříšení došlo ve 20-tých letech, zejména když byl uveden první skutečný zvukový film The Jazz Singer, v němž hrál a zpíval slavný Al Jolson. Televizní seriál BBC byl na obrazovkách po celých dvacet let, od roku 1958 až do roku 1978. Dávno předtím než se ukončil, začaly se ale objevovat stále vážnější a vážnější námitky proti tomu, jak jsou v něm zesměšňováni černoši. Seriál přesto pokračoval — jeho popularita byla taková, že ani BBC, v dnešní době jedna z pevností politické korektnosti, si nedovolila jej tehdy ukončit, dokud to opravdu už dál nešlo udržet. No a takovéto show si usmysleli tito lidé a právě když bylo tomuto druhu zábavy už téměř odzvoněno! Politická korektnost v Austrálii ještě v té době nebujela; teprve nyní se to tato země snaží to dohonit. Když tehdy za mnou přišli dva z mých golfových kolegů, kteří se nějak dozvěděli o mé historii swingového zpěváka, jestli bych jim zazpíval v jejich show, řekl jsem, proč ne? Kdybych byl věděl o co vlastně jde, asi bych byl trochu

víc váhal, že se jedná o black and white minstrel show, na to jsem ale
přišel až když už se zkoušelo a kdy kdy už to nešlo odřeknout!

Al Jolson vystoupil ve filmu Jazzový zpěvák jako takto namalovaný černoch.

V průběhu představení nás bylo na jevišti asi dvacet, všichni
namalovaní podobně jako Al Jolson na obrázku. Zpívala se, většinou
sborově, typická směsice tradičních amerických melodií. Proložené to
bylo několika sólovými výstupy. Já jsem měl zpívat dvě písničky, obě o
řece a sice *River, stay away from my door* a proslulou *O'l Man River*, u
nás spíš známou jako Mississippi. Shodou okolností, pianistkou která s
námi od začátku zkoušela, byla naše sousedka Joanne. Řekl jsem si
tehdy, když už mám zpívat to, co učinil tolik slavným Paul Robeson ve
filmu Show Boat se svým hlubokým hlasem, proč nezpívat ještě
hlouběji? Tak, aby to už opravdu stálo zato! Nejsem snad "basso
profondo"? Pohrál jsem si trochu s notovým listem, sáhl jsem na dno
veškerých svých hubených znalosti hudební teorie a přetransponoval
jsem celou skladbu, nejsem si už teď jistý jestli o tercii, možná i o kvartu
níže než jak tomu bylo v původním notovém záznamu. V každém
případě si pamatuji, že když jsem potom nasazoval tu nejnižší notu na
začátku refrénu, bylo to hluboké "C". Pokud vím, je to ta nejnižší nota,
která se vyskytuje ve veškerém operním repertoáru pro basisty a přišel s
ní bezmála před čtyřmi sty lety Monteverdi v arii Senecy v *Korunovaci
Poppey*. Nevím, jestli měl k tomu nějaký protějšek tehdy běžně
užívaných eunuchů, který by dokázal zpívat takhle nízko. Po něm už si

ale na hluboké céčko nikdo ze skladatelů netroufal (nejspíš by takového odvážlivce ztloukli), maximálně tak na "D" a i to dá basistům, například v roli Osmina v Mozartově *Úniku ze serailu*, pořádně zabrat. Nevím, jestli bych si na to "C" troufal na jevišti jen tak bez mikrofonu, věděl jsem ale, že budu mít k dispozici tuto berlu všech populárních zpěváků, tu věc bez níž by se mnohý z nich ani přívozu nedovolal, mám-li ocitovat Jana Wericha. S Joanne jsme si to potom vedle u klavíru vyzkoušeli a k mému překvapení to šlo! Dokonce i ty noty jsem nějakou náhodou přetransponoval a přepsal pro ni bez chyb.

Při představení jsem potom zpíval ve sboru s ostatními zpěváky směsici amerických tradičních melodií a navíc jsem ještě vystoupil sólově. Namalovaný podobně jako Al Jolson, zpíval jsem Ol' Man River v té pekelně hluboké tónině a také onen druhý již zmíněný spirituál. Dopadlo to nad očekávání dobře — můj jistě hodně nedokonalý akcent černošského otroka z plantáží na americkém jihu zřejmě nikomu příliš nevadil. To hluboké "C" všechno zastínilo; při něm došlo v obecenstvu ke zcela viditelnému oživení.

... a také ve sboru

Mělo to dohru. Dva z těch namalovaných černochů za mnou přišli potom s tím, jestli bych s nimi také zpíval v klasickém sboru. Že prý potřebují velice nutně basistu. Ukázalo se, že se jedná o tzv. Cambrian Choir *(nahoře)*, což je nejstarší pěvecký sbor v Queenslandu, který existuje nepřetržitě už od roku 1886. Založili jej horníci z Walesu, kteří přišli v té době za prací do města Ipswich, které je přilehlé k Brisbane. V Ipswichi jsme později po nějaký čas žili a narodil se tam také náš syn.

To jsem ovšem v té době ještě netušil. Pokud jde o waleské horníky, ti ať už přijdou kamkoliv v dostatečném počtu, okamžitě zakládají pěvecká sdružení. Kde se nacházejí Walesané, tam se koná také Eisteddfod. To je prastarý waleský festival hudby, poezie, zpěvu, přednesu, atp. Jeho dějiny prokazatelně sahají nejméně do 12. století, ale pravděpodobně mnohem hlouběji, protože jeho kořeny zcela jasně lze nalézt v druidské víře a v keltské kultuře. V době, kdy mě mí "černí" kolegové lákali do sboru, se tentýž právě připravoval k soutěžnímu vystoupení, které se mělo toho roku konat v Bundabergu, asi 400 km na sever od Brisbane. Nechal jsem se zlákat. Soutěžní skladby byly většinou klasické, od madrigalů z doby královny Alžběty I., až po poměrně moderního Elgara. V Bundabergu jsme toho roku vyhráli, co se dalo. Mé pěvecké kolegy přitom ale daleko nejvíc nadchlo to, že jsme dali na frak dalším dvěma pěveckým sborům z města Ipswich. Ano, tolik seriózních pěveckých sborů unese jedno, tehdy asi stotisícové australské město! Musí v něm ale žít nějací ti Walesané...

A znovu hraji divadlo!

Psal se rok 1983. V Austrálii jsem už žil deset let, na krk se mi právě pověsila čtyřicítka a kromě black and white minstrel show, občasných vystoupení s pěveckým sborem waleských horníků či zapění arií Vodníka nebo Kecala na objednávku při různých vlasteneckých oslavách atp., jsem na jeviště nohou nevkročil. Přitom mi v žilách pořád proudila ta virem divadelním kdysi infikovaná krev. Pouštěním žilou, jímž bylo moderování rozhlasových pořadů, se to zjevně nikdy úplně nevyléčilo.

S přítelem Eliotem jsme v té době natočili několik kulturně zaměřených rozhlasových pořadů v angličtině. Jednou v neděli odpoledne jsme začali pracovat na jiném; zatím jsme si ale jen vyměňovali nápady. Řeč se stočila na absurdní divadlo – Eliot totiž nedlouho předtím režíroval pár Ionescových her uváděných zde ve francouzštině s pomocí organizace Aliance France. Vzpomínal jsem na to, jak v létě 1965 uspořádalo divadlo Na zábradlí sezónu svých her v karlovarském divadle, kde jsem tehdy pracoval. Byly mezi nimi také obě klíčové hry absurdního divadla, *Čekání na Godota* od Samuela Becketta a pradědeček veškerého surrealismu *Král Ubu*, kterého už v roce 1888 a původně pro maňáskové divadlo, napsal tehdy jen patnáctiletý génius Alfred Jarry. V obou těchto hrách měl hlavní role Jan Libíček, který zejména jako Ubu absolutně exceloval! Tuhle roli bych si někdy chtěl zahrát, říkal jsem si tehdy!

S Eliotem nás až doposud poutaly spíš jiné zájmy; sice věděl něco o mé herecké minulosti, netušil ale, že bych mohl mít nějaké vědomosti o absurdním divadle a o Jarrym. Když jsem se zmínil o patafyzickém

stroji, málem proto spadl <u>ze</u> židle! Přestože je Židem, Eliot je silně
nasáklý francouzskou kulturou a tak trochu i tou francouzskou
arogancí, jež vede některé příslušníky tohoto národa k přesvědčení, že
ten kdo nedokáže po francouzsku ráčkovat, nemá nárok na to mít o
takovýchto esoterických záležitostech, jakou je bezesporu patafyzika,
povědomí. Vysvětlil jsem tehdy Eliotovi, že o takovém patafyzickém
stroji, jaký byl v 60-tých letech vystavený ve vestibulu divadla Na
zábradlí, pokud se právě nepoužíval na jevišti v Králi Ubu, kdy býval
dokonce uveden do chodu, se žádnému Frantíkovi ani nesnilo. Bavili
jsme se toho dne potom už jen o patafyzice a o divadle a rádio jsme
pustili z hlavy. Však už to nějak spolu před mikrofony zaimprovizujeme,
nebude to poprvé! Eliot začal opatrně sondovat, co bych jako řekl na to,
kdybychom se spolu dali do inscenování Krále Ubu anglicky? A co
kdybych se ujal hlavní role? To se odmítnout tak nějak moc dobře
nedalo!

Král Ubu

Při příštím setkání se Eliot už vytasil s anglickým překladem Ubu
Roy, který mi dal, abych si to přečetl. Nedlouho nato už přišel s tím, že
má předběžně zajištěné místo činu, dokonce dvě místa. Jedním mělo
být divadlo Cement Box při Queenslandské univerzitě, po němž bude
následovat La Boite, které již v té době mělo reputaci nejlepšího
experimentálního divadla v Brisbane. Dnes už patří k absolutní
australské špičce. Tak se i stalo. Oba divadelní sály měly zvláštní a
zajímavé tvary. Cement Box, který se podle slavného australského
divadelního a filmového herce, který zde studoval i hrál, nedávno
přejmenoval na Geoffrey Rush Drama Studio, měl tehdy hlediště ve
tvaru písmene L, s diváky po dvou stranách. La Boite, i když se dnes
přestěhovalo jinam, na kampus druhé hlavní brisbanské univerzity,
zůstává arénou s hledištěm po všech čtyřech stranách, tak jak už tomu
bylo tehdy. To znamenalo výzvy dvojnásobnou a čtyřnásobnou,
dohromady osminásobnou! Každý z těchto sálů pojal kolem 200 diváků.
Veliký nápor diváctva jsme neočekávali; od počátku jsme to brali spíš
jako komorní záležitost. Pokud jsme věděli, naše produkce Krále Ubu v
roce 1983 měla být první v Austrálii a průzkumy, které jsem nedávno
dělal na internetu, skutečně neodhalily žádnou, která by jí byla
předcházela. Pořád ale tomu tak nějak odmítám uvěřit, že to Jarrymu
trvalo bezmála století, než ho emigrační úřady pustily sem do Austrálie.
Herce jsme vybírali konkursem, což bývá zde běžnou praxí, nachomýtlo
se přitom i pár francouzských mimů na návštěvě v Austrálii, jichž jsme
využili ve vložkách s pantomimou.

Merdre! Hovnajs!Pschit!

To jsem já, jako otec UBU!

Problém pro nás představovalo ono proslulé Merdre! Když jím Firmin Germier poprvé zarachotil z pařížského jeviště do hlediště, obecenstvo revoltovalo. Hra byla nakonec stažena a za autorova života se už nehrála. Voskovcovo proslulé české "Hovnajs!", kterému jsem věnoval celou jednu internetovou stránku http://www.hovnajs.voyenkoreis.com/ je sice rozkošné slůvko, přiznejme si ale, že merdre to není a ani se jím být nesnaží. Postrádá tu výsostnou autoritu francouzského zdvojeného rachotivého "r". Angličtina ale je na tom asi ještě hůř než čeština. Jeden z překladů o nichž jsme uvažovali tam měl slovo "turrrd", kde to "r" sice zní dobře, chybí tomu ale ta správná dávka vulgárnosti, protože je to slovo poměrně slušné, turd je vlastně česky výkal. To snad uznáte, už není tak docela ono. To samé platí o slově "shit" (v jednom kulhavém překladu "sheet"), které v dnešní mluvě hádám užívá jako citoslovce ve slabších chvílích už i samotná královna! Nakonec jsme se usnesli na verzi "pschit!" To "p" na počátku jsem vždycky jakoby rty zaprděl (anglicky se tomu slušně říká "blow a raspberry") s takovým skoro jakoby "r", což tomu dodalo to správné aroma. Navíc se to s podobným zvukovým efektem mohlo užíít ve slově "phinance" — finanční záležitosti jsou oblastí jíž Ubu jako vládce-diktátor moc nerozumí a tudíž jí opovrhuje. Své herecké kolegy jsem ale předem upozornil, že nemohu ručit za to, že je na jevišti přitom nepoprskám.

Scéna byla jednoduchá. Na Zábradlí měli jako středovou ozdobu rezavou a vrzavou postel a tři popelnice – my jsme prostě užili pár židlí a praktikábl. Ten představoval postel, tribunu, trůn, celkem cokoliv. Génia typu Havla mladšího jsme při ruce neměli, takže o konstrukci patafyzického stroje jsme ani neuvažovali. Podařilo se nám zato stvořit dosti impozantní "Disembraining Machine" neboli stroj na kuchání mozků neboli gilotinu, která produkovala pěkně se koulející hadrové hlavy. To nejlepší přišlo v tom místě, kdy se má strhnout válka. Ruský car (hovořící s jižanským americkým přízvukem; ruský jsme z toho herce nedostali ani párem volů, takhle to ale mělo zajímavý efekt a posunulo to absurdním způsobem celou věc blíž k realitě) na jedné straně a Ubu se svou družinou na straně druhé, nechali do hlediště přinést dva velké koše plné malých polštářků a vyzvali obecenstvo k tomu, aby se války zúčastnilo. Jedna strana hlediště potom válčila proti té druhé a často se bojující diváci tolik zabrali do své vlastní hry na válku, že jsme je museli přivádět skoro násilím k tomu, aby začali opět sledovat tu naši hru. Měl jsem k tomu jako Ubu ovšem dvě důležité a hrozivě vyhlížející rekvizity, the enema stick and pschit hook (hůl s klystýrovou hadicí na konci a pořádný hák).

Premiéra dopadla celkem dobře, jakož i následující reprízy. Nejživější vzpomínky mám ale na to poslední představení, v aréně La Boite. Byla to tzv. La Bamba, což bylo tehdy velmi populární sobotní představení začínající se o půlnoci. Cítil jsem se ve formě, inteligentní obecenstvo bylo obzvlášť vnímavé a dobře reagovalo, takže jsem hodně improvizoval a uváděl tím své kolegy do rozpaků. Měli mi například zpívat sbor k písni, kterou Ubu zapěje předtím než nakáže, aby se konaly orgie. Tu pro nás složil jakýsi mladý australský skladatel, který měl být sice nadějný, jehož jméno si ale už nepamatuji. Mně se nikdy moc nelíbila, takže místo ní jsem pro tentokrát spustil spontánně "Finch'han del vino" — šampaňskou arii z Mozartova Dona Giovanniho. Ubovi dvorní patolízalové usazení v polokruhu u mých nohou, nevěděli, co by mi k tomu zpívali a tak na mne jenom obdivně civěli.

Byla horká vlhká letní noc a v divadle nefungovala pořádně klimatizace. Když někdy ke třetí hodině ranní ukončil Ubu hru zvoláním, "Without Poland there would be no spit and polish!" strhl se potlesk. Klaněl jsem se v té aréně kolem dokola a pot ze mne tekl v potocích. Tu přišel dolů na jeviště mladý muž a entuziasticky mi nabídl láhev piva – přesně to, co jsem potřeboval! Ladilo to navíc perfektně s celkově uvolněnou atmosférou večera, vlastně už rána. Vypil jsem ji jedním douškem, jen to zasyčelo a vyvolalo víc potlesku. Přinesl další. Potom se kamsi ztratil. Ptal jsem se později, kdo byl onen dobrodinec? Eugene Gilfedder, prohlásil kdosi s úctou v hlase, prý nejlepší herec jakého kdy Brisbane mělo. Přijal mě tehdy tak nějak do cechu. Občas se s Eugenem potkáme. Hrál mj. Franze Kafku v australské hře, kterou napsal Timothy Daly a kterou jsem na jeho popud později přeložil do češtiny jako Kafka tančí. Učil jsem ho přitom, jak správně vyslovovat "štrůdl". Potkávali jsme se také při natáčení televizního seriálu, kde hrál jednu z hlavních rolí, zatímco já jsem tam měl malé štěky. Naposledy jsem Eugena viděl jako Salieriho v Amadeovi, asi před třemi roky. Absolutně nezapomenutelné představení! Už jen samotná atmosféra – hrálo se v hlavním sále zednářského chrámu, v historické budově uprostřed města. Eugene byl daleko, daleko nejlepší Salieri ze všech které jsem viděl, včetně toho filmového! Jak ten by asi hrál otce Ubu?

S Evou Pilarovou...

... jsem si vždycky chtěl někdy zazpívat. Mělo se to tak trochu jako s tím mým přáním zahrát si krále Ubu. Možnost toho, že by k tomu mělo kdy dojít, byla mizivá. Potkal jsem se s ní sice v Česku, to ale bylo strašně dávno, když mi bylo stěží dvacet. Nemohla si mě pamatovat. Potom, v 96 roce měla přijet na turné do Austrálie. Jistý krajan ze Sydney, to turné sponzoroval. Byl podnikatelem, výrobcem čehosi, co na spotřebním trhu mělo momentálně slušný úspěch, i když si už nepamatuji přesně co to bylo. Nejspíš měl také sen, podobně jako já, a tím jeho snem asi bylo přivést sem do Austrálie Evu Pilarovou, stát se pro to turné jejím agentem. Zavolal mi. Vystoupení už měl pro zpěvačku zařízené ve zdejším krajanském klubu, s nímž jsem v té době sice ještě nebyl rozhádaný (to přišlo až o několik let později), kam jsem ale chodil už jen příležitostně. Vždycky jsem se totiž viděl spíš jako propagátor české kultury v této zemi, hlavně přes svou činnost v rádiu, než jako její konzervátor. Přesně v tom se mé názory lišily od toho, jak to viděla většina členů této organizace.

Telefonát byl hlavně o tom, jak udělat pro představení Pilarové co nejlepší propagaci, případně i jestli by se dalo pro ni zařídit v Brisbane ještě jiné představení, nezávisle na krajanském klubu. Agent asi doufal, že bych mohl mít nějaké styky v tomto směru. Slíbil jsem mu, že samozřejmě provedu interview v našem radiu a že se navíc poptám, co jiného by se dalo ještě dělat. Dohodli jsme se na tom, že mi zavolá za několik dní. Šel jsem mezitím za jistou dámou, která byla stejně jako já členem správní rady naší rozhlasové stanice a o níž jsem věděl, že je náramným jazzovým fanouškem. Dostal jsem od ní doporučení k jiné dámě, která v tom čase byla prezidentem brisbaneského jazzového klubu. Za ní jsem potom také zašel a přehrál jsem jí několik nahrávek s Evou Pilarovou, které jsem měl k dispozici. Zejména improvizace, které Pilarová dělala s Karlem Gottem ve filmu Kdyby tisíc klarinetů (Je nebezpečné dotýkat se hvězd...) ji přímo nadchly, takže od té chvíle šlo hlavně jen o to, zařídit datum vystoupení. Sobota toho týdne, kdy zde Pilarová měla být, již byla zjednaná pro krajanský klub, v neděli ji agent měl sebou vzít na Gold Coast, kde se konaly automobilové závody série Indy a kde sponzoroval jednoho ze závodníků, takže jako jediná rozumná možnost se jevil být pátek večer. To prý mívá v klubu regulární představení jejich jazzové kombi, takže by se to s tím skloubilo. Na tom jsme se také předběžně dohodli s tím, že detaily jí ještě včas dodám. Zkusil jsem ještě i veřejnoprávní ABC, tam mě ale dali košem, že v tak krátké době (jen pár týdnů) se nic nedá zařídit, atp. Měl jsem z toho ale hlavně dojem, že jsou to výmluvy, že je nějaká česká zpěvačka nijak moc nezajímá. Nešť, řekl jsem si, udělal jsem co se dalo a čekal jsem, až mi zavolá agent/podnikatel.

Za několik dní se ozval. Ze svahů jednoho z proslulých alpských středisek, v Grenoble či Chamonix, či tam někde, jak se neopomenul hned úvodem zmínit. Právě tam lyžoval. Byl potěšen tím, že mám víceméně zařízený ten jazzový klub. Zeptal jsem se, jestli s tím vystoupením bude Pilarová souhlasit. Sebevědomě prohlásil: "Eva udělá to, co jí řeknu."

Aby ses náhodou nepřepočítal, napadlo mě v té chvíli, nic jsem ale nato neřekl. Za několik dní už prý všichni i s klavíristou poletí do Austrálie. Tlumočil jsem agentova slova prezidentce jazzového klubu a dohodli jsme se, že s tím představením budou počítat a že v tom týdnu, kdy už zde Pilarová bude, se všechno ještě doladí.

Pár dní před tím než měla Pilarová přijet do Brisbane jsem ještě zavolal do Sydney. Potřeboval jsem se s ní dohodnout, co vlastně bude zpívat v Jazz Clubu, atp. Vzal to agent/podnikatel.

"Evo, to je pro tebe!" zahlaholil.

Eva se po chvíli dostavila. Slyšitelně byla překvapená tím, že má mít v Brisbane ještě jedno představení, kromě toho pro krajany. Začínal jsem už tušit, že tu budou problémy a to problémy nemalých proporcí. Na ničem konkrétním jsme se nedohodli s tím, že si o tom promluvíme dále, až budou koncem týdne v Brisbane. Objevili se tu ve čtvrtek k večeru a přijeli rovnou do budovy rozhlasu, kde jsem na ně už čekal v nahrávacím studiu i s připraveným technikem. Jednání o představení v jazzovém klubu, které mě činilo čím dál tím nervóznějším, jsme nechali na později a šli jsme rovnou do studia. Měl jsem v úmyslu udělat z nahrávky, kterou s Pilarovou pořídím, aspoň dva, možná i víc programů. Jeden kratší, který měl být hlavně reklamní záležitost pro sobotní ranní vysílání v češtině, kde by se propagovalo její večerní vystoupení. Kromě toho jsme se dohodli, že si budeme trochu uvolněným způsobem povídat o české hudební i celkové kulturní scéně. To jsem potom hodlal trochu editované užít v pozdějších programech.

Vyklubalo se z toho rozhodně jedno z nejzajímavějších interview jaká jsem kdy dělal. Evu Pilarovou jsem přitom trochu zaskočil tím, že jsem se jí zeptal jak vlastně reagovala na to, že si ji Josef Škvorecký vybral jako model k postavě Suzi Kajetánové ve svých polo-autobiografických románech i povídkách. Prohlásila něco v tom smyslu, že se s tím už smířila. Ptal jsem se i na některé ze společných známých, například na bubeníka od Ferdinanda Havlíka, Jirku Kysilku. Naše konverzace vypadala zhruba asi takto:

Říkal mi kdysi Jirka Kysilka, že jste s Waldemarem Matuškou místo "tam za vodou v rákosí", někdy zpívávali "tam za vodou v Rakousích". Je to pravda?

No, abych pravdu řekla, už si moc nepamatuji. Je to ale možné...
Copak asi dělá Jirka Kysilka?
Á, to vám říct můžu. Má teď svoji vlastní kapelu!
Vážně? Jak to se mu musí vést dobře. Nejspíš taky asi přibral na
váze?
Tak tohle by mohlo znít, jako bych to byla já, kdo přibral na váze!
Kdepak, to jsem měl na mysli sebe.
Takže já jsem na váze nepřibrala? Řekněte to tak, ať to vaši
posluchači dobře uslyší.
Jistěže. Vy byste se klidně mohla za tím mikrofonovým stojanem
převlékat!

A tak podobně. Když jsme skončili ve studiu, dohodli jsme si ještě
něco stran jejího sobotního vystoupení. To už věděla, že jsem býval také
zpěvákem a nazývala mě proto "panem kolegou". S tím pátečním
večerem v jazzovém klubu to ale dobře nevyhlíželo. Pilarová prohlásila
kategoricky, že nic dělat nebude bez opravdu důkladné zkoušky.
Prezidentka klubu, která mi mezitím několikrát volala, počítala s tím, že
se bude zkoušet s jazzovým kombi tak půlhodinku před představením,
to ale pro Pilarovou nebylo dost. Na to, aby se zkoušelo pořádně, tak jak
by to ona vyžadovala, nezbýval už prostě čas, přes den muzikanti nebyli
volní. Agent, předtím tolik plný sebedůvěry, se najednou tvářil, že on s
tím nemá nic co dělat, jakoby mě dřív nebyl ujišťoval o tom, že "Eva
udělá co on jí řekne". Naprosto jsem ji chápal. Asi každého z nás, kteří
jsme kdy měli něco co dělat se zábavním průmyslem a vystupovali jsme
"naživo", pronásleduje čas od času ona strašlivá noční můra. Člověk se
probudí celý zpocený, protože už delší dobu se mu zdálo o tom, jak se
nevyhnutelně schyluje k představení — v mém případě to bývá
nejčastěji opera, nevím proč právě opera, vždyť v těch jsem příliš často
nevystupoval, snad ale právě proto — a má to beznadějně
nedozkoušené. Je-li perfekcionistou, což bývá většinou případem těch
kteří se někam dostali, musí mít občas i panickou hrůzu z toho, že by se
mu něco takového mohlo stát ve skutečnosti na jevišti. Jako se stane tu i
tam snad každému zpěvákovi, že najednou s hrůzou zjistí, že si
nepamatuje slova příští sloky. Když na ni dojde, text se sice většinou
vybaví, pořádně vám to dá ale zabrat! Nejčastěji se to stává právě tehdy,
když máte něco nedostatečně nazkoušené. Přitom všem je tu reputace,
kterou si člověk těžce vysloužil a kterou si musí střežit a opatrovat. V
případě Evy Pilarové tohle všechno přicházelo v úvahu. Chyba se zde
stala v tom, že jsem tomu amatérskému agentovi uvěřil, že všechno
bude v pořádku. Bylo nyní na mně, abych dámě z jazzového klubu
zavolal a vysvětlil jí, že se již ohlášené zítřejší vystoupení musí zrušit.
Což jsem učinil. Nebyla tím nadšená ani trochu.

Eva Pilarová byla v sobotu večer ve výborné formě, také návštěva byla dobrá. Seděl jsem u stolu nedaleko jeviště. V jisté chvíli řekla do mikrofonu:

"Tak a teď bych si ráda zazpívala s někým v duetu ... Mám k tomu ale jednu podmínku: musí mít fousy."

Fousy jsem měl a byly tehdy ještě docela tmavé. Zvedl jsem se tedy ze židle a jakoby neochotně jsem došel na jeviště. Zpívali jsme potom spolu "Tam za vodou v rákosí". Měli jsme to ovšem předem dohodnuté, ještě z rádia. Když jsem se jí tam ptal, v čem to chce zpívat, mínice v jaké tónině, prohlásila:

"No, nevím jak vy, pane kolego, já ale v zelených šatech!"

Také jsem si na sebe vzal něco zeleného. Před představením jsme si to ještě rychle projeli. No a s těmi fousy, na to jsem Evu Pilarovou navedl já.

11. VÝTVARNÍKEM (1980 —)

K výtvarnictví jsem po víc než prvních 30 let svého života nijak zvlášť netíhl. Když jsme, ještě na národní škole, mívali hodiny kreslení, jako talent jsem se docela jistě neprojevoval, spíš naopak. Malovat vodovkami na čtvrtky papíru nějaké kytičky, což bylo to co po nás učitelka většinou chtěla, mě ani trochu nebavilo. Vzpomínám si ještě, že o něco později na gymnasiu jsem tu a tam načrtl nějakou karikaturu, jen tak k pobavení spolužáků a to bylo asi tak všechno. Ovšem, propadl jsem brzy zpěvu a divadlu, což pohltilo veškerý můj čas i tvůrčí energie. Když jsem se později dostal do Londýna, té původní intenzity začínalo postupně ubývat a počal jsem věnovat víc času návštěvám galerií, jichž byly v tomto městě spousty. Pořád by mě ale ani nebylo nenapadlo, že bych se sám pokusil něco vytvářet.

Pavel Forman

Nedlouho poté kdy jsme dorazili do Austrálie, seznámili jsme se s českým výtvarníkem jménem Miroslav Uttl. Ten se specializoval zejména na keramiku a po nějaký čas pracovali jako tým spolu s Pavlem Formanem, na zakázkách pro některé ze zdejších veřejných budov. Pavel Forman (1920-2008), který byl starším bratrem (asi o dvanáct let) filmového režiséra Miloše Formana, se přemístil do Brisbane v roce 1968, poté kdy jeho bratr, který už v té době začínal být mezinárodně uznávaným, se rozhodl nevrátit se do tehdejšího Československa. Forman starší toho zažil prý za války dost (oba rodiče zemřeli v koncentráku), takže si dokázal dát dohromady, co si vyžadovala situace. Brisbane si nevybral za své budoucí působiště náhodou, došlo k tomu takto: v Praze se kdysi dávno seznámil s manžely Maximovými, kteří tam studovali po válce medicínu. Ti oba pocházeli z Jugoslávie, odkud se později přemístili do Austrálie, kde si v Brisbane otevřeli ordinaci. Protože mluvili česky, měli Mara a Bosko Maximovi dost pacientů mezi zdejšími Čechy — sám jsem u nich párkrát byl. Pavlovi Formanovi napsal po dlouhých letech odmlčení Bosko Maxim, že se jim zde oběma vede dobře, že jim tu ale chybí jedna věc a sice Pavlovy obrazy. V té době, uprostřed 60 let, nebylo snadné ze země vycestovat, dohodli se tudíž na tom, že Forman Maximovým namaluje nějaké obrazy, když tentýž ho pozve do Austrálie a zaplatí mu cestu. Oficiálně, Forman sem potom jel na půlroční studijní cestu. Když za čas po jeho návratu došlo k srpnovým událostem, po nichž se jeho mladší bratr rozhodl

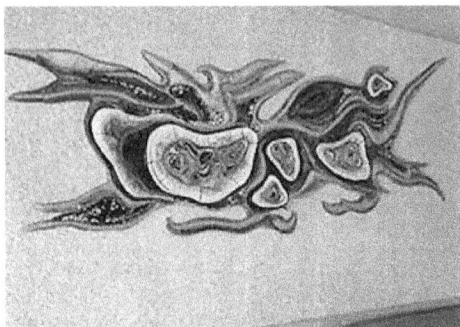

Jedna z keramických plastik které společně vytvořili P. Forman a M. Uttl

zůstat v Americe, Pavel Forman také neváhal a krátce po invazi kdy, jak již víme, se dalo zařídit skoro všechno, odvezl rodinu do Brisbane, kde se mu tehdy moc zalíbilo. Usadili se zde rychle a pořídili si dům na Kangaroo Point, přímo naproti středu města na opačné straně řeky, v němž už zůstali – potřebovali být blízko města, Pavel se nikdy nenaučil řídit auto. K domu později přikoupili i dům vedlejší, který se v roce 2004 objevil v Hřebejkově filmu Horem pádem a v němž měl Pavel Forman, vedle svého synovce Petra, také svou první a jedinou cameo roli.

Miroslav Uttl

Miroslav Uttl s manželkou Naďou sem přišli zhruba ve stejnou dobu jako Formanovi. S Formanem, s nímž byl přibližně stejného věku, necelých padesát let, se dal Uttl dohromady a po nějakou dobu pracovali společně, hlavně na zakázkách ke keramickým výzdobám některých nových budov. Myslím, že Forman, s nímž jsem se seznámil až o něco později, od Uttla dost pochytil po stránce techniky keramické výroby; předtím byl především malířem. Když jsme sem přijeli v 73. roce a brzy nato se s nimi seznámili, byli ale manželé Uttlovi už rozhodnuti k tomu využít amnestie, kterou čs. vláda vyhlásila do konce roku 1973 a vrátit se domů. Prostě jim to tu nesedělo, chyběly jim filosofické debaty ve společnosti umělců, postrádali tu českou, či spíše evropskou, uměleckou atmosféru. Mirek Uttl si jako umělec už sice získával určité jméno, i když zakázek zrovna geometrickou řadou nepřibývalo a spolu s dospívající dcerou asi často záviseli na tom, co vydělala jeho manželka tím, že řídila taxi. Což nebylo pro ženu právě tím nejbezpečnějším způsobem vydělávání peněz, ani v tehdejší poměrně klidné době. Široko daleko také nebylo nikoho s kým by se mohli bavit o umění. Ani Pavel Forman na takovéto diskuse příliš nebyl, jak jsem sám zjistil, byl vždycky spíš praktikem než teoretikem, byl umělcem intuitivním, kterému by rozebírání teorií o umění spíš připadalo jako ztráta času, který by jinak mohl věnovat malování. Snad proto se také nikdy úplně neusadil a neustálil na žádném stylu, podle něhož by se mohl okamžitě identifikovat, maloval či vytvářel prostě to, co ho právě napadlo.

Uttl naproti tomu byl typem cerebrálního umělce a teoretizování ho zajímalo skoro stejně jako samotné výtvarné práce. Do partnerství těchto dvou jsem sice neměl příležitost moc dobře nahlédnout, myslím si ale, že z výše uvedených důvodů to mezi nimi nikdy příliš dobře neklapalo, že je asi, tak jak se to dělo mnohým z nás tady z počátku, drželo pohromadě hlavně jen to češství. Byl jsem sice poněkud skeptický v tom, jak se Uttlovým podaří znovu se do té zidealizované české umělecké společnosti vtělit, rozmlouvat jsem se jim to ale nesnažil. Jak už s oblibou tvrdíval pan mlynář: proti gustu žádný dišputát. Pavel Forman mi později o Uttlovi tvrdil, že to byl "fízl". Měl to podložené také tím, že se Uttl údajně po návratu do socialistického ráje kál veřejně v televizi. To poslední by mě nijak zvlášť nepřekvapovalo, nic jiného by se asi od něho v jeho situaci ani čekat nedalo. Kdo se chtěl vrátit, musel učinit veřejné pokání, zejména pokud měl aspoň nějaký veřejný profil. Víme přece, že, koho chleba jíš... Návrat českého umělce z kapitalistického pekla do náručí socialistické vlasti, navíc uprostřed údobí tzv. "normalizace", byl jistě vítaným nástrojem propagandy. Protože taková už to byla doba.

Uttlovi bydleli v Balmoralu, což je čtvrť poměrně blízko ke středu města, která se dnes už stala velice žádoucí. Uvažovali jsme tehdy o tom, že bychom od nich koupili dům, který už nějaký čas vlastnili, pochopitelně s hypotékou a kde měl Mirek zařízenou pod domem keramickou dílnu s pecí. K té elektrické peci měl, myslím, lepší vztah, než k celé Austrálii; dobře se mu s ní pracovalo a dokonce uvažoval i o tom, že by si ji nechal převézt do Česka. To ovšem praktické nebylo. Kdyby bylo vyšlo to, o co jsme usilovali a my jsme mohli koupit Uttlových dům včetně té pece, asi bych se byl dostal k výtvarnictví podstatně dřív než jak k tomu nakonec došlo. Nebylo nám to ale souzeno, v té době se to nedalo po finanční stránce zvládnout, byli jsme zde příliš krátkou dobu a banka nám proto půjčit nechtěla. Za jinou bankou už jsme nešli, protože mezitím přivedl agent Uttlovým jiného kupce, takže jsme se museli stejně takovýchto plánů vzdát. Co mi tato poměrně krátká známost dala, byla ale příležitost trochu nahlédnout do alchymistické laboratoře keramika, který věděl co dělá. Což se mi později hodilo.

Emigrantské sny a češství

Uttlovi tedy někdy kolem vánoc 73 odjeli tam, odkud mně po dlouhá léta stíhaly jen "emigrantské sny". Těm se nevyhnul snad žádný z nás kteří jsme odtamtud odešli, aspoň ne ti s nimiž jsem o tom hovořil. Člověk se v takovém snu typicky nacházel "doma", problém byl ale v tom, že nevěděl, jestli je tam permanentně nebo jestli ho zase pustí ven. Přitom mu žádné přímé nebezpečí nehrozilo, žádný akční film v němž by se takový Tom Cruise mohl patřičně vyřádit by se podle nich natočit nedal. Byl tu jen ten všudypřítomný pocit, že jste tam uvězněni, ta nejistota jestli se ještě kdy podíváte jinam. Takže žádný horror, maximálně jen psychologické drama. Sen, který se zpočátku vyskytoval velice často na programu, se postupně stával méně frekventovaným; trvalo to ale celá dlouhá léta, než se z tohoto mého soukromého nočního biografu úplně vytratil. Snad až po víc než dvaceti letech, v době, kdy se v Česku už změnil režim a člověk tam mohl jet bez obav.

Celkem rychle jsme zapadli do zdejší krajanské společnosti, která se skládala ze Staročechů – tj. z těch kteří sem většinou přijeli brzy po válce a z nás o generaci mladších, kteří jsme se zde teprve zaváděli. Scházela se nás po několik let širší společnost asi dvaceti lidí, pravidelně každého pátečního večera, každý z nás jsme měli nějaké zaměstnání, při němž jsme se každý podle svých schopností lépe či hůře pro-koktávali anglicky; potřebovali jsme si proto aspoň jednou týdně promluvit také česky, prostě se vykecat. Povídalo se přitom, hrálo se na kytary, zpívalo se, atd. Ti dobrodružnějších povah dokonce jezdívali trampovat – párkrát jsme s nimi byli, zjistili jsme ale brzy, že tohle pro nás není. Trampem jsem se nikdy nestal, tím musí být člověk duší. Takovým byl z mých známých pouze Kim Novák, který dokonce po mnoha letech ztvárnil postavu ryzího českého trampa ve filmu Tomáše Vorla Z města cesta, jak jsem teprve poměrně nedávno zjistil.

Nebylo to ale trampství, které by nás drželo pohromadě, bylo to ono již zmíněné češství. I když postupem času si lidé zde našli své vlastní sféry které jim osobně vyhovovaly, přesto vše vazby tehdy vytvořené přestály mnohé. Dokonce se už konalo několik sjezdů této společnosti (ten nejposlednější jen asi před třemi roky), k nimž se sem do Brisbane dostavili i lidé, kteří už dávno žijí například v Melbourne.

Začínám malovat

Ale zpět k výtvarnictví. Teprve když jsem se už nacházel v Austrálii asi tak pět šest let, když jsme se dostali přes řadu počátečních existenčních problémů a hlavně, když už začínalo být dosti jasné, že se k divadlu či ke zpěvu zde stěží už kdy dostanu, napadlo mě, že by třeba nebylo tak marné trochu se jím zabývat. Nutkání k tomu bylo zpočátku jen velice váhavé, postupně ale začínalo sílit. Jednoho dne jsem mu podlehl, pořídil jsem si sadu základních akrylových barev, nějaké štětce a kus plátna, které jsem si natáhl na vlastní rukou vyrobený nepříliš veliký rám a začal jsem malovat. Potom jsem si připravil větší plátno a později ještě větší. Brzy jsem přišel na to, že akrylové barvy tuhnou v tomto prostředí trochu příliš rychle, takže jsem přešel z větší části na barvy olejové. Netrvalo to dlouho a také jsem si pořídil keramickou pec, podobnou té jakou míval kdysi Uttl. Mezitím jsem si občas hrál s keramickou hlínou a vytvářel jsem různé sošky, které mi Pavel Forman ochotně vypaloval ve své peci, která v té době už byla několikanásobkem původní kapacity a měla k tomu také odpovídající výkon. Ukazoval jsem mu i některé ze svých malířských výtvorů a dostávalo se mi z jeho strany povzbuzení, spolu s instrukcemi.

Když se nad tím dnes zamyslím, nepostrádá to logiky. K tomu, aby se člověk mohl předvádět na jevišti, potřebuje obecenstvo. To se sice nachází všude, jen ale potenciálně. Musíte si nalézt místo kam je můžete pozvat, zaujmout je natolik, aby přišli znovu a přivedli sebou jiné lidi, atp. To je sice možné, pokud vám nevadí vystupovat a případně se živit jako pouliční bavič příležitostného obecenstva, tohle pro mne ale nikdy nebylo. Jinak potřebujete na to lidi, aspoň několik, skupinku podobně zaujatých lidí jako jste vy. Ty lze sice nalézt, jen ale v určitý čas, v určitém místě a ještě k tomu s jistou dávkou štěstí. Či snad předurčení? Pointa je v tom, že tímhle procesem jsem už jednou prošel a to v zemi kde se člověk domluvil mateřským jazykem; přesto mi to trvalo nějaký čas než jsem se někam dostal. Zde bylo všechno jinak, lidé měli jiné zázemí, jiný vkus, prostě byla to jiná kultura — navíc tu byl ten všudypřítomný akcent v mé angličtině, který byl dalším brzdícím elementem. Kromě toho všeho už tu asi ani nebyl ten pravý mladistvý zápal. Konečně, bylo mi už nějakých pětatřicet.

Výtvarné umění má s divadlem společnou tu touhu po tom nějak se předvádět. Leccos je v něm ale jiného. Nejenže tu na nějakém cizím přízvuku nezáleží, teoreticky nepotřebujete vůbec ovládat jazyk té země v níž se právě nacházíte. Když něco namalujete, nakreslíte či uplácáte z hlíny a vypálíte a pokud to sedí a má to lidem co říci, najde si to k nim dříve či později cestu jaksi samo o sobě. Či snad jen s trochou úsilí. A trochou štěstí. Můžete ale také tvořit a tvořit, klidně po celá dlouhá léta, zcela bez obecenstva a aniž byste se pokoušeli o to nějak to své umění udat. Potkal jsem dost takových umělců. Pokud se nějakým způsobem dokážete uživit, potřebujete už jen poměrně málo peněz na základní materiály. Nakonec vás buď někdo objeví nebo zůstanete neobjeveni až do smrti, tak jako van Gogh, který za svého života prodal tuším jen jeden jediný obraz. Já jsem také nic neprodával; o tom, že bych se kdy malováním živil jsem ani neuvažoval. Prošel jsem v té době už několika zaměstnáními, hlavně jako obchodní cestující. K tomu se po čase přidalo tlumočnictví, když mě počala příležitostně zaměstnávat státem vedená služba přistěhovalcům, kterých zejména počátkem 80-tých let začalo utěšeně přibývat. To byla ta třetí vlna uprchlíků, kteří většinou sem chodili přes Jugoslávii. Tlumočnictví bylo placené, malování bylo pro mne koníčkem. Ježdění po zákaznících a rozvážení salámů, chleba, ořechů a podobných věcí mě ale přestávalo bavit.

Pracujeme jako pečovatelé

Rozhodli jsme se s Dášou oba jít pracovat do nedalekého střediska známého jako Basil Stafford, kde jsme se starali o děti a o mladé lidi, kteří vesměs patřili do kategorie politicky korektně zvané "mentálně postižení". Většina z nich si vyžadovala neustálý dozor, takže se zde pracovalo na směny, ranní od šesti, odpolední od dvou a případně nejméně náročnou noční směnu. Když jsem se trochu vypracoval, stal jsem se jedním ze čtyř lidí, kteří jsme měli na starosti šest mladých mužů ve věku od 17 do 25 let, kteří bydleli v jednom z domů stojících v několika   skupinách   uprostřed   udržovaného,   park   spíše připomínajícího buše, poměrně nedaleko již zmíněných golfových hřišť. Se všemi z nich se dalo nějak domluvit, když ne řečí tak aspoň posunky, jejich IQ stěží dosahovalo 50, spíš jen asi 40; na této úrovni je tohle těžko měřitelné. Nejvyspělejší z nich, Michael Mullins, měl mentální věk asi tak 3-4 letého dítěte, čili dalo se s ním skoro normálně konverzovat. Spoléhat se na něho ale příliš nedalo. Pár z těchto hochů mělo sklony k tomu stát se mladistvými delikventy, což je na této úrovni jakýmsi pravidlem — čím vyšší IQ tím větší rané sklony k zločinnosti. Po celý čas zde se mi nic opravdu zlého nestalo, pouze jednou jsem dostal od jednoho z rezidentů docela slušnou ránu do žaludku, to když jsem si nedal patřičný pozor. Od té chvíle jsem už věděl, že při této práci člověk musí mít neustále oči vzadu na hlavě, či ještě lépe, mít je vytrénované k tomu aby dokázaly opisovat kruhy.

Základní plat nebyl sice nijak zvláštní, s různými příplatky za směny, za práci o víkendech, atp., se to ale docela slušně nastavilo. Navíc tu byla jedna veliká výhoda. Byli jsme totiž vedeni jako státní zaměstnanci, což je pro finanční instituce ten nejsolidnější status. Jakmile byl po uplynutí zkušební doby člověk přijat natrvalo, nebylo snadné jej ze zaměstnání propustit, čehož někteří mazaní ulejváci využívali jak se dalo. Chodili si potom do práce jen když se jim zachtělo, vybírali si v rámci možností jen ty nejlépe placené směny, při nichž dělali jen to úplné minimum jaké jim prošlo, atp. Trvalo to někdy i roky než se rigidnímu systému podařilo se jich zbavit. V jednom krajním případě, který jsem měl dennodenně před očima zatímco jsem tam pracoval, jeden cynický a po většinu času až po skřele nadrogovaný muž kolem třicítky, takto dokázal v místě přežívat i se svou pracovní morálkou daleko pod hranicí únosnosti po celý ten čas. Na pokusy vedení o to se ho zbavit, reagoval vždy novými a novými odvoláními, pečlivě a chytře konstruovanými a vedenými přes odborovou organizaci. Teprve nějaký čas poté kdy jsem odtamtud odešel, jsem se doslechl, že na chudáka Colina přece jenom dosedla do té doby gumová bota systému, aby ho konečně nelítostně zašlápla. Opomenul totiž zaplatit odborům své příspěvky...

Platy nás obou se sčítaly, takže jsme si mohli vypůjčit mnohem víc peněz než předtím, čehož jsme také využili. Jednak jsme si pořídili nový dům v mnohem lepší čtvrti, také jsme ale k němu přidali další, který jsme pronajímali a který nám takto nepřímo nájemníci bance spláceli. Později ještě jiný. V tomto zaměstnání jsme oba vydrželi asi čtyři roky; o moc déle to ani nešlo. Handicapovaní lidé s nimiž člověk pracuje jsou totiž jakoby takovými malými upíry. Jistěže ne všichni, ale v každé skupině se nějací najdou a ti vám potom pomalu ale neustále odsávají energii.. Dokud té má člověk zpočátku dost, nevadí mu to příliš. Po čase se to ale pozná a tak jsem si brzy všiml, že většina zaměstnanců patřila k jedné ze dvou základních kategorií. V té první byli většinou mladší lidé, často ženy, kteří tuto práci viděli jako životní poslání. Alespoň zpočátku. Po čase, jak jim začínala ubývat energie, čekalo je těžké rozhodování. Buď podali výpověď a našli si nějaké jiné poslání nebo přešli do té druhé kategorie. V té se nacházeli ti, kteří se na tuto práci dívali především jako na práci, na způsob obživy. Znamenalo to ubrat podstatně na entuziazmu, nesnažit se o to být spasitelem lidstva. Prostě přežívat, stát se pragmatiky, když už ne přímo cyniky. K tomu došlo obvykle asi po třech, maximálně čtyřech letech strávených v tomto zaměstnání. Výjimky téměř neexistovaly. To se stalo i nám a vyřešili jsme to tím, že jsme odešli. Stát se cynikem by mi bylo nesedělo. Po této životní epizodě ale jsem přesvědčen o jednom: kdyby každý člověk měl příležitost v takovémto zaměstnání pobýt aspoň nějaký ten měsíc, díval by se na celý život z úplně jiného hlediska. Vážil by si především ještě mnohem víc toho, že se narodil zdravý a bez handicapu. O tom ale trochu víc v poslední kapitole o mém filosofickém postoji k životu.

Dáša si opět našla místo v kanceláři, já jsem po nějaký čas prodával ořechy v různých formách, jak pro chuť tak k vaření, k čemuž jsem si pořídil franšízu. Měl jsem k tomu dodávkový vůz a během několika měsíců jsem vybudoval docela slušnou síť zákazníků. Z několika způsobů toho jak získávat nové zákazníky byl pro mne asi nejúspěšnější tento: vyhledal jsem vlastníka obchodu nebo manažera a pobídl ho, aby si vzal z balíčku ořechů pistachio. Takto bylo mnohem snadnější zavést řeč na to co prodávám a dohodnout se rovnou na ceně a na podmínkách.

Přestěhovali jsme se do města Ipswich, které už tehdy prakticky splynulo s Brisbane, kde jsme nalezli krásný, víc než sto let starý dům, v klasickém koloniálním stylu s širokými verandami po délce tří stran, který nám učaroval. Pravděpodobně byl postavený někdy v 60-tých létech 19. století, kdy asi patřil řídícímu učiteli prvního gymnasia v tomto státě, které se dodnes nachází hned vedle.

Náš ipswichský dům v klasickém koloniálním stylu

V domě jsem si zavedl ateliér a dal jsem se vážně do malování. V době kdy jsem pracoval v Basil Staffordu, jsem už začal stupňovat své malířské tempo a vystavoval jsem při různých příležitostech jednotlivé obrazy či malé skupiny obrazů. Nyní jsem se ale už cítil být hotov k tomu mít své první "one man show".

Moje první výstava

Vybral jsem si k tomu jednu menší, poměrně novou galerii ve West Endu, čtvrti která se už začínala pomalu stávat trendovou. V jedné podlouhlé místnosti, kde býval původně nejspíš obchod se smíšeným zbožím, jsem spolu s nějakými keramikami v květnu 1984 vystavil celkem asi dvacet obrazů, některé z nich poměrně veliké, největší asi 150 x 120 cm. Zdrojem inspirace mi v této fázi byl především německý/americký abstraktní malíř a učitel mnoha malířů nové poválečné generace Hans Hofmann. První večer dopadl celkem dobře, prodalo se tuším asi šest obrazů, což pro mne znamenalo, že jsem už měl pokryté výdaje s celou výstavou. Ta trvala celkem tři týdny, po prvních několika dnech se ale návštěvnost ztenčila a dál už se prodalo jen pár obrazů. Dostalo se mi ale vzpruhy v podobě vážené starší dámy, která se dostavila asi za týden a z níž se vyklubala Gertrude Langer, hlavní kritička nejdůležitějšího queenslandského deníku Courier Mail.

Gertrude Langer

Gertrude Langer se narodila v roce 1908 do židovské rodiny ve Vídni, kde také vystudovala filosofii a historii umění, studovala i na pařížské Sorbonně. Do Austrálie přišla v roce 1939 se svým manželem, který se stal jedním z nejuznávanějších architektů v této zemi, zemřel ale už v roce 1968. Langerové se dostalo uznání jako nejlepší kritičce umění kterou tento stát měl a každoroční přednáška v Queenslandské státní galerii tudíž nese dnes její jméno. Její obraz *(vpravo)* mi připomíná obrazy dam z vídeňské společnosti, které maloval Gustav Klimt zhruba v době, kdy se narodila. Malíř tohoto obrazu si jistě byl těchto souvislostí vědom.

Věhlasná dáma si prohlédla moje obrazy a okamžitě

Gertrude Langer, portrét od Nana Petersona v Australské národní knihovně

rozpoznala vliv Hanse Hofmanna, což ji zjevně vůči mně naladilo kladně. Řekla mi (po straně, aby to majitelka galerie neslyšela), že moje obrazy i keramické plastiky které jsem rovněž vystavoval, se v této malé galerii ztrácejí, že marním čas zde na předměstí a že bych měl vystavovat jinde. A slíbila, že to zařídí. Hned den nato slib splnila, když mne vzala k řediteli Community Arts Centre na George Street uprostřed města, kde s ním pro mne dohodla výstavu na září, tedy jen asi za necelé čtyři měsíce. Tolik času jsem tudíž měl k vytvoření dostatečného

množství obrazů vhodných k vystavování (nechtěl-li jsem se příliš opakovat), abych jimi dokázal zaplnit několikanásobné prostory. Začal jsem se tedy ohánět. Na Gertrude Langer jsem zřejmě musel udělat docela slušný dojem, protože mi nabídla, abych ji provázel při jejích prohlídkách nově otevřených výstav v městě, které vykonávala pravidelně jednou týdně, aby o nich napsala recenze. Podmínka: budu jí dělat šoféra. Pochopitelně, že jsem přijal a dost jsem se přitom myslím naučil.

Výstavu jsem nazval The Colour of Music, barva hudby, protože mi v těch obrazech šlo zejména o sladění barevných variací s hudebními melodiemi. Gertrude Langer se dostavila podle svého zvyku v úterý, prošla se po sále, napsala si nějaké poznámky, trochu se mnou podiskutovala. Vyprovodil jsem ji z budovy ven, dolů výtahem, až na ulici. Nedaleko bylo stanoviště taxíků, k němuž se ubírala. Hleděl jsem na ni jak se pomalu vzdaluje, osamělá postava na v té chvíli náhodou úplně prázdném chodníku a napadlo mě přitom, jaká to je milá, hodná, stará paní! To bylo naposledy co jsem ji viděl. Pár dní nato zemřela, když s několika přáteli odjela na několik dní k pobytu v Bina Bura, což je nedaleké horské středisko v prostředí deštného tropického pralesa. Když se nedostavila k večeři, šli za ní do její chatky, kde ji nalezli mrtvou po srdečním infarktu. Moje výstava se ukázala být tou poslední ze stovek, snad i tisíců, při nichž byla recenzentem. Kritika, která se v ten stejný den objevila v novinách, byla ale kladná, takže vinu za smrt její původkyně si snad dávat nemusím!

Další výstavy

Ozval se telefon a nějak jsem v tom okamžiku věděl, že je to něco důležitého. Na konci drátu jsem slyšel kultivovaný zvučný hlas, který jsem znal velmi dobře, trvalo mi ale pár vteřin než jsem si uvědomil o koho se jedná. Howard Ainsworth. V jistý čas ho býval náš dům plný, protože četl pravidelně zprávy jak v rádiu tak i ve veřejnoprávní televizní stanici ABC. V té době ale už v televizi nebyl, soustředil se na stará kolena jen na rádio, kde mimo jiné měl už po nějaké ty roky pravidelný a v kruzích skutečných milovníků klasické hudby velice populární, sobotní pořad nazvaný Music Lover's Choice, výběr milovníka hudby. Howard chtěl vědět, jestli bych byl schopen o nadcházející sobotě v jeho pořadu vystoupit, místo někoho kdo musel náhle odřeknout. Jednalo se o devadesáti minutový pořad hudby podle mého výběru, proložený povídáním o hudbě i o mně, tedy jakési dosti podstatné interview, navíc vedené super-zkušeným člověkem. Pochopitelně, že jsem souhlasil a v pořadu jsem s úspěchem vystoupil. Měl jsem přitom příležitost jednak k propagaci české hudby (ne, že ta by tu v Austrálii byla nějak zanedbávána, spíš naopak) a také k tomu, udělat si propagaci ke své výstavě, kterou jsem právě pořádal, opět ve stejné výstavní síni. S Howardem jsem se od té doby setkával celkem pravidelně; na nějaký čas se z nás dokonce stali kolegové, to když jsem připravoval programy zdejší stanice klasické hudby 4MBS, kde se on stal programovým ředitelem poté, kdy z veřejnoprávní ABC odešel do penze. Howardovi je dnes už dost přes osmdesát, jeho nadále zvučný a výrazně osobitý hlas je stále ještě skoro denně možné slyšet na této stanici; navíc jezdí jako zvláštní průvodce při exkluzivních zájezdech po slavných hudebních centrech světa, přičemž Prahu považuje za jeden ze zlatých hřebů těchto výletů. Pořad Music Lover's Choice, kam mě tehdy pozval, vede dodnes, už déle než čtyřicet let!

Ve stejné galerii jsem měl ještě jednu výstavu asi o rok později, kterou jsem nazval Paradise of the Heart, ráj srdce, což je druhá část názvu Komenského Labyrintu. Stejně jako u Komenského i zde se jednalo o téma "věčného poutníka", které vidím jako zásadní pro hledače universální pravdy, mezi něž se počítám. Noviny Courier Mail už měly novou recenzentku Kate Collins, která dokonce přijela i s fotografem do mého ipswichského ateliéru. Napsala potom dlouhou a velice kladně laděnou recenzi spojenou s biografií. Tato výstava měla také docela slušný úspěch, vedla navíc i k několika dalším, včetně retrospektivní výstavy mých prací v Městské galerii v Ipswichi, nazvanou Concentric Universe, soustředný vesmír, pro niž z mých obrazů již vybíral ty vhodné k vystavení zkušený profesionální kurátor Stephen Rainbird, který dnes vede hlavní univerzitní galerii.

Vybíráme školu pro syna

Paní Langerová mi kladla na srdce především toto: pokud se hodlám uživit jako výtvarník, musím počítat s tím, že budu také učit, že učiním svůj ateliér přístupný veřejnosti. Umělců, kteří se uživí jenom prodejem obrazů přes agenta, podle ní je pouhá hrstka. Zařídil jsem se tedy podle její rady. Koupili jsme tehdy dům v brisbaneské čtvrti Oxley, kam jsme se přestěhovali. Mezitím se nám totiž narodil syn Darius a chtěli jsme mít blíž k soukromým výchovným institucím o nichž jsme si představovali, že bude navštěvovat. Dopadlo to ale trochu jinak. Nejprve jsme měli na mysli Waldorfskou školu, jejíž otevření se připravovalo a kde jsme se oba stali členy přípravného výboru. Jenže, školu unesla manželka jednoho rádoby-politika a vizionáře hnutí New Age, když se s manželem přestěhovali jinam, na opačný konec města, kde se jim potom vskutku podařilo školu otevřít a kde je dnes nadále umístěna. Nešť, řekli jsme si a syna jsme zapsali do školy vedené podle metod Marie Montessori. Škola už fungovala, stavěly se ale pro ni právě

nové budovy. Jak Waldorfská tak i Montessori metody vycházejí totiž z podobné platformy a oba jejich tvůrci nám byli blízcí z filosofického hlediska. Darius chodil do Montessori školy asi dva roky, když došlo k jinému zvratu. Malá skupinka rodičů kteří, jak už tomu někdy bývá, se cítili být středem světa, rovněž ovládla školní výbor a podařilo se jim vyštípat jediného v tomto oboru opravdu zkušeného a pro tento vzdělávací systém zapáleného učitele/ředitele, bez něhož škola nutně musela ztratit svůj zásadní směr. Ten podal výpověď a naprosto rozmrzený přešel ke státnímu školství. Poučeni, syna jsme také přihlásili do normální státní školy. Darius nakonec vystudoval žurnalistiku, pracoval v PR na zdejší univerzitě, v Australském výzkumném ústavu pro biochemii a nanotechnologi, v těchto dnech ale přechází k lékařské fakultě, oddělení výzkumu činnosti mozku.

Učím výtvarnictví

Přes takováto zklamání, Montessori systém, který je podle mého názoru vynikající a účinný, jsem uplatňoval i ve svém ateliéru v Oxley, kde jsem učil děti i pořádal kurzy pro dospělé. V podstatě šlo o to, dát svým žákům příležitost k tomu být tvořivými a, alespoň zpočátku, je nezavalovat žádnými teoriemi ani předem určenými učebními plány. Přednost se zde dává tomu, aby si každý člověk vytvořil svůj vlastní, individuální prostor v němž bude tvořit. V praxi to znamenalo, že jsem svým žákům hned zpočátku dodal základní materiály, jako barvy, masonitové desky natřené bílou barvou, případně hrnčířskou či sochařskou hlínu a nechal jsem je dělat to, co si dělat přáli. Nedával jsem jim tudíž žádné úkoly, jako malování kytiček, což bylo právě to co mě kdysi od

Ateliér v němž jsem učil. Okno z barevného skla je mým výtvorem.

malování ve škole odradilo. Musel jsem být ovšem stále přítomný a připravený poradit, či spíše inspirovat. Žactva přibývalo a v jednu dobu, kolem roku 1990, ke mně chodívalo už víc než padesát žáků týdně. Vím o několika z nich, kteří vyhráli různé soutěže a kteří později šli studovat umění či architekturu. Ovšem, stále zde platí to, co už říkávala moje matka — mnoho povolaných, málo vyvolených!

Cesty do Česka

Komunistický režim vzal ve staré vlasti za své a my jsme mohli opět tuto zemi navštívit. Odjeli jsme z Austrálie téměř na dva měsíce a spojili jsme návštěvu v Česku s cestou do Řecka, země která byla kolébkou kultury v níž jsme vyrostli. Po návratu do Brisbane jsem se sice krátce pokusil znovu vybudovat svůj předtím zavedený, nyní ale v troskách se nacházející vyučovací systém, přišel jsem ale brzy na to, že už v tom nemám srdce tak, jak jsem je míval předtím. Byly zde ale ještě i jiné důvody k tomu, abych se přestal zabývat soukromým vyučováním. Zákony se v nedávno uplynulých letech podstatně změnily a sice v tom smyslu, že zde byl zaveden právnický systém podobný tomu jaký existuje v USA. Což v praxi znamená, že tu už také máme ony smutně proslulé "ambulance chasers", honiče ambulancí, což je posměšný výraz pro právníky, kteří pracují na provizi. Mít ve svém domě žáky se stalo značně rizikovým podnikáním, protože následkem toho podstatně přibylo lidí, kteří se domáhají různých finančních kompenzací za cokoliv, co se jim nebo jejich dětem mohlo nebo také ani nemuselo přihodit. K tomu, abych měl v tomto směru klid, byl bych musel mít svůj ateliér draze pojištěný proti podobným pohledávkám které, protože nemusí nikomu nic předem platit, si dnes může dovolit vznést celkem kdokoliv. Stačilo by, aby se nějaká malá nehoda přihodila některému z mých žáků a bez pojištění by se člověk třeba nedoplatil! Nehledě na to, že by to znamenalo různé inspekce, které by musel přestát, aby k tomu dostal povolení.

Osud měl ale už pro mne vyhlédnuté jiné cesty. V roce 1992 koncem listopadu zemřela moje matka — jel jsem do Česka asi na měsíc, abych mohl zařídit pohřeb, pozůstalost, zlikvidovat její byt a udělat tisíc jiných věcí jaké se takovýchto případech udělat musejí. Při té příležitosti jsem měl také jednání v České televizi, kde jsem získal smlouvy k překladům několika uměleckých pořadů o hudbě, tanci, atp. Když jsem se začal shánět po psacím stroji, který by dovedl psát česky, dostalo se mi rady, abych si místo toho pořídil rovnou počítač, což mě předtím vůbec nenapadlo. Pořídil jsem si tedy počítač a s ním se začala v mém životě nová éra, kdy do něho ve velkém vstoupilo psaní a překládání, design a o něco později také knihy. Otevřel se takto prakticky přes noc přede mnou úplně jiný, nový svět!

Počítačový design

Nedlouho poté kdy jsem si pořídil počítač, přešel jsem také na virtuální golf. Ne snad proto, že bych byl líný, neměl jsem ale na vybranou. Zhruba v té době jsem si poranil rameno; to když jsem se snažil na dětském hřišti přehodit dětskou houpačku zpět přes vodorovné břevno, kolem něhož ji jakýsi vandal omotal. To už jsme měli syna Daria, který se narodil 1985. Že mi jediná taková fyzická akce znemožní hrát mou oblíbenou hru, která mě navíc pomáhala se udržovat v dobré tělesné kondici, jsem v té chvíli netušil. Vazivo v ramenním kloubu se ale přitom nějak poškodilo a už se to nikdy úplně nespravilo. Postupně se připojila artróza a s tím byl také konec golfu, protože zdravá ramena jsou asi to nejdůležitější, co člověk při golfovém švihu potřebuje. Zjistil jsem ale zanedlouho, že se kolem golfu dají dělat úplná kouzla na počítači. Nejprve jsem hrál sám, jakmile jsem si ale zavedl internet, začal jsem se celkem pravidelně zúčastňovat turnajů, které se tam konaly každodenně. Netrvalo dlouho a počal jsem při nich dominovat. Pokud jsem turnaj přímo nevyhrál, málokdy jsem se umístil hůře než třetí či tak podobně. Počítačová golfová komunita byla daleko největší v Americe, kde jsem si brzy získal jméno jako nejlepší Australan. Následkem toho mě neustále někdo vyzýval k utkáním, takže už se to stávalo dost únavným. Když jsem byl potom veřejným hlasováním na jednom z hlavních golfových webů zvolen do síně slávy — Američané si na takovéto věci náramně potrpí — neměl jsem si na tomto kolbišti celkem už co dokazovat.

Počítačový golf mě ale bavil natolik, že jsem si našel něco jiného i když souvisejícího — golfový design. Internetové turnaje se hrají na hřištích, která ovšem musí někdo vytvořit. Existuje proto dosti elitní skupina návrhářů, kteří se zabývají jen tímto a ničím jiným, někteří z nich i profesionálně. Rozhodl jsem se, že se mezi ně nabourám. V té době existovaly tři hlavní programy, či chcete-li, počítačové hry, které se výhradně zabývaly golfem. Pokud jste se zajímali vážně o design, mohli jste od výrobců hry získat také editor, v němž se dala hřiště vytvářet. Nás designery si výrobci hry dost hýčkali — hned se jakmile vznikla tzv. Alfa verze, dávno předtím než přišla Beta verze, což bývá skutečná zkušební verze programu, už nám ji posílali, abychom jim mohli dávat připomínky. Bylo docela zajímavé zúčastnit se vývoje v těchto fázích.

Pokaždé když potom vyšla oficiální nová verze hry, většinou jednou do roka a tak měsíc před Vánoci, aby bylo golfovým tatíkům co koupit, s ní vyšlo také několik golfových hřišť. Obvykle to byly repliky existujících věhlasných hřišť, jakými jsou například St Andrews, Royal St Annes či Troon v Británii nebo Augusta National, či Pebble Beach v Americe. Designeři se přitom dělili na dvě hlavní skupiny. Jedni se soustřeďovali na to, aby vytvářeli repliky skutečných hřišť, pokud možno těch nejznámějších, což ovšem nebylo vždy tak snadné, protože leckdy k tomu oni či výrobci hry potřebovali získat od relevantního klubu povolení, jinak by riskovali porušení autorských práv. Přišel jsem záhy na to, že tento způsob návrhářství by mě moc nebavil. V zásadě se jednalo o mravenčí práci, při níž důraz byl na tom, aby se v rámci možností dosáhlo co nejbližší podobnosti se skutečným hřištěm. Začal jsem tedy vytvářet tzv. fantasy courses, hřiště, která jsem si prostě vymyslil. To bylo mnohem zajímavější. Vybral jsem si k tomu z tří hlavních možností program, který mi nejlépe vyhovoval a sice tzv. GBC — Golden Bear Challenge, který měl jako sponsora dodnes nejlepšího golfistu všech dob Jacka Nicklause (pro vás mladší — Tiger Woods o němž se dnes stále jen píše a mluví, Nicklause, který se mimochodem také narodil na sv Valentýna jako já, ale o tři roky dříve, ještě zdaleka nedohnal). Tento program mi totiž nabízel nejlepší možnosti po stránce grafické.

Některá z těchto hřišť, která jsem navrhl, se měla jakoby nacházet v Austrálii, což jim dodávalo na exotice, zejména pro americké hráče, jichž bylo v té době daleko nejvíc, i když hráči se nacházeli a nacházejí ve všech koutech světa. Narazil jsem dokonce i na některé české.

Australian Links, které zde ukazuji *(nahoře)*, si jen na jednom z tehdejších webů, které se na tohle specializovaly, stáhlo asi čtyřicet tisíc hráčů. To bylo hodně v době, kdy ještě neexistovalo ADSL a kdy stahovat soubor čítající 20 až 30 megabytů mohlo trvat i několik hodin a stalo se tak vůbec nejpopulárnějším hřištěm roku. Ještě poměrně nedávno, jen před pár lety, se na tomto hřišti hrál jeden z internetových turnajů, jak jsem náhodou zjistil. Nejspíš to byl nějaký turnaj veteránů... V jiném návrhu jsem užil množství fotek, které jsem pořídil na Tasmánii. Byl jsem tam se synem, kterému bylo tehdy asi 14 let. On v Hobartu hrál tenisový turnaj, zatímco já jsem běhal kolem s foťákem.

Snad každý pozná, že je to trochu jiná krajina než jakou naleznete v Evropě či v Americe. Eukalyptové stromy přitom činí ten hlavní rozdíl. Právě v době kdy jsem navrhoval Australian Links či Apple Isle, jablečný ostrov, jak se někdy říká Tasmánii, vyšla nová verze programu GBC, která mi dovolovala podstatně zvýšit množství tzv. custom art neboli importované grafiky. Do té doby jsem jako designer byl silně omezený tím, co v tomto směru nabízel program, který se ovšem soustřeďoval na evropskou/americkou krajinu a stromoví. Dala se takto dělat hřiště umístěná v evropské či americké krajině, k tomu abych mohl přesvědčivě udělat něco, co by vyhlíželo jako australská krajina, potřeboval jsem ale především slušné množství eukalyptových stromů. Blahovičníků, to je české slovo, které jsem už málem zapomněl. Předtím jsem si jich mohl udělat a do programu importovat jen asi dvacet, což ani zdaleka nestačilo. Něco vzdáleně se podobající australské krajině se tak sice dalo slepit dohromady, když ale mi najednou program povoloval skoro neomezené množství importovaných objektů, začalo to být zajímavé. Připravit takový obrázek stromu tak, aby se mohl stát součástí programu, není snadné. Musíte jej zbavit všeho, co tam nemá co dělat. Strom musí mít svůj peň, větve, listí, ale nic jiného co k němu nepatří. Místo toho všeho musíte mít neviditelné pole, které se potom ve hře neobjeví. Ty importované australské stromy se pochopitelně staly tím, co mě výrazně odlišovalo od jiných designerů...

Abbott's Bridge je vybudován kolem přírodního skalního mostu který, jak mnozí z vás asi budete vědět, se nachází nedaleko Děčína, k němuž jsem přidal alpské vrcholky, spolu s pár českými hrady. Také toto hřiště bylo velice úspěšné a stáhly si je tisíce hráčů, stejně jako ještě několik jiných mých hřišť. Do jednoho z hřišť s názvem The Bohemian Forest, se mi podařilo propašovat dokonce i samotný Karlštejn! Později se vyskytl jiný program, který se už motal kolem osobnosti Tigera Woodse a v němž jsem také navrhl několik hřišť. To už jsem ale pomalu začínal ztrácet zájem. V neposlední řadě mi vadil humbuk, který se dělal (a pořád ještě dělá) kolem tohoto hráče. Hlavně ale už si opět nebylo co dokazovat, bylo tomu podobně jako s tím hraním, kde záleží nejvíc na tom, jak přesně člověk dokáže načasovat kliknutí s počítačovou myší. Je to vždycky dost limitované. Byl bych mohl vytvářet víc a víc golfových hřišť, ale nejspíš by to byly stále jen větší a líbivější kýče. Jakmile jsem se dopracoval na tu jistou úroveň jako návrhář, už to přestalo být to pravou výzvou. Že se o mně vědělo, jsem náhodou zjistil, když jsem jednou hrál na jednom ze svých hřišť v turnaji, zcela anonymně a se skupinou hráčů, kteří se přitom bavili o mých designech. Činili tak spontánně, začali sami, aniž bych je k tomu byl nějak vyprovokoval — nevěděli, že jsem to hřiště navrhl já a že to co si píší já právě čtu. Moc se tím zavděčili mé ješitnosti. Tím pravým signálem pro to, že bych toho už měl nechat ale bylo, když mě Američané znovu zvolili do síně slávy, tentokrát jako designera. Zhruba v té době jsem se také už začínal stále víc soustřeďovat na psaní, takže brzy poté kdy pro nás nastalo nové tisíciletí, jsem pomalu a tiše přestal jako golfový designer existovat. To je to dobré na internetu — člověk se může potichu vytratit. Zůstala po mně asi dvacítka hřišť a dodnes se na internetu najdou nějaké ty odkazy, které vás mohou dovést k některým z mých tehdejších hříchů.

Konečně jsem si upravil poměr!

O tom, že bych si měl "upravit poměr" k Československé Socialistické Republice, jsem zaslechl poprvé z úst matky, když přijela sem k nám do Austrálie, což bylo v roce 1978. Protože byla už v té době delší čas penzistkou, neměla žádné větší problémy s tím, aby ji pustili. Přijela sem ale s posláním. Kampaň s upravováním poměru byla v té době už značně rozjetá. Podle toho, co jsme slyšeli od jiných lidí jejichž rodiče sem také přijeli, muselo se jednat o dobře promyšlenou a organizovanou akci, vedenou odkudsi shora. O jednotlivé případy se potom starali příslušníci STB v té oblasti, odkud pocházela navštěvující osoba či osoby a většinou také ti, kteří měli být navštíveni. V zásadě šlo o to, učinit z utečenců upravence. Upravencem se potom stal ten, kdo:

1. Vyplnil patřičné formuláře, které mu na žádost zaslal relevantní zastupitelský úřad ČSSR v zemi v níž se nacházel.
2. Přiložil potřebné dokumenty.
3. Zaslal žádost zastupitelskému úřadu.

4. *Uhradil výdaje které ČSSR s ním, jako potenciálním upravencem, měla.*

O to poslední zde především šlo, dostat z lidí tolik potřebné devízy. První co člověka napadlo bylo pochopitelně, kolik by ho ten celý špás asi tak mohl stát? Na to si musel ale počkat; v přiložených informacích se pouze dočetl, že "výše poplatku se řídí podle nabytého vzdělání a podle majetkových poměrů žadatele".

To první se ještě dalo jakž-takž pochopit, i když v demokratických zemích praxí nebývá, aby stát po někom vyžadoval zaplacení výdajů za vzdělání když změní občanství. To druhé ale znělo neomaleně a celou věc to jaksi posunulo do sféry vyděračství. Tak jsem to i matce vysvětlil, když jsem jí oznámil, že se upravencem stát nehodlám. Celkem to snad pochopila, i když by jistě byla ráda kdybych za ní do Česka mohl přijet. Dopadlo to ale nakonec tak, že jsem se tam přece jen párkrát dostal, ještě za jejího života.

Kampaň k upravení poměrů měla tehdy úspěch hlavně u lidí toužících po tom podívat se znovu na stará místa, poslechnout si znovu šumot břízek či vrzání vrátek u domu, setkat se s příbuznými a starými známými. Stála tedy hlavně na emocích, což je oblast v níž se ne každý člověk dokáže ovládat. Vrazila navíc klín mezi různá emigrantská sdružení a dokonce i mezi osobní vztahy. V některých rodinách vznikla napětí, jaká tam předtím nebyla, když jeden z partnerů byl udělat cokoliv proto, aby se mohl podívat do staré vlasti, zatímco tomu druhému na tom tolik nezáleželo, či to dokonce viděl jako mrhání peněžními prostředky. Ti kteří si poměr upravili se také rázem stali podezřelými z donašečství; člověk si před nimi instinktivně dával pozor, zejména měl-li, jako já, zde něco co dělat s žurnalistikou a rozhlasovým vysíláním. Od toho už není daleko k tomu, aby se z člověka stal paranoik, řeknete si možná a do jisté míry máte asi pravdu. Jenže, až poté kdy se režim změnil jsem zjistil, jak mnoho toho o mně věděla tajná policie a nějak tyhle věci zjistit musela. Někdo jim tudíž musel donášet a kdo jiný, než upravenci?

Jeden známý upravenec nám poutavě a vtipně vyprávěl o tom, jak nervózní byl když za ním se zlověstným cvaknutím zapadly těžké dveře na místní STB, kde musel vykonat povinnou návštěvu. Oni tam dovedli člověka dostat pod nátlak, o tom není pochyb! Začal o tom před námi hovořit sám o sobě, většina upravenců ale o těchto věcech nemluvila a člověk se jich raději neptal. Nejhezčí historku z té doby nám pověděl jiný známý, který na nátlak rodičů dokonce s manželkou učinil fingovanou návštěvu čs konzulátu v Sydney, kde se žádosti vyřizovaly, aby si vyzvedli formuláře, které nikdy potom nevyplnili. Byl tam prý

jistý člověk, který si krátil čas tím, že v čekárně chodil kolem obrazů a květináčů a takto k nim promlouval:
"Zkoušíme zvuk, testing, testing", atp.
Po chvíli se prý dostavil zaměstnanec konzulátu, který se ho jal uklidňovat.
"My tady pane žádná odposlouchávající zařízení nevedeme..." Potom se mu představil:
"Já jsem doktor Horák."
"Těší mě. Fučík", odtušil dotyčný.
To bylo před nějakými třiceti lety. Mezitím se mi udělalo pětašedesát a nabyl jsem tímto nároku na starobní důchod. Asi po tři roky jsem si jej užíval, když mi přišel dopis od Centrelink, což je úřad, který se o takovéto věci stará. To nevěstilo nic dobrého. Otevřel jsem obálku a nahlas zaklel. Stálo tam totiž, že Austrálie s Českou Republikou učinily reciproční dohodu týkající se nároků na důchody a jejich proplácení. Tohle nevěstilo nic dobrého, při nejmenším jen další běhání po úřadech, o čemž jsem si myslel, že už mám konečně za sebou. V mém případě to navíc nevypadalo na to, že bych se v byl v ČSSR k nějakému důchodu kvalifikoval. Odešel jsem přece už ve 26 letech! Navíc, mám už od narození britské občanství a mám také občanství australské, které jsem přijal. Čímž pádem jsem se musel zříci českého občanství. To ale na věci nic neměnilo, stálo tam jasně, že každý kdo po nějaký čas v Česku žil, musí podstoupit tento proces.
Naštěstí mám manželku, která umí v pořádku uchovávat dokumenty. Však na ty její také ještě dojde. Úředník na Centrelink si udělal kopie, nic víc už po mně nechtěl, vyplněná žádost šla potom do Česka. Za několik týdnů jsem odtamtud dostal dopis. Ke svému překvapení jsem se dozvěděl, že potřebné roky v Česku odpracované sice nemám, že ale mám nárok na starobní důchod, ve výši nějakých dvou tisíc korun! Hned jsem s tím šel znovu na ten úřad, kde to vyřídili a ujistili mě, že o svůj australský důchod nepřijdu, pouze se mi bude trochu krátit. To byla úleva, protože ten český by nám jen stěží zaplatil účty za spotřebu elektřiny. Úřední šimlové na obou zemských polokoulích se snad tímto napásli. Mně přitom u srdce zůstal hřejivý pocit z toho, že jsem si konečně, konečně, upravil ten poměr!

✳✳✳✳

12. JAK JSEM ZAKLÁDAL ROZHLASOVOU STANICI

V rádiu během vysílání

O tom, že snad bude možné vysílat v češtině, jsem se poprvé doslechl někdy v polovině roku 1978. Tehdy se vláda rozhodla udělit rozhlasové vysílací licence, mezi nimi také jednu pro etnické vysílání ve státě Queensland. O licenci se zajímalo hned několik organizací, z nichž dvě se ukázaly být vážnými kandidáty. Konkursní řízení bylo dost pohnuté, vítězně z něho nakonec vyšla EBAQ (Ethnic Broadcasting Association of Queensland), společnost označovaná svými protivníky za politicky levicově zaměřenou. Ti druzí byli zaměřeni pravicově. O politiku mi nešlo, jen o to, abych mohl česky vysílat, vstoupil jsem tedy do EBAQ, i když s poněkud smíšenými pocity. Levicově mi to po letech prožitých v komunistické zemi nikdy příliš nemyslelo. Nověji příchozím Řekům či Italům, kteří nic takového nezažili, mohly ovšem poněkud umírněné marxistické ideje docela imponovat, tohle jsem celkem chápal.

Ideje levice imponovaly i jiným, mezi nimi i některým ze zdejších Čechů. To byli ale hlavně ti, kteří nezažili komunistickou stranu v plném jejím rozpuku. Je to dost jiné, když o něčem jen slyšíte či čtete, než když to poznáte na vlastní kůži. Nedlouho předtím než jsme sem do Austrálie dorazili, dostali se k moci labouristé vedení premiérem Whitlamem. Gough Whitlam byl socialista každým coulem a také se ihned pustil do zavádění reforem namířených tímto směrem. Jeho zástupcem se stal dr. Jim Cairns, který byl už téměř marxistického smýšlení, i když sám o sobě tvrdil, že není ani socialistou ani humanistou, ani křesťanem, ani ničím jiným. Pár let po našem příchodu ale došlo k velikému převratu, poté kdy Cairns začal vyjednávat státní půjčku přes jistého pochybného pákistánského bankéře, čehož se media dopátrala. Výsledkem bylo to, že samotným Whitlamem poměrně nedlouho předtím dosazený guvernér země, který jako zástupce královny měl k tomu moc, svého bývalého přítele a stranického kolegu prostě z pozice premiéra sesadil a dal vyhlásit nové volby. Po nich se k moci dostali znovu konzervativci. Po od té doby silně zatrpklém Whitlamovi, který se dnes už věkem blíží ke stovce (narodil se 1916), dodnes ještě vzdychají různí socialisté-idealisté, pro něž představoval božstvo. V době, kdy se zakládalo etnické rádio, sentimentální vzpomínky na Whitlama a jeho éru byly ještě velice živé. Naštěstí se ukázalo, že v interní politice rádiové komunity politická ideologie, která jistě v té době nadále cloumala některými z členů prominentních etnických minorit, nakonec příliš velkou roli nehrály. Proto jsem se mohl celkem bez obav začít angažovat.

Henry Zehr

Jedním ze zakládajících členů společnosti byl Čech Henry Zehr *(vlevo)*, v té době pokladník a zástupce presidenta. Henry sem do Austrálie přišel s rodiči v roce 1949, kdy mu bylo něco přes dvacet, tedy ještě dost mladý na to, aby se naučil výborně anglicky, ale přece jen trochu starý na to, aby se úplně mohl zbavit českého přízvuku. Přiženil se do rodiny, která byla tradičně "labor", tedy zdejší verze sociální demokracie. O tom, jak by se měl správně psát název této strany, vedeme spolu už léta spolu spory. Anglicky je to "labour" s "u" a tak si také od svého založení v roce 1891 členové této strany říkali, jenže asi tak po roce 1912, ať už z nedbalosti či následkem nedostatečného vzdělání, to "u" ztratili a píší se po americkém způsobu labor. Je na to řada jiných vtipů a slovních hříček — například, že tato strana pro vás "you", vysloveno stejně jako "u", či že to "u" si přivlastnily odbory (unions), s nimiž obvykle táhnou strana za stejný provaz, atp. Podle mne je to prostě další příklad nepříjemného a vtíravého amerikanizmu. Jsem ještě z Anglie zvyklý psát labour a australská spisovná angličtina, pokud vím, se v zásadě přidržuje pravopisu britského a nikoliv amerického. Proto, když mě Henry upozorňoval na to, že to tak není správné, že strana k níž patří se správně píše "Labor", hádal jsem se s ním o tom. Mám k této své pozici velmi dobrý důvod. Když totiž píši česky a pro české mediální prostředky, jsem si vědom toho, že lidé v Česku znají spíše anglickou verzi tohoto slova. Takže kdybych psal "labor" bez toho "u", skoro určitě by si čtenáři, rozhodně aspoň ti vzdělanější, mysleli, že jsem to JÁ, kdo neumí správně psát anglicky! Nemohu přece od nich očekávat, že by znali australské poměry.

Henry Zehr, krátce předtím než jsme sem přijeli, kandidoval za Labour Party do queenslandského parlamentu a prohrál jen o pár set hlasů. Povoláním účetní, v té době zpočátku zastával v radiu funkci pokladníka a také zástupce presidenta společnosti. Já jsem se stal oficiálně vedoucím naší čs. skupiny, která v té době čítala právě tyto zmíněné dva členy. Radio 4EB, jak je dnes stanice známa, začínalo celkem s šestnácti programovými skupinami. Původním úmyslem bylo, že jednotlivé skupiny budou reprezentovat země z nichž jejich členové pocházejí, tak jak jsou vyznačeny na mapách. Ukázalo se ale, že tato organizace byla od prvopočátku jakýmsi barometrem, který dokázal předpovídat budoucí vztahy mezi etnickými skupinami v zemi jejich původu. Že v tehdejší Jugoslávii nastanou velké problémy, takové jaké si lidé žijící v této uměle vytvořené státní jednotce nedokázali v té době ještě vůbec představit, bylo nám zde v Austrálii jasné a to už o dobrých deset let dřív, než došlo k samotnému rozpadu Jugoslávie. Stejně tak vyšlo po čase najevo, že podobný osud očekává i Československo, jak si jinde povíme. Stanovy organizace se proto musely změnit tak, aby programová skupina mohla representovat buď existující stát, nebo jazykovou menšinu, která není jinak zastoupena.

Po získání vysílací licence se dost těžko sháněly fondy ke stavbě vysílací věže a k vybavení studia. Už předem měla nová stanice příležitost k tomu rozhodnout se, zda chce vysílat na středních či ultrakrátkých vlnách. Protože mezi těmi kteří tehdy o tom rozhodovali převládaly názory, že potenciální posluchačstvo bude spíš mít k dispozici přijímače se středními vlnami, rozhodlo se tehdy, že se bude na nich vysílat. To byl jeden z četných případů toho, kdy socialistické smýšlení ovlivnilo negativně chod rádia — mezi řádkami lze jasně číst blahosklonná slova, "budeme vysílat pro členy chudších vrstev společnosti, kteří nemají na to, aby si koupili dražší přístroje s ultrakrátkými vlnami"! Když o hezkých pár roků později musela stanice znovu žádat o přidělení frekvence na těch ultrakrátkých vlnách, protože čas k tomu dávno uzrál, těch kteří by byli mohli prohlašovat "neříkal jsem vám to?", už ale v rádiu mnoho nezbývalo... O státní dotaci, kterou jsme potřebovali téměř zoufale, jsme mohli ale zažádat až po zahájení vysílání. Mezitím jsme prováděli zkušební vysílání ze studia, které nám pravidelně propůjčovala v té době rovněž nová, ale zámožnější stanice klasické hudby. Jejich zázemí se nacházelo ve společenských vrstvách které si mohly dovolit přijímače s ultrakrátkými vlnami, na nichž stanice 4MBS vysílala.

Začínáme s vysíláním

Zkušební vysílání jsme prováděli asi po dobu jednoho roku a na každou skupina vycházelo přitom asi tak jeden program měsíčně. Mezitím se podařilo našim technikům nějak slepit dohromady různé součástky, tak aby z toho vznikl náš první vysílací panel. V sobotu 1. prosince 1979 se poprvé vysílalo z našeho studia. Bylo předem rozhodnuto, že ten den odpoledne se ve studiu vystřídá všech šestnáct skupin, každá s asi 20-minutovým pořadem, zatímco v nedalekém parku se budou konat oslavy. Protože k vysílání mělo dojít v abecedním pořádku a protože žádní Afghánci, Albánci, Bosňáci či Bulhaři ještě na obzoru nebyli, naše vysílání bylo na řadě jako první. Takže stanice byla pokřtěna Dvořákovým Slovanským tancem č. 3, spolu s mým hlasem. Občas, když dojde k nějakému výročí, dostane se mi proto i nyní cti mít o tom článek s fotkou v novinách.

Byla to doba přímo pionýrská. Do pronajatých místností nad lahůdkářstvím ve čtvrti West End se vešla kancelář, společenská místnost a jediné studio, odkud se vše muselo pochopitelně vysílat "živě" – nahrávat nebylo kde a kdy, leda snad v noci. Někteří enthusiasté, k nimž jsem patřil i já, jsme si ale později udělali svá vlastní studia doma, kde se dala natáčet například interview, atp. V samotném vysílacím studiu 4EB, které bylo asi tak velikosti průměrné koupelny, bylo kromě pár židlí místo jen pro kontrolní panel ovládající dva kotouče na desky, dva kazeťáky, páskový magnetofon a tři mikrofony. Dělat rádio takhle na koleně ale byla (aspoň pro mne) daleko větší legrace než s tím vším novým moderním vybavením, které dnes v studiu naleznete. Zpočátku byla jen malá hrstka nás, kteří jsme uměli ovládat vysílací panel, takže jsme si museli rozdělovat služby a asistovat těm programovým skupinám, které ještě neměly vytrénované operátory.

Týden či dva nato, za horkého sobotního rána, jsem od osmi nejprve odvysílal svůj program v češtině, potom jsem měl mít službu až do dvou odpoledne. V devět měli vysílat Němci. Dostavily se dvě dámy, bez operátora, takže jsem musel s nimi zůstat ve studiu. Venkovní teplota v předvánočním Brisbane zatím už překročila třicet stupňů a za izolovanými stěnami studia, navíc zahřívaného třemi lidskými těly, musela být mnohem vyšší. Nějak se mi podařilo přes to dostat, nesen pomyšlením na to, že v deset hodin začnou vysílat Holanďané, kteří budou mít operátora. Ten se ukázal být nemocný, takže jsem se ze studia opět nedostal. Vietnamci, Chorvati a Poláci si operátory také nepřivedli, ti poslední zato měli s sebou menší dětský sbor, který nějak nacpali do studia. To už připomínalo spíš saunu a ze mne po celých šest hodin tekly potoky. Potom se ukázalo, že toho dne byla zaznamenána rekordní venkovní teplota, dost přes 40 stupňů! Nastavit přesně jednu desku, zatímco jiná vám hraje, to se musí tvrdě makat, není to jako s dnešními cédéčky! Od špičky nosu na drážky mi přitom tekl pramínek potu. Jakási dobrá duše mi donesla dva obrovské ručníky, takže jedním jsem si ve studiu bez ustání osušoval obličej a ruce, zatímco ten druhý jsem měl vyvěšený venku přes zábradlí, kde byl vždycky do pěti minut suchý. Teprve asi za týden nato se ve studiu objevilo trochu hlučné, ale celkem účinné starší klimatizační zařízení, které nám daroval jakýsi lidumil.

Nedlouho poté jsem měl jiný pohnutý zážitek. V té době stanice vysílala jen v odpolední a večerní době, celý den jen v sobotu a v neděli. Naše sobotní vysílání v osm ráno bývalo první na pořadu. Přijel jsem asi s půlhodinovým předstihem a otevřel si vlastním klíčem. Ve studiu jsem se jakž takž vyznal, aby to, co vypotím před mikrofonem, taky šlo do éteru, o to se měl postarat technik. Ten se ale neobjevoval, i když už tam měl být. Snažil jsem se mu zavolat, telefon nikdo nebral; na cestě se mu rozbilo auto, jak se později ukázalo. Do začátku vysílání 15 minut, v zoufalství jsem se rozhodl vyslat SOS tehdejšímu presidentovi naší společnosti. Ten byl na nějaké konferenci v Sydney, jeho italská manželka Rita ale prohlásila, že viděla, jak se to dělá, a že se pokusí si vzpomenout. Vzpomínala si, zatímco já jsem v časech předmobilních kmital mezi telefonem a hlavním ovládacím zařízením, kde jsem tiskl všelijaké knoflíky a posunoval páčky. Rita nakonec prohlásila, že teď by to už snad mělo běžet. Abych měl jistotu, zahučel jsem rychle do studia, nasadil tam desku se Smetanovými skladbami a běžel ven na parkoviště do svého auta, abych tam pustil rádio. Hráli zrovna Smetanu.

Jak dělat programy?

Měli jsme tedy pro české programy k dispozici studio a byly nám přiděleny dvě relace týdně, ve středu odpoledne a v sobotu ráno. To bylo sice hezké, otázka zněla, co vlastně budeme vysílat? Moje sbírka desek obsahovala skoro jen samou klasickou hudbu, kolega Henry Zehr na tom byl podobně. Ten kromě toho neprojevoval žádné větší úsilí naučit se ovládat vysílací desku, byl prostě rozeným administrátorem, všechny ty páčky, relátka a kontrolky ho jenom mátly. Trvalo mu to nejméně rok než se odhodlal k tomu, aby sám a bez pomoci občas vysílal, takže většinou jsem na vysílání byl sám. Pokud šlo o české programy, potřebovali jsme nutně větší členskou základnu. S Henrym jsme se tehdy vydali do čs. klubu, abychom agitovali mezi zdejšími Čechy. Šlo nám jednak o to přesvědčit pár krajanů, že dělat radio není vlastně nic tak moc těžkého, pokud se žádní noví moderátoři nenajdou aspoň z lidí kolem klubu vymámit nějaké desky či pásky. Jenže, napoprvé to bylo skoro úplné fiasko. Nouze nebyla jen o kritické připomínky typu:

"Dyť ty tam hraješ pořát jen samý ty symfónie!"

Namítal jsem:

"Dobře, dobře, zahraju vám nějaký to vaše um-ta-ta, musíte nám ale darovat nebo aspoň půjčit desky!"

Na opakované výzvy nám nakonec přece jen pomohli aspoň tím, že uspořádali taneční zábavu a výtěžek nám věnovali; pár lidí se později přihlásilo i s nějakými těmi deskami a páskami. Cédéčka už sice začínala být na světě, trvalo to ale nějaký čas než se dostala až k nám. Rádio se ovšem nedá dělat jen s českou muzikou a s ubohým komunálním humorem, čímž hubená sbírka v naší skříňce oplývala. Potřebujete k tomu také nějaké aktuality. Kromě oznámení o tanečních zábavách, pohřbech a podobných událostech týkajících se krajanské obce, čerstvé informace jsme v dobách před-internetových poskytovat prostě nemohli. K dispozici jsme měli jen nějaký ten český exilový tisk, který se k nám dostával většinou s několikatýdenním zpožděním. Svou potřebu dělat něco aktuálnějšího jsem zatím mohl aspoň přiživovat tím, že jsem přesvědčil vedení stanice o vhodnosti zavedení pravidelného kulturního programu v angličtině, s "live interviews". Tam jsem si vodil různé lidi a povídal si s nimi o umění, vědě, náboženství, psychologii, futurologii a tak všelijak. Také jsem začal dělat hudební pořady ohlašované anglicky, které se vysílaly většinou pozdě večer. Být sám ve studiu třeba do dvou ráno se mi náramně líbilo. A co teprve když mi nějaký posluchač zatelefonoval do studia s nějakou žádostí či komentářem a já věděl, že mě dokonce někdo poslouchá! O něco později se mi také podařilo natočit spolu s několika lidmi hudební komedii, kterou jsem napsal v angličtině a kterou jsem režíroval. Tu potom převzaly i jiné australské stanice.

Začátkem osmdesátých let se věci přece jen začaly trochu víc hýbat. Podařilo se nám získat pár nových hlasatelů a později i další. V té době se totiž už začala projevovat "třetí vlna emigrace", to byli ti kteří utíkali hlavně přes Jugoslávii. Tehdy také poprvé zazněla ze studia slovenština. Pracoval jsem v té době jako tlumočník pro státní oddělení pro přistěhovalecké záležitosti, takže mýma rukama procházela většina nových emigrantů, kteří přišli sem do Queenslandu. Ty, kteří se mi zdáli být zajímavějšími, jsem si takto mohl pozvat do studia, abych je trochu vyzpovídal.

Objevili se jednou dva Slováci, on byl nějaký technik, připadal mi nemluvný a nudný, zato jí, učitelce, to jelo ostosedm. Řekl jsem si, že o živý program bude jistě postaráno. Po nějakém tom zahájení jsem je oba představil, zapojil mikrofony pro hosty, položil první otázku a kývl na výřečnou dámu, očekávajíce podobný proud slov jakým na mne až doposud neustále mířila. Nadechla se zhluboka a ... nic! Ani hláska z ní nevyšla. Úplně zmrzla. Pohlížím na ni, chudinka se celá třese, oběť náhlého útoku zákeřné trémy. Uvědomila si v té chvíli, že je v radiu, že to co teď řekne se ponese na vlnách éteru... Vzal jsem vzniklou pauzu na sebe, rychle jsem k otázce ještě něco začal dodávat, doufal jsem, že se z toho zatím dokáže vzpamatovat. Manžel-nemluva mě ale gestem upozornil, že nás chce z bryndy vytáhnout. Zeptal jsem se ho tedy, jak se to mělo s jejich útěkem ze socialistického ráje. Pomalou, rozšafnou, ale plynnou a nádhernou slovenštinou sa počial rozprávať o tem, aké to bolo s úradmi v Juhoslávii, ako ich Československy klub v Queenslandě sponzoroval. Hovořil plynule, to co říkal bylo zajímavé a zněl přitom naprosto suverénně. Učitelčina pusa po chvíli také roztála a nakonec jsme se jen stěží vešli do časového limitu.

Češi a Slováci

Barometr etnického vysílání, který už na samém začátku ohlašoval budoucí rozpad Jugoslávie, se nezmýlil ani v případě Československa. Skupina se rozrůstala, přibývali předplatitelé, přihlásilo se i několik Slováků, někteří z nich ale chtěli prosazovat své separatistické názory. Brzy si začali vyžadovat vlastní slovenské vysílání. Podle stanov společnosti to bylo nejprve předloženo výboru čs. skupiny, který žádné námitky nevznesl; ani dost dobře nemohl – to by přece bylo znamenalo popřít existenci slovenského jazyka. Správní rada proto rozhodla, že Slováci mají nárok na to založit vlastní jazykovou skupinu na tomto základě, takže tito začali vysílat samostatně už někdy v polovině osmdesátých let, dlouho před rozpadem společného státu.

K podobným situacím docházelo v rádiu poměrně často, vzpomínám si například, jak původní indická skupina se také rozdělila, v tomto případě hrály ale hlavní roli náboženské rozdíly. V té době jsem již byl členem správní rady stanice, kde jsem zastával funkci programového ředitele, takže jsem se případem musel dosti podrobně zabývat. Ke svému překvapení jsem zjistil, že to, co bylo známo jako indická skupina, zahrnovalo ve skutečnosti indickou menšinu pocházející z ostrovů Fidži. Ti přišli uprostřed osmdesátých let do Austrálie jako uprchlíci, poté kdy na Fidži došlo k vojenskému převratu. Ukázalo se navíc, že tito "Indové" byli převážně muslimové a že se nesnesou s ostatními fidžanskými Indy, kteří byli většinou hindustánci. Co s tím? Vyřešili jsme to šalamounsky. Indické skupině sestávající se z fidžijských muslimů se jméno ponechalo. Zároveň byla založena paňdžábská skupina, jejíž vytvoření vedení stanice podpořilo a shromáždění zástupců skupin urychleně schválilo. Nebylo potřeba nikomu nic vysvětlovat; každý se zdál vědět nebo aspoň tušit, o co šlo. Indové hinduistické víry (mnozí z nich rovněž z Fidži) se mohli potom sdružovat v paňdžábské skupině. Důležitým mým úkolem jako programového ředitele bylo zajistit, aby ty skupiny které by si potenciálně mohly vzájemně vjet do vlasů, neměly své pořady ve stejné dny nebo je měly od sebe oddělené aspoň o několik hodin, aby se jejich členové v budově rozhlasu pokud možno nepotkávali.

Po takovýchto rozkolech se členové nově vzniklých skupin sice většinou navzájem ignorovali, riskovat případné konflikty se ale nedalo. Vypadl jsem z tohoto kolotoče už před víc než deseti lety, je mi ale jasné, že mezi skupinami z oblasti bývalé Jugoslávie určité napětí trvá dodnes. Když se vytvořila slovenská skupina, Češi se také snažili Slováky ignorovat, moc dobře to ale nešlo. Slovákům totiž nestačilo, že mají svoji vlastní skupinu. Vadilo jim, že skupina, od níž se odtrhli, se stále ještě nazývala "Czechoslovak Group". Správní radě společnosti proto začali posílat dopisy, v nichž důrazně žádali, aby slovo "Czechoslovak" z názvu zmizelo, že ta druhá půlka slova tam nemá co dělat. Začalo to ještě před zánikem Československa a po něm se to pochopitelně stupňovalo. Správní rada se ale záležitostí odmítala zabývat, poukazujíce na to, že čs. skupina existovala od samého počátku společnosti a že i v současnosti má ve svém členstvu Slováky. Navíc že existují i jiná podobná sdružení, např. skandinávská či jihoamerická skupina. Československá skupina si tak po nějaký čas název udržovala. Byl jsem členem jak čs. skupiny, tak i správní rady, snažil jsem se ale v této kauze zachovávat neutralitu.

4EB

Jak vlastně takováto etnická rozhlasová stanice v Austrálii funguje? 4EB má licenci jako "Public radio station", což znamená, že nesmí vysílat reklamy tak jako mohou komerční stanice, může si ale pro své programy smluvně zavázat sponzory. Sponzorská oznámení bývala původně omezena na čtyři minuty v hodině, myslím, že teď už je to jiné. Důležitými sponzory vždy byli na příklad telefonní a letecké společnosti, cestovní kanceláře, atp. Jazykové skupiny navíc často nacházejí své sponzory mezi obchodníky etnického původu, jimž jde pochopitelně o reklamu mezi těmi jazykovými menšinami, na které se zaměřují.

Budova 4EB na Kangaroo Point

4EB je vedena jako nevýdělečná a dobrovolná organizace, jinak má ale strukturu obchodní společnosti, se správní radou odpovědnou za její provoz. Třinácti člennou správní radu si členové-předplatitelé (je jich kolem 10 tisíc) každoročně volí, po několik let jsem byl jejím členem, zastával jsem asi po čtyři roky funkci vicepresidenta, občas i zastupujícího presidenta. Správní rada zaměstnává profesionálního manažera, jemuž jsou podřízeni ostatní profesionální zaměstnanci v produkci, reklamě, technické údržbě, v kanceláři atd. Správní rada má také kontrolu nad jednotlivými jazykovými-programovými skupinami. Občas některá následkem nedostatku zájmu a podpory přestane existovat, aby se brzy nato vynořila jiná. Celkový počet skupin se už léta pohybuje kolem padesáti. Při takovémto množství programových skupin to v praxi znamená, že se dohlíží hlavně jen na to, aby si každá skupina při své každoroční valné hromadě zvolila platným způsobem svůj výkonný výbor, který se stará o její záležitosti. Správní rada zakročí jedině v těch případech, kdy jasně vyjde najevo, že skupina není

schopna samosprávy či tehdy, kdy jsou zcela jasně porušeny
demokratické principy společnosti.

Rozpory uvnitř skupin

Jako programový koordinátor i jako vicepresident, jsem občas musel
řešit různé problémy. Ty nejčastěji nastávaly tehdy, kdy došlo k
rozkolům uvnitř některé ze skupin. Téměř vždycky šlo přitom o spory
mezi dvěma či více ambiciózními osobnostmi. Lidé, kteří byli ve své
původní vlasti kulturně činní, nebo měli v tomto směru výrazné ambice,
obvykle těžko nacházejí v tomto směru v Austrálii uplatnění. Jejich
hlavním problémem bývají jazykové nedostatky. O tom, jak těžké je se
prosazovat když má člověk v angličtině přízvuk (a ten má každý kdo
sem přišel později než tak kolem 16 -18 let), píši na jiném místě v této
autobiografii. V normálním životě si ambiciózní jedinci dříve či později
najdou své místo ve společnosti — stanou členy různých spolků nebo se
nebo jsou činní na úrovni místních zastupitelství, případně i na vyšší
politické úrovni. Jinde jim to neznalost jazyka buď přímo znemožňuje
nebo silně omezuje, často v tomto směru i postrádají dostatečné
sebevědomí. V radiu se jim ale nabízejí možnosti se přece jen prosadit,
zvýraznit podstatně svůj profil. Stát se hlasatelem nebo dokonce
vedoucím vysílací skupiny, zejména tehdy kdy se jedná o jednu ze
silných a početných zdejších etnických skupin, jimiž jsou třeba Řekové,
Italové, Vietnamci nebo Číňané, to pro takového člověka často znamená
nabýt prestižního postavení, o něž stojí zato se třeba i trochu poprat!
Povím vám o případu, který nám svého času dost zamotal hlavu,
přičemž se pokud možno vyhnu konkrétnostem. V jedné z těch
nejpočetnějších skupin došlo k takovémuto klání o vedoucí pozici.
Vzešli z něho vítěz a poražený a jak už tomu bývá, ten druhý to
nedokázal jen tak překousnout, takže si zamanul, že se jednak pomstí a
že se přitom také pokusí o to trochu víc se zviditelnit. Jal se proto
monitorovat veškeré programy této nejmenované skupiny, aby
zaznamenal veškeré možné přestupky proti směrnicím, zejména těm
týkajícím se omezení času věnovanému sponzorům. Skupina to byla
početně veliká, která tudíž měla sponzorů habaděj, takže se stopkami v
ruce nějaké ty prohřešky brzy objevil a mohl o nich zčerstva poreferovat
vládní komisi, jejímž úkolem je dozírat na veškeré australské sdělovací
prostředky. To byla pochopitelně voda na mlýn pro takovéto byrokraty,
jimiž se to v Canbeře jen hemží. Poslali nám exemplář v podobě
dvoučlenného vyšetřovacího týmu, jednoho uhlazeného mladíka v
kvádru a s kravatou, s ním postaršího, rovněž mladě se tvářícího pána, v
trendovém oblečku a s těžkými náušnicemi v obou uších. Polák, Řek a
Čech usedli ke kulatému stolu se dvěma Australany a onáušnicovaný

byrokrat na nás spustil dost zhurta. Trpělivě jsme ho vyslechli, potom jsme ale poukázali na nejasnosti v jimi vydaných směrnicích, dokázali jsme, že tyto lze vykládat tak či onak a upozornili jsme na to, že my si je vykládáme onak. Hotentot musel zabrzdit a nakonec se nám ještě oba pánové omluvili. Na letiště odjeli zřejmě v pevném odhodlání přepracovat nedokonalé směrnice, takže canberrský aparát měl na několik let o další práci postaráno. Mimochodem, po skončení jednání jsem je oba provedl budovou a ukázal jim naše studia. Hotentot pověřený úkolem dozírat na sdělovací prostředky se přitom bezděky přiznal, že je v rozhlasovém studiu poprvé. Byrokracie je všude stejná.

Zpět k Čechům a Slovákům. Když nakonec došlo k rozpadu Československa, útoky na název skupiny se pochopitelně počaly stupňovat. Bylo mi jasné, že situace se takto udržet věčně nedala a proč také? Československo už nebylo a v dohledné době jistě nebude! Začal jsem se vážně zasazovat o změnu názvu. Přesvědčovat ty, kteří mleli pořád dokola, že sem přišli jako Čechoslováci a že jimi zůstanou, ať čert na praseti jezdí, bylo těžké, moc populární jsem kvůli tomu nebyl. Teprve když se vytvořila konkurenční skupina Čechů složená hlavně z mladších přistěhovalců a z těch trochu flexibilnějších mezi staršími, která se pokusila převzít iniciativu, ti "zastydlí Čechoslováci" u vesla se za hlasitého skřípění zubů narychlo rozhodli skupinu přejmenovat na českou, aby si tímto udrželi své pozice. Byl bych mohl před nimi prohlašovat: neříkal jsem vám to?

Sydneyská olympiáda

Různé machinace, osobní útoky, atp. kolem celé té věci se mi příčily; připadalo mi to všechno spíš jako souboj domovnic za dob neblahých uličních výborů. Stalo se kupříkladu následující. Nějaký čas předtím než měly začít Olympijské hry v Sydney v roce 2000, mi odtamtud zavolala jistá dáma. Jestli bych prý měl zájem o to přihlásit se jako tlumočník pro organizační výbor her. Že bych působil hlavně v Brisbane, kde se bude hrát jedna z kvalifikačních skupin fotbalového turnaje zahrnující také Českou republiku. Že kromě toho zde budou mít své tréningové tábory také jiní čeští sportovci, atleti, plavci, atd. Prý bude v Brisbane na stadiónu ve Wooloongabě, kde jsme nedaleko měli svůj první byt, toho a toho dne, kdy by ráda se mnou učinila přijímací pohovor. Naznačila mi přitom, že by se jednalo o formalitu. Řekl jsem si, proč ne?

Krátce nato jsem byl tedy oficiálně přijat a byl jsem obdařen titulem "language expert", jazykový odborník. Potom jsem tam ještě musel několikrát jít znovu, aby si mě změřili stran obleků jichž se nám dostalo, atp. Navíc jsme byli zavaleni instrukcemi, týkajícími se zejména bezpečnostních opatření. I když to bylo ještě před útokem na newyorské věže, k němuž došlo až asi za rok, už bylo celkem jasné, že se k něčemu schyluje a bezpečnostní opatření byla proto velice přísná. Tolik, že jsem si říkal, že to člověku zkazí veškerou radost z toho mít podíl na takovéto vzácné události! Čeští tlumočníci jsme zde v Brisbane byli dva (v Sydney jich ovšem bylo víc) – se mnou ještě jeden "staročech", to jest emigrant z doby těsně poválečné. Měl také oficiální akreditaci a stále ještě občas zaskakoval jako tlumočník na celo-australské úrovni. Bylo mu už přes 80 let, byl to ale velice čilý pán který, pokud vím, je i v době kdy toto píši stále ještě naživu. Protože jsem se o tuto svou funkci nikterak nedral a byl jsem o to prostě požádán, uniklo mi, že byla považována za prestižní a to natolik, že se Československý klub, který se právě v té době silně angažoval v tom, aby byla ve 4EB ponechána Československá skupina, se také zasazoval o to, aby někdo z jejich vedení byl vybrán jako tlumočník. Žabo-myší války, které se odehrávají asi ve všech etnických komunitách a jichž jsem shlédnul nespočetně, jak jsem již výše shrnul, mě nezajímaly. Takže jsem ve své naivitě vůbec netušil, že pro některé lidi z vedení čs. klubu jsem se stal krajně nepohodlným a jako takový i cílem útoků nožem na má nekrytá záda.

Měli jsme právě poslední soustředění všech tlumočníků před začátkem her na hlavním stadiónu ve Wooloongabbě, když ke mně po jeho skončení přišla ona dáma, která mě do celé té záležitosti jaksi vtáhla a která našemu tlumočnickému týmu velela. Původem Řekyně, velice vzdělaná a sofistikovaná žena, asi ještě na té správné straně čtyřicítky. Zeptala se mě opatrně, jestli mám nějaké rozpory s čs. klubem v Queenslandu? Odpověděl jsem jí po pravdě, že si žádných osobních sporů s nikým vědom nejsem, popsal jsem jí ale zhruba situaci s vysíláním v českém jazyce a jaké tam jsou momentální potíže. Také jsem jí pověděl, že se angažuji na straně těch, kteří by chtěli změnit to zastaralé jméno skupiny na jiné, za stávající situace vhodnější, tedy na české vysílání. Stará sice nebyla, v podobných záležitostech ale byla zřejmě tužená, neboť v řecké komunitě, která je zde v Austrálii tak veliká, že se například říká, že druhé největší řecké město po Aténách je Melbourne, musí jistě být na denním pořádku. Vždyť právě i ten výraz "žabo-myší války" se připisuje právě tomu nejřekovitějšímu z Řeků, samotnému Homérovi! Takže tomu rozuměla.

Pověděla mi o co jí šlo. Dostala prý telefonát od kohosi, kdo se představil jako prezident čs. klubu. Že prý se k nim doneslo, že vybrali mne jako tlumočníka a jestli je to pravda? Když mu potvrdila, že to pravda je, rozhorlil se a snažil se ji prý přesvědčit, aby rozhodnutí změnila. Prý nejsem vhodným představitelem československé komunity v Brisbane! Vysvětlila mu, že zde nejde o to kdo je představitelem čs komunity a kdo není, že zde o žádnou československou komunitu vůbec nejde. Jde tu o to, kdo je nejlépe kvalifikován k tomu, aby překládal z češtiny do angličtiny a naopak, když se jedná o záležitosti týkající se české olympijské výpravy. Proto si mne vybrali.

Dotyčnému, který byl v té době zároveň vedoucím čs vysílání, jsem nikdy nic špatného neudělal a neměl jsem sebemenší potuchy o tom, že by se mohl takto obrátit proti mně. Dokonce, aniž by o tom on byl věděl, jsem při výše uvedeném pohovoru zmínil jeho jméno s tím, že bych ho také rád viděl jako tlumočníka. Rozhodli se ale pro onoho starého pána, který podle nich lépe splňoval kvalifikační požadavky. Tohle všechno mi paní Řekyně řekla spolu s tím, že i když nejspíš porušuje nějaká pravidla když mi o tom vůbec pověděla, že ale se podle ní zcela jasně jednalo o pokus mě zdiskreditovat, vedený za mými zády. Řekla mi také, že toho volajícího poslala kamsi. Protože byla dámou každým coulem, jistě to ale udělala slušně a diskrétně. Zjistil jsem potom ještě, že za celou záležitostí stála jistá česká dáma o níž je známo, že velice ráda hraje roli šedé eminence při těchto malicherných politických šarvátkách. Vskutku, bylo to jak v časech těch uličních výborů!

Odcházím z rádia

Po více než 20 letech (dnes už více než 30 letech) své existence, mělo rádio 4EB v té době už vlastní budovu nedaleko středu města, s moderně vybavenými studii, třemi vysílacími, dvěma nahrávacími a jedním pojízdným studiem, o jehož zřízení jsem se dosti zasloužil.

Před pojízdným studiem

Rozhodl jsem se ale po všech těch problémech a podrazech raději českého vysílání nechat. Nejen to, začal jsem uvažovat vážně i o tom, že bych ani nekandidoval na pozici ve správní radě. Hrál v tom i jakousi roli pud sebezáchovy. Po několik let jsem ve správní radě stanice zastával funkci vicepresidenta a potřeboval jsem se rozhodnout, zda mám kandidovat na presidenta, což ode mne dost lidí zřejmě očekávalo, nebo odstoupit a udělat místo pro někoho mladšího. Uvědomil jsem si ale, že za poslední asi dva roky jsem byl na pohřbu celkem pěti lidem z třináctičlenné správní rady! Čtyři z nich zemřeli na rakovinu, přičemž jen jedné dámě, Holanďance, bylo přes 60 let. Dalším třem, dvěma Irčanům a Řekovi bylo v době jejich smrti jen něco přes padesát, zatímco ten poslední a mezi námi nejmladší Chorvat, dostal srdeční záchvat, který nepřežil, jen v pouhých 42 letech!

Se starostou Brisbane (vpravo) a s poradcem premiéra u budovy radia při oslavách výročí založení stanice.

Mělo to ale i své výhody, být ve vedení rozhlasové stanice. Dostávalo se mi pozvání k různým příležitostem, státním oslavám, atp — zejména politici si nás, kteří jsme měli co dělat s medii, předcházeli jak se dalo. Byli jsme takto s manželkou například i pozváni k slavnostní večeři, kterou pořádal tehdejší australský premiér John Howard. Jenže, vše musí mít svůj konec a umění včas odejít nebylo právě silnou stránkou této, jinak celkem úspěšné, hlavy australského státu, jak se za čas nato ukázalo. Povídal jsem si:

"Je ti skoro šedesát, udělal jsi toho snad už dost pro multikulturní Austrálii, padnout za ni ale přece jen nemusíš! Chtěl jsi přece vždycky psát, není snad na čase věnovat se pro změnu něčemu jinému?"

Takže o tom dnes už jenom píši.

13. KNIHY, KNIHY, KNIHY...

Stále ještě platilo, že pouhým malováním a prodáváním obrazů se člověk neuživí a totéž se vztahovalo i na psaní knih a podobné činnosti, na což jsem se postupně začínal soustřeďovat. Potřeboval jsem přitom mít ještě něco, z čeho bych měl pravidelný příjem a co by mne, pokud možno, také i bavilo. Jak už tomu tak bývá, člověk kolem toho denně chodil a to déle než půl století, aniž by si uvědomoval, že by to mohlo právě být ono. Mám na mysli knihy. Už když jsme pluli lodí z Anglie do Austrálie, v bednách které se s námi plavily v podpalubí byly především knihy. To ovšem byly ještě hlavně knihy české, postupně k nim ale přibývaly i ty anglické.

Tradiční knihkupectví, ať už jste je našli v Londýně nebo zde v Brisbane, bývala tmavá jeskyně naplněná k udušení knihami všech možných žánrů a vydání. Uprostřed tohoto požehnání obvykle trůnil majitel obchodu, pokud možno podivín, často zneuznaný básník či prozaik, samorostlý filosof, o němž jen tušíte, že třeba míval kdysi nějaké ambice stát se spisovatelem. Rozhodně náramný humanista. Zde v Brisbane jsme mívali takového, kterého jsem velmi dobře znal — už před časem svůj podnik prodal a odešel na odpočinek. Jeho antikvariát byl daleko největší ve městě a nalezli jste tam téměř všechno. I když už obchod dávno prodal, ten stále ještě existuje a stále ještě se chlubí tím, že má na skladě milión svazků knih. Jestli je to pravda nevím, příliš daleko od pravdy to ale nebude. Jistá dáma se silnými feministickými sklony se jednou rozhodla, že otestuje zda se zde dá koupit opravdu všechno. Přišla do obchodu a zeptala se našeho knihkupce, zda má v obchodě "women's space", místo pro ženy, míníce pochopitelně takovýto druh literatury. Krásně se na ni usmál, zvedl se ze židle, se svými 130 kg živé váhy, otevřel zeširoka náruč a prohlásil: "Tohle je místo pro ženy, které mám!"

Říci něco takového zavilé feministce muselo pochopitelně mít dohru. Psala se 90. léta století, byla už zavedena různá anti-diskriminační opatření a zákony; jimi se zabývající instituce se nacházely v plném rozpuku. K jedné z těchto ona dáma zašla a obvinila ho ze sexuálního

harašení. Záležitost byla projednána a i když sexuální harašení se mu neprokázalo, knihkupci se přesto dostalo oficiálního písemného napomenutí. Měl z toho ale také spoustu publicity, když se fotografie jeho impozantní postavy objevily na stránkách několika deníků, které celkem bez výjimky o této záležitosti podaly referát, který mu mohl jen získat sympatie čtenářů. Snad kromě těch politicky korektních. Pro jeho obchod to ovšem znamenalo velice vítanou injekci!

Antikvárním knihkupcem

O tom, že bych si sám otevřel obchod někde na hlavní ulici, jsem ale nikdy neuvažoval. Koncem 90-tých let už mi bylo celkem jasné, že na internetu se budou knihy prodávat velice dobře a hlavně, s daleko menšími výdaji. Přestěhovali jsme se v té době (opět), tentokráte do nově postaveného domu, v němž žijeme dodnes. Dům nám postavil stavitel podle našich instrukcí, takže jsem tam měl pro sebe vyhrazenou velikou místnost, asi 40 čtverečních metrů, s níž jsem počítal na ateliér, kde jsem původně mínil opět pořádat malířské kurzy. Místo toho jsem všude vybudoval skoro tři metry vysoké police s uličkami jen tak na projití, čímž jsem získal místo k uskladnění skoro 30 tisíců knih. Tak začal náš internetový antikvariát Booksplendour.

V okamžiku, kdy jsem učinil ono osudové rozhodnutí, že se ze mně na stará kolena stane antikvární knihkupec, soustředili jsme se s manželkou na to, abychom těch knih získali co nejvíc. Také, pokud možno na to, aby to byly knihy kvalitní. Začali jsme s Dášou, která už delší čas pracovala v kanceláři a místo si hodlala držet, jezdit hlavně o sobotách po všech možných podnicích, kde se knihy prodávaly. Soukromé výprodeje, burzy, bleší trhy, dražby, prodeje knih vyřazovaných z veřejných knihoven, pozůstalosti po zemřelých osobách, na co si vzpomenete. Začínal jsem asi s dvěma, možná třemi tisíci svazků, do roka se to zněkolikanásobilo. Brzy jsme tak přišli na to, že dát dohromady velké množství knih bylo snadnější než jsme si mysleli. Knih přibývalo utěšeně, místa pro ně ubývalo a brzy jsme museli z přilehlé garáže vystěhovat naše dvě auta a poslat je do exilu pod přístřešky, které jsme pro ně nechali vybudovat. Garáž také opanovaly knihy.

Prodávání na internetu

Prodávat knihy na internetu je něco úplně jiného, než jak tomu bývá v běžném obchodě, kam člověk zabrousí když nemá právě nic jiného na práci. S tím "zabroušením" se to sice má podobně, tam se ale podoba končí. Klasické "browsing", prohlížení si vystavených knih na policích knihkupectví, činit nelze. Člověk který hledá na internetu většinou ví, co chce. Můžete mu sice ukázat fotografii knihy, může si vám také říci o víc a ve větším detailu, hlavně ale platí to, že název knihy, jméno autora a základní údaje o ní, musí být co nejpřesněji podané v permanentním inzerátu, který pro ni vytvoříte. Tyto údaje zanesete do speciálního programu, který byl vytvořen k tomuto účelu a v němž se nachází inventární soupis všech knih, které nabízíte. K tomu jsem si pořídil program nazvaný Homebase, který vytvořila kanadská společnost Abebooks.com, kterou ale nyní už vlastní všudepřítomná firma Amazon.com. S inventárním seznamem si musíte dát práci, protože ten potom uveřejníte na svých stránkách a objeví se také na stránkách různých agentů, kteří se těmito věcmi zabývají a jimž se rozhodnete své knihy nabídnout. Nejlépe je, jak jsem brzy objevil, mít své vlastní stránky, v našem případě www.booksplendour.com.au a také co nejvíc agentů, kteří jsou roztroušeni po celém světě. Nejvíc jich je, uhodli jste, v Americe.

Odkud jsem vzal název?

Dlouho jsem přemýšlel o tom, jak bych měl svůj antikvariát nazvat. Nakonec mi pomohla kabala, jíž jsem se začal už před mnoha lety zabývat a o níž jsem také napsal knihu. V kabale a jejím učení figuruje na důležitém místě kniha, která se poprvé objevila ve Španělsku v 13. století, která ale je pravděpodobně mnohem staršího data, v ústní tradici předávaná z generaci na generaci možná až o půldruhého tisíciletí déle. Kniha se hebrejsky nazývá Sefer ha Zohar, což se do angličtiny překládá jako Book of Splendour, česky kniha nádhery, vznešenosti, či jasu. Z anglického názvu této knihy jsem spojením dvou slov vytvořil slovo Booksplendour, které je jako název knihkupectví ideální hlavně v tom, že má jako kořen slovo "book", kniha. Takže internetoví vyhledávací pavouci si tohoto názvu zaručeně všimnou a dají si jej do souvislosti s knihami!

Když se začaly knihy prodávat na internetu, po několik let to byl skutečný zlatý důl pro ty, kteří to včas podchytili. Tak tomu bylo po několik let, asi od poloviny do konce 90-tých let. Postupem času víc a víc knihkupců objevovalo internet a brzy těch na internetu se zabydlivších už začalo přibývat proporcionálně rychleji než čtenářů. V době kdy jsem já začal dávat svoje knihy na internet, kolem roku 2000, už zde začínala být docela slušná konkurence. Prodávajících přibývalo každým měsícem, konkurence se stávala každým dnem těžší, i když stále ještě se dalo z prodeje knih poměrně slušně žít. Ještě po nějaký čas bylo celkem snadné vést knižní antikvariát na internetu — místo toho aby byly vyrovnány na policích v obchodě, kde by si je lidé mohli prohlížet, knihy se prostě přesunuly na obrazovky počítačů a pokud si je lidé koupili, zaplatili nám platební kartou byly jim zaslány poštou. Zpočátku jsme prodávali nejvíc knih do USA, s tím jak se ale měnil kurz ve prospěch australského doláru oproti americkému, začínalo si od nás kupovat stále víc australských zákazníků. Obrat který měl přijít, ale už byl za rohem. Elektronické knihy změnily všechno!

Dvě z uliček v našem internetovém obchodě. Strop je téměř tři metry vysoko a police sahají až k němu. Stavěl jsem si je sám, spotřeboval jsem přitom obsah většího nákladního vozu naplněného smrkovými prkny. V pozadí hlídá věrný pes Biggles, kříženec novofundlanďana s vlčákem. To, co zde vidíte, je jen menší část našeho inventáře.

Jak za časů Gutenbergových

Troufám si tvrdit, že pokud jde o knižní publikace je doba v níž žijeme stejně převratná, jako ta zhruba v polovině 15. století, kdy docházelo k prvním pokusům evropských tiskařů o zavedení metod k výrobě tiskovin ve velkém. Někdy kolem roku 1450 se rozhodl zlatník a metalurg Johannes Gensfleisch zur Laden zum Gutenberg, který už po nějakých deset let ve své dílně v Mohuči (a předtím ve Štrasburku) pracoval na zdokonalení svého tiskařského lisu, že čas uzrál k tomu, aby se započal projekt, jaký zde doposud ještě nebyl. Již o celá staletí dříve se sice o výrobu tištěných dokumentů pokoušeli například Číňané a Korejci, tiskařské metody s užitím dřeva či keramiky se ale natrvalo neujaly. Gutenberg, užívající pohyblivé kovové litery, vytiskl náklad Biblí, o nichž byl nejspíš přesvědčen, že mu přinesou komerční úspěch. Ten se ale ukázal být hubený a nechal navíc na sebe čekat. Gutenberg se sice stal slavným, ale až nějaký čas po své smrti. Tím, že na svět přivedl asi 180 výtisků Bible, Gutenberg se prakticky dostal na mizinu a jeho tísnivá finanční situace se poněkud zlepšila až poté, kdy začal na svém lisu produkovat církevní odpustky. Ironicky, o čisté boží slovo nebyl žádný veliký zájem – ti, kteří se proti němu provinili, se nicméně ze svých prohřešků vykupovali ve velkém. Gutenbergův tiskařský lis dokázal takovýchto cenných papírů chrlit na tisíce! Brzy poté začaly tiskařské lisy růst všude po Evropě, jak houby po dešti. Knihy, později také noviny, časopisy a podobné tiskoviny, jsou tedy zde již něco přes půl tisíciletí, přičemž až donedávna se toho příliš mnoho nezměnilo. Jistě, technologie se vyvíjela po celý ten čas, princip ale zůstával stejný. Na papír či na podobný základní materiál se s použitím kovových liter přenášel inkoust tvořící písmena a slova, která se dala číst. Elektronika nepotřebuje ani papír ani inkoust, i když obojí může využít. Dnes způsobuje podobný převrat jaký ve své době učinil Gutenbergův tiskařský lis!

Ještě donedávna si mohl běžný antikvariát dovolit skladovat kromě opravdu starých knih také novější tituly, pokud tyto knihy získal levně a pokud se na nich nesnažil nehorázně vydělat. Vždycky se pro ně našli kupci – někteří dokonce i čekali na to, až něco momentálně populárního dostanou za rok za dva levněji v antikvariátu. Pro mnohé antikvariáty tohle představovalo jakousi základní obživu. Dnes ale přijde čtenáře právě vydaná e-kniha na podstatně méně než ta tištěná a většinou i na méně než ta, kterou dříve o několik týdnů po vydání už našli na polici antikvariátu. A nemusí na ni čekat. A navíc nezabírá žádné místo. Což ovšem může být nevýhodou, protože domy a byty bez knihoven nevyhlížejí právě nejlépe. Nicméně, o generaci či dvě později, hádám, už si lidé na tohle zvyknou a po knihách ani pes neštěkne. Případně se na holou stěnu může vrhnout projekce impozantní knihovny ve 3D! Nějaké ty knihy se třeba budou vyskytovat už jen v těch nejpůsobivějších exemplářích a v těch nejlepších rodinách.

Antikvariáty začínají mizet

V běžných antikvariátech zánovní knihy dnes už naleznete jen stěží; produkce nových knih se přesouvá stále výrazněji na stranu elektroniky. Je dokonce stále těžší nalézt i samotné antikvariáty. Všude kolem nás se totiž zavírá jeden knižní obchod za druhým, míním tím ty jimž Američané říkají "brick and mortar", z cihel a malty. Z výše uvedených důvodů si už nemohou dovolit platit nájemné, mnozí tudíž přecházejí na internet. Což ovšem znamená, že tam jejich knihy činí konkurenci těm našim. Když jsem náš současný podnik před víc než třinácti lety otevíral, zavedl jsem jej rovnou jen jako internetový, protože jsem s něčím podobným počítal. Představoval jsem si to ale trochu jinak. Především jsem očekával, že přechod z papírových knih na elektronické bude pozvolný, že s tím, jak bude přibývat notebooků, bude zároveň ubývat tradičních knih. K tomu nedošlo, čtenáři zřejmě potřebovali do ruky něco menšího, něco, co by bylo možné si sebou vzít do postele. To tu dost dlouho nebylo, když to ale přišlo, objevilo se to náhle. Dnes mohou lidé jet na dovolenou a vézt si s sebou svou elektronickou čtečku a v ní mít uložených klidně i tisíckrát víc knih, než kolik jich mají šanci přečíst a to nejen během dovolené, ale až do konce svého života!

Zmizejí tradiční knihkupectví úplně? Budou se nadále vyskytovat jen v soukromých domech, jako to naše? Tak, jak je my známe, asi existovat přestanou, nemyslím si ale, že by k tomu došlo příliš brzy. Po příští generaci či dvě jich bude postupně ubývat, o tom nemůže být pochyb. Zbudou nakonec jen ta, která se úspěšně nějak specializují. Někteří knihkupci budou možná kombinovat vzácnější antikvární knihy s jinými starožitnostmi, nábytkem, obrazy atp. Nové knihy se budou vydávat v obou formách, což se většinou už děje. Tištěných knih ale bude postupně ubývat, až jednou zmizí skoro úplně. Možná, že s prvním vydáním někdy také vyjdou omezené náklady očíslovaných a známými autory podepsaných výtisků – určené sběratelům. Hádám, že tak v polovině tohoto století bude knižní svět vypadat docela jinak, než jak jej známe my.

Co čtenáři? Ti na tom docela určitě vydělají. Elektronické knihy budou stále levnější a výběr bude v budoucnu podstatně větší.

Co autoři? Mnozí z těch, kteří jsou dnes zvyklí na to mít své knihy na trhu ve velikých nákladech, a mají tudíž značné výdělky, se asi budou muset uskrovnit a uvolnit trochu místa pro ty, kteří momentálně nepublikují nebo jen zřídka. Ti skromnější a dokonce ti, kteří autory ještě ani nejsou, ale jimi budou, si skoro určitě polepší. Najdou se mezi nimi i takoví, kteří by dříve o tom stát se autorem ani neuvažovali, jimž to ale nově vzniklá situace umožní. Co nakladatelé? Ani se neptejte. Někteří se jistě nějak přizpůsobí; jenže v době, kdy může člověk napsat knihu, vydat si ji sám nákladem stovky, deseti či dokonce i jediného výtisku, bych nakladatelem na plný úvazek asi být nechtěl. Být autorem, to je ale něco docela jiného!

Poutníci v čase

Tuto knihu jsem začal psát už hodně dávno, před víc než dvaceti lety. Původně jsem psal v angličtině, protože kniha vzešla z mých zkušeností s tarotovými kartami, přesněji s tarotovými trumfy. Pokud lidé uslyší slovo taroty či tarotové karty, většinou je hned napadne, že to má co dělat s věštěním budoucnosti a podobnými věcmi. Jak jsem už na samém počátku naznačil, taroty vstoupily do mého života brzy a mohu rovnou také říci, že jej nikdy neopustily. Nicméně, nikdy jsem nikomu, ani sobě samotnému, nepředvídal budoucnost, ani jsem se o to nepokusil. Můj přístup k tarotům je jiný, podobný tomu jaký měl švýcarský psycholog Carl Gustav Jung. Jemu šlo o tzv. archetypy, jejichž zobrazení viděl ve 22 tarotových trumfech. Mně jde o to samé. Od tarotů už je jen malý krok ke *kabale*, která je založena na hebrejské abecedě čítající stejný počet písmen. Tarotové trumfy v sobě skrývají hlubokou symboliku a zasahují do oblasti, kterou Jung nazval kolektivním nevědomím.

Kolektivní nevědomí lidstva zde vždy bylo a z něho také vycházely postavy a symboly, které například v civilizacích starého Řecka či Říma tvořily bohy, jejichž uctívání se lidé v těch časech oddávali. Když ale se posuneme blíže k našim časům, pokud nejsme zaslepeni nějakými ortodoxními náboženskými předsudky, dojdeme k objektivnímu přesvědčení, že se nic vlastně nezměnilo. Bozi, které uctívali například staří Řekové, se nacházejí jen v poněkud jiných formách například u středověkého křesťanství, stejně tak jako v kultech moderní doby, točící se nejčastěji kolem "pop kultury". Bohyně lásky Afrodité má svůj novodobý protějšek například ve zpěvačkách jakými jsou Madona, Lady Gaga či Beyonce, atp. Králem může být president Obama či kterákoliv z

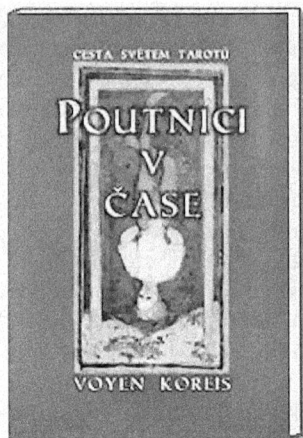

hlav států, hlupákem potom celkem kdekdo, máme zde i moderní verze
královen, kouzelníků, poustevníků, jsou zde také archetypální situace
jimiž jsou láska, střídmost, štěstí či naopak smůla, pýcha,
sebeobětování, smrt, atp. Stačí nám jen trocha představivosti a můžeme
si za každý z výše uvedených symbolických postav či situací dosadit
některý z tarotových trumfů.

Kniha, kterou jsem kdysi napsal anglicky, byla založena na těchto
archetypech a na fiktivní cestě rozeného hlupáka až k duchovnímu
zasvěcení. Česká verze Bláznova cesta následovala a vyšla jako jedna z
prvních e-knih v Česku, asi před 15 lety. Knihu jsem poměrně nedávno
přepsal, nazval ji Poutníci v čase a takto vyšla jak v knižní formě, tak i v
elektronické verzi. Tu si můžete zdarma stáhnout na mých osobních
stránkách zde:

www.voyenkoreis.com

Dva anonymní vedoucí pracovníci organizace vyššího evolučního
řádu, o jejíž existenci lidstvo nemá potuchy a jejímž posláním je starat
se o vývoj sluneční soustavy včetně Země, mají problém. Je jím
chronický nedostatek kvalifikovaných pracovních sil. Rozhodnou se
proto experimentovat. Na Zem vyšlou dva dobrovolníky (víc se jich
nepřihlásilo), aby zde urychleně prošli kurzem, který si normálně
vyžaduje několika inkarnací na naší planetě. Oni jej ale mají dokončit v
průběhu jediného lidského života. Kurz se sestává z 22 arkán tarotů. V
průběhu se oba protagonisté setkají s různými archetypálními
postavami mytologickými a nadpřirozenými bytostmi, také se ocitnou
se v neobvyklých situacích, s čímž vším se musí podle svého vypořádat.
Jediný kvalifikační požadavek: úspěšný kandidát musí být bláznem!

Kabala, nadčasová filosofie života

O kabale se toho v dobách kdy jsem v Česku ještě pobýval a to je už
před více než čtyřiceti lety, vědělo velice málo a psaného slova o ní bylo
snad ještě méně. Žádné nové knihy, jak za komunismu tak i předtím v
časech Protektorátu, pochopitelně nevycházely, jen některým lidem se
tu a tam podařilo uchovat něco z předválečné doby. V dnešní době toho
jistě musí existovat podstatně víc; většina seriózní kabalistické
literatury ovšem byla a stále ještě je psána Hebrejci a pro Hebrejce, i
když většinou ne v hebrejštině, daleko nejčastěji v angličtině. To, že je
kabala pevně svázána s židovským náboženstvím, si jistě myslí většina z
těch, kteří o ní slyšeli. V tom mají ovšem jen částečnou pravdu. Hlavní a
vlastně i jediná vazba, kterou kabala má, je na hebrejštinu a na
hebrejskou abecedu. To vše ostatní je už rázu univerzálního. Například
theosofie čerpá ze stejného zdroje, i když staví na trochu jiných

základech. Proto jsem si také myslel, že moje názory člověka, který v židovském a v nábožném prostředí vůbec, nevyrůstal, by mohly zajímat především ty, kteří se kabale z výše uvedených důvodů až doposud vyhýbali.

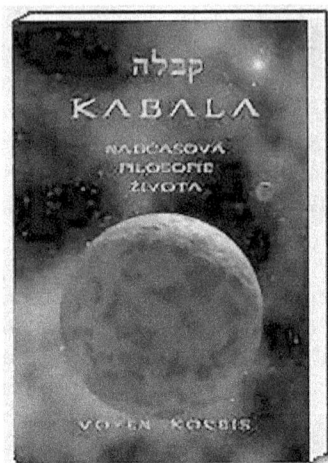

To, že kabala má s židovským náboženstvím určité spojení, se nedá popřít, totéž ale lze říci o křesťanství, které také vychází z Bible, ze Starého i Nového zákona. Mnozí křesťanští učenci a kněží se v minulosti nespokojili jen s vykládáním Nového zákona a naučili se hebrejštině proto, aby mohli číst Starý zákon v originále. Měli potom v rukou ty stejné klíče jaké měli židovští rabíni, to jest Bibli a jazyk. Kabala ovšem jde dále než kam sahá jakékoli náboženské přesvědčení. Ve své ryzí metafyzické formě k sobě láká moderní vědce, zejména fyziky, chemiky a matematiky, ale také psychology, například ty, kteří se zabývají jungovskou psychologií. V neposlední řadě k sobě kabala a to za všech věků, přitahovala filosofy. Člověku (jakým jsem já), který nemá pevnou vazbu k žádnému náboženství a vlastně dokonce ani k národnosti, musí tedy zákonitě připadat nadčasová.

Domnívám se, že kabala je ve skutečnosti starší než jakýkoliv náboženství, včetně židovského. Proto také si k ní nacházejí cestu lidé z různých společenských a kulturních prostředí. Moje vlastní cesta rozhodně nevedla přes žádné náboženství, neboť náboženské výchovy se mi nedostalo. Když jsem poprvé šel do školy, psal se rok 1949. Bydleli jsme tehdy v Praze, která ještě pamatovala Golema. Podle legendy ho vytvořil (s pomocí svých znalostí kabaly) moudrý a učený rabín Lev či Löw. Pověsti o tom jak Golem ochraňoval židovskou obec a jak se po rabínově opomenutí odstranit mu s čela "šém" obsahující magický vzorec tento umělý člověk vzbouřil, jsem slýchával a o něco později i četl, už od útlého dětství. Ta fascinace už mi zůstala.

Blavatská a theosofie

Pro svou třetí knihu v češtině jsem si vybral téma, které bylo v českých zemích pomíjeno po více než století. Možná, že vyšla nějaká kratší pojednání o ruské kněžně, která stála (aniž by si toho ovšem byla vědoma) u samého počátku hnutí, kterému se dnes říká "New Age".

Aspoň částečně za to mohou nacisté, kteří si pokrouceným způsobem, podobně jako od Nietzscheho, leccos vypůjčili od Blavatské a z učení theosofie, jistě také komunisté, kteří ovšem nesnesli jakoukoliv ideologii, která by nebyla postavena na bázi materialismu.

S Jelenou Petrovnou Blavatskou se každopádně začíná evoluce duchovního vědomí moderního světa. Theosofická společnost, kterou Blavatská založila, oslovila svou náboženskou filosofií ty nejprogresivnější mozky rodícího se dvacátého století. HPB, jak se jí běžně říkalo, byla ale postavou nanejvýše kontroverzní, navíc lidé v jejím okolí nebyli ještě zdaleka připraveni k tomu uznat autoritu a intelektuální převahu této ženy nad většinou mužů v jejím okolí. Snad i to přispělo k tomu, že mnozí, kteří by si mohli jinak uvědomit její důležitost, Blavatskou dodnes neuznávají, prohlašujíce ji za šarlatánku. Její příspěvek k vývoji moderního světa je ale obrovský. Svět v němž se pohybovala se

Křest mé knihy o Blavatské, na den svatého Valentýna 2013, kdy jsem oslavil sedmdesátiny!

teprve začínal opravdu vážně nořit do hlubin materialismu a theosofie, která staví lidského ducha nad hmotu, byla přirozenou reakcí, jakousi opoziční stranou. Proto byla schopna toho oslovit právě ty mozky, které nadcházející temná vlna materialismu neuchvátila. To znamená zejména tvořivé typy, umělce a tak podobně. O něco dále otiskuji seznam známých osobností, které se theosofií zabývaly či zabývají.

Jelenou Petrovnou Blavatskou se to všechno začíná. Pokud jde o umění, dadaismus a surrealismus, projevující se v abstraktní malbě a sochařství, moderní hudbě, jevištní tvorbě, architektuře, jinými slovy téměř ve všem co vzniklo v moderním umění zhruba od konce 19. století, až do doby po první světové válce a co se táhne jeho dějinami dodnes, buď přímo čerpalo z theosofie nebo se aspoň o ni otřelo. Ke kulminaci došlo kolem roku 1910. Například Kandinského významný spis O duchovnosti v umění (1911) je jasným svědectvím o tom, že jeho autor si dobře prostudoval práce Blavatské, Besantové, Leadbeatera a jiných. Kupkovy obrazy už v jeho raném období kolem roku 1890 byly často zcela jasně inspirovány theosofickými náměty a myšlenkami; později už přímo založeny na teoriích z theosofie převzatých. Seznam lidí, kteří byli buď členy Theosofické společnosti či k ní měli velmi blízko, je vskutku impozantní. Zajímavé je zejména to, že všichni čtyři

umělci, které jmenují různí kritikové a kteří by si mohli činit nároky na to být uznáni prvním abstraktním malířem, tj. Vasilij Kandinskij, Piet Mondrian, Kazimír Malevič a František Kupka (ten se v poslední době stal favoritem), byli theosofy. Už proto musí těm lidem, kteří na tuto "pseudovedu", jak theosofii s oblibou nazývají, hledí okem podezíravým, něco podstatného unikat.

Z těchto i jiných důvodů, jsem se rozhodl představit Blavatskou české veřejnosti a to jednak knihou, kterou lze zakoupit jako brožovaný výtisk, která je ale také k dostání zdarma jako e-kniha. Totéž platí o mých ostatních knihách, které jsou k dostání v češtině. Navíc, v případě Blavatské a také na námět kabaly, udržuji české internetové stránky, na které má přístup každý kdo se o tyto věci zajímá.

Kromě zmíněných knih v češtině jsem vyrobil také množství překladů a to jak z angličtiny do češtiny, tak i naopak. Kromě již zmíněného Loupežníka ve stejném svazku s R.U.R. Karla Čapka, jsem přeložil do angličtiny i dětskou knížku Josefa Čapka Povídání o pejskovi a kočičce, jako The Tales of Doggie and Moggie. Můj překlad hry Kafka tančí, kterou napsal Timothy Daly, pokud vím, se zatím stále nachází v České národní knihovně, mezi až doposud neuvedenými divadelními kusy. Škoda. Jen tak na okraj — při premiéře této hry v Sydney učinila svůj jevištní debut tehdy asi dvaadvacetiletá australská herečka, dnes už uznávaná po celém světě, jménem Cate Blanchett.

Neodpustil jsem si malý vtípek na obálce knihy o Blavatské. Ke skupině indických theosofů kolem Blavatské a Olcotta, z doby kolem roku 1880, jsem přidal svou vlastní tvář v horní řadě napravo. Říkáte, že je to ješitnost? Určitě. Je to také ale malá odměna za všechnu tu práci, kterou jsem si s knihou dal!

14. MOJE FILOSOFIE

Ptal jsem se sám sebe: neměl bych raději napsat MOJE VÍRA? Po zralé úvaze dávám ale přednost slovu filosofie. Slovo víra mi zdaleka tolik nesedí. S lidskou vírou se to totiž má příliš jednoduše. Ať už jde o politická přesvědčení a sympatie, či o náboženskou víru, naprostá většina lidí se rodí do určitého prostředí a to s čím vyrůstali si obvykle ponechávají po celý život. Děti katolíků nebo luteránů téměř vždycky zůstávají aspoň nominálními katolíky či luterány, podobně jako bývá rodinnou tradicí, často i po celé generace, volit pravici či levici. Někdy ovšem dobová společenskopolitická situace nebo i prostá módní vlna, zapříčiní masové a okázalé přestupy z tábora věřících do řad bezvěrců. Tohle se na příklad dělo v intelektuálních vrstvách střední Evropy zejména v období mezi dvěma válkami a to mnohem dřív než si to později se rozvinuvší marxistická ideologie začala vyžadovat jako závaznou obětinu. Nehodlám tu ale zbytečně plýtvat papírem, virtuálním prostorem ani energií neproduktivními úvahami o politických lekcích které nám udělily doby nedávno minulé; tohle rád ponechám těm kdo se k něčemu takovému cítí obzvlášť povoláni. Pokud se nebudou nějak přímo dotýkat předmětů našich úvah, politiku a dokonce i náboženství vyloučím jako nástroje i produkty profánního světa. Mohou sice fascinovat tu větší část lidstva, nicméně si je třeba uvědomit, že to co mívá masový dopad postrádá na druhé straně hloubky.

Jeden z dvaceti?

Chtěl bych se raději zabývat něčím, co leží na srdcích (nebo se je třeba teprve chystá zavalit) zhruba jen asi každému dvacátému člověku. Proč právě 5% lidstva? Kdysi se kdosi (nejspíš nějaký novinář) zeptal proslaveného anglického cestovatele Stanleye, co by se podle jeho mínění stalo, kdyby během některé z jeho afrických objevitelských cest došlo k nějaké nehodě a on, Sir Stanley, by náhle nebyl schopen výpravu nadále řídit. Objevitel, proslavený větou „Doktor Livingstone, nemýlím-li se?", pronesenou u jezera Tanganjika při setkání se stejně slavným misionářem, nato odvětil, že by se nestalo nic. "Jak to, že nic?", chtěl vědět tazatel, "ke komu by se obrátili lidé, kteří by se najednou ocitli bez velení uprostřed africké džungle nebo stepi?" Stanley odpověděl, že pokud by výprava čítala aspoň dvacet členů, určitě by se mezi nimi našel jeden člověk s vrozenými vůdcovskými schopnostmi, který by si už dokázal nějak poradit.

Nepamatuji si už kde a kdy jsem tuto anekdotu četl, vím jen, že tam také byla uvedena ještě jedna podobná, o spojeneckých válečných zajatcích za druhé světové války. S nimi měli jejich japonští věznitelé nemalé potíže, protože se neustále pokoušeli o útěky. Nakonec ale jakási chytrá hlava přišla na řešení. Shromáždila veškerá hlášení o útěcích ze všech vězeňských táborů a tyto údaje byly potom statisticky zpracovány. Všichni vězni, jejichž jména se pojila s více než s jedním pokusem o útěk, byli potom převedeni do společného tábora, kde byla instalována ta nejsilnější bezpečnostní opatření. Útěky přestaly, jako když utne. Zajímavé je přitom to, že na seznamu potenciálních uprchlíků, podle japonských statistických údajů, se ocitlo právě oněch 5% z celkového počtu vězňů.

Sir Stanley věděl nebo snad tušil to, co Japonci bezmála o století později dokázali takto potvrdit a sice, že přibližně každý dvacátý člověk se dokáže chopit iniciativy tam kde je toho zapotřebí. V Stanleyově případě šlo o otázku hypotetickou, odpověď ale stěží jen tak svému tazateli hodil. Při svých na svoji dobu nesmírně odvážných cestách musel Stanley určitě posbírat značné zkušenosti pokud se týče lidských povah. Věděl také, že prohlásit se vůdcem výpravy ztracené uprostřed pralesa někde v rovníkové Africe znamená vzít si na svou hlavu velikou zodpovědnost, že je nutno přitom také počítat s mnoha probdělými hodinami navíc a tak podobně. Totéž platí o vojákovi, který trvá na tom, že jeho morální povinností jako válečného zajatce je plánovat stále nové a nové pokusy o útěk, který si musí být vědom toho, že si takto podstatně snižuje svůj výhled na to dočkat se kdy penze. Přesto, za určitých situací, vždy znovu a znovu se objevují jedinci, kteří jsou připraveni vzít nejen svůj osud, ale i osudy jiných lidí, do vlastních rukou. Proč tomu tak je?

Gurdžijev, Uspenskij, Wilson

Podle mého názoru za tím stojí ono těžko postižitelné něco, co podle Blavatské nutí člověka k tomu aby podlehl volání "hlasu ticha", co kdysi Colin Wilson popsal jako "outsiderství", to o čem před ním hovořili Gurdžijev a Uspenskij jako o "čtvrté cestě, cestě prohnaného člověka". Grigorij Ivanovič Gurdžijev (1866?-1949) byl původem arménský Řek, který v údobí mezi dvěma válkami ovlivnil řadu západních intelektuálů. Jeho učení jsou někdy dost podivné směsice filosoficko-náboženských myšlenek vycházejících hlavně ze sufismu, ale ovlivněných buddhismem, theosofií a často dokonce asijským šamanismem. Hlavním propagátorem Gurdžejevových učení se stal ruský filosof a spisovatel Pjotr Demjanovič Uspenskij (1878-1947). Gurdžijev strávil první polovinu svého života hlavně cestováním po blízkém Východě, Asii a Rusku. Po revoluci se přemístil do Francie, odkud působil až do konce svého života. V zámečku Fontainebleau nedaleko Paříže po řadu let vedl několik desítek svých žáků, kteří se pod jeho dohledem za sparťanských podmínek zabývali duševním vývojem, meditací, prováděním posvátných tanců, atp. V dnešní době se Gurdžijev také stává stále známějším jako skladatel vážné hudby, kterou podle jeho instrukcí zaznamenal ruský skladatel Thomas de Hartmann, jeden z jeho žáků.

Čtvrtá cesta neboli cesta prohnaného člověka, jak Gurdžijev s oblibou svůj systém filosofie nazýval, jest metodou která má vést k rozvoji osobnosti, zejména po duchovní stránce. Podle Gurdžijeva existují totiž tři zavedené způsoby jimiž lze dosáhnout tohoto cíle a to cesty jimiž se ubírají buď fakír, mnich, či jogín. Všechny tyto způsoby si ale vyžadují, aby se člověk uchýlil do ústraní a soustředil se plně na to, co se chystá učinit. Gurdžijev nicméně tvrdil, že kterýkoliv z těchto systémů vede jen k částečnému a nerovnoměrně vyváženému vývoji potenciálu člověka. Čtvrtá cesta, kterou propagoval, probíhá za normálních podmínek v běžném prostředí a u člověka vede k úplnému, ničím nezbrzděnému vývoji.

Když jsem začínal vnímat okolní svět, bylo mi asi sedm let a po otcově náhlé smrti v Berlíně v roce 1950, jsem se stal polovičním sirotkem. V Praze, kam jsme se s matkou brzy nato navrátili, se pořádaly manifestace a průvody s projevy a tančily se k tomu zbojnické tance. O tom, že v Anglii nedlouho předtím zemřel Pjotr Demjanovič Uspenskij, že v Paříži jej brzy nato následoval na onen svět Grigorij Ivanovič Gurdžijev, dokonce ani o tom, že mladičký Colin Wilson se v Londýně začíná připravovat k psaní svého budoucího bestselleru Outsider, jsem neměl sebemenší potuchy. Za outsidera jsem se samozřejmě nepovažoval, k tomu jsem byl trochu mladý, bylo mi přesto někdy poněkud divné, že mě prvomájové průvody a jiné v té době se projevující veřejně a často i ostentativně prováděné výlevy lidského třeštění, ponechávají nějak podivně chladným. Proč například jsem, na rozdíl od mnohých svých vrstevníků, nikterak netoužil po tom stát se pionýrem? Možná, že za to mohl jen nedostatek ideologického působení se strany mojí matky, která nikdy nepřestala tvrdit, že otec zaplatil za nastolení tohoto režimu svým životem. Spíš tomu ale bylo jinak, protože když mi matka i jiní lidé s hvězdami v očích vyprávěli o skautech a sokolech, ani to mě nijak zvlášť neinspirovalo.

Když jsem začínal chodit do druhé třídy, asi měsíc po smrti otcově, docházel k nám ještě do školy v Sušické ulici na Hanspaulce jednou týdně na hodinu náboženství katolický farář. To mi pevně utkvělo v paměti, nejspíš proto, že skoro celá třída si tu hodinu náboženství musela vytrpět, zatímco jen hrstka šťastlivců, mezi nimi také já, nás mohla jít domů. Proč právě já? Těch pár ostatních dětí určitě mělo rodiče, kteří si již v té době dokázali dobře spočítat to, že nepřítomnost jejich dětí při hodinách náboženství bude na jistých místech patřičně zaznamenána a oceňována, což by mohlo eventuálně napomoci jejich budoucím kariérám. Proč se ale mně dostávalo toho privilegia pociťovat v zádech závistivé pohledy spolužáků upoutaných na další hodinu v lavicích, zatímco mně kynula hodina svobody? Bylo tomu tak proto, že naši mě jako katolíka nepokřtili. To neznamená, že jsem byl nekřtěňátkem. V Anglii, kde jsem se za války narodil, příliš mnoho katolíků nebylo, ale i v bombardovaném Londýně by se určitě byl nějaký katolický farář našel, kdyby se byl otec po něm poptal. Místo toho mě ale dal pokřtít knězem, který přebýval nejblíž, jímž se ukázal být pop srbské pravoslavné církve. Možná, že to otec i udělal naschvál, jako jakési gesto odporu proti víře svého vlastního otce. Pokud by tomu tak bylo, spíše by se ale bylo dalo očekávat, že by mě byl nechal běhat po světě úplně bez pokřtění. Nevím a v tomto životě se to s určitostí asi nedozvím, i když mám podezření, že za tím přece jen stála alespoň špetka víry, která v něm někde dřímala.

Od konce čtyřicátých let vyrostly společně se mnou v někdejším Československu nejméně dvě generace lidí kteří nepřišli nikdy do kostela, kteří ale přitom nahlíželi s větší či menší dávkou cynismu na to, co jim jako náhražku za ukradenou víru v Boha předkládali straničtí ideologové. Devadesát pět procent lidí se za takovýchto okolností prostě přizpůsobí situaci, stane se konformisty, zatímco těch zbývajících pět procent má dobrou šanci k tomu stát se „outsidery", jak tuto sortu lidí Wilson tolik výstižně pojmenoval. Wilson začal psát svou první knihu, která se stala kultovní mezi západoevropskými intelektuály, na začátku padesátých let. Ke krizi víry nedocházelo totiž jen v komunistických zemích, projevovala se, i když v jiných formách, také v západní Evropě. Wilsonův Outsider byl nevyhnutelnou reakcí na tuto situaci a pomohl mnoha lidem otevřít oči. Zajímavé z hlediska námětu tohoto pojednání je, že brzy po napsání této knihy se Wilson vydal podobným směrem jaký jsem si o čtvrt století později zvolil sám, aniž bych byl tohoto autora četl (to se mi podařilo dohnat až o nějaký ten rok později). Začal se zabývat „nadpřirozenými jevy". Začal se ale také zajímat o Gurdžijeva, o němž napsal knihu a jehož „čtvrtá cesta" neboli „cesta prohnaného člověka" ho zřejmě fascinovala, podobně jako se to později stalo i mně. Snad je proto na místě, když alespoň zhruba popíši svou vlastní objevitelskou cestu.

Co zapříčinil mariáš?!

V jedné z předchozích kapitol jsem naznačil, že k něčemu co bych mohl snad nazvat "osvícením", v mém případě došlo při hraní karet, když jsem na vojně jezdil s uměleckým souborem. Stalo se, že při jednom dlouhém přesunu mezi Prahou a jakýmsi místem na východním Slovensku mě to věčné hraní mariáše přestalo bavit a ze hry jsem odstoupil. Vedle nás se hrála jiná hra, kde jsem se jal kibicovat. Ti čtyři, kteří tam hráli, byli všichni muzikanti z Moravy, kteří vyrůstali v poněkud jiném kulturním prostředí než my ostatní, kteří jsme byli většinou Pražáky. Podobalo se to mariáši, bylo to ale trochu jiné než mariáš a hrálo se to s úplně jinými kartami než s jakými jsem se doposud setkával. Říkali jim "taroky", což je slovo do češtiny převzaté z italského "tarocchi". Správně se česky těmto kartám říká "taroty". Karty, které měli, byly už značně obehrané, rohy měly otlučené a zakulacené, takže klidně mohly ještě pocházet z doby předválečné. Měly čtyři barvy stejně jako jiné typy karet, ale lišily se podstatně v tom, že kromě čtyř barev po čtrnácti kartách, měly navíc dvacet dva trumfů, označených římskými číslicemi. Balíček tak obsahoval celkem 78 karet. Byly na nich také zvláštní a velice zajímavé obrázky, jaké jsem předtím na běžných kartách neviděl. Nejzvláštnější byly právě ony trumfy. Karta, která se mezi nimi vyjímala nejvíc, byl podle mne trumf číslo XII, Viselec. Na ní se nacházel obrázek muže pověšeného na primitivní šibenici hlavou dolů. Odsouzenec visel přivázán k břevnu šibenice za nohu provazem, který měl omotaný kolem kotníku. Také na ostatních kartách byly podivné obrázky, ty mi ale v paměti tak nezůstaly jako ten viselec.

Kdykoliv jsem potom narazil na slovo "taroty", hned se mi vybavila právě tato karta. Pro mne se tak stala symbolem tarotů. V té době jsem ovšem neměl sebemenší potuchy o historii tarotů, o které se učenci stále ještě dohadují, ani o tom, že kromě historiků, se jimi zabývají například i psychologové, ale na druhé straně také různé okultní spolky. Nevěděl jsem ani, že jsou předchůdci všech hracích karet které v dnešní době v západních částech světa převládají, ať už se s nimi hraje mariáš, poker, kanasta, či Černý Petr. Netušil jsem také, že jednoho dne tyto karty do značné míry ovlivní můj život. Že mne, který Židem nejsem, přivedou ke studiu hebrejštiny, což povede k dalším věcem.

Boj s angličtinou

V gottwaldovském Československu brzy po nástupu komunismu přestali do kostelů a na hodiny náboženství chodit skoro všichni lidé, takže jsme na tom byli potom už všichni stejně. Kněžská kázání k mojí generaci v mládí skoro vůbec nedolehla, nahradila je ovšem ta, prováděná komunistickými propagandisty. Ta mě ale také příliš neovlivnila. Co na moje vzdělání vliv mělo, i když to byl vliv negativní, byl nedostatek informací, lépe řečeno jejich jednostranný charakter, systém který nedovoloval publikovat nic, co by bylo nějak v nesouhlasu s "vědeckým světovým názorem". Tak se stalo, že stejně jako mnozí z mých intelektuálně zaměřených vrstevníků, jsem se v jinošství shlédl v Sartrově existencialismu a to prostě proto, že Sartreovy knihy byly jedny z mála, které režim povoloval tisknout. Na což bych dnes nejspíš pohlížel s údivem, kdybych si nebyl povšiml podobných tendencí u australských studentů mladších o celou generaci.

Sovětské tanky v Praze mi připomněly, že zde nemusím zůstat, že si mohu díky svému místu narození zvolit být raději britským občanem, pokud se mi ovšem úspěšně podaří dostat se přes čs. hranice, čehož jsem nikoli bez nesnází nakonec dosáhl. V Anglii jsem se oženil s českou exulantkou a po pár letech a několika vystřídaných zaměstnáních, jsme se společně rozhodli přesídlit do Austrálie a usadit se v Brisbane. Když se člověk již v uzrálém věku dostane do cizí země, s jejímž jazykem nemá veliké zkušenosti, trvá to nějaký čas, než jej patřičně zvládne. Je totiž rozdíl mezi běžnou domluvou s lidmi, čehož lze dosáhnout už za několik měsíců a například tím, být schopen naslouchat přednášce o psychologii nebo číst knihy o filosofii, k čemuž je zapotřebí mít nový jazyk přece jen víc zažitý. Člověk zjistí, že má vyhráno, až když se mu konečně začnou zdát sny i v angličtině, k čemuž u většiny lidí dochází až tak za 3 - 5 let. Pokud k tomu vůbec dojde. Když jsem později po několik let pracoval jako tlumočník pro australské úřady, setkal jsem se s obzvlášť smutnými případy lidí, kteří zde česky mluvit skoro zapomněli, anglicky se ale nikdy pořádně nenaučili...

Jakmile jsem toho byl schopen, zahrabal jsem se do anglických knih toho druhu, který mi v dobách mého intelektuálního dozrávání nebyl dopřán. V průběhu několika let jsem zaplnil svoji knihovnu policemi plnými knih, o jejichž existenci se mi předtím ani nesnilo. Jednalo se hlavně o knihy s esoterickými náměty. Náboženství mě stále ještě ničím nelákalo. Ateismus mi ale přitom také nikdy neseděl; měl jsem vždycky pocit, že by bylo zapotřebí mnohem silnějšího argumentu než "požádat všemohoucího Boha o to, aby stvořil kámen tak veliký, že by jej sám nemohl pozvednout", aby mě to o jeho neexistenci zcela přesvědčilo. Sedět nahoře na plotě a zvát se proto agnostikem, to mě také nelákalo, protože mi to připadalo jen jako jakýsi druh zdržovací taktiky obhajoby, dříve než musí nevyhnutelně dojít k vynesení rozsudku. Kostelům jsem se tedy nadále více méně vyhýbal, společně s manželkou jsme ale v té době prolezli kdejaký spolek, chodili na přednášky o mytologii, psychologii, posmrtném životě, atp.

Hledání duchovní cesty

Po odchodu z Československa a o něco víc než tříletém pobytu v Anglii, jsme se s manželkou, jíž jsem mezitím nabyl, ocitli v australském Brisbane. V Anglii jsme se spíš ještě jen okoukávali a zvykali si na život v jiném prostředí a za jiného režimu. Teprve nyní se člověk mohl dát do hledání vlastní cesty, hledání něčeho, čím by si mohl aspoň trochu spravit chuť z toho žalostného, jednostranného výběru, který v tomto směru měl v komunistickém Československu. Tamější režim nebyl nikdy nakloněn tomu co by se příčilo dialektickému materialismu a to jistě zanechalo své stopy. Ty jsou patrné i v dnešní době a to u lidí, kteří by si to nijak nepřiznali. Tohle ale většinou vidí jen vnější a nestranný pozorovatel a myslím si, že kdyby se o tom nahlas v jejich přítomnosti vyjádřil, asi bych nebyl příliš populární. Mám navíc pocit, že ten materialismus je tam zakořeněn hlouběji a že sahá dále než jen k časům kdy byl povýšen na státem uznanou ideologii — že to jde už do dob předválečných a možná i dál.

Vystupování z církve, což bylo zejména v časech mezi oběma válkami velice běžné, spíš by se dalo říci módní, hlavně mezi intelektuálně zaměřenými lidmi, bylo už asi znakem toho, co mělo přijít později. V Česku se materialistické smýšlení začalo usazovat hned po první světové válce a během komunistického režimu celkem pochopitelně ještě posílilo. Jak by také ne, když po celé dvě generace byly děti vychovávány v duchu marxistických idejí? Dnes, podle poměrně nedávno zveřejněných statistických údajů, žije v zemi víc lidí, kteří se sami označují za materialisty či ateisty, než kdekoliv jinde na světě. Pouhých 16 % lidí podle jednoho z průzkumů věřilo v Boha. Nemá asi význam se tímto zde dále zabývat, protože ti kteří se pro jednou už takto rozhodli, jen stěží dočetli až sem.

Dialektický materialismus mi nic neříkal, náboženství mě ale také ničím příliš nelákalo. Přesto by mě ale bylo zajímalo přijít na to, co asi na něm mohou inteligentní lidé mít, co je vlastně vede k tomu aby chodili do kostela, modlili se, zpovídali se ze svých hříchů, atp. Něco na tom snad přece jen být musí! Že by je k tomu vedl strach ze smrti? V nepříliš vzdálené minulosti byli věřícími téměř všichni lidé a mnozí z nich se přesto mohli stát slavnými autory, hudebníky, výtvarníky, atp. Někteří na svém náboženském přesvědčení dokonce své umění stavěli, či je aspoň svou vírou podpírali. Přesto bych neřekl, že by to byla jen ta jejich víra sama o sobě, která je učinila tím, čím byli.

Zhruba od poloviny devatenáctého století začali ale už leckteří z úspěšných lidí vycházet od ateismu; jejich řady se dále prohloubily počátkem století dvacátého. Snad proto, že ti pro něž tvořili, sami přijali podobnou životní filosofii. Přesto, případy umělců kteří od ateismu přešli k náboženství nejsou ojedinělé. Známá je například konverze autora fantastické a sci-fi literatury C. S. Lewise, k níž prý došlo během jediné noci, strávené v debatě s dnes proslaveným autorem Pána prstenů J. R. R.Tolkienem. Tolkien, který byl zapřisáhlým katolíkem, převedl během té noci ateistu Lewise na víru, přesněji ke křesťanství, protože Lewis se nestal katolíkem, ale přihlásil se k anglikánské církvi.

Přejít ale na víru, stát se třeba katolíkem? Tu příležitost už jsem měl v Londýně, když jsem s nábožensky založeným Františkem Fisherem chodíval do katolického střediska Velehrad na Notting Hill Gate. Ke konverzi to ale v mém případě nevedlo. Zdaleka ne.

Spiritualismus? Ne!

S manželkou, která smýšlela podobně, jsme byli oba ochotni experimentovat a příležitostí k tomu zde bylo dost a dost. Když jsme jednou náhodou přišli na to, že nedaleko středu Brisbane se nachází spiritualistický kostel, na němž plaketa hrdě hlása do světa, že zde v roce 1921 měl přednášku Sir Arthur Conan Doyle, tvůrce onoho vždy přísně logicky uvažujícího a docela určitě žádnou nábožnou potrhlostí nepostiženého Sherlocka Holmese, řekli jsme si, že tohle by mohlo stát za to trochu blíže se na to podívat.

O spiritualistech jsem totiž slyšel, už když jsem ještě žil v Krkonoších, kde byli a prý ještě i jsou, tradičně značně rozšířeni. Věděl jsem také, že A. C. Doyle se po smrti svého syna na následky zranění utrpěného v první světové válce, následované úmrtím manželky, bratra a několika jiných blízkých příbuzných, stal spiritualistou. Doyle napsal na toto téma několik knih, z nichž jednu jsem dokonce v mladém věku četl v češtině (Země mlh vyšla někdy ve 30-tých letech minulého století a kdosi mi ji tehdy půjčil). Zašli jsme tam jednou a protože to bylo něco trochu jiného než co jsme zde až doposud poznali, šli jsme tam potom ještě několikrát. Netrvalo ale dlouho a začínalo mi být jasné, že tudy cesta rozhodně nepovede, že spiritualista ze mne nikdy nebude.

Obřad byl podobný těm v jiných kostelích, jen s tím rozdílem, že poté kdy se skončila hlavní část a shromáždění zazpívalo několik písní, nastal čas k tomu, aby se vyřizovaly vzkazy ze světa duchů. Na pódium se postavilo medium. Ve stavu transu či jakéhosi polovičního transu, který se po chvíli soustředění dostavil, začalo medium promlouvat k přítomným. Někdy se dalo do kázání a potom to nebylo nepodobné tomu, co uslyšíte každou neděli v kterémkoliv kostele. Jindy jen předávalo vzkazy ze světa duchů přítomným.

Jednou jsem sám dostal vzkaz od kohosi, jehož medium označilo jako "mladšího muže", přičemž další popis byl dosti ambivalentní a mohl se tak vztahovat celkem na kohokoliv. Obsah samotného vzkazu si už nepamatuji, bylo to ale také celkem nic neříkající, následkem čehož jsem opravdu neměl sebemenší potuchy o tom, kdo by to mohl být. Řekl jsem si ale, jsi tu mezi spiritualisty, chovej se tedy podle toho, přece je nemůžeš zklamat! Zachoval jsem se proto diplomaticky a tvářil jsem se, že jakoby vím o koho by se asi mohlo jednat, takže jsem snad ani mediu, ani těm několika desítkám přítomných, nezkazil radost. Pochopitelně, že veliký dojem to ale na mne neudělalo. Z celého toho výletu do světa spiritualistů jsme si s manželkou odnesli některé celkem zajímavé zkušenosti, lidé kteří do spiritualistického kostela chodili byli velice přívětiví, připadali mi ale vždycky tak trochu naivní. V knize o Blavatské, která se původně stala známá jako spiritualistické medium, která se ale později proti této víře obrátila, se zabývám spiritualismem o dost podrobněji.

Theosofie? Ano!

Sídlo Theosofické společnosti v Brisbane.

Nepamatuji si již jak přesně k tomu došlo, přes někoho kdo se kolem spiritualistického kostela pohyboval jsme ale za čas objevili, že se v Brisbane také nachází Theosofická společnost. O té jsem něco již slyšel, moc jsem toho ale o ní nevěděl. Šli jsme se tam podívat v pátek, kdy se zde pořádají pravidelné večerní přednášky. Uprostřed výškových budov blízko středu Brisbane se krčí něco, co zvenčí vypadá jako celkem malý jednopatrový domek. Je to ale kulturní památka, postavená někdy uprostřed 19. století. Uvnitř je překvapivě hodně prostoru. Je zde knihovna pro členy společnosti, ale i pro ty, kteří si knihy chtějí prostě jen půjčovat, také prodejna nových knih, přednáškový sál i jiné místnosti. Několik minut nám stačilo k tomu, abychom pochopili, že jsme se ocitli ve společnosti seriózních knihomolů. Několik místností plných literatury typu, jaký člověk stěží nalezne ve veřejných knihovnách, na nás učinilo dojem, takže jsme si hned zařídili členství, zatím jen pro to půjčování knih. Když jsem se vyptával na podmínky členství ve společnosti, bylo mi rovnou řečeno něco v tom smyslu, že lidé bývají spíš od podávání takovéto žádosti existujícími členy odrazováni. Pokud sem prý budeme po nějaký čas chodit a pokud se nám tu pořád bude ještě líbit, potom že se třeba k tomu rozhodneme a rádi nás přijmou. Chodili jsme tedy pravidelně na páteční přednášky, které byly veskrze zajímavé, takže po několika měsících jsme se rozhodli si ty přihlášky k členství opravdu podat, následkem čehož nám za nějaký čas přišly působivě vyhlížející diplomy z indického Adyaru, kde je hlavní sídlo Theosofické společnosti.

Po nějaké době jsem byl vyzván k tomu, abych také vystoupil jako řečník. Připadalo mi to trochu unáhlené, protože jsem nevěřil, že moje tehdy ještě dosti chatrná angličtina stačí na takovýto úkol, nechal jsem se ale nakonec přesvědčit. Jako hlavní téma přednášky jsem si zvolil to, o čem jsem mohl hovořit z vlastní zkušenosti a přednášku jsem proto nazval Náboženství zvané komunismus. Můj přízvuk dodal mému vystoupení patřičnou barvu i autoritu a přes úskalí otázek, které po skončení přednášky tradičně následují, jsem se také přenesl celkem bez obtíží, takže vše dopadlo dobře. Během svého několikaletého působení v T.S., což je obecně přijatá zkratka pro Theosophical Society, jsem zde potom býval dosti pravidelným lektorem.

Co je theosofie?

Jedná se o slovo složené ze dvou kořenů, přičemž *theo* znamená v řečtině božstvo, boží, *sofia* značí moudrost. Tedy božská (nebo nábožná) moudrost. Po celá staletí bylo toto slovo užíváno jen zřídka. Kdo by je konečně užíval? Bohoslovci se zpravidla hlásí k tomu či onomu náboženství a bývají tudíž svázáni jeho ortodoxními doktrínami. Pátrání po původu Boha nebo vesmíru není příliš důležitou součástí žádné nábožné doktríny; to by totiž příliš zavánělo nežádoucím liberalismem a odvádělo by to exponenty od jejich skutečných povinností, tj. získávat a udržovat si vliv na masy lidstva. Neboť, jak to kdysi údajně vyjádřil Marx, náboženství je opium lidstva. Asijští plantážníci by ovšem bledli závistí nad množstvím opia, které tento velikán dějin sám dokázal vyprodukovat. Jak theosofie definuje sama sebe? *Jako soudobý výklad neutuchající moudrosti skryté ve světových náboženstvích, vědě a filosofii.*

Člověk jemuž stačí náboženství a jenž necítí potřebu si klást otázky (oněch zmíněných 95 % lidí?), se o theosofii zajímat nemusí a také nebude. Přesto se k theosofii přidružuje jistý element víry a přitahován k ní bývá určitý typ tvořivých lidí, které bychom mohli směle označit za outsidery. Po první polovině 20. století vliv theosofie sice značně poklesl, dodnes silně nedoceněná ale zůstává její úloha při tvorbě moderní západní společnosti, na příklad ve vývoji moderního umění.

Theosof — kdo jím je, či byl?

Jak jsem záhy objevil, seznam lidí, kteří buď přímo patřili mezi členy Theosofické společnosti nebo k ní měli svým způsobem myšlení velmi blízko a byli jí tudíž ovlivněni, je vskutku impozantní. Některá z jmen by člověk celkem očekával, jiná mohou být překvapením. Pro zajímavost zde některá uvedu:

Hudební skladatelé – *Gustav Mahler, Igor Stravinskij, Arnold Schoenberg, Jan Paderewski, Alexander Skrjabin, Jean Sibelius, Gustav Holst...*
Malíři – *Paul Gauguin, Vasilij Kandinskij, Piet Mondrian, Kasimir Malevič, Paul Klee, Jackson Pollock, Marcel Duchamp, Nicholas Roerich, Alfons Mucha, František Kupka...*
Vědci – *William Crookes, Alfred Russel Wallace, Nicolas Camille Flammarion, Ernst Haeckel, Albert Schweitzer, Albert Einstein...*
Autoři – *Ralf Waldo Emerson, Arthur Conan Doyle, William Butler Yeats, W. Y. Evans-Wentz, Lewis Carroll, Maurice Maeterlinck, Jack London, August Strindberg, Algernon Blackwood, J. B. Priestley, Franz Kafka, James Joyce, Thornton Wilder, T. S. Elliot, D. H. Lawrence, E. M. Forster, Boris Pasternak, Henry Miller, D. T. Suzuki, Kahlil Gibran, Kurt Vonnegut, Jr...*
Státníci – *Edmund Barton, Mohandas K. Gandhi, Alfred Deakin, George Lansbury, Jawaharlal Nehru, Henry Wallace...*
Pedagogové – *Rudolf Steiner a Maria Montessori.*
Filosofové – *Herbert Spencer, Bhagwan Das, Jiddu Krishnamurti...*
Různé známé osobnosti: *Thomas Alva Edison, Florence Farr, Elvis Presley, Shirley MacLaine, George Lucas...*
Z Čechů – *básníci Julius Zeyer a Otokar Březina, dirigent Rafael Kubelík, skladatel Alois Hába, spisovatelé Ladislav Klíma, Josef Váchal, Gustav Meyrink, Vítězslav Nezval, nakladatel Bedřich Kočí, dramatik českého původu Sir Tom Stoppard...*

O theosofii se toho v Česku mnoho neví. Ti ze známějších Čechů, kteří se zabývali spiritualismem a theosofií (to první je sice dosti povrchní, často ale vede k tomu druhému a tudíž do větší hloubky), jako Mucha či Kupka (který měl psychické schopnosti a dokonce se po jistý čas i živil jako medium), k těmto vědomostem obvykle přišli až v zahraničí, například když studovali ve Vídni či v Paříži. Tom Stoppard se sice v Česku a z českých rodičů narodil, vyrůstal ale a po celý život žije v zahraničí, zejména v Anglii. V Praze existovala lóže Theosofické společnosti už před první světovou válkou, později ale zanikla. Prominentnější než theosofie zde ale stejně byla antroposofie, kterou založil Rudolf Steiner poté, kdy se rozešel s TS.

Za komunistického režimu by bylo ovšem nemyslitelné povolit čemukoliv jinému než marxismem odkojeným myšlenkám špinit stránky režimem povolených knih. Snad se někteří theosofové scházeli tajně. Před tím než do země zavanuly východní větry, vládli v Česku nacističtí pohlaváři a ti si pro změnu vypěstovali reputaci jakýchsi "okultních feťáků", když spolykali cokoliv, hlavně pokud to zavánělo nějakou mystikou, nejlépe tou pocházející z Tibetu. Proti theosofii z těchto důvodů stále ještě panuje silná zaujatost. Informace, které se tu a tam v minulosti objevovaly, bývaly často chybně vykládané, přímo nesprávné, či při nejlepším neúplné. Nacisté kupříkladu dokázali totálně lidem znechutit prastarý a čistý symbol hákového kříže. Jak mnoho toho mohl vědět o theosofii například Jaroslav Hašek je dnes již těžké říci, že věděl aspoň něco je ale zřejmé, když z kuchaře okultisty Jurajdy činí zaníceného čtenáře theosofické literatury.

Kabala a taroty

Po čase jsme v Brisbane objevili jinou společnost, která se zabývala zejména kabalou a spolu s tím i symbolikou tarotových karet. Zjistil jsem, že jen o tarotách existuje v angličtině tak rozsáhlá literatura, že nemám ani šanci ji všechnu přečíst. I tak to byla voda na můj mlýn! Během několika let jsem toho přečetl dost k tomu, abych se mohl zvát znalcem v oboru tarotových karet. A nyní pozor! Když se zmiňuji o tarotách, jde mi čistě jen o symboliku a to zejména tu, která se ukrývá ve 22 tarotových trumfech. Zde je také souvislost s kabalou a s hebrejštinou, jejíž abeceda má stejný počet písmen. Základy hebrejštiny jsem proto studoval. Asi před 15 lety jsme s jedním kolegou uspořádali dlouhou sérii přednášek trvající téměř půl roku, při čemž jsme každému z 22 tarotových trumfů a jim odpovídajícím písmenům hebrejské abecedy, věnovali celou dvouhodinovou přednášku. Přednášky se konaly jednou týdně. To vám snad pomůže učinit si představu o tom, jak složité, ale také zajímavé, je toto téma.

Nebudu se podrobněji zabývat teoriemi o původu tarotů, jichž jsou desítky a kdy bývá zmiňováno vše myslitelné, od Středního východu, přes Egypt, Indii, Čínu, Koreu, dokonce i Střední Ameriku. Povím vám jen, že se v zásadě jedná o obrázkovou knihu, která obsahuje esenci esoterického vědění. To, že takovouto knihu nacházíme mezi hracími kartami, jí zajistilo přežití. Na světě se v každé vývojové etapě aspoň v některých jeho částech vyskytují různí koniášové, kteří neváhají odkázat na hranici vše, co se nějak příčí zavedeným idejím. Jenže, když se takováto kniha rozběhne po světě v rukách cikánských věštkyň či obyčejných hráčů karet, nelze ji jen tak snadno vypátrat a zničit, v tom má prostý nenápadný balíček karet nesmírnou výhodu oproti filozofickému pojednání vázanému v jemné kůži!

Tarotové trumfy lze chápat jako mezníky, které nám vyznačují cestu k objevení vlastní spirituality. Ve své zásadě představují to, co Jung označil jako archetypy. Podobně jako naše tělo je ovládáno instinkty jimiž bezděky reaguje na vnější podněty, v duševní oblasti takto působí archetypy. Tradice jednotlivých kulturních společností se sice mohou značně lišit, archetypy si ale u všech z nich podržují jistý základní charakter. Ve snech, v pohádkách, v písních všech národů a všech věků, se v různých formách opakovaně objevují stejné postavy: matka, otec, dítě, hrdina, kouzelník, hlupák, ďábel-pokušitel, moudrý muž-žena, atd. Také jisté podobné stavy mysli, základní situace a pojmy: láska, milostný trojúhelník, zrození-smrt, štěstí, nehoda, spravedlnost, oběť, naděje, váhavost, radost, atp.

Prvním z trumfů je tarotový Blázen. Blázen je archetyp věčného poutníka, který prochází labyrintem světa, nahlíží do všech dvorků a vpadá náhle do lidských životů, aby narušil jejich plynulý chod a pozměnil naše rozumová předsevzetí. Je pochopitelné, když nám přitom vytane na mysli Komenského Všudybud, který se takto nezvaně hned na začátku Labyrintu světa a ráje srdce přidruží k poutníkovi, kterého potom světem doprovází. V knize Komenského, který zcela jasně čerpal ze stejného myšlenkového zdroje, se nacházejí mnohé jiné archetypální postavy a situace, velice podobné těm tarotovým, jako osud, Fortuna-štěstí, spravedlnost, moudrost, sláva, atp.

Kolektivní nevědomí je klíčovým výrazem v jungovské terminologii moderní psychologie. Freud jako první ustanovil, že v lidské mysli se nachází nevědomá část, která je jakýmsi podzemním labyrintem chovajícím osobní myšlenky a tužby, které byly většinou již v mladém věku v člověku potlačeny. Tyto se neustále dožadují jeho pozornosti prostřednictvím snů, chyb, které člověk dělá, dokonce i symptomů duševního a tělesného zdraví. Freud ale viděl téměř za vším lidský pohlavní pud. Jung přejal jeho základní myšlenku, ještě ji ale dále rozšířil. Uznal existenci osobního nevědomí, v zásadě tak jak se o něm vyjadřoval Freud, k němu však přidal kolektivní nevědomí, v němž jsou navíc uloženy vzpomínky a zkušenosti našich předků. Kolektivní nevědomí je tedy vlastně jakousi neviditelnou sítí, mohli bychom snad i říci internetem který navzájem spojuje veškeré lidstvo, přičemž archetypy hrají podobnou roli jako internetové servery.

Cesta životem pro každého z nás se počíná stejně jak je tomu v Bláznově případě; vykračujeme si s holí přes rameno, na jejímž konci se pohupuje malý raneček, v němž je v esenci, v genetickém materiálu, uschováno vše co jsme posbírali během mnoha životů a generací. Když do života vehementně vstoupíme, rozbalíme ten raneček který jsme si přinesli a v němž se nachází to co jsme se dříve naučili, co dovedeme, ale také třeba i zárodky toho, co v budoucnu budeme jednou umět. Každý do světa nově přibyvší raneček je opředený tajemstvím, nikdo nemůže tušit co se něm nachází, protože je vždy a ve všem unikátní. Někdy se může jeho obsah trochu podobat obsahu jiných ranečků, to když si jej sem třeba donesl někdo, kdo se nebude příliš vymykat ideálu průměrného občana. Zato jindy tam ale může být něco, co ohromí všechny kolem, dokonce i každou živoucí duši v celém světě!

Skeptikové

Svět už je tak uspořádán, aby se kromě povzbuzení, jehož se dostává těm kteří se snaží dohlédnout dál než k hranicím, které si sami pro sebe vytyčili svými materialistickými náhledy, nechává vždycky také dostatek prostoru těm, kteří na věci hledí skepticky. Pokud se jedná o něco, co nelze přímo vysvětlit s pomocí základních fyzických zákonů, skeptik proto může vždycky prohlásit něco jako "uvěřím tomu, až když to uvidím!" To zní rozumně, uvážlivě a většině lidí to naprosto postačí. Znamená to ale, že to co se nachází třeba hned za nejbližším rohem a je to tudíž pro nás neviditelné, neexistuje? Že i kdyby tam na nás měl třeba čekat najatý vrah, my prostě takovouto eventualitu nepřipustíme? Že když něco, co se zdá potírat některé z Newtonových fyzikálních zákonů, dokáže nějakým způsobem duplikovat šikovný iluzionista, znamená to automaticky, že se muselo jednat o podvod? Tohle si zřejmě myslí víc skeptiků a většinou jim nedá příliš práce o tom také přesvědčit dost lidí. Ovšem jen těch lidí, kteří se rádi nechají takto přesvědčit a na nic jiného se netáží.

Dojemné jsou například snahy onoho stoprocentního skeptika, jemuž se v nedávných letech dostávalo asi té nejrozsáhlejší publicity, americko-kanadského eskamotéra Jamese Randiho. Ten, stejně jako většina členstva sdružení Sisyfos k němuž náleží, si za svůj životní cíl stanovil potírat vše co on vidí jako iracionální víru, jako lidskou pověrčivost, nelogičnost, dezinformaci, atp. Jde na to nejčastěji tím stylem, že se snaží napodobit svými triky jevištního kouzelníka různé jevy, které provázejí lidi s tak zvanými psychickými schopnostmi. Tím nejposlednějším kouskem jímž „ohromil" veřejnost ale bylo, když si před televizními kamerami vzal cosi, o čem prohlašoval, že se jedná o „smrtící dávku homeopatického léku". Nebudu vás dále napínat, Randi tuto produkci přežil, konečně je to iluzionista!

Homeopatie a jak tato působí

Jak by se také mohl Randimu jeho sebevražedný pokus zdařit, když smrtící dávka jakéhokoliv homeopatického léku neexistuje? Homeopatii vůbec vidím jako jeden z nejlepších důkazů toho, že mnohými vědci současně podporované představy o podstatě hmoty jsou chybné, či přinejmenším neúplné. Proto se u ní na chvíli zastavím. Pomohla totiž velice moc mé ženě, poté kdy ji konvenční lékaři prakticky odepsali, pomohla také mně. Lidé zabývající se vážně teoriemi kolem homeopatie, už dávno vyloučili možnosti chemického působení homeopatických léků, což potvrdila nezávisle vedená laboratorní testování. Chemické působení léku by ovšem předpokládal skeptik jakým je Randi, který si jinak nedovede vysvětlit to, že homeopatický lék by mohl vůbec nějak působit. Není ovšem sám. Někteří z pochybovačů by snad ještě byli ochotni připustit tzv. placebo efekt, který ovšem ti nestranní výzkumníci také už dávno vyloučili. Jak by mohla existovat například veterinární homeopatie, která se stále rozrůstá, kdyby neměla žádné výsledky? Jak ale přesvědčíte svého věčně se drbajícího psa, že si musí vsugerovat, že těch pár kapek homeopatického léku, které mu kápnete na čumák, aby si je olízl, mu vyléčí vyrážku na zádech? A je zde ta hlavní otázka. Jak by vůbec mohla homeopatie existovat jako organizované hnutí už déle než po dvě století, kdyby byla zcela neúčinná? A o tom, že účinná je, jsem se sám mohl přesvědčit, stejně jako milióny jiných lidí. Aniž by se o tom příliš vědělo, homeopaticky se léčí po celém světě víc pacientů než těch které léčí svými metodami západní lékaři, což nám dokazují i statistiky vedené světovou zdravotní organizací WHO.
Homeopatie funguje jinak než běžná léčba, i když v zásadě vychází ze stejných zdrojů jako ortodoxní medicína. Od nepaměti se přece k léčení užívaly především léčebné rostliny a bylinkářstvím se zabývaly

generace a generace babek kořenářek, šamanů, jakožto i vzdělaných pánů lékařů, pokud těmto pouštění pacientovou žilou nepřineslo očekávané výsledky. Veliká většina existujících léků se postupně vyvinula tím způsobem, že se vařily či jinak extrahovaly léčivé látky z různých bylin a podávaly se jako čaje, masti, sirupy, atp. Děje se tak i dnes, i když v mnohých případech již jsou původně bylinné léky nahrazovány léky syntetickými, laboratorně vyrobenými. Ne vždycky úspěšně, musím dodat – farmaceutické společnosti mají vedle úspěšných pokusů také na svědomí hezkou řádku omylů a neštěstí!

Co tedy činí homeopatii jako léčebnou metodu odlišnou od té, kterou zavedený systém v západním světě považuje za tu jedinou vhodnou? Rozdíl mezi ortodoxními a homeopatickými léky je hlavně v tom, že ty homeopatické jsou vysoce ředěné. Původní látka z níž se vychází, jíž bývá často nějaká bylina, případně minerál, či i jiná substance, se mnohonásobně ředí. Obvykle v poměru jedna ku stu, to jest jeden díl původní látky na sto dílů destilované vody. To se opakuje vícekrát, pokaždé jeden díl vzniklého roztoku na sto dílů vody. Po zhruba třináctém takovémto ředění, statistická pravděpodobnost toho, že by se v roztoku mohla nacházet byť jen jediná molekula původní substance, se blíží k nule. Což je právě to, co skeptiky nejvíc popuzuje. Přesto se v homeopatii užívá i mnohem vyšších ředění, jedna ku stu běžně třicetkrát, ale třeba i tisíckrát za sebou a dokonce vícekrát (prováděné ovšem strojově).

Zakladatel homeopatie německý lékař Samuel Hahnemann *(1755–1843)* narazil zjevně na něco, co se dotýká samotné podstaty bytí. Indičtí mudrcové, stejně jako už i někteří z biologů moderní doby, uznávají existenci životní síly prány (kterou Hahnemann nazývá dynamis). Pokud tato skutečně existuje, přičemž evidence na to poukazuje, je nám jasné, že se musí přenášet nezávisle na hmotě (tak jak ji chápe materialista) a mohla by tudíž být přítomna v léku připraveném až tisícinásobným rozřeďováním původní látky, získané

Samuel Hahnemann

z takové byliny jakou je dejme tomu heřmánek, jehož léčebné schopnosti jsou uznávané už po celá tisíciletí. Bylina má tyto schopnosti právě proto, že obsahuje pránu o určitých vlastnostech, která se procesem ředění nějakým nám zatím neznámým způsobem vytříbí a jejíž léčebné účinky se takto zmnohonásobí.

Co totiž je hmota? Někdy koncem 19. století byli vědci přesvědčeni o tom, že už pro ně žádná větší tajemství hmota neskrývá. Uznávali, že tu a tam se sice v jejich vědomostech ještě nacházejí nějaké ty mezery, celkově bylo ale podle nich vše v zásadě už vyřešené. Hmota se pro ně skládala z atomů, které byly už dále nedělitelné. O všechno ostatní už se postaraly chemické procesy, které byly buď již známé či aspoň předvídatelné. Potom se během několika krátkých let všechno změnilo, obrátilo se to naruby! Přišli na scénu manželé Curieovi, brzy po nich Albert Einstein, přišli další vědci. Byly objeveny první atomové částice, potom jiné a jiné, dnes už se spíše hovoří o vibracích, z nichž se skládá hmota. Přišel Werner Heisenberg se svým principem neurčitosti. Přišla teorie kvantové fyziky. Připomeňme si, jaká je její podstata:

Všechno kolem nás se chová jako vlnění a částice zároveň. Dokud není něco námi pozorováno, existuje to v mnoha podobách reality současně. V té chvíli, kdy něco začneme pozorovat kdekoliv ve vesmíru, samotným tímto pozorováním to zároveň změníme. Pokud je tato věc kterou pozorujeme v nějakém vztahu s čímkoliv jiným, změní se to také a změní se to okamžitě. Změna k níž přitom dojde je rychlejší než světlo.

To ovšem znamená nejen to, že částice z nichž se skládá hmota jsou ovlivnitelné lidskou myslí, ale že některé snad mohou dokonce být člověkem i vytvářené. Pokud jde o homeopatické léky, ty potom musejí mít vlastnosti, které jsou také určované frekvencí jejich vibrací a nikoliv pouze jejich chemickými vlastnostmi. Z toho můžeme dále vyvodit, že když se po mnohanásobném ředění vyrobí lék, který už nemá v sobě nic z původní substance, může si tento i nadále podržovat její charakteristické vibrace. Když se takový lék potom podá pacientovi, vibrace v léku přítomné mohou buď rušit ty vibrace které v pacientovi způsobují nemoc, nebo budou naopak ladit s těmi vibracemi, které by pacient mít měl mít ve zdravém stavu a tudíž je posílit. Tak nějak si představuji, že v zásadě fungují homeopatické léky které, jak jsem sám poznal, svou pouhou existencí někdy dokáží rozčilit až k nepříčetnosti jinak celkem klidné a rozumné lidi. Kdyby tito si uvědomili, že homeopatie se nikterak nepříčí zákonům hmoty tak, jak je vidí moderní věda, třeba by si také vzali homeopatický lék. Pochopitelně, že homeopatický lék nemůže zabrat pokaždé a na každém; svou roli tu jistě musí také hrát karma pacientova i jiné faktory. Skeptik bude proto mít po ruce vždycky dost případů na něž může poukazovat, přitom když homeopatii prohlašuje za pusté šarlatánství. Na to, že ortodoxní léčba také vždycky úspěšná nebývá, se ovšem pohodlně zapomene.

Jak se to má s člověkem?

Homeopatie nám snad trochu pomohla si ujasnit, že mnohé závisí na vibracích a na jejich frekvencích. Analytická věda, která opanovala pole až v posledních dvou či ;třech stoletích, v zásadě rozebírá na menší a menší kousky to všechno co nás obklopuje, tedy materiální svět. Člověk je ale schopen dohlédnout dále, hlouběji a výše než za hranice, které nám vytyčila hmota a o to právě mi jde: zkoumat co se za těmito hranicemi nachází. Nutným předpokladem tu ovšem je ochota se za ty hranice podívat.

Náboženské systémy tohoto světa prakticky všechny stojí na jedné jediné platformě, odkud zpravidla vychází v různých formách toto do jedné věty zhuštěné nedělní kázání: *člověk má ve svém těle duši a ta je nesmrtelná!* Dívám se na to dnes jinak a jaksi obráceně — **člověk JE nesmrtelnou duší, která má momentálně tělo.** Navíc jsem přesvědčen o tom, že těch těl má člověk několik a že každé z nich je uzpůsobené k tomu žít a pohybovat se na jedné z rovin existence, jimiž v průběhu svého evolučního vývoje všichni procházíme. Vše je založeno na vibracích, což nám ostatně dnes potvrdí kterýkoliv vědec-fyzik, přičemž každá z rovin existence má jiný vibrační kmitočet. Roviny se navzájem prolínají, aniž by si vzájemně překážely. Člověk na zemi si je plně vědom pouze jedné z těchto rovin, té hmotné, přičemž o existenci těch ostatních může, ale také nemusí, mít tušení.

Takto si představoval člověka na rozhraní dvou světů francouzský astronom a mystik Camille Flammarion.

Dává to smysl

Člověk, tak jak jej známe, je aktivní na hmotné rovině a více či méně přitom bývá soustředěný na tuto rovinu existence, na níž se právě nachází. Jsou zde ale i jiné roviny na nichž se také pohybuje, i když z hlediska fyzického to není vždy právě viditelné či hmatatelné. Pro člověka, který není právě úplně zaslepený svými materialistickými názory a předpojatostí, by nemělo být například těžké si uvědomovat, že rovina emocí může pro něho být stejně důležitá, ne-li dokonce důležitější, než ta fyzická. Přestože to tak na první pohled nevypadá. K čemu by se ale jinak člověk v potu tváře snažil a pracoval, tj. překonával onu pro hmotnou rovinu typickou a všudypřítomnou gravitaci, kdyby ho k tomu nevedly emocionální vztahy k jeho bližním, k životnímu partnerovi, k dětem, k příbuzným, k přátelům..? Tím se to ale zdaleka nekončí! Kam by tohle všechno vedlo, kdyby přitom neužíval svého rozumu, kdyby ve stejnou chvíli také nebyl jeho mozek aktivní také na rovině mentální?

Vidíte? Takto se nám velice rychle podařilo identifikovat hned tři z rovin, na nichž se každodenní lidské aktivity konají, kam lidské vědomí, či často také pouze nevědomá část jeho mysli, dosáhne. Jsou jimi roviny fyzická, to jest ta kterou jedině uznává materialista, dále roviny emocionální a mentální. Ty už pro materialistu jako roviny existence neexistují. Tentýž pochopitelně nepopře, že je člověk tvorem emocionálním a rozumným, bude se ale s vámi pravděpodobně hádat do krve o tom, že vše co prožíváme emocionálně či mentálně je způsobováno pouze nějakými elektrickými výboji, které vydává náš mozek. Pokud na něho zatlačíte, aby tyto výboje blíže identifikoval, zavede nejspíš řeč na něco jiného. Když si ale uvědomíme, že ...

1. *vše stojí na vibracích*
2. *my dokážeme tyto vibrace vnímat*
3. *určitá škála vibrací vždy dominuje, zatímco ty kolem ní jsou vnímány jaksi okrajově (i když někteří lidé je mohou vnímat lépe než jiní lidé)*

... potom vše náhle začíná dávat větší smysl. Zde dávám za pravdu theosofii a jejím teoriím. Podle nich máme kromě toho hmotného ještě i jiná těla, každé z nichž je uzpůsobené k tomu žít a pohybovat se na jedné z těch rovin existence jimiž v průběhu svého evolučního vývoje všichni procházíme. Jsou to těla *éterické, astrální* a *mentální*. To první je spojnicí od těla hmotného k ostatním tělům. To poslední se dále dělí na dvě těla — *nižší mentální* a *vyšší mentální*, jemuž se také říká tělo *kauzální*. Toho posledního se každý z nás aspoň dotkneme, i když naprostá většina lidí není schopna toto tělo cílevědomě ovládat. Vše je založeno na vlnění, jak už jsme viděli a což nám dnes ostatně potvrdí vědec-fyzik, přičemž každá z rovin existence má jiný vibrační kmitočet. Roviny se prolínají, aniž by si navzájem překážely. Člověk na zemi si je plně vědom pouze jedné z těchto rovin, té hmotné, přičemž o existenci těch ostatních může, ale také nemusí, mít tušení. V některých případech si ale je jejich existence plně vědom. Teoreticky je celkový počet těchto těl (někteří z lidí zabývajících se těmito výzkumy dávají místo slovu "tělo" přednost výrazu "princip") sedm, nicméně v tomto stadiu vývoje pouze pět z nich je nám k dispozici. Přístup k dalším dvěma tělům (principům, rovinám) bude lidstvo mít až v mnohem pozdější fázi současného vývojového cyklu. Píši o tom mnohem podrobněji v knize o Blavatské a také na webových stránkách: www.blavatska.org

Reinkarnace

To co zde čtenáři předkládám, je systém který je založený především na tom, co jsem zjistil když jsem se zabýval studiemi kabaly a zejména theosofie. Užívám spíše theosofické terminologie, už proto, že je podle mého mínění snadněji pochopitelná. Celý systém ale stojí na jednom základním pilíři, bez něhož by nedával žádný smysl. Tím pilířem je *reinkarnace* neboli *znovuzrození*.

V náboženství západních zemí tento pojem spíš nenaleznete; vyskytuje se snad jen v některých případech, v učeních vnitřních zasvěcených kruhů (například v chasidském kabalismu). Na Východě, zejména tam kde převládá buddhismus nebo hinduismus, se na reinkarnaci nahlíží jako na nesporný fakt. I tak, představy o reinkarnaci se značně různí. To, co vám poví třeba opat buddhistického kláštera, se spíše podobá metempsychóze starých Řeků, jak jsem se mohl sám přesvědčit. Rozdíl mezi reinkarnací a metempsychózou je ten, že v prvním případě duše, jakmile jednou dosáhla lidské úrovně, se už nevrací do zvířecích forem. Podle těch kteří věří v metempsychózu to možné je. V Haškově Švejkovi nalezneme tuto pasáž, která dokazuje, že autor, který se v předchozím odstavci o theosofii zmiňuje, zjevně neměl v tomto směru příliš jasno:

"Ale když je vojna, tak je takový stěhování duší náramně hloupá věc. Čertví kolik proměn člověk prodělá, než se stane, řekněme, telefonistou, kuchařem nebo infanteristou, a najednou ho roztrhne granát a jeho duše vejde do nějakého koně u artilerie, a do celý baterie, když jede na nějakou kotu, práskne novej granát a zabije zas toho koně, do kterýho se ten nebožtík vtělil, a hned se přestěhuje ta

duše do nějaké krávy u trénu, z který udělají guláš pro manšaft, a z krávy třebas hned se přestěhuje do telefonisty, z telefonisty..."

Často se v jistých kruzích vedou debaty o tom, zda by měla reinkarnace být běžnou součástí základní náboženské doktríny, či zda by měla být vyhrazena pouze pro ty, kteří se již nacházejí v poněkud pokročilejším stádiu duchovního vývoje. Takovéto debaty se zřejmě vedly už mezi křesťanskými duchovními otci na samém počátku křesťanství. Porota tehdy rozhodla (nevíme jestli jednoznačně, spíš ale asi ne), že jakékoliv zmínky o reinkarnaci se k oficiálnímu učení církve nehodí. Skrývá se zde nebezpečí, že věřící by mohli propadnout určité liknavosti, snad i lhostejnosti, kdyby byli přesvědčeni o tom, že budou vždy mít další a další šance k tomu, aby napravili to co mohli někde zkazit. V mé knize Poutníci v čase se hlavní hrdina vyptává moudrého poustevníka na jeho mínění o reinkarnaci:

— *Máme tedy více životů?*

— *O tom bych raději moc nediskutoval.*

— *Proč ne? V mnoha filozofických i náboženských doktrínách se přece hovoří o reinkarnaci.*

— *Je otázkou, zda nám je víra ve znovuzrození k něčemu prospěšná. Já si myslím, že je lépe, jednáme-li za každých okolností tak, jakoby se nám toho času nedostávalo, jako bychom měli třeba už zítra jednou provždy z tohoto světa odejít. Čas od času se jistě potkáš s lidmi, kteří ti budou tvrdit, že už prožili těch životů víc a že si je pamatují, a tak podobně. Co ale s tím? Já nic nepopírám. I kdyby to byla pravda, i kdybych ti teď mohl povědět, že máš, řekněme, k dispozici ještě tucet dalších životů k tomu, abys dosáhl dokonalosti na této rovině existence, k čemu by ti takováto informace byla platná? Spíš by ti to jen uškodilo, třeba by tě to jen svádělo k liknavosti, mohlo by tě to i přimět k rozhodnutí se své cesty prozatím vzdát a prohýřit jedenáct životů s tím, že to všechno doženeš v tom posledním! Dáš si ještě trochu čaje?*

Myslím, že církevní otcové na samém počátku křesťanství museli uvažovat podobně jako tento poustevník. Následkem toho nám zůstalo na reinkarnaci v Bibli jen tu a tam několik narážek, jako například tato z Nového Zákona:

I otázali se ho učedlníci jeho, řkouce: Mistře, kdo zhřešil, tento-li, čili rodičové jeho, že se slepý narodil? (Jan, 9-2)

Pokud naše uvažování nebrzdí ryze materialistické názory, tomu kdo má mysl otevřenou doktrína reinkarnace dává hodně smyslu. Vyplňuje mezery, některé z nichž jsou opravdu natolik široké, že i ortodoxního křesťana či Žida musí také uhodit do očí. Ten je přesto většinou odsune stranou, protože se příliš dobře neslučují a někdy i prudce nesouhlasí s tím, co se dozvěděl ve svých formativních létech v nedělní škole či od svého rabína. Nicméně, doktrína reinkarnace nám může pomoci pochopit proč někteří lidé, postižení od narození těžkými vadami tělesnými či mentálními, jsou schopni se s tímto viditelně vypořádat a to dokonce s veselou a usměvavou myslí. Není tomu snad proto, že vědí instinktivně, že pokud by měli mít jen tento jeden jediný život, bylo by to vše beze smyslu, marné, neplodné či přímo nespravedlivé? Přitom takováto zřejmá nespravedlivost některé zdravé lidi přivádí k zuřivosti a často i způsobuje, že se potom vzdají své víry, odtáhnou se od církve. Naproti tomu, pokud si dovedeme představit, že člověk nějakou vadou těžce postižený, dokáže využít zkušeností nasbíraných tím, že se po celý jeden život musel potýkat s problémy a omezeními a naučil se je překonávat, nebylo by mu to náramně užitečné v příštích životech? A že je těch otázek a námitek proti nespravedlnostem které Pánbůh očividně přehlíží mnoho! Zde máte některé z nich:

Jistě, chápu to, že všichni z nás zároveň s tím jak stárneme a jak naše těla ztrácejí postupně svou původní pružnost a přizpůsobivost, se musíme naučit vyrovnávat s jistými omezeními, proč ale se to pro některé z nás zmnohonásobuje?

Proč jsou někteří lidé trestáni a nespravedlivě odsuzováni do žaláře, někdy dokonce popravováni, či aspoň vylučováni z veřejného života, zatímco jiným všechno prochází?

Jak může Pánbůh dopustit, aby se takovýto člověk, který se prolhal a lezl jen přes hlavy jiným, dostal tam kde je?

Proč tamhle toho, který je přece mnohem lepším člověkem, si nikdo nikdy nevšimne a proč to ten váš pánbůh tak nechá?

Musí to být tak, že žádný pánbůh není, kdyby byl, jak by se na tuhle všechnu hrůzu kolem nás mohl dívat?

Vždyť na tomhle světě není vůbec žádná spravedlnost! A pánbůh s tím nic neudělá! Proč?

Je celkem jasné, že spravedlnosti v tomto světě se člověk spíš nedočká, že si musí počkat na spravedlnost vyššího řádu. Pokud ale připustíme, že je zde v nás něco, co smrt nejenom přežívá, ale že si nějaké ty kladné body za některé z našich dobrých skutků můžeme dokonce nechat k dobru a že bychom mohli mít v jiné existenci nějaký prospěch z toho co nasbíráme v tomto životě, všechno najednou začíná vypadat jinak, lépe, dává to víc smyslu! Čímž se dostáváme k další často kladené otázce: jestliže je pravdou to, že se sem periodicky vracíme, proč si z těch předchozích inkarnací nic nepamatujeme?

Tohle je otázka, která snad každého musí okamžitě napadnout. Je na ni ale jednoduchá odpověď — my si totiž pamatujeme! A pamatujeme si toho hodně, ne ale tak, jak bychom si to snad představovali. Co nám z toho současného, ale také z minulých životů zůstává, je jakási esence, vzpomínka na principy, které jsme z minulých inkarnací vytěžili. To je právě to, co z nás činí toho člověka, jímž jsme.

Vezměme si tarotového blázna. Ten si vykračuje bezstarostně a nalehko, pouze si nese přes rameno na konci hole uzlíček. Představme si, že v tom uzlíčku má všechno, co potřebuje pro svou příští inkarnaci. Nemá sebemenší potuchy o tom, že už ten jeho příští krok povede přes okraj srázu, že ho čeká pád, jímž je integrace s hmotou, nový zrod!

Psík u jeho nohou, který představuje jeho nižší pudy, se ho sice snaží zastavit, on ale nedbá. Klíč ke všemu je raneček, který si náš blázen nese na holi přes rameno. Generace, která je dnes zvyklá pracovat i bavit se s počítači, snad pochopí snadněji o co tu jde. Stejně jako mikroprocesor, bláznův raneček dokáže pojmout spoustu informací. K nim máme přístup pokud je nám toho zapotřebí, většinou však nikoliv v jejich původní podobě, ale v jisté kompaktní formě. Podobně jak nám to nabízejí počítačové programy, aby se ušetřilo místo na disku. Jak jinak by tomu vůbec mohlo být? Představme si jen, že vše to co jsme kdy prožili, nejen v tomto jednom životě, ale v celé dlouhé řadě životů, bychom sebou měli nosit a vláčet se s tím přes hory a doly, řeky a sedmero moří! Že bychom přitom měli na zádech batoh s horolezeckými botami a s nafukovacím člunem a k tomu ještě táhli za sebou dva lodní kufry, to všechno k prasknutí nacpané zbytečnostmi,

banálnostmi a prkotinami, tím vším co jsme kdy posbírali a čehož nám navíc každým dnem přibývá přehršel! Že bychom se denně prohrabovali vším tím, co se dozvídáme z televizních zpráv o zemích, městech a lidech do nichž nám vůbec nic není, probírali se všemi dopisy nebo emaily, které jsme kdy napsali nebo také nenapsali, poslali či neposlali, všemi knihami, které jsme si kdy v životě koupili, půjčili, vrátili či nevrátili... Není snad lépe, když si pamatujeme jen tolik, kolik je nám toho zapotřebí?

Věřím v Boha?

Tato otázka někdy přijít musela a vím, že na ni musím odpovědět, dřív než tuto knihu dokončím. I když si nejsem jistý tím, jak ta odpověď bude přijata. Nuže: do toho!

Především — záleželo by asi hodně na tom, kdo by byl tím tázajícím. Pokud by jím byl někdo koho bych odhadl jako pravidelného návštěvníka kostela, který si pod výrazem „Bůh" dosti možná představí boha antropomorfického, onoho bělovlasého stařečka na obláčku, či tak nějak podobně, asi bych prostě odpověděl „ano" a potom by asi nebylo o čem se bavit. To proto, že jsem monoteistou a věřím v to, že veškerá existence je jednou jedinou věcí. Jak tu jedinou věc či bytost nazveme, to je podle mne už jen na člověku samotném — třeba jediným bohem, jediným životem, jedinou realitou, stavitelem vesmíru, zdrojem všeho bytí i všech bytostí, prvotní energií, všudypřítomnou inteligencí, atp.

Pokud by se vedla debata na metafyzické úrovni, asi bychom se s tazatelem nakonec dohodli na tom, že otázka Stvořitele a Stvoření se z našeho hlediska vyřešit nedá. Stvoření v tom smyslu, že je stvořeno něco z ničeho, je pro nás nepochopitelné a nemá tudíž význam se tím zabývat. Protože, co zde bylo dříve, slepice, či vejce? Mytologický pták Fénix žil po tisíc let, načež se změnil v popel, z něhož povstalo nové vejce, atd. Lidská mysl takovouto myšlenku přijme mnohem snadněji než stvoření něčeho z ničeho, i když úplně pochopit se to také nedá. Naše mozky jsou nicméně ochotny to aspoň přijmout podmínečně, protože různé cykly, ty větší jakým je například rok, či menší jako den či týden, prožíváme neustále. Rozum nám ale přesto říká, že na počátku muselo být něco či někdo — proto ta kladná odpověď.

Debata by se mohla také vést na vědecké-filosofické úrovni — potom by dříve či později skoro určitě došla řada na teorii Velikého třesku, jíž se už po nějaký čas ohánějí vědecké autority. Ta ovšem také nic neřeší, což musí být jasné každému myslícímu člověku, protože co bylo před tím třeskem? Jsme opět před tou stejnou otázkou, byl zde nějaký Stvořitel či nebyl?

Pohleďme na to očima kabalistů. Ti uznávají existenci Stvořitele, shodují se ale na tom, že takováto bytost prostě není pro nás nikterak pochopitelná. Když se vylučovacím procesem eliminují veškeré boží atributy které lze nějak popsat, co je nějak poznatelné, to co zůstane je absolutní nic, takové nic o jakém nic nevíme a vědět nemůžeme. Dejme tomu, že je to jen pouhá myšlenka Stvořitele (pokud nějaký existuje...) na to, jak by to „nic" mohlo vypadat, kdyby existovalo. Jenže, ono ještě neexistuje, i když zabírá veškerý prostor. Tomuto absolutnímu „nic", říkají kabalisté „Ejn" (ain). V další fázi je zde „nic", které stále zabírá veškerý prostor, stále ještě není „něco". Je to pouze nekonečné, avšak nyní již existující „nic". Kabalisté je nazývají „Ejn Sof" (ain sof). Dalo by se tomu také říkat „ne něco", nebo třeba i „něco, co teprve (možná) bude"... Podle kabalistické doktríny, třetím stadiem tohoto vývoje, pohybu směrem od ničeho k něčemu, je tzv. „Ejn Sof Ór" (ain sof aur), „nekonečné světlo". Je to tedy stále ještě „ne něco", nicméně je to již ne něco - osvětlené. Taková je kabalistická interpretace prvních třech řádků Starého zákona. Na svých internetových stránkách o kabale: www.kabalacesky.com se tímto tématem zabývám podrobněji, zde toho raději nechám, protože bych tuze nerad přišel o čtenáře takhle blízko před koncem knihy. Ne každý má totiž rád hraní si se slovíčky!

Přístup theosofů ke stejnému problému mi připadá praktičtější. Ti totiž neřeší otázku Stvořitele, jdou přitom ale dál než teorie Velkého třesku. Už ve Vedických spisech se nacházejí zmínky o periodických a po sobě se opakujících manifestacích Vesmíru. Máme zde cosi jako universální den a noc, střídání se objektivní a subjektivní reality, střídající se období aktivity a pasivity, tzv. *Manvantara* a *Pralaya*. V průběhu Manvantary se vše nachází ve stavu bdělosti, zatímco když nastane Pralaya znamená to, že vše upadá do spánku. Manvantara, objektivní realita kterou právě zažíváme, viděna z tohoto hlediska už trvá ohromně dlouhou dobu, v řádu miliard let. To, co se před tak dávnými časy objevilo, není proto žádným stvořením, je to pouze znovuobjevením se věcí, forem či bytostí, které už dříve existovaly. Ve světle dne vidíme věci, které v noci vidět nebyly, které ale předtím již existovaly. Vše se opakuje, pouze s tím rozdílem, že při každé nové manifestaci Kosmu k níž dochází po údobí odpočinku či útlumu, se vše pohne o stupeň výše. V praxi to znamená, že to co náleželo k říši minerálů bude v příštím cyklu patřit k rostlinné říši, rostliny povýší na zvířata, zvířata na lidi. Váš domácí mazlíček, o kterém možná někdy lidem vykládáte, že se chová úplně jako člověk, by se tedy podle této teorie skutečně jakoby zaučoval v tom, jak být člověkem, protože právě jím bude až nastane příští manvantara...

Tážete se, dobře a co já, čím budu já? Co lidé, čím ti se stanou? Řekl bych, že rozhodně něčím vyšším. Snad anděly, snad něčím jiným, nepovím vám, nevím.

Přesvědčen jsem o tom, že všechno kolem nás, včetně nás samotných, pochází z jediného semene, k němuž se to také jednou navrátí. Také o tom, že vše se vším všude nějak souvisí. O tom, že nic co se s námi a kolem nás děje, není pouze náhodné. O tom, že žádný zisk, žádná ztráta, nic z toho, co se komukoliv z nás lidí přihodí, nic z toho není nezasloužené. Když někoho potká neštěstí, je to jen následek jeho činů. Naopak, člověk, který vyhrál náhle velikou sumu peněz nebo člověk, kterého potkala oslňující společenská kariéra, si své štěstí buď něčím plně zasloužil nebo to je podmíněné tím, že v budoucnu za to nějakým způsobem zaplatí.

Vím instinktivně, že vše kolem nás je živé, přičemž pro mne jsou například živé i minerály, stejně jako rostliny či zvířata. Na tom, jakou to momentálně má formu, nezáleží, protože veškeré formy se po kratším či delším čase rozpadnou. To co je nesmrtelné a co se jednoho dne navrátí ke svému zdroji, je jejich podstata. Náboženské systémy Západu běžně užívají výrazu "duše", který se tolikrát opakuje ve všech možných spisech, až se jeho význam tak rozmělnil, že je prakticky k nepoužití. Mnohem raději mám proto výraz *monáda*, jehož užívali už Pythagorejci. Význam tohoto slova je "jedinečná část bytí", *která je dále již nedělitelná*. Monáda je jako jiskřička vznášející se nad ohněm, která se sice oddělila od svého zdroje, která ale k němu stále náleží a náležet nepřestane. To, co jiskření způsobuje, se časem spálí a jiskřička pohasne. Můžeme si v tomto podobenství představit, že pohaslá jiskřička spadne zpět do ohně, z něhož jednou opět povstane, jako onen bájný pták Fénix.

Jak nahoře tak i dole

Toto je ten nejzákladnější z hermetických axiomů, klíč k pochopení celé naší existence. Vesmír, který máme nad hlavou, je nekonečně veliký, nesmírně složitý, těžko pochopitelný, ale v zásadě neustále fungující systém. Některým jeho částem celkem rozumíme, víme jak fungují, i když ne vždy už si můžeme být jisti tím, proč tu jsou a v jakém poměru k nám se nacházejí. Esoterický princip "Jak nahoře, tak i dole" nás ale učí, že spousty věcí si můžeme vyvodit prostě tím, že pozorujeme co se děje nahoře. Platí to samozřejmě i naopak. Vesmír je makrokosmos, obrovský, dobře zavedený sytém, zatímco člověk je mikrokosmos, který je jakýmsi odrazem makrokosmu. Sluneční sytém také má svůj odraz v jádře atomu, kde okolo protonu (slunci) obíhají elektrony (planety).

Tarotový kouzelník, Magus, je prvním trumfem, nepočítáme-li Blázna, kterému se obvykle dává číslo nula, což značí že náleží všude i nikam. Mág je číslo jedna. Jedna jeho ruka třímající kouzelnický proutek míří vzhůru, druhá ukazuje dolů, jak nahoře tak i dole.

Prostor kolem nás je prosycený různými vibracemi, z nichž pouze nepatrnou část jsme schopni vnímat vědomě, některými z našich smyslů. To vše jsou ale jenom fenomény neboli rozličné aspekty a proměny toho Jediného, ať už řádu makrokosmického či mikrokosmického. Já v tom vidím univerzální a vše přetrvávající realitu, která periodicky vrhá obraz sebe sama na pozadí nekonečných hloubek prostoru. Tento odraz jediné skutečné reality, který člověk běžně vnímá jako materiální svět, lze přitom také považovat za pouhou dočasně trvající iluzi. Naši Zemi nevidím jako to jediné místo kde se život započal, ani jako to místo kde se život skončí. Podle mne je Země jen jedním z míst kde k evoluci člověka právě dochází; předtím se život vyvíjel jinde a odsud opět přejde jinam.

OBSAH

Jak šel čas:

První vydání
Vydalo v roce 2014 nakladatelství Booksplendour
103 Grandview Road Pullenvale
Brisbane, QLD Australia 4069
Autor: Koreis, Vojen.
Titul knihy: Můj bíbr
ISBN: 978-0-9871982-1-1